경찰
공무원
최단기 문제풀이
사회

Preface

공무원은 날이 갈수록 많은 젊은이들 사이에서 안정적인 직업으로 각광받고 있다. 특히 경찰공무원은 최근 크고 작은 범죄들이 기승을 부림으로 국민들의 불안감과 경찰에 대한 기대가 커지고, 국가에서도 안보와 보안의 중요성을 강조하며 꾸준히 많은 인원의 경찰공무원을 채용하고, 채용인원을 늘려감에 따라 많은 수험생들의 관심을 받고 있다.

본서는 경찰공무원을 준비하는 수험생들을 위해 발행된 경찰공무원시험의 선택과목 사회 문제풀이집으로 단원별 핵심문제와 함께 모의고사, 기출문제분석을 상세한 해설과 함께 수록하였다.

국민의 안전과 질서유지를 위해 경찰공무원을 준비하는 많은 수험생들이 본서와 함께 합격의 달콤한 꿈을 이룰 수 있게 되길 기원한다.

경찰공무원 소개

① **경찰공무원이란** : 공공의 안녕과 질서유지를 주 임무로 하는 국가공무원을 말한다. 일반 공무원과는 달리 특수한 임무를 수행하기 때문에 경찰공무원법에 따라 임용, 교육, 훈련, 신분보장, 복무규율 등이 이루어지고 있다. 일반적으로 경찰관으로 통칭한다.

② **경찰공무원시험의 종류**

　㉠ 순경(일반남녀, 101경비단)

　㉡ 간부후보생 : 경찰간부가 되기 위하여 선발되어 경찰교육기관에서 교육훈련을 받는 교육생을 말한다.

③ **응시자격**

　• 공통자격 : 운전면허 1종 보통 또는 대형면허 소지자(원서접수 마감일까지)

　• 공채

모집분야	순경(일반남녀, 101경비단)	간부후보생
응시연령	18세 이상 40세 이하	21세 이상 40세 이하

　• 특채

구분	선발 분야 및 자격요건
경찰행정학과	- 연령 : 20세 이상 40세 이하 - 2년제 이상의 대학의 경찰행정 관련 학과를 졸업했거나 4년제 대학의 경찰행정 관련학과에 재학 중이거나 재학했던 사람으로서 경찰행정학전공 이수로 인정될 수 있는 과목을 45학점 이수
전의경특채	- 연령 : 21세 이상 30세 이하 - 경찰청 소속 '전투경찰순경'으로 임용되어 소정의 복무를 마치고 전역한자 또는 전역예정인자(해당시험 면접시험 전일까지 전역예정자) - 군복무시 모범대원 우대

④ **채용절차** : 시험공고 및 원서접수 > 필기 · 실기시험 > 신체검사 > 체력 · 적성검사 > 면접시험 > 최종 합격(가산점 적용)

　㉠ 필기시험

　　• 공채

　　- 간부후보생 : 시험과목(총 21과목 : 객관식8＋주관식13)

분야별		일반	세무회계	사이버
시험별	과목별			
객관식	필수	한국사		
		형법		
		영어		
		행정학	형사소송법	형사소송법
		경찰학개론	세법개론	정보보호론
주관식	필수	형사소송법	회계학	시스템네트워크보안
	선택 (1 과목)	행정법 경제학 민법총칙 형사정책	상법총식 경제학 통계학 재정학	데이터베이스론 통신이론 소프트웨어공학

※ 영어시험은 '경찰공무원 임용령' 제 41조 별표5(영어 과목을 대체하는 영어능력 검정시험의 종류 및 기준점수)에 의거 기준점수 이상이면 합격한 것으로 간주되고, 다만 응시원서접수 마감일 기준 2년 이내 성적에 한해 유효한 것으로 인정되며, 필기시험 성적에는 반영되지 않습니다. 아울러 각 공인영어시험기관에서 주관하는 정기시험 성적만 인정합니다.

- 순경공채(일반남녀, 101단): 5과목(필수2과목+선택3과목)

  필수과목: 한국사, 영어

  선택과목: 형법, 형사소송법, 경찰학개론, 국어, 사회, 수학, 과학 중 3과목 선택

• 특채

- 경찰행정학과 : 경찰학개론, 수사, 행정법, 형법, 형사소송법

- 전의경특채 : 한국사, 영어, 형법, 형사소송법, 경찰학개론

- 경찰특공대 : 형법, 형사소송법, 경찰학개론

ⓛ 신체검사

• 체격, 시력, 색신(色神), 청력, 혈압, 사시(斜視), 문신을 검사한다.

ⓒ 체력 · 적성검사

• 체력검사 : 총 5종목 측정(100m달리기, 1,000m달리기, 팔굽혀펴기, 윗몸일으키기, 좌 · 우악력)

• 적성검사 : 경찰공무원으로서의 적성을 종합적으로 검정한다.

  ※ 적성검사는 점수화하지 않으며, 면접 자료로 활용된다.

ⓔ 면접시험

구분	면접방식	면접내용
1단계	집단면접	의사발표의 정확성 · 논리성 · 전문지식
2단계	개별면접	품행 · 예의 · 봉사성 · 정직성 · 도덕성 · 준법성

※ 면접위원의 과반수가 어느 하나의 평정요소에 대하여 2점 이하로 평정 한 때에는 불합격처리

⑤ 합격자결정방법

㉠ 필기 또는 실기시험(50%) + 체력검사(25%) + 면접시험(20%) + 가산점(5%)를 합산한 성적의 고득점 순으로 선발예정인원을 최종합격자로 결정한다.

㉡ 경찰특공대는 실기(45%) + 필기(30%) + 면접(20%) + 가산점(5%)로 결정한다.

Contents

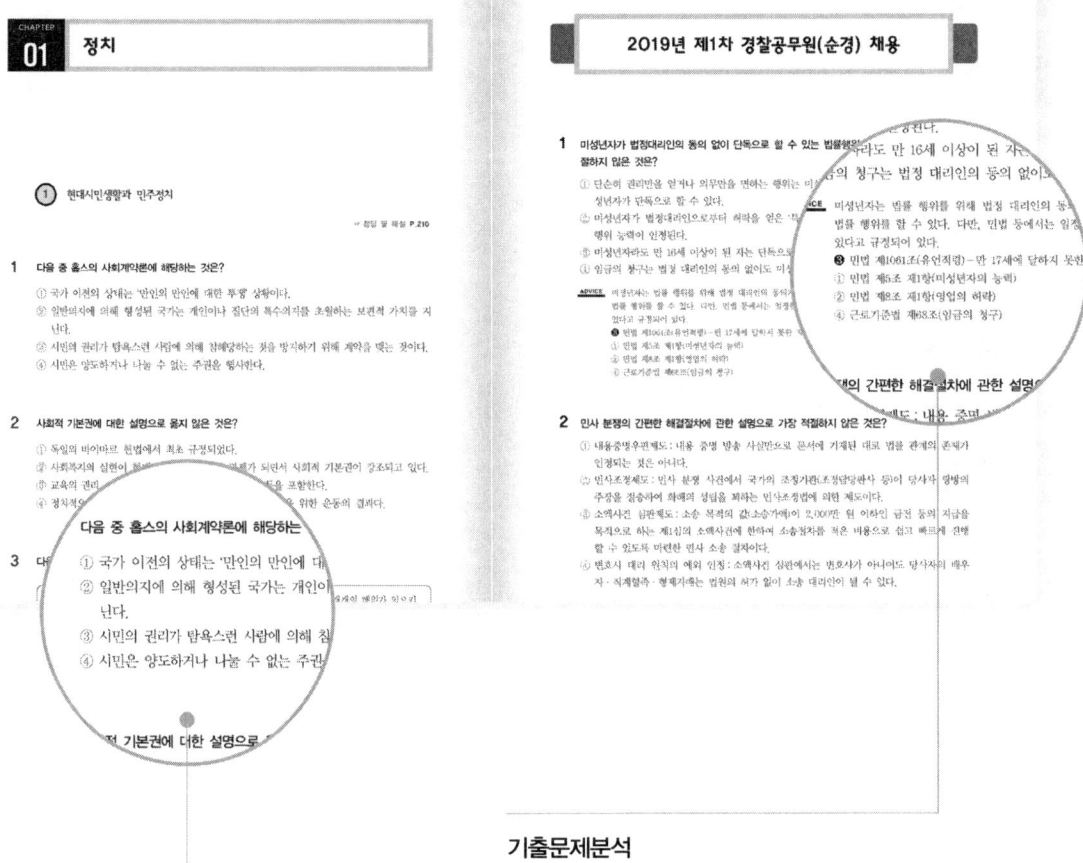

기출문제분석

최근 시행된 기출문제를
분석 · 수록하여 실제 시험
출제경향을 파악할 수
있습니다.

단원별 핵심문제

각 단원별로 필수적으로
풀어봐야 할 핵심문제를
엄선하여 수록하였습니다.

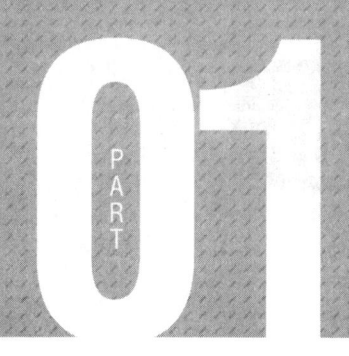

PART 01

단원별 핵심문제

현대시민생활과 민주정치

☞ 정답 및 해설 P.210

1 다음 중 홉스의 사회계약론에 해당하는 것은?

① 국가 이전의 상태는 '만인의 만인에 대한 투쟁' 상황이다.
② 일반의지에 의해 형성된 국가는 개인이나 집단의 특수의지를 초월하는 보편적 가치를 지
  닌다.
③ 시민의 권리가 탐욕스런 사람에 의해 침해당하는 것을 방지하기 위해 계약을 맺는 것이다.
④ 시민은 양도하거나 나눌 수 없는 주권을 행사한다.

2 사회적 기본권에 대한 설명으로 옳지 않은 것은?

① 독일의 바이마르 헌법에서 최초 규정되었다.
② 사회복지의 실현이 현대 국가에서 중요한 과제가 되면서 사회적 기본권이 강조되고 있다.
③ 교육의 권리, 근로의 권리, 사회보장을 받을 권리 등을 포함한다.
④ 정치적으로 소외되었던 시민들의 지속적인 선거권 획득을 위한 운동의 결과다.

3 다음에 설명과 관련된 인물은?

> 인간 행위의 동기는 쾌락을 추구하고 고통을 피하는 데 있으며, 따라서 개개의 행위가 일으키
> 는 결과로 고통보다 쾌락을 많게 하는 것이 도덕이다. '최대다수의 최대행복'을 달성하는 수단
> 으로 공리 개념을 제시하며 이기주의를 긍정하고 자본주의 사회의 존재 방식에 찬성한다.

① T. 홉스   ② J. 로크
③ J. J. 루소   ④ J. 벤담

4 기본권에 대한 사상의 바탕은 인간의 존엄성이다. 발달순서로 옳은 것은?

① 참정권 → 사회적 기본권 → 자유권적 기본권
② 자유권적 기본권 → 참정권 → 사회적 기본권
③ 사회적 기본권 → 참정권 → 자유권적 기본권
④ 참정권 → 자유권적 기본권 → 사회적 기본권

5 "의사는 대표될 수 없다."라고 하여 간접민주정치를 비판하고 직접민주정치를 옹호한 철학자는?

① 로크   ② 루소
③ 홉스   ④ 몽테스키외

6 다음 중 우리나라 헌법의 기본권에 대한 사상은?

① 실정법은 부당한 자연법을 개정하는 기준이 된다.
② 실정법상 권리와 천부인권(자연법)의 조화로 보고 있다.
③ 실정법보다 자연법이 항상 우선한다.
④ 자연법보다 실정법을 중시하고 있다.

7 우리 헌법의 기본원리의 하나인 자유민주주의의 필수적인 내용을 옳게 고른 것은?

┌───┐
│ ㉠ 권력의 분립과 견제   ㉡ 국민의 인간다운 생활 │
│ ㉢ 법치주의   ㉣ 사법권의 독립   │
│ ㉤ 최저임금제 시행   │
└───┘

① ㉠㉡㉢   ② ㉠㉢㉣
③ ㉡㉢㉣   ④ ㉡㉢㉣㉤

8 다음 중 주권에 대한 설명으로 옳지 않은 것은?

① 주권은 대내적으로 최고의 절대적인 힘을 가진다.
② 원래 주권은 교황의 세력으로부터 벗어나기 위한 군왕의 통치명분으로 생겨난 것이다.
③ 시민계급이 성장하면서부터 왕권신수설을 부정하고 국민주권을 주장하였다.
④ 국민주권의 원리는 민주정치의 기본원리가 된다.

9 고대 그리스 아테네의 민주정치에 대한 설명으로 옳은 것은?

① 고대 그리스의 민주정치는 이미 주어진 것으로서의 공동체를 전제하는 것이 아니고, 사회를 새로이 구성하는 원리로서의 성격이 두드러진다.
② 고대 그리스에서는 선거에 의해 공직자를 결정하였으며, 우연에 의한 추첨제, 윤번제 등은 비민주적이라고 간주되어 널리 이용되지 못하였다.
③ 소크라테스를 죽게 한 민주정치의 실패를 경험한 플라톤은 철인정치를 주장하면서 민주정치에 부정적이었다.
④ 고대 그리스에는 많은 폴리스가 존재했고 민주정치란 여러 정치형태 중의 하나에 불과하였지만, 민주주의의 이념인 자유와 평등은 보편적 원리로 그리스 전체를 지배하였다.

10 다음 중 정치권력의 정당성에 중요한 요소는?

① 국민의 동의와 지지　　　　② 경제발전
③ 경제적인 독창성 형성　　　④ 정치질서의 안정

11 다음의 주장이 비판하고 있는 사항을 보완하기 위해 가장 적절한 방안은?

> • 의사는 대표될 수 없다.
> • 투표하기 전에는 자유로우나 투표가 끝나면 노예가 된다.

① 중요한 국가정책은 국민투표를 실시한다.
② 진정한 자유를 위해서는 정부가 존재하지 않아야 한다.
③ 인간존중을 위하여 권력분립제도를 채택한다.
④ 선거제도를 적극적으로 활용한다.

12 다음의 글을 읽고 그 내용을 추론하면?

> 국가 성립 이전의 자연상태에서 개인은 아무런 제약이 없는 자유롭고 평등한 상태였다. 이와 같이 자유와 평등을 제도적으로 보장하기 위해 계약을 통하여 국가를 구성하였다.

① 계몽사상　　　　　　　　　② 시민혁명
③ 천부인권사상　　　　　　　④ 사회계약설

13 초창기 근대국가에서 국가의 역할에 가장 중요한 과제라고 생각되었던 것은?

① 자유경쟁의 심화　　　　　　② 생산기술의 확대
③ 치안과 국방　　　　　　　　④ 국민복지의 향상

14 다음 중 평등의 성격을 옳게 나열한 것을 고르면?

> ㉠ 상대적　　　　　　㉡ 비례적
> ㉢ 실질적　　　　　　㉣ 절대적
> ㉤ 비교적　　　　　　㉥ 형식적

① ㉠㉡㉢　　　　　　　　　② ㉡㉢㉣
③ ㉢㉡㉥　　　　　　　　　④ ㉣㉤㉥

15 다음 중 우리 헌법의 최고 가치지표는 어느 것인가?

① 국민주권　　　　　　　　　② 행복추구권
③ 천부인권 존중　　　　　　④ 인간의 존엄과 가치

16 아테네에서 직접민주정치가 탄생할 수 있었던 요건으로서 관계가 적은 것은?

① 민회가 통치기구의 중심이었다.
② 다른 도시국가보다 영토가 크고 인구가 많았다.
③ 여자, 노예, 어린이, 외국인 등은 참정권이 없었다.
④ 시민은 독립적 농민으로 보통은 경작을 하였다.

17 다음의 내용에서 철수에게 필요한 민주적 생활양식은?

> 철수는 자신의 주장만이 절대적으로 옳다는 것을 보여 주려고 소신을 빙자하여 남을 도외시하였다.

① 상대주의＋타협원리　　　　　② 관용주의＋개방주의
③ 주인의식　　　　　　　　　　④ 다원주의

18 다음 중 대의정치에 대한 설명으로 거리가 먼 것은?

① 국민의 대표자가 국가를 운영한다.
② 국민의 정치적 무관심을 초래할 수 있다.
③ 국민자치의 원리를 가장 충실히 반영한다.
④ 국민의 의사가 정확히 전달되기 어렵다.

19 다음 중 민주정치제도의 원리로 그 설명이 옳지 않은 것은?

① 권력분립의 원리－견제와 균형의 관계를 유지한다.
② 대표의 원리－선거구민의 의사를 그대로 전달한다.
③ 입헌주의의 원리－헌법에 따라 정치를 한다.
④ 지방자치의 원리－중앙정부와 지방자치의 상호견제로 권력을 분산한다.

20 다음 중 복지국가를 실현하고자 할 때 제한을 가장 많이 받는 자유권은?

① 언론 · 출판 · 집회 · 결사의 자유　　② 신체적 활동의 자유
③ 직업선택과 거주이전의 자유　　④ 재산권 행사의 자유

21 관용정신과 관계가 없는 것은?

① 올바른 인간관계를 수립하는 방법
② 타인의 이질성을 받아들이고 용인하는 방법
③ 다른 사람의 존재를 인정하는 태도
④ 다른 사람의 의견도 수용하는 능동적이고 개방적인 자세

22 민주주의(democracy)라는 의미를 바르게 나타낸 것은?

① 중우정치　　② 대표에 의한 정치
③ 생활양식으로서의 의미　　④ 민중이 지배하는 정치

23 다음 중 민주정치의 원리라고 볼 수 없는 것은?

① 민중의 지배　　② 지방자치는 풀뿌리 민주주의
③ 짐이 곧 국가다.　　④ 인간은 자유롭게 태어났다.

24 현대민주주의의 근본이념과 관계가 없는 것은?

① 개인의 존중　　② 무제한적 자유권 보장
③ 법 앞의 평등을 보장　　④ 행복을 추구할 권리

25 다음 중 다수결의 원리에 대한 내용으로 옳지 않은 것은?

① 견해의 대립이나 이해관계의 충돌을 조정하는 방식이다.
② 다수의 판단에 따르는 것이 보다 합리적이다.
③ 다수결은 전원일치가 좋으나 현실적으로 불가능하다.
④ 상호 간의 대립된 의견의 불일치를 통합조정하는 것이 가장 이상적이다.

26 다음의 내용에서 현대에 새롭게 등장한 기본권은?

> 빈곤과 실업, 무지와 질병 등의 문제가 단순히 개인의 책임이라기보다는 부당한 저임금, 만성적인 물가불안, 주기적인 경기변동 등 사회구조적 요인과 관련되어 있다는 인식이 확대되면서 인간다운 최소한의 생활을 보장해 주는 것이 국가를 비롯한 사회구성원 모두에게 부과된 의무라는 관념이 자리를 잡게 되었다.

① 자유권적 기본권　　　　　　　　② 사회적 기본권
③ 청구권적 기본권　　　　　　　　④ 국가배상청구권

27 다음 글과 같은 상황에서 나타날 수 있는 국민의 정치적 행동을 가장 적절하게 추론한 것은?

> 민주국가의 헌법은 사람에 의한 지배가 아닌 법에 의한 지배를 규정함으로써 권력의 절대화를 막아 국민의 기본적 인권을 보장하려 하고 있다. 그러나 만일 국민의 자유와 권리를 지켜주기보다는 침해하고 제한하는 것으로만 일관한다면 그러한 법 집행은 불신의 대상이 되며 나아가 국민은 법으로부터 멀어지고 정치적 불만이 점점 커지게 되는 것이다.

① 입법활동의 공정성을 촉구한다.
② 사법부의 조직개편을 요구한다.
③ 행정체계의 형평성을 비판한다.
④ 정치권력의 정당성을 문제삼는다.

28 다음 중 정책결정이 정당성을 갖기 위한 요건으로 볼 수 없는 것은?

① 정책결정의 효율성을 고려
② 시민들에게 정치과정을 홍보
③ 정책결정이 공익에 부합됨의 여부
④ 시민의 의사를 수렴해 정책에 반영

29 다음 중 정치적 갈등을 민주적으로 해결하는 방법으로 옳지 않은 것은?

① 가장 이상적인 방법은 전원일치로 해결한다.
② 모든 참여자가 정치과정에서 실질적인 영향력을 행사할 수 있어야 한다.
③ 자원배분의 공식적 권한을 가진 정부는 얼마만큼은 영향력을 행사할 수 있어야 한다.
④ 정치과정의 참여자들은 대화와 토론을 통하여 합의에 이르는 태도를 배양해야 한다.

30 다음 중 자치원리에 대한 설명으로 옳은 것은?

① 국민자치원리에 가장 충실한 직접민주정치제도이다.
② 인구가 적고 영토가 비교적 큰 나라에서는 간접민주정치의 가능성이 크다.
③ 자치원리는 시민이 직접 주권을 행사하는 경우만 해당된다.
④ 최근 정보통신과 대중매체의 발달로 간접민주정치제도가 생겨났으며 자치의 원리에 충실한 것은 직접민주정치이다.

31 홉스, 로크, 루소 등 사회계약론자들이 주장한 사회계약설의 공통점은?

① 인간의 본성이 악하다는 점을 인정하였다.
② 자연상태에서는 천부인권의 보장이 불가능했다.
③ 국가의 권력이 시민과의 계약에서 유래하였다.
④ 시민들의 주권은 주거나 빼앗을 수 없다는 것을 인정하였다.

32 다음 글을 읽고 내용과 관계가 있는 것을 모두 고르면?

> 사회가 발전해감에 따라 국민의 활동은 정치, 경제, 사회문화, 교육 등 많은 분야로 세분화되고 기능이 전문화되어 가고 있다. 다원주의는 이들 각 활동분야가 각각 자율성을 유지해 가면서 다른 분야에 예속되지 않을 것을 보장하자는 원리이다. 따라서 민주정치이념을 제대로 실현하려는 사회는 제도적으로 다원주의를 보장하여야 한다.

> ㉠ 경제적 부는 민주주의의 중요한 토대이다.
> ㉡ 다원주의의 인정은 권력의 집중화를 막는다.
> ㉢ 다양한 이익들의 사회적 조화는 가능하다.
> ㉣ 모든 개인은 사회적 기본권을 가진다.
> ㉤ 민주주의는 올바른 상대주의에 입각하고 있다.

① ㉠㉡㉢
② ㉠㉢㉤
③ ㉡㉢㉤
④ ㉢㉣㉤

33 다음 중 정치문화의 유형에 대한 설명으로 옳은 것은?

① 정치문화는 나라마다 전통에 의해 뚜렷이 나타난다.
② 선진국은 일반적으로 참여형 정치문화의 속성이 강하게 나타난다.
③ 민주정치의 발전을 위해서는 정치문화가 신민형으로 변화하는 것이 바람직하다.
④ 정치에 관심을 가지고 적극적으로 참여하는 태도를 지니는 정치문화를 향리형 정치문화라 한다.

34 상대적 평등에 대한 설명으로 옳지 않은 것은?

① 업무상 직군별 근로조건을 달리한다.
② 직원채용 시 영어회화 가능자로 자격제한을 둔다.
③ 해외에 파견할 직원의 자격을 병역을 필한 자로 제한한다.
④ 고등학교를 졸업 또는 졸업이 인정되는 자격이 있어야 대학입학 자격을 취득한다.

35 시민의 권리에 대한 설명으로 적절하지 않은 것은?

① 법에 의하여 규율되는 생활관계를 뜻한다.
② 공권은 공법(헌법, 민법 등)에 의해 발생하는 권리이고 사권은 사법(민법 등)의 규정에 의해 발생되는 권리이다.
③ 사회권은 노동법상 인정되는 권리를 제외한 사회법상의 권리로, 사회권적 기본권이 이에 해당한다.
④ 교육, 근로, 재산권 행사, 환경보전은 권리이자 의무이다.

36 자유권에 대한 설명으로 옳은 것은?

① 참정권과 더불어 본질적인 기본권이다.
② 소극적이며 포괄적인 권리이다.
③ 제3자로부터의 개인의 자유를 보장한다.
④ 혼인 · 가족 · 모성 · 보건에 관한 권리는 자유권에 속한다.

37 자유권적 기본권에 대한 설명 중 옳은 것끼리 짝지어진 것은?

> ㉠ 정치에 참여할 수 있게 되었다.
> ㉡ 국가로부터 간섭을 받지 않았다.
> ㉢ 국가가 개입하였다.

① ㉠   ② ㉡
③ ㉢   ④ ㉠㉡

38 다음의 내용과 관련 있는 것은?

> 인간다운 생활을 위해 국가에 대하여 어떤 보호나 생활수단의 제공을 요구할 수 있는 적극적 권리이며 개별적 권리로 인간다운 생활을 할 권리, 교육을 받을 권리, 근로의 권리, 근로자의 노동 3권, 환경권, 혼인·가족·모성·보건에 관한 권리 등이 있다.

① 평등권적 기본권 ② 사회권적 기본권
③ 자유권적 기본권 ④ 청구권적 기본권

39 다음 중 민주정치를 위한 전제조건과 관계가 없는 것은?

① 시민들의 적극적인 참여로 다양한 의사의 반영
② 정치참여는 민주정치의 발전에 기여
③ 시민들이 정치에 무관심할 경우 민주정치의 실현이 어려움
④ 어떤 문제가 발생했을 때 타협과 양보보다는 개인의 이익을 우선

② 시민생활과 법

1 다음 중 법과 관련된 능력에 대해 옳은 것은?

① 행위 무능력자의 법률 행위는 무효이다.
② 권리능력은 법인에는 인정되지 않고 자연인에게만 인정된다.
③ 자연인은 사망으로 권리능력을 상실한다.
④ 태아는 자연인이므로 민법상의 권리능력이 있다.

2 다음 중 미성년자 보호 법률에 대한 설명으로 옳지 않은 것은?

① 미성년자가 단독으로 한 법률행위는 법정 대리인만이 취소할 수 있다.
② 만 18세의 미성년자가 혼인할 경우에는 부모의 동의를 얻어야 한다.
③ 만 13세의 중학생이 범죄를 저지르더라도 형사상의 처벌을 받지 않는다.
④ 미성년자의 노동에 대한 자신의 임금 청구 행위는 단독으로 가능하다.

3 A시가 심각한 교통 체증을 해결하기 위해 도로를 넓히고자 도로가에 위치하고 있는 갑의 집을 적법하게 수용하려고 할 때, 갑이 받을 수 있는 구제제도는?

① 당사자소송　　　　　　　　② 주민소송
③ 행정상 손실보상　　　　　　④ 사법상 손해배상

4 임신 중인 A는 B가 운전하는 자동차에 치여 심하게 다쳤으며, 이 사고로 A의 태아가 유산되었다. 이에 대한 법적 판단으로 옳지 않은 것은?

① A는 B에게 손해배상을 청구할 수 있다.
② A가 청구할 수 있는 손해배상의 범위에 정신적 피해까지 포함된다.
③ 민법상 출생의 시기는 전부노출설(완전노출설)이 판례의 입장이다.
④ 민법상 태아는 손해배상의 청구권에 관하여는 출생하지 않은 것으로 본다.

5 다음 사례 중에서 위법성 조각사유에 해당하지 않는 것은?

① A는 자신 소유의 자동차에 불을 질러 공공의 위험을 발생시켰다.
② 권투 선수인 B는 시합 중 상대방 선수인 갑을 때려 부상을 입혔다.
③ 의사 C는 응급실에 실려 온 교통사고 환자의 상태를 살펴보고 수술을 하기 위해 옷을 찢었다.
④ D는 칼을 들고 위협하는 강도를 야구방망이로 때려 기절시켰다.

6 다음 사례에서 A씨의 아내가 받는 상속액은?

A씨는 아내, 딸 1명, 아들 1명을 둔 가정의 가장이다. 딸과 아들은 모두 미혼이며, 자녀가 없는 상태이다. 어느 날 교통사고로 A씨는 현장에서 사망하였고, 같이 타고 있던 아들은 병원으로 옮겨져 치료를 받다가 사망하였다. 유언장은 없는 상태였고, A씨가 남겨 놓은 재산을 계산해 보니 2억 1,000만 원이었다.

① 6,000만 원 　　　　　　　　② 7,000만 원
③ 9,000만 원 　　　　　　　　④ 1억 5,000만 원

7 민법상 법률행위에 대한 설명으로 옳지 않은 것은?

① 미성년자는 독자적으로 유효한 법률행위를 할 수 없음이 원칙이다.
② 젖먹이, 만취자와 같은 의사무능력자의 법률행위는 무효이다.
③ 당연 무효인 법률행위는 처음부터 효과가 발생하지 않는다.
④ 취소할 수 있는 법률행위는 특정인이 취소할 때까지는 유효하고 그 이후부터 장래를 향하여 효력을 상실한다.

8 다음 중 사권에 해당하는 권리만으로 묶인 것은?

① 청구권, 평등권, 사회권 　　　② 자유권, 재산권, 참정권
③ 인격권, 신분권, 재산권 　　　④ 사회권, 행정권, 재산권

9 형의 종류 중 일반적으로 단독으로 과할 수 없는 것은?

① 몰수   ② 벌금
③ 구류   ④ 징역

10 다음 법 규정들이 공통적으로 추구하는 법이념으로 가장 적절한 것은?

> • 민법 제162조 제1항 : 채권은 10년간 행사하지 아니하면 소멸 시효가 완성된다.
> • 헌법 제13조 제1항 : 모든 국민은 행위 시의 법률에 의하여 범죄를 구성하지 아니하는 행위로 소추되지 아니하며, 동일한 범죄로 거듭 처벌받지 아니한다.

① 정의   ② 정당성
③ 합목적성   ④ 법적 안정성

11 다음 글에서 설명하는 법으로 적절한 것은?

> 시대와 민족, 국가와 사회를 초월하여 타당하게 적용되는 객관적 질서이다.

① 조례   ② 헌법
③ 민법   ④ 자연법

12 다음 법 규정에 공통적으로 나타나는 민법의 기본 원칙으로 가장 적절한 것은?

> • 민법 제2조 제1항 : 권리 행사와 의무의 이행은 신의에 좇아 성실히 하여야 한다.
> • 민법 제103조 : 선량한 풍속 기타 사회 질서에 위반한 사항을 내용으로 하는 법률 행위는 무효로 한다.

① 무과실 책임주의   ② 자기 책임의 원칙
③ 계약 공정의 원칙   ④ 사적 자치의 원칙

13 다음 사례에서 갑의 행위는 범죄가 아니다. 범죄가 성립되지 않는 이유로 가장 적절한 것은?

> 고등학생인 갑(만16세)은 골목에서 초등학생인 을이 괴한에게 납치당할 위기에 처한 것을 보고, 이를 제지하기 위해 괴한을 가방으로 가격하였다. 갑의 행위로 을은 납치를 면했지만 괴한은 전치 3주의 상처를 입었다.

① 긴급피난
② 자구행위
③ 정당방위
④ 피해자승낙

14 철수는 어느 날 길을 가다가 잡지 광고에 자신의 얼굴성형 전후 사진이 게재된 것을 보고 심한 정신적 충격에 시달리다 법적 조취를 취하기로 결심했다. 철수가 조치할 수 있는 법적 대응방법을 모두 고르시오.

> ㉠ 위자료청구 소송
> ㉡ 저작권 침해로 경찰에 신고
> ㉢ 손해배상청구 소송
> ㉣ 초상권 침해로 경찰에 신고

① ㉠㉣
② ㉠㉡㉢
③ ㉠㉡㉣
④ ㉠㉢㉣

15 신체의 자유에 해당되지 않는 것은?

① 공공부조제도
② 구속적부심사제
③ 죄형법정주의
④ 일사부재리의 원칙

16 다음 제시문은 죄형법정주의의 어느 원칙에 위배되는가?

> • 민주주의적 사회질서의 원칙을 침해하는 행위
> • 건전한 국민의 감정을 해치는 행위

① 형벌불소급의 원칙
② 관습법 적용 금지의 원칙
③ 명확성의 원칙
④ 유추해석의 금지

17 죄형법정주의와 그 파생원칙에 대한 설명으로 적절하지 않은 것은?

① 죄형법정주의의 파생원칙은 일정한 사항을 금하는 것으로 부정적 원칙이라 할 수 있다.

② 법률에 규정이 없는 사항에 관하여는 그와 유사한 성질을 지닌 사항에 관한 법률을 적용·해석할 수 있다.

③ 범죄와 형벌은 국회에서 법률의 형식으로 제정된 법률에 의해 결정해야 하며, 관습법은 포함하지 않는다.

④ 자유형의 경우 그 형기를 전혀 확정하지 않는 절대적 부정기형을 금지한다.

18 법원(法源)에 따른 법의 분류로 옳은 것은?

① 공법, 사법

② 일반법, 특별법

③ 실체법, 절차법

④ 성문법, 불문법

19 다음 중 지방자치단체장이 제정할 수 있는 법률은?

① 헌법

② 법률

③ 명령

④ 규칙

20 형사소송법에서 일단 판결이 확정되면 같은 사건에 관하여 다시 공소(公訴)의 제기가 허용되지 않는다는 원칙은?

① 법률불소급의 원칙

② 불고불리의 원칙

③ 일사부재리의 원칙

④ 무죄추정의 원칙

21 기본권 침해시 국가기관에 취할 수 있는 행동에 관한 설명 중 옳은 것은?

① 청원-국가기관에 문서로 한다.

② 헌법소원-대법원에 청구한다.

③ 행정소송-행정기관에 청구한다.

④ 행정상 손해배상-적법한 행정행위에 의해 가해진 손해를 전보하여 주는 것이다.

22 다음 형사소송단계에 대한 설명 중 옳은 것으로만 짝지어진 것은?

> ㉠ 피의자임의수사단계 : 현행범일 경우 체포 후에 사후영장을 발부한다.
> ㉡ 구속적부심사 : 판결 전까지 신청할 수 있다.
> ㉢ 보석제도 : 돈을 냄으로 해서 형이 감안되고 풀려난다.
> ㉣ 상소 : 미확정인 재판에 대하여 상급법원에 소를 제기한다.

① ㉠㉡ ② ㉠㉡㉣
③ ㉡㉢㉣ ④ ㉢㉣

23 법원에 대한 다음 설명 중 옳지 않은 것으로만 묶인 것은?

> ㉠ 명령 · 규칙 · 처분에 대한 최종적인 심사권은 대법원이 가진다.
> ㉡ 비상계엄하의 군사재판은 모두 단심으로 할 수 있다.
> ㉢ 지방법원 단독판사의 판결에 대한 항소심은 고등법원이 담당한다.
> ㉣ 행정법규의 적용에 대한 심사권은 행정법원이 가진다.

① ㉠㉡ ② ㉡㉢
③ ㉢㉣ ④ ㉠㉣

24 사회법에 대한 설명 중 옳지 않은 것은?

① 복지국가의 법적 기반을 이룩하였다.
② 사회법에는 노동법, 경제법, 사회보장법이 있다.
③ 공법이 사법화 되어가는 과정에서 발생한 중간적인 법의 영역이다.
④ 근로자의 근로조건, 자주적 노동운동의 보장을 위하여 등장하였다.

25 다음에서 설명하고 있는 것은?

> • 이 법은 헌법에 따라 근로조건의 기준을 정함으로써 근로자의 기본적 생활을 보장하고 향상시키며 균형 있는 국민경제의 발전을 꾀하는 것을 목적으로 한다.
> • 근로자와 사용자는 단체협약, 취업규칙과 근로계약을 지키고 성실하게 이행할 의무가 있다.

① 근로복지기본법 ② 근로기준법
③ 사회보장기준법 ④ 노동조합 및 노동관계조정법

26 다음 중 사회법과 관계가 없는 것은?

① 아동복지법 ② 소비자보호법
③ 공직선거법 ④ 국민기초생활보장법

27 다음에 해당하는 법의 해석은?

> 가장 일반적인 방법으로 법령의 문장이나 문구의 의의를 기초로 문자 그대로 해석하는 방법

① 사법해석 ② 입법해석
③ 논리해석 ④ 문리해석

28 다음 밑줄 친 부분에 해당하는 것은?

> 이것은 시대와 민족, 국가와 사회를 초월하여 보편타당하게 적용될 수 있는 객관적 질서이다.

① 실정법이 지향하는 보편적인 기준이 된다.
② 경험적 · 역사적 사실에 의해 성립된다.
③ 현실적인 제도로서 시행되고 있는 법이다.
④ 성문법과 불문법이 있다.

29 다음에 대한 설명으로 옳은 것은?

> • 금치산자의 법률행위　　　　　　• 인신매매 행위

① 법률행위를 할 수 있다.　　　　② 법률행위는 취소할 수 없다.
③ 법률효력이 발생하지 않는다.　　④ 범죄행위로 형법상 처벌받는다.

30 법의 이념에 대한 내용으로 옳지 않은 것은?

① 자연법의 정신은 실정법을 통해 구체화되고 실정법의 내용은 헌법에 근거하여 그 타당성을 인정받을 수 있다.
② 정의는 오늘날의 평등·공정 및 기본적 인권의 존중 등으로 파악되는 것이 일반적인 경향이다.
③ 합목적성이란 그 국가와 사회가 추구하는 법적 가치와 목표를 말한다.
④ 법적 안정성을 위해서는 법의 내용이 명확하고 자주 변경되어서는 안되며, 국민의 법의식에 합당해야 한다.

31 다음 밑줄 친 내용이 담고 있는 의미는?

> 민법 제2조는 "권리행사와 의무이행은 신의에 좇아 성실히 하여야 한다.", "권리는 남용하지 못한다."라고 규정하여 <u>신의성실</u>과 권리남용 금지의 원칙을 규정하고 있다.

① 정의와 형평　　　　　　　　　② 도덕적 양심
③ 국가안전보장　　　　　　　　　④ 법률

32 다음 중 법률로 정하는 것이 아닌 것은?

① 조세의 종목과 세율　　　　　　② 국회의원의 선거구
③ 계약의 종류와 내용　　　　　　④ 행정각부의 설치·조직

33 근로자의 근로의욕을 향상시키고 기본적 생활을 보장·향상시키며, 균형있는 국민경제의 발전을 이룩하기 위하여 일정한 근로조건과 최소한의 한계를 규정하고 있는 법은?

① 직업안정법
② 근로기준법
③ 노동조합 및 노동관계조정법
④ 노동위원회법

34 다음 중 법의 효력에 대한 설명으로 옳지 않은 것은?

① 모든 성문법은 그 시행일로부터 폐지일까지 효력을 가진다.
② 특별규정이 없는 한 법률은 공포한 날로부터 20일을 경과함으로써 효력을 발생한다.
③ 외교관이나 섭외사법에 의하여 본국법의 적용을 받도록 되어 있는 자는 예외로 치외법권이 인정된다.
④ 국적을 기준으로 하여 국내외 어느 곳에 있든지 자국의 모든 국민에게는 속지주의의 원칙이 적용된다.

35 다음과 같은 판결의 근거가 될 수 있는 법의 원리는?

> 토지소유자가 자신의 친딸에게 그 소유의 대지 위에 건물을 신축하도록 승낙하여 딸이 건물을 짓고 소유권보존등기를 하였는데, 그 딸의 채권자의 강제경매신청에 의하여 그 건물을 경락받은 제3자에게 토지소유자가 지어서 얼마 되지 않은 건물의 철거를 요구하는 것은 특별한 사정이 없는 한 이 원칙에 어긋난다.

① 신의성실의 원칙   ② 권리남용금지의 원칙
③ 자력구제금지의 원칙   ④ 공공복리적합의 원칙

36 다음 보기의 상황에서 적용되는 행정구제제도는?

> 지방자치단체가 건설한 교량이 시공자의 흠으로 붕괴되어 지역주민들에게 상해를 입혔을 때 지방자치단체가 상해를 입은 주민들의 피해를 구제해 주었다.

① 흠 있는 직무행위로 인한 손해배상
② 적법한 행정작용으로 인한 손실보상
③ 손해전보제도는 국민의 재산성에 국한함
④ 흠 있는 행정작용으로 인한 행정쟁송

37 법적용의 우선순위가 옳지 않은 것은?

① 공법은 사법에 우선한다.　　　　② 특별법은 일반법에 우선한다.
③ 상위법은 하위법에 우선한다.　　④ 신법은 구법에 우선한다.

38 법의 이념 중의 하나인 합목적성을 지나치게 강조한 것은?

① 악법도 법이다.　　　　　　　② 국민이 원하는 것은 곧 법이다.
③ 법의 극치는 부정의 극치이다.　④ 세상이 망하여도 정의를 세우라.

39 다음의 '권리내용' 진술에서 공통적인 성격으로 옳은 것은?

> • 타인소유 토지를 통행도로로 이용할 때 그 토지를 대상으로 생긴 권리
> • 타인의 토지를 빌려 건물을 신축할 때 빌린 토지에 대해서 건축주가 갖는 권리
> • 채무불이행으로 채무자의 집을 매각하여 충당키로 한 계약에서 채권자가 채무자의 집에 대해 갖는 권리

① 지역권, 청구권　　　　　　② 채권, 소유권
③ 용익물권, 담보물권　　　　④ 제한물권, 용익물권

40 국가형벌권의 한계를 제시하여 그 남용을 방지함으로써 국민의 인권을 보장하기 위한 형법의 가장 중요한 기본원칙은?

① 관습형벌의 배제　　　　　　　② 죄형법정주의
③ 일사부재리의 원칙　　　　　　④ 형벌불소급의 원칙

41 다음 법에 대한 내용으로 옳지 않은 것은?

① 법의 이념은 정의를 기반으로 합목적성, 법적 안정성으로 되어 있다.
② 법이 다른 사회규범과 다른 점은 국가권력에 의한 강제기능성에 있다.
③ 법의 최종적인 유권해석은 사법해석이다.
④ 국제법상 우리나라는 속인주의 원칙에 속지주의를 보충적으로 채택하고 있다.

42 다음 중 정당방위로 인하여 살인을 했을 경우 살인의 죄가 성립되지 않는 이유는 어느 것인가?

① 책임성이 없기 때문이다.
② 구성요건에 해당되지 않기 때문이다.
③ 위법성이 없기 때문이다.
④ 책임성조각사유에 해당되기 때문이다.

43 다음 보기의 설명에 해당하는 것은?

> 일정한 기준 이하의 빈곤자에게 보험료를 부담할 수 없는 사람의 보호를 전적으로 국가가 맡아 부조하는 것이다.

① 의료보호　　　　　　　　　　② 국민연금
③ 고용보험　　　　　　　　　　④ 국민건강보험

44 행정주체가 법의 절차에 따라 도시계획사업을 추진하는 경우, 어떤 절차에 따라 개인의 사유재산의 희생을 행정적으로 구제할 수 있는가?

① 손실보상　　　　　　　　　② 손해배상
③ 민사소송　　　　　　　　　④ 행정심판

45 의사가 환자를 수술하는 행위와 교도관의 사형집행행위가 범죄가 되지 않는 이유는?

① 위법성이 없기 때문이다.
② 책임성이 없기 때문이다.
③ 범죄의 구성요건에 해당되지 않기 때문이다.
④ 자구행위이기 때문이다.

46 개인 간의 생활관계를 규율하는 법의 내용으로 설명이 옳은 것은?

① 물권이 변동될 때는 공시의 원칙에 따라 모두 등기해야 한다.
② 민사상의 분쟁해결은 자력구제의 원칙을 적용한다.
③ 전세권, 질권, 유치권 등은 모두 제한물권이다.
④ 채권의 발생은 계약으로 성립되고, 인도로써 소멸된다.

47 다음 중 민법에 있어서 권리의 주체, 객체 및 법률행위에 대한 내용으로 옳은 것은?

① 물건이라 함은 유체물 및 전기, 기타 관리할 수 있는 자연물을 말한다.
② 법률행위는 누구나 자신의 창의와 책임하에 자유의사에 따라 행동하는 것을 원칙으로 한다.
③ 권리능력을 가진 자는 누구나 단독으로 법률행위를 할 수 있다.
④ 민법상 권리의 주체는 모든 자연인에 한한다.

48 행위자가 만 14세 미만인 형사미성년자이거나, 저항할 수 없는 폭력에 의하여 강요된 경우의 행위는 범죄가 성립될 수 없는데, 그 이유는?

① 정당행위이기 때문에　　　　② 구성요건에 해당하기 때문에
③ 위법성이 없기 때문에　　　　④ 책임성이 없기 때문에

49 "사회 있는 곳에 법이 있다."라고 할 때의 법이 내포하고 있는 뜻은?

① 종교적 규범을 의미한다.
② 모든 사회의 규범을 의미한다.
③ 국가의 최고규범인 헌법을 의미한다.
④ 국가기관에 의해 성문화된 실정법을 의미한다.

50 다음 중 법과 다른 사회규범을 구별하는 기준은?

① 국가안전보장의 이상 여부
② 사회질서유지 기능의 여부
③ 자연법 기본원리의 포함 여부
④ 국가에 의한 강제적 제재 여부

51 미성년자의 매매행위는 완전한 효과를 발휘하기 어렵다. 이것을 정당화시켜주는 것으로 옳은 것은?

① 실현가능성이 희박한 행위이기 때문이다.
② 법률행위는 각 행위능력자의 책임하에 이루어져야 한다.
③ 매매행위는 권리와 의무의 변동을 가져오지 않는다.
④ 미성년자는 완전한 도덕적 인격을 갖추지 못하고 있다.

52 법을 공법, 사법, 사회법으로 분류할 때 분류의 기준은?

① 법을 규율하는 내용
② 법의 효력이 미치는 범위
③ 법을 규율하는 생활의 실체
④ 법의 제정주체

53 다음에서 법을 실체법과 절차법으로 분류할 수 있는 기준은?

① 법의 존재형식
② 법을 제정하는 주체
③ 법이 규율하는 내용
④ 법의 적용범위

54 다음 중 사회법에 속하는 것은?

① 행정소송법　　　　　　　　　② 국가배상법
③ 형사보상법　　　　　　　　　④ 의료급여법

55 국민의 의무를 헌법에 규정하고 있는 근본적인 목적은?

① 국가의 목적달성을 위하여
② 헌법에 규정이 없는 새로운 의무를 부과하지 못하도록 하기 위해서
③ 국민 모두가 국민된 도리를 다하게 하기 위하여
④ 국민에게 의무의 중요성을 인식시키기 위하여

56 형벌의 목적과 가장 관련이 없는 것은?

① 사회질서 유지　　　　　　　　② 손해의 전보
③ 법률상 이익 박탈　　　　　　　④ 범죄의 예방

57 법적 안정성이 유지되기 위한 요건과 관계가 없는 것은?

① 법은 영원불변이어야 한다.
② 법의 내용이 명확해야 한다.
③ 법이 실제로 실현가능해야 한다.
④ 법이 쉽게 변경되지 않아야 한다.

58 다음 중 법의 이념과 기능이 제대로 실현되기 위해 필요한 요건과 관계가 없는 것은?

① 국민 개개인은 법을 준수한다.
② 국회에서 적법한 절차에 따라 법의 제정이 이루어져야 한다.
③ 법원은 올바른 해석과 적용을 통해 분쟁을 해결한다.
④ 법의 효력이 미치는 시간적 범위를 확대한다.

59 다음 중 사법의 공법화현상에 대한 설명과 관계가 적은 것은?

① 사유재산제도 등을 수정하여 공공복리를 증진하였다.
② 사적 생활에 대한 정부의 간섭과 규제로 조정기능이 강화되었다.
③ 종속근로관계를 추구하고 근로자에게 창의적 사고를 요구하였다.
④ 초기 독점자본주의의 사회·경제적 폐해를 합리적으로 해결하기 위해서였다.

60 다음에서 법의 공통적인 특징을 가장 적절히 표현한 것은?

> • 범죄의 종류와 형벌의 정도를 규정한 법
> • 개인 간의 재산적·신분적 생활관계를 규율하는 법

① 공적인 수직관계를 규율하는 법이다.
② 권리와 의무 그 자체의 내용을 규율하는 법이다.
③ 사적인 사회생활관계를 규율하는 법이다.
④ 권리와 의무를 실현할 수 있는 절차를 규율하는 법이다.

61 다음 중 형벌의 종류를 연결한 것으로 옳지 않은 것은?

① 생명형 – 사형
② 신체형 – 구류, 몰수
③ 자유형 – 징역, 금고
④ 명예형 – 자격정지

62 다음 중 원칙적으로 무효법률행위에 해당되는 것은?

① 착오에 의한 의사표시
② 사기나 강압에 의한 계약
③ 한정치산자나 금치산자
④ 지나치게 불공정한 계약

63 다음 중 법문화에 관련된 설명으로 옳지 않은 것은?

① 대다수의 국가들은 각각의 역사와 정치적, 사회적 사정에 따라 독특한 법문화를 이루고 있다.
② 각기 다른 법문화들이 상호교섭과 모법과 자법으로 관계를 이루기도 한다.
③ 우리나라의 법문화는 외국법을 수입하여 혼합적 법문화를 이루고 있다.
④ 개화기 이후 우리나라는 일본을 통해 미국법을 대폭 수용하게 되었다.

64 다음 주장에 대해 비판자들이 제기할 수 있는 반론 중 가장 적합한 것을 보기에서 모두 고르면?

> 요즘 우리 사회에서는 무고한 사람들을 잔혹하게 죽이는 끔찍한 사건들이 자주 발생하여 국민들이 불안해하고 있다. 범죄가 자주 발생하는 원인은 형벌이 약한 데 있다고 본다. 따라서 흉악범에게 극형을 내려서 우리 사회의 범죄를 억제함으로써 국민들이 편안한 마음으로 살 수 있도록 해야 한다.

> ㉠ 흉악범죄의 발생원인을 도외시하고 있다.
> ㉡ 극형은 문제의 근본적인 해결책이 아니다.
> ㉢ 흉악범은 사회여론을 존중하여 처벌하여야 한다.
> ㉣ 무고한 인간의 생명이 흉악범의 생명보다 존엄하다.

① ㉠㉡ ② ㉠㉢
③ ㉠㉣ ④ ㉡㉢

65 다음 헌법상의 제재에 관한 설명으로 옳은 것은?

① 특수절도자가 사용한 무기를 몰수하였다.
② 성폭행범에게 범행동기를 자백받고 2년의 징역에 처하였다.
③ 직무와 관련하여 거액의 뇌물을 받은 국회의원을 제명하였다.
④ 자녀의 출생을 정당한 사유 없이 1개월 후에 신고한 사람에게 과태료를 부과하였다.

66 다음 중 공무원 징계인 파면과 해임의 차이를 적절하게 제시한 것은?

① 공무원 연금법상 연금의 지급 여부
② 공무원 신분을 박탈당하느냐의 여부
③ 공무원 신분을 회복할 수 있느냐의 여부
④ 공무원 직무상의 위법한 행위인가의 여부

67 다음 중 성격이 다른 하나를 고르면?

① 가사소송사건
② 형사재판
③ 파산사건의 재판
④ 민사재판

68 법은 일반적으로 공포된 후 일정한 주지기간을 경과하면 효력이 발생되는데 이와 같은 취지에 가장 가까운 것은?

① 상위법 우선의 원칙
② 법률불소급의 원칙
③ 특별법 우선의 원칙
④ 성문법 우선의 원칙

69 시민생활과 법문화에 관한 설명으로 옳지 않은 것은?

① 사회발전과정에서 나름대로의 역사적 특성도 법률생활에 반영된다.
② 법은 인류의 보편적 이념을 반영하기 때문에 사회변동에 의해서 변화될 수 없다.
③ 지방자치과정에의 주민참여의 활성화를 위한 정치관계법이 늘어나게 되었다.
④ 시민의 준법정신은 민주정치발전의 원동력이다.

시민의 정치참여와 정치과정

☞ 정답 및 해설 P.221

1 다음 정치 참여 집단에 대한 설명으로 옳지 않은 것은?

① 정당은 의회와 정부를 매개한다.
② 시민단체는 선거에 후보자를 배출한다.
③ 정당, 이익집단, 시민단체는 정치 사회화 가능을 가진다.
④ 이직집단은 시민단체와 다르게 영리를 추구하는 집단이다.

2 우리나라는 17대 국회의원 선거에서부터 비례 대표 선출 방식을 1인 1표제에서 1인 2표제로 바꾸었다. 그 취지로 가장 적절한 것은?

① 정당의 민주적 운영을 제고한다.
② 직접선거 원칙에 더욱 충실할 수 있다.
③ 유권자가 비례 대표 명부에서 후보자를 직접 선택할 수 있다.
④ 군소 정당의 난립을 방지한다.

3 다음 중 소선거구제의 특징으로 옳지 않은 것은?

① 사표가 많이 발생한다.
② 정국의 안정을 기할 수 있다.
③ 선거비용을 절약할 수 있다.
④ 선거에 대한 무관심이 우려된다.

4 다음 제도의 정치적 효과로 옳지 않은 것은?

> 주민들이 지방자치 단체장의 처분이나 지방의회 의원의 의결 등과 관련하여 문제점이 있다고 판단할 경우, 단체장이나 지방 의원을 통제할 수 있는 제도이다. 일정한 절차를 거쳐 해당 당사자에게 소명 기회를 주고, 주민 투표를 통해 임기 중인 단체장이나 지방 의원을 교체할 수도 있다.

① 참여 민주주의의 정착과 활성화를 촉진한다.
② 지방자치의 효율성과 안정성을 향상시킨다.
③ 단체장이나 지방 의원의 재량권을 견제하는 효과가 있다.
④ 단체장이나 지방 의원의 주민에 대한 정치적 책임감을 제고할 수 있다.

5 다음의 내용들이 추구하는 공통적인 목적은?

> • 선거공영제
> • 보통선거, 평등선거, 직접선거, 비밀선거
> • 선거구법정주의

① 후보자의 난립예방　　　　　　② 기회권의 평등
③ 공정한 선거관리　　　　　　　④ 돈 안드는 선거풍토로 개선

6 선거구를 특정 정당이나 후보자에게 유리하게 인위적으로 획정하는 것은?

① 페이스메이커　　　　　　　　② 캐스팅보트
③ 로그롤링　　　　　　　　　　④ 게리맨더링

7 다음은 어느 정치 참여 주체의 가상 활동일지이다. 이 참여 주체로 적절한 것은?

> 1월 : 국회의원 선거 공약 발표
> 3월 : 국회의원 선거에 참여
> 7월 : ○○법 개정을 위한 서명 운동 시작
> 8월 : 여의도 공원에서 홍보 대회
> 9월 : 여의도 공원에서 장외 집회
> 11월 : 예산안 심의에 참여

① 정당
② 언론
③ 감사원
④ 시민 단체

8 정치참여에 대한 설명으로 옳지 않은 것은?

① 국민은 선거, 언론매체, 정당, 단체 등을 통해 정치에 참여할 수 있다.
② 시민 스스로가 다스림과 동시에 다스림을 받는다는 원리에 근거한다.
③ 투표는 가장 보편적 · 적극적 · 기본적인 정치참여의 방법
④ 진정한 정치참여의 요건은 개인의 이익에 기여해야 한다는 것이다.

9 대중민주주의에 기여하게 된 선거제도로 옳은 것은?

> 근대에는 중소상공업자들이 정치세력의 주체였다. 현대는 정치세력의 주체가 표면적으로 대중으로 옮아갔다. 그래서 각종 정책결정에 대중의 의사가 중요한 결정요소가 되었다.

① 직접선거
② 평등선거
③ 보통선거
④ 비밀선거

10 선거에 대한 다음 내용 중 옳지 않은 것은?

① 오늘날 다원화된 사회의 요구에 부응하여, 지역대표제 외에 직능대표제를 병용하기도 한다.
② 오늘날 대중민주주의의 실현에 기여한 선거원칙으로는 평등선거를 들 수 있다.
③ 국회의원 선거소송은 3심제의 예외로 대법원 1심 판결로 한다.
④ 선거공영제는 선거운동의 기회균등과 선거비용의 국가부담을 원칙으로 한다.

11 다음 자료는 정치과정에서의 참여자의 영향력에 대한 국민들의 의견을 나타내고 있다. 이 자료를 통해 볼 때, "민주주의가 점차 신장되고 있다."는 주장을 뒷받침할 수 있는 근거로 가장 적절한 것은?

참가자 \ 연도	1980년	1990년	참가자 \ 연도	1980년	1990년
군부	32.3(%)	12.6(%)	재벌	3.7(%)	14.3(%)
학생	28.5(%)	18.0(%)	중산층	3.3(%)	4.4(%)
국회의원	13.1(%)	23.1(%)	종교인	1.1(%)	1.5(%)
언론인	6.3(%)	6.2(%)	노동조합	0.3(%)	1.8(%)
지식인	4.8(%)	4.1(%)	기타	2.7(%)	2.8(%)
재야세력	3.9(%)	11.2(%)	계	100.0(%)	100.0(%)

응답자수(명) 1980년 – 1,497 / 1990년 – 1,523

① 재벌들의 로비활동 영향력이 줄어들고 있다.
② 국회의원의 정치적 영향력이 가장 크게 증가되었다.
③ 노동자와 여성들의 정치참여욕구가 증가하고 있다.
④ 정치적 영향력을 갖는 참여집단들이 다양화되고 있다.

12 다음과 같은 일을 수행하는 기관은?

> 임의로 선거구를 정함으로써 특정 정당이나 후보자에게 유리한 일이 없도록 선거구를 조정한다.

① 중앙선거관리위원회　　　② 국회
③ 행정부　　　　　　　　　④ 사법부

13 민주국가에서의 정당의 성격으로 옳지 않은 것은?

① 정권획득의 목표를 공개적으로 내세운다.
② 여론을 형성·조직화함으로써 국정을 지지·통제한다.
③ 전국적 조직과 함께 활동이 상의하달방식을 취한다.
④ 국민적 이익을 추구하며 정부구성능력을 보유해야 한다.

14 어떤 나라가 선거구마다 5인의 대표자를 선출하던 방식에서 선거구마다 1인의 대표자를 선출하는 방식으로 변경하였을 때 예상되는 결과로 옳은 것은?

① 국민의 다양한 의사가 잘 반영될 것이다.
② 양당제의 확립이 용이해질 것이다.
③ 사표가 감소할 것이다.
④ 소수당에 유리해 정국의 불안이 우려된다.

15 다음 중 선거구법정주의를 채택하는 근본적인 이유는?

① 선거비용을 국가가 부담하여 선거의 공정을 기하기 위해
② 투표 등 선거절차를 간편화하기 위해
③ 군소정당의 난립을 방지하기 위해
④ 특정한 정당에게 유리한 일이 없도록 하기 위해

16 다음 중 현재 우리나라 국회의원선거에서 채택되고 있는 제도를 모두 고르면?

㉠ 소선거구제	㉡ 중선거구제
㉢ 소수대표제	㉣ 다수대표제
㉤ 비례대표제	㉥ 선거공영제
㉦ 직능대표제	

① ㉠㉢㉤㉥
② ㉠㉣㉤㉥
③ ㉠㉣㉥㉦
④ ㉡㉣㉤㉥

17 현대민주정치의 과정에서 보기의 용어들이 공통적으로 관련이 있는 것은?

> ㉠ 선거   ㉡ 정당
> ㉢ 언론   ㉣ 압력단체
> ㉤ 대중운동

① 정책심의기관이다.   ② 정책집행기관이다.
③ 시민운동의 일환이다.   ④ 국민의 참여수단이다.

18 다음 중 바람직한 정치참여의 태도는?

① 권리를 정당하게 행사하면서 의무를 성실히 이행한다.
② 사회를 위해서는 권리를 포기할 수 있다.
③ 의무수행보다 정당한 권리를 행사한다.
④ 자유보다는 먼저 책임을 완수해야 한다.

19 현대민주정치에서 투표가 중요한 역할을 하게 된 것과 관련이 있는 제도는?

① 정당정치   ② 여론정치
③ 입헌정치   ④ 대의정치

20 정치참여유형 중에서 가장 직접적이며 적극적인 방법으로 볼 수 있는 것은?

① 모임이 있을 때 투표에 대하여 설명해준다.
② 방송뉴스시간에 정치분야를 빼놓지 않고 듣는다.
③ 신문, 잡지 등에서 정치분야 기사를 골라 스크랩한다.
④ 해당지역 국회의원에게 지역 문제점을 해결해주기를 요구한다.

21 다음 중 양대정당제도에 관한 설명들만 골라 묶은 것은?

> ㉠ 책임정치의 실현이 용이하다.
> ㉡ 정권의 순환적 교체로 정국이 불안하다.
> ㉢ 다양한 국민의 의사가 정치에 반영된다.
> ㉣ 일반적으로 대선거구제를 채택한 국가에서 나타난다.

① ㉠   ② ㉡㉣
③ ㉢㉣   ④ ㉠㉢㉣

22 다음 중 정치참여의 방법으로 옳지 않은 것은?

① 청원절차를 통한 참여
② 선거를 통한 대표자 선출
③ 정치인이 되어 정책결정에 직접 참여
④ 정당이나 각종 압력단체의 결성 및 활동

23 다음 중 그 이익집단의 순기능과 관계가 없는 것은?

① 특수한 이익을 대변
② 정치의 혼란
③ 정부에 대한 압력행사
④ 정치인들의 의정활동의 강화

24 민주국가에서 언론기관에 대한 태도로 가장 적절한 것은?

① 언론기관의 보도내용을 비판
② 사생활 보호를 위한 책임 강조
③ 언론자유의 절대적인 보호를 요구
④ 언론을 통하여 여론형성에 적극적으로 참여

25 다음 중 정당의 기능과 관계가 없는 것은?

① 선거에 후보자를 추천
② 정부에 직접적으로 압력행사
③ 여론을 형성·조직화하여 정부에 전달
④ 정부의 정책결정에 대한 지지나 반대를 유도

26 정치자금의 모금방법 중 부당하다고 할 수 있는 것은?

① 국가가 국고에서 지원하는 보조금
② 소속당원들이 부담하는 경비
③ 개인이나 정당의 후원회가 지원하는 후원회비
④ 정치활동에 필요한 사적 경비 조달을 위한 행사모금

27 다음 중 다당제를 채택하고 있는 나라 중 관련이 없는 나라는?

① 한국   ② 일본
③ 영국   ④ 이탈리아

28 다음 중 민주정치를 여론정치라고 하는 가장 기본적인 이유는?

① 현대민주국가는 대의정치를 하기 때문에
② 여론은 많은 사람들의 생각이기 때문에
③ 모든 정책결정은 여론에 의해 이루어지기 때문에
④ 정치활동의 정당성은 여론과 직결되기 때문에

29 다음 말들이 공통적으로 나타내는 의미는?

> • 민중의 소리는 신의 소리   • 민주정치는 여론의 정치

① 국민주권주의   ② 천부인권사상
③ 국민의 뜻을 반영하는 정치   ④ 자유권적 기본권

30 다음 중 현대사회에서 여론에 대한 내용과 관계가 없는 것은?

① 여론은 복잡하고 포괄적이다.
② 여론은 다양하고 광범위하게 형성된다.
③ 여론은 사회적 관심을 변화시키는 힘이 있다.
④ 여론은 합리적이고, 과학적으로 정확하게 형성되고 있다.

31 다음 중 여론의 전달역할과 관계가 적은 것은?

① 대중매체   ② 시민단체
③ 중 · 고등학생집단   ④ 이익집단

32 다음 중 선거의 기능이라고 볼 수 없는 것은?

① 대표자 통제것은?
② 대표자 선출
③ 국민주권의식의 고취
④ 국가의 중요정책을 국민이 직접 결정

33 우리나라 선거제도에 대한 설명으로 옳지 않은 것은?

① 대통령후보자가 1인일 경우에는 그 득표수가 선거권자 총수의 3분의 1 이상에 달해야 당선인으로 결정된다.
② 대통령선거에서 정당추천을 받거나 무소속으로 후보자등록을 신청하려는 자는 5억 원을 기탁해야 한다.
③ 정당이 비례대표 국회의원선거에 후보자를 추천하는 경우에는 그 후보자 중 100분의 50 이상을 여성으로 추천해야 한다.
④ 국회의원과 겸직이 허용되지 않는 공무원이 지역구 국회의원선거에 입후보하기 위해서는 선거일 전 90일까지 그 직을 그만두어야 한다.

34 다음 중 국민의 의견이 국정에 반영되기 위한 방법으로 옳지 않은 것은?

① 집회나 시위
② 정치토론회 개최
③ 이익집단의 이익 실현
④ 언론 및 출판에 대한 강제

35 시민의 정치참여의 필요성으로 볼 수 없는 것은?

① 국민주권의 실질적인 실현
② 정치권력에 대한 비판과 통제
③ 여론을 정책에 반영
④ 시민에게 알권리를 보장하여 민주주의를 실현

36 다음의 국민의 정치참여와 관련된 제도 중 간접민주정치를 위한 기본적인 제도로 묶인 것은?

㉠ 선거권	㉡ 국민투표권
㉢ 공무담임권	㉣ 국민발안권

① ㉠㉡　　　　　　　　　　　② ㉠㉢
③ ㉡㉢　　　　　　　　　　　④ ㉢㉣

37 시민의 정치참여가 정치발전에 크게 이바지한 것과 관계가 없는 것은?

① 참여는 대의민주정치를 보완하는 기능을 한다.
② 참여는 시민의 이익을 적극적으로 옹호하고 증진시킨다.
③ 참여는 시민의 주권의식을 증대시켜 정치발전의 기틀을 이룰 수 있다.
④ 시민들의 많은 참여는 정책결정에 혼란을 가중시킨다.

38 다음 중 정당과 압력단체의 내용으로 옳지 않은 것은?

① 압력단체는 입법이나 정책결정에 혼란을 가중시키는 단점이 있다.
② 정당은 특수이익을 목적으로 하나 압력단체는 정권획득을 목표로 한다.
③ 정당은 정책에 대해 정치적 책임을 지지만 압력단체는 책임을 지지 않는다.
④ 정당은 국민전체의 이익을 추구하나 압력단체는 특정한 직업적 이익을 추구한다.

39 다음 중 정책과정에서 공식적 정책결정자와 관계가 없는 것은?

① 국무회의
② 대통령과 대통령비서실
③ 국회 행정부
④ 법원의 정책결정권자

40 민주사회에서 이익집단이 정책결정과정에서 어떤 중요한 역할을 하는가?

① 정부활동의 상호조정
② 정부와 의회 사이의 중간역할
③ 국민 모두의 이익을 도모
④ 정당활동의 부족된 부분을 보충

우리나라의 정치형태

☞ 정답 및 해설 P.224

1 다음 중 우리나라에서 시행하고 있는 직접 민주 정치 제도는?

① 대통령에 대한 국민 소환제   ② 국회의원에 대한 국민 소환제
③ 국민 발안제   ④ 주민 발안제

2 다음 중 옳지 않은 것은?

① 법률안 의결은 재적의원 3분의 2이상 찬성이 필요하다.
② 국정감사는 공개로 한다.
③ 대통령은 조약 체결 및 비준 권한을 가진다.
④ 예산안 처리에 대해 대통령은 거부권을 행사할 수 없다.

3 의원내각제와 대통령제의 일반적인 특징에 대한 설명으로 바르지 못한 것은?

① 대통령제에서 대통령은 의회가 제출한 법률안에 대해 거부권을 행사 할 수 있다.
② 대통령제에서 의회는 대통령이 임명할 행정부 인사에 대한 동의, 거부 또는 탄핵소추권을 가진다.
③ 의원내각제에서 의회는 내각에 대해서 불신임권을 행사할 수 없다.
④ 의원내각제에서 의원이 내각을 겸할 수 있다.

4 갑과 을의 대화에서 을이 자신의 주장을 뒷받침하기 위해 제시할 수 있는 내용은?

> 갑 : 현재 우리나라 정부 형태는 미국식 대통령제에 가까워.
> 을 : 그렇기는 하지만, 의원내각제 요소도 가미되어 있어.

① 독립적인 헌법재판기관으로 헌법재판소가 있다.
② 의회가 고위공직자에 대한 탄핵소추권을 갖고 있다.
③ 행정부의 최고 심의기관으로 국무회의를 두고 있다.
④ 대통령이 의회에서 이송된 법률안에 대한 거부권을 갖고 있다.

5 의원내각제의 특성에 대한 설명으로 옳은 것은?

① 내각이 의회에 존립을 의존하게 되므로 민주적 요청에 부적합하다.
② 의회와 내각이 대립하는 경우 신속한 해결이 불가능하다.
③ 내각이 의회에 연대 책임을 지므로 책임정치를 시행할 수 있다.
④ 의회가 정권획득의 투쟁의 장소로 변질될 우려가 적다.

6 다음의 내용과 관계없는 것을 고르면?

> 1960년 4월 이승만 대통령의 하야로 허정 과도 정부가 수립되었다. 허정 과도 내각은 의원내각제, 양원제 등 3차 개헌을 단행하였으며, 그 결과 대통령 윤보선과 국무총리 장면 등 장면 내각이 수립되었다.

① 의회 중심의 일원적 정치체제이다.
② 정치적 책임에 민감하다.
③ 다수당의 횡포, 신속한 정책결정의 곤란 등의 문제가 있다.
④ 엄격한 권력분립이 이루어진다.

7 감사원에 대한 설명으로 적절하지 않은 것은?

① 합의제 기간으로, 대통령에 소속된 헌법상의 필수기관이다.
② 국가의 세입·세출의 결산, 국가 및 법률이 정한 단체에 대한 회계검사권과 행정기관 및 공무원에 대한 직구감찰권이 있다.
③ 형식상 대통령에 소속되어 있지만, 직무에 관해서는 독립적인 지위를 가진다.
④ 감사원장은 국회의 동의를 얻어 대통령이 임명하고, 그 임기는 4년으로 하며 중임은 불가능하다.

8 지방자치단체에 대한 설명 중 옳지 않은 것은?

① 국가 내의 일정한 지역을 기초로, 그 지역의 주민이 국가로부터 자치권을 부여받아 지방적 사무를 그 권한과 책임 아래 처리하는 법인격이다.

② 보통지방자치단체와 특별지방자치단체로 구분되며 법률로 규정되어 있다.

③ 의결기관인 지방자치단체의 장과 집행기관인 지방의회로 구성된다.

④ 지방자치단체의 장은 지방자치단체의 설치나 분합, 또는 주민에게 과도한 부담을 주거나 중대한 영향을 끼치는 주요 결정사항을 주민투표에 부칠 수 있다.

9 행정부의 구성에 대한 설명이다. 옳은 것을 모두 고르면?

> ㉠ 의원내각제는 의회중심주의로 행정권은 의회의 다수당이 구성하는 내각이 담당한다.
> ㉡ 의원내각제에서 의원과 각료는 겸직이 불가능하다.
> ㉢ 대통령제는 정치적 책임에 민감하며 의회와 내각의 협조가 용이하다는 장점이 있다.
> ㉣ 대통령제는 엄격한 권력분립이 특징적이다.
> ㉤ 대통령제는 의회의 정부불신임권과 정부의 의회해산권을 인정한다.
> ㉥ 의원내각제와 대통령제 모두 사법권의 독립을 철저히 보장한다는 공통점이 있다.

① ㉠㉡㉤   ② ㉠㉣㉥
③ ㉡㉣㉤   ④ ㉢㉤㉥

10 다음 중 지역이기주의 현상과 관계없는 것은?

① 님비(NIMBY) 현상   ② 핌비(PIMBY) 현상
③ 레임덕(lame duck) 현상   ④ 바나나(BANANA) 현상

11 다음 보기에서 제시한 대통령의 권한과 같은 것은?

> ㉠ 국군통수권   ㉡ 국가재정권   ㉢ 법령집행권

① 공무원임면권   ② 헌법수호권
③ 사면권   ④ 법률안 거부권

12 대부분의 국가에서는 대통령제와 의원내각제를 정치제도로 채택하고 있다. 다음 중 우리나라 정치의 의원내각제적 요소에 대한 설명으로 옳은 것은?

① 행정부가 법률안에 대해 제안할 수 있다.
② 각료와 의원의 겸직이 불가능하다.
③ 행정부는 법률안거부권이 있다.
④ 의회는 국무위원 탄핵소추가 불가하다.

13 다음 그림의 (가)와 (나)에 대한 설명으로 옳지 않은 것은?

① (가)는 국민과 의회에 대한 정치적 책임을 진다.
② (나)는 행정권은 의회의 다수당이 구성하는 내각이 담당한다.
③ (가)는 엄격한 권력분립을 이루나 정치적 책임에 민감하지 못하다.
④ (나)는 의회와 내각의 협조가 용이하나 정책결정이 신속하지 못하다.

14 법률의 제정절차에 관한 설명으로 옳지 않은 것은?

① 법률안의 제출은 국회의원과 정부가 할 수 있다.
② 국회가 폐회중일 때는 대통령은 법률안거부권을 행사할 수 없다.
③ 공포된 법률은 공포된 날로부터 20일을 경과함으로써 효력을 발생한다.
④ 본회에서 의결된 법률안은 정부로 이송되어 15일 이내에 대통령이 공포한다.

15 지방자치단체가 할 수 없는 업무는?

① 전염병 예방접종　　　　　　　② 상하수도 사무
③ 국도의 유지 · 수리　　　　　　④ 외교 업무

16 다음과 같은 권한을 국회에 부여한 이유로서 가장 적절한 것은?

> • 국회는 국정을 감사하거나 특정한 국정사안에 대하여 조사할 수 있다〈헌법 제61조 제1항〉.
> • 국회는 국무총리 또는 국무위원의 해임을 대통령에게 건의할 수 있다〈헌법 제63조 제1항〉.
> • 국회는 대통령, 국무총리, 국무위원, 행정각부의 장, 헌법재판소 재판관, 법관 등이 직무집행에 있어서 헌법이나 법률을 위배한 때에는 탄핵의 소추를 의결할 수 있다〈헌법 제65조 제1항〉.

① 의회주의의 위기를 극복하기 위해
② 국회운영의 자주성을 확보하기 위해
③ 다수당에 의한 횡포를 방지하기 위해
④ 행정부와 사법부의 권력남용을 방지하기 위해

17 다음 중 지방자치제에 대한 설명으로 옳은 것은?

① 서울특별시는 특별자치단체이다.
② 지방의회는 주어진 법령 안에서 규칙을 제정할 수 있다.
③ 자치입법권과 자치행정권은 있으나, 재산에 관한 권한은 없다.
④ 지방자치단체의 종류와 운영을 법률에 명시하는 것은 입법적 통제에 해당한다.

18 정치형태에 대한 설명으로 옳지 않은 것은?

① 국민자치의 원리에 가장 충실한 제도는 직접민주정치이다.
② 대통령제는 견제와 균형의 원리에 입각하여 의회해산권이 대통령에게 주어져 있는 것이 일반적인 형태이다.
③ 정치적 책임과 국민적 요구에 민감한 정부형태는 의원내각제이다.
④ 우리나라에서 채택하고 있는 직접민주정치제도는 국민투표제이다.

19 대통령제의 정부형태와 거리가 먼 것은?

① 견제와 균형의 원리에 충실하다.
② 원칙적으로 대통령은 국민이 선출한다.
③ 행정권은 의회의 다수당에 의해 구성된 내각에 있다.
④ 대통령은 의회에 대하여 책임을 지지 않는다.

20 간접민주정치는 국민의 대표가 국정을 운영하는 정치제도로 대의정치라고도 한다. 오늘날 대부분의 국가에서는 정치적 효율성 제고라는 차원에서 간접민주정치를 채택하고 있으나 국민의 정확한 의견 반영의 곤란, 정치적 무관심이 커진다는 문제점이 있다. 이러한 문제점을 해결하기 위한 대책으로 적당하지 않은 것은?

① 사법부의 독립보장   ② 이익단체의 활동보장
③ 국민투표제 실시   ④ 지방자치제 실시

21 우리나라 헌법재판소의 권한이 아닌 것은?

① 위헌법률심판권   ② 탄핵소추권
③ 정당해산심판권   ④ 헌법소원심판권

22 다음 사항에 공통적으로 필요한 헌법상의 절차는?

> • 일반사면   • 긴급명령
> • 비상계엄선포   • 정당해산 제소

① 국회의 동의   ② 국회의 승인
③ 헌법재판소의 심판   ④ 국무회의 심의

23 다음 중 행정부의 최고심의기관은?

① 국가원로 자문회의   ② 국민경제 자문회의
③ 헌법재판소   ④ 국무회의

24 대통령의 긴급명령으로 지방자치법이 폐지되었으나 국회의 승인을 얻지 못하는 경우 지방자치법은 어떻게 되는가?

① 계속 폐지된다.
② 폐지되었던 순간부터 효력을 회복한다.
③ 승인을 얻지 못한 순간부터 효력을 회복한다.
④ 폐지되었던 순간부터 효력을 상실한다.

25 지방자치단체의 의회가 만든 규범은 어느 것인가?

① 규칙
② 법률
③ 명령
④ 조례

26 법원에 관한 설명으로 옳지 않은 것은?

① 정치적 사건을 사법적 절차에 따라 해결하는 곳은 대법원이다.
② 명령·규칙·처분의 최종적인 심사는 대법원이 한다.
③ 군사법원의 상고심은 대법원이 담당한다.
④ 민주적 사법제도의 2대 원칙은 증거재판주의와 공개재판주의이다.

27 다음 중 대통령의 재임기간 중에도 공소시효가 계속해서 진행되는 것은?

① 사기죄
② 뇌물죄
③ 내란죄
④ 살인죄

28 대통령의 권한 가운데 국가원수로서 국정을 조정할 수 있는 권한으로 묶여진 것은?

① 계엄선포권, 영전수여권, 명령제정권
② 조약의 체결·비준권, 외교사절의 신임·접수·파견권, 선전포고 및 강화권
③ 대법원장·국무총리·감사원장·대법관·헌법재판소의 장 임명권
④ 헌법개정안제안권, 국민투표부의권, 임시국회소집요구권, 사면권

29 국회의 회의에 관한 설명 중 옳은 것은?

① 국회의원의 임기만료시 회기계속의 원칙이 적용되지 않는다.
② 특별한 규정이 없는 한 가부동수인 때에는 가결된 것으로 본다.
③ 한 번 부결된 안건은 같은 회기에 한하여 다시 제출할 수 있다.
④ 임시회는 대통령 또는 국회 재적의원 3분의 1 이상의 요구로 집회된다.

30 다음 중 헌법개정에 대한 설명으로 옳지 않은 것은?

① 헌법개정안은 대통령이 제안할 수 있다.
② 국회는 공고된 날로부터 60일 이내에 의결하여야 한다.
③ 국회의 의결에는 재적의원 과반수의 출석과 출석의원 3분의 2 이상의 찬성이 있어야 한다.
④ 의결한 날로부터 30일 이내에 국민투표에 부쳐야 한다.

31 국회에 대한 내용으로 옳지 않은 것은?

① 정기회는 90일을 초과할 수 없다.
② 회의는 공개함을 원칙으로 한다.
③ 의결시 가부동수인 경우는 부결된 것으로 본다.
④ 의사의 능률을 올리기 위하여 위원회와 교섭단체를 둔다.

32 다음 중 경기도의 교통 · 환경오염문제 해결을 위한 최종 정책결정권자는?

① 대통령　　　　　　　　　　　② 국무총리
③ 경기도 도지사　　　　　　　　④ 해당 부처나 기관

33 다음 중 사법권의 독립에 관한 우리나라 헌법의 내용과 일치하는 것은?

① 법관의 자격과 임기를 법원이 자율적으로 정하도록 하고 있다.
② 대법원 판사와 일반법관을 대법원장이 임명하도록 하고 있다.
③ 법관은 징계처분에 의하지 않고는 파면시킬 수 없게 하고 있다.
④ 법원의 조직을 헌법이나 법률로 정하도록 하고 있다.

34 국회만이 가지는 권한이라고 볼 수 있는 것은?

① 법률안 거부권
③ 법률안 공포권
② 법률안 심의권
④ 법률안 제출권

35 국회의 헌법상 지위에 관한 설명 중에서 관계가 없는 것은?

① 국회는 입법기관이다.
② 국회의원은 불체포특권이 있다.
③ 국민을 대표하는 기관이다.
④ 국회는 법을 해석하고 적용한다.

36 다음 중 국회의원에게만 면책특권과 불체포특권을 부여하는 이유로 옳은 것은?

① 국회 내에서 자율적 징계
② 다른 기관의 간섭을 배제
③ 국회의 전문성을 신장
④ 국회의 자주적이고 자유로운 활동보장

37 다음 중 국회의 일반국무에 관한 권한에 해당되지 않는 것은?

① 계엄해제요구권
③ 일반사면에 대한 동의권
② 조약의 체결 · 비준동의권
④ 국정감사 및 조사권

38 입법절차에서 법률의 공포과정을 잘 설명한 것은?

① 정부로 이송된 법률안은 15일 이내에 대통령이 공포한다.
② 국회에서 심의와 의결이 끝나고 15일 이내에 국회의장이 공포한다.
③ 정부로 이송된 법률안은 20일 이내에 국무총리가 공포한다.
④ 국회로 이송된 법률안은 20일 이내에 대법원장이 공포한다.

39 국무총리의 지위와 권한으로 해당되지 않는 것은?

① 대통령 보좌　　　　　　　　② 총리령 발포
③ 국무회의 의장　　　　　　　④ 대통령 궐위시 권한 대행

40 다음 중 법률제정절차에서 대통령의 세 가지 권한에 해당되지 않는 것은?

① 법률안의 심의권　　　　　　② 법률안의 제안권
③ 법률안의 거부권　　　　　　④ 법률안의 공포권

41 다음 중에서 대통령의 권한 중 행정부 수반으로서 해당되는 권한은?

① 국군통수권　　　　　　　　② 정당해산제소권
③ 국민투표부의권　　　　　　④ 헌법개정안제안권

42 우리나라 실정법상 정부형태에 관한 설명으로 옳은 것은?

① 국무총리의 국회의원 겸직이 가능한 것은 권력분립원리에 충실한 것이다.
② 국회의 국무총리 또는 국무위원의 해임건의는 불신임의 결과와 동일하다.
③ 국무위원과 행정각부 장관의 겸직은 기획과 집행의 통일성에 효과적이다.
④ 국무회의는 정부권한에 속하는 중요정책의 합의제기관이다.

43 다음 중 법원의 명령이나 재판결정에 불만이 있을 때 상급법원에 상소하는 절차로 옳은 것은?

① 항고　　　　　　　　　　　② 소원
③ 항소　　　　　　　　　　　④ 상고

44 다음 중 정당의 해산을 헌법재판소에 제소할 수 있는 기관은?

① 법원　　　　　　　　　　　② 국회
③ 정부　　　　　　　　　　　④ 중앙선거관리위원회

45 법률이 헌법에 위배되었는지의 여부를 1차적으로 심사하는 기관은?

① 행정부   ② 국회

③ 법원   ④ 헌법재판소

46 다음 중 지방자치단체에 해당되지 않는 것은?

① 특별시   ② 광역시, 도

③ 시, 구   ④ 읍, 면

47 제1심 결정·명령에 대한 항고사건, 행정소송 등을 담당하는 법원은?

① 대법원   ② 고등법원

③ 지방법원   ④ 가정법원

48 다음 중 지방자치단체의 고유사무에 해당하는 것은?

① 조세징수사무   ② 주택개량사무

③ 재해구호사무   ④ 각종 복지사업사무

49 다음 중 성격이 다른 하나는?

① 핵 폐기물 처리시설 설치   ② 장애인학교 설치

③ 쓰레기 매각장 설치   ④ 월드컵 경기장 설치

50 지방자치단체의 권한으로 볼 수 없는 것은?

① 자치입법권   ② 자치행동권

③ 예산의 심의권   ④ 자치사법권

51 다음 중 범죄행위 여부와 형벌의 내용을 확정할 수 있는 재판은?

① 군사재판　　　　　　　　② 형사재판
③ 민사재판　　　　　　　　④ 행정재판

52 다음 중 우리나라 법을 상위법부터 하위법까지 순서대로 나열한 것은?

① 헌법 – 명령 – 법률 – 규칙 – 조례
② 헌법 – 법률 – 명령 – 조례 – 규칙
③ 헌법 – 명령 – 조례 – 법률 – 조례
④ 규칙 – 명령 – 조례 – 법률 – 헌법

53 우리나라 국회에서 국회의원 제명 의결을 위한 의사 결정 정족수는?

① 재적의원 과반수의 찬성
② 재적의원 2/3 이상의 찬성
③ 재적의원 과반수의 출석과 출석의원 과반수의 찬성
④ 재적의원 과반수의 출석과 출석의원 2/3 이상의 찬성

⑤ 국제관계와 한국 민주정치의 과제

☞ 정답 및 해설 **P.229**

1 다음의 내용을 모두 포괄하는 것은?

> • 원칙, 규범, 규칙, 절차 등으로 구성되어 있다.
> • 비공식적인 정치적 · 관습적 요소도 포함한다.
> • 참여국들의 자발적인 결합에 기초한 협력적 제도이다.
> • 국제기구보다 범위가 넓으며 국제기구를 이용할 수 있다.

① 정부간 국제기구
② 비정부간 국제기구
③ 국제레짐
④ 유엔헌장

2 국내법과 국제법의 구별 및 그 관계에 대한 설명으로 옳지 않은 것은?

① 헌법에 의해 체결 · 공포된 조약과 일반적으로 승인된 국제법규는 국내법과 같은 효력을 가진다.
② 국회는 상호원조 또는 안전보장에 관한 조약의 체결 · 비분에 대한 동의권을 가진다.
③ 국제법은 명확한 집행 기관이나 강제적 구속력이 없다.
④ 국제법은 범세계적인 입법기관에서 제정되므로 국내법과 법원(法源)이 동일하다.

3 조약에 대한 일반적인 특성 중 옳은 것만 고른 것은?

> ㉠ 국회는 중요한 국제조직에 관한 조약의 비준에 동의권을 가진다.
> ㉡ 문서 형식으로 이루어진 국제적 합의이다.
> ㉢ 모든 국가들에게 적용되는 국제규범이다.
> ㉣ 법의 일반원칙으로 마땅히 지켜야 할 내용들에게 관한 것이다.

① ㉠㉡
② ㉠㉢
③ ㉡㉢
④ ㉢㉣

4 국제정치를 보는 다음과 같은 시각에 대한 설명으로 옳은 것은?

> 국제사회는 보편적인 가치나 질서에 의해서 지배되는 것이 아닙니다. 오로지 힘으로 주도될 뿐이지요. 각국은 각자 자국의 이익을 추구하기 위해 움직일 뿐이므로, 배려나 양보를 기대하는 데는 무리가 있습니다.

① 국제사회의 안정을 위해서는 경쟁과 동맹을 통한 세력 균형이 필요하다고 본다.
② 국가 간의 비정치적, 기능적 교류를 통해 궁극적으로 평화를 이룩할 수 있다고 본다.
③ 국가뿐만 아니라 국제기구, 국가 간 기구, 민간기구 등도 국제정치의 주요 행위자라고 본다.
④ 국제사회의 각 국가들은 비록 무정부 상태라고 하더라도 반복적인 상호작용을 통해 협력을 달성할 수 있다고 본다.

5 다음 표와 같이 국제기구를 분류할 때 (가)~(라)에 대한 설명으로 옳은 것을 고르면?

구분		기능적 범위	
		일반적 · 포괄적	전문적 · 제한적
회원자격	정부 간 국제기구	(가)	(나)
	비정부 간 국제기구	(다)	(라)

> ㉠ 국제연합(UN), 북대서양조약기구(NATO)는 (가)에 해당한다.
> ㉡ 한 · 중 · 일 간에 관세 철폐를 기반으로 한 경제기구가 만들어진다면 (나)에 해당한다.
> ㉢ 국제사면위원회(AI), 국제적십자사(ICRC)는 (라)에 해당한다.
> ㉣ (가)는 전 세계에 걸쳐 활동하지만, (다)는 특정지역을 기반으로 활동한다.

① ㉠㉡
② ㉠㉣
③ ㉡㉢
④ ㉢㉣

6 종속이론가들이 주장하는 제3세계 저발전의 원인으로 옳은 것은?

① 자원의 부족
② 전통적 요인
③ 사회규범의 부재
④ 세계체제의 주변부적 위치

7 다음에 해당하는 기구는?

> 기존의 GATT를 흡수 통합해 세계무역질서를 이끌어가고 UR협정의 이행을 감시하는 기구로 국가 간 경제 분쟁에 대한 판결권과 그 판결의 강제집행권을 규범에 따라 행사함으로써 국가 간 분쟁이나 마찰을 조정한다.

① WTO   ② OECD
③ EU   ④ APEC

8 국제관계에 대한 설명 중 옳지 않은 것은?

① 국제사회에는 중앙정부가 없다.
② 국제사회는 독립적 주권국가들로 구성된다.
③ 국제사회 구성 국가들은 공동의 이익을 추구한다.
④ 국제사회는 공동의 목표를 위해 각국이 협력한다.

9 다음과 같은 국제사회의 특징에 비추어, 우리나라의 대응방안으로 옳지 않은 것은?

> 국가 간의 관계는 이익이 서로 조화를 이루는 동안에는 우호적인 관계가 유지되지만, 이해관계가 상충되면 적대관계로 변하기도 한다.

① 민족의 통일을 위해서는 우리 민족의 배타적 이익만을 위해 외교정책을 편다.
② 자주국방·안보에 힘써야 한다.
③ 미국을 비롯한 자유우방과의 협력관계를 강화하면서 스스로 안전보장능력을 길러야 한다.
④ 제3세계와 관계 개선 및 북방외교를 통해 러시아, 중국 등 공산권과 협력적 관계를 추구한다.

10 우리 헌법이 국제관계에 대해 규정하고 있는 내용이 아닌 것은?

① 국제법 존중   ② 외국인의 지위보장
③ 침략전쟁의 부인   ④ 국군의 해외파견 금지

11 다음 중 국제사회의 성격이 아닌 것은?

① 상호경쟁   ② 이념 중시

③ 상호협력   ④ 자국의 이익 추구

12 다음 중 관세의 부과이유로 옳지 않은 것은?

① 국내 유치산업의 보호를 위해   ② 정부의 세입을 증대시키기 위해

③ 국내 시장질서의 교란을 막기 위해   ④ 무역의 이익을 최대한 거두기 위하여

13 비동맹국가와 교류시 우리나라가 처한 상황에서 가장 중점을 두어야 하는 것은?

① 자유민주주의의 이념   ② 효율적인 경제교류의 증대

③ 민족통일을 위한 노력의 증진   ④ 분단외교를 위한 적극성

14 다음과 같은 상황을 극복하기 위해서 강조하는 국제사회의 특징은?

> • 핵전쟁으로 인한 인류멸망   • 자원낭비로 인한 인류의 생존위협
> • 인구의 폭발적 증가로 행복저해

① 자원민족주의가 강화되는 사회   ② 공동목표를 위해서 협조하는 사회

③ 통일된 통일기구가 없는 사회   ④ 힘의 원리가 지배하는 사회

15 우리나라는 1992년 전통 우방이었던 중화민국(대만)과 외교관계를 단절하고 중화인민공화국(중국)과 외교관계를 수립했다. 그 직후 대만과의 모든 교류가 중단되었으나 1년여 후 경제교류가 회복되었다. 이 사실로부터 알 수 있는 오늘날의 국제관계의 특징으로 옳지 않은 것은?

① 국가 간에는 영원한 친구도 영원한 적도 없다.

② 국가 간의 배신행위에 대해서는 응징을 하기가 힘들다.

③ 국가 간에는 이데올로기가 중요한 역할을 한다.

④ 국가 간에는 도덕이라는 것이 거의 존재하지 않는다.

16 다음 중 국제사회에서 힘의 원리가 지배하는 것을 공식적으로 인정해주는 국제기구는?

① 국제연맹
② IMF
③ 유엔안전보장이사회
④ 국제연합

17 다음의 내용을 읽고 오늘날의 국제적 현실을 바르게 추론한 것은?

> • 국제사회에는 강제적인 규범과 체계적인 권력조직체가 없다.
> • 세계는 생태계 파괴, 환경오염 등의 환경윤리적 과제를 안고 있다.
> • 교통과 통신수단의 발달, 무역의 증진은 국제관계를 변화시키고 있다.

① 국제관계는 이제 힘의 논리가 아닌 법의 지배를 통해 규율된다.
② 국제기구의 역할이 확대되면서 각국의 주권은 크게 제한되고 있다.
③ 국가 간의 상호의존성이 심화됨에 따라 전쟁의 가능성이 거의 사라졌다.
④ 국가들은 국제협력을 확대해 나가면서도 개별적 안보노력을 계속하고 있다.

18 다음 중 우리나라가 가입하지 않은 국제기구는?

① WTO(세계무역기구)
② IMF(국제통화기금)
③ NAFTA(북미자유무역지역)
④ OECD(경제협력개발기구)

19 다음 보기의 내용은 세계무역기구(WTO)에 관한 설명이다. 이를 토대로 이 기구가 겨냥하는 효과를 바르게 추론한 것은?

> • 농산물 서비스의 교역에 있어 완전한 개방을 추구한다.
> • 국가간 교역에 있어 관세 및 비관세장벽의 철폐를 추진한다.
> • 관세및무역에관한일반협정(GATT)을 대신하여 새로운 국제질서를 주도한다.

① 지역주의적 경제통합의 촉진에 기여할 것이다.
② 비교우위에 따른 국제분업의 이익이 증대될 것이다.
③ 산업보호를 통하여 각국이 유치산업을 육성하게 될 것이다.
④ 국가 간의 경쟁을 억제시켜 개방경제의 문제점을 해결하게 될 것이다.

20 다음 중 국제무역레짐으로서 GATT체제의 규범과 관계가 없는 것은?

① 긴급수입제한   ② 무차별주의
③ 무역장벽의 시장성 보장   ④ 다변주의

21 다음 글의 내용으로 보아 우리의 대북한 외교방향으로 가장 적절한 것은?

> 아프리카의 콩고민주공화국은 거대한 영토와 그 속에 묻혀있는 우라늄, 다이아몬드 등의 지하
> 자원을 노리는 미국과 벨기에, 그리고 콩고민주공화국 주변국들의 간섭에 의한 세계전쟁의 성
> 격을 띤 내전을 겪고 있다. 이스라엘은 많은 첨단기술인력을 보유하고도 자국에 기업을 유치하
> 지 못하고 미국의 나스닥 시장에 빼앗기고 있는데, 그것의 가장 큰 이유는 최근 더 가열되고
> 있는 아랍에 대한 강경한 태도로 인한 무력충돌로 정국이 불안하기 때문이다.

① 북한의 노동법에 있는 우리나라에 대한 적대적 조항들을 이유로 강경한 태도로 대북외교
    를 편다.
② 북한의 경제적 어려움을 기회로 무력침략을 하여 통일을 한다.
③ 시베리아횡단철도의 연계는 경제적 이익이 많기 때문에 실리적 차원에서 접근한다.
④ 북한의 체제혼란이나 정국불안정은 외세의 개입을 부르고, 남북한 간의 긴장을 가져와 동북
    아중심국가로서의 위치를 차지하는 데 해가 되므로 남북한 간 정국안정을 꾀하도록 한다.

경제

① 경제생활의 이해

☞ 정답 및 해설 P.232

1 경제체제의 설명 중 올바르지 않은 것은?

① 혼합경제체제는 계획경제체제와 시장경제체제의 요소를 적절히 결합하여 경제문제를 해결한다.
② 사회주의 경제체제는 노사 간의 갈등을 해소시키기 위해 등장했다.
③ 시장경제체제는 시민사회의 형성과 산업혁명의 과정을 거쳐 성립되었다.
④ 계획경제체제는 영리추구를 허용하여 개인의 이윤추구 동기를 강화시킨다.

2 인간의 무한한 욕구에 비하여 이를 충족시킬 수 있는 자원이 상대적으로 부족한 현상을 일컫는 말은?

① 형평성   ② 효율성
③ 희소성   ④ 희귀성

3 다음 중 신자유주의 정책과 가장 가까운 것은?

① 증세정책   ② 보호무역정책
③ 정부 규제의 축소   ④ 저소득층에 대한 사회안전망의 확충

4 자본주의의 도래와 관련된 설명 중 베버(Weber)의 관점으로 옳은 것은?

> ㉠ 근대 경제발전의 핵심은 합리화 과정이다.
> ㉡ 근대사회의 핵심적인 불평등은 계급 불평등이다.
> ㉢ 자본주의 사회는 역사적으로 진전되는 사회 유형의 과도기적 단계이다.
> ㉣ 사회의 불평등 관계는 단일한 근거에 의한 것이 아니라 다원적인 성격을 갖는다.

① ㉠㉡   ② ㉠㉣

③ ㉠㉢㉣   ④ ㉡㉢㉣

5 유행에 따른 소비, 충동구매 등과 관련된 소비 심리는?

① 밴드웨건 효과   ② 스놉 효과

③ 베블런 효과   ④ 브래들리 효과

6 "한 남자가 회사에서 야근을 하지 않는 대신 퇴근 후 친구와 함께 음주가무를 즐겼다." 이는 다음 중 무엇에 대한 개념인가?

① 기회비용   ② 효율성

③ 형평성   ④ 희소성

7 다음 보기의 경제체제 발달과정 중 빈칸에 들어갈 체제에 대한 설명으로 옳은 것은?

> 상업주의 ─→ 산업혁명 ─→ (　　) ─→ 수정자본주의

① 자본주의체제 성립의 결정적인 계기가 되었다.
② 근로자 생활의 불안정이 심화되었다.
③ 산업생산력과 노동생산성이 급격하게 증대되었다.
④ 금융과 회사제도의 발달을 가져왔다.

8 다음 밑줄 친 부분이 가리키는 것은?

> 시민사회에서 개인의 이기심에 발로한 경제적 행위가 결국 사회적 생산력 발전에 이바지하며, 이러한 개인의 이기심과 사회적 번영을 매개하는 것은 하나님의 '보이지 않는 손'이라고 생각하였다. 즉, 각 개인은 사적 이익을 추구하고 있는 동안에 '보이지 않는 손'에 이끌려 예상치 못했던 사회전체의 이익을 가져온다고 보았다.

① 화폐　　　　　　　　　　　② 노동력
③ 생산가격　　　　　　　　　④ 시장가격

9 펜 1개의 값은 1,000원, 노트 1개의 값은 200원이다. '펜 6개와 노트 2개를 살까? 펜 4개와 노트 3개를 살까?' 고민하다가 펜 4개와 노트 3개를 사기로 했다면 노트 1개의 기회비용은 얼마인가?

① 펜 1자루　　　　　　　　　② 펜 2자루
③ 펜 3자루　　　　　　　　　④ 펜 4자루

10 생산물의 종류와 수량, 생산방법, 소득의 분배 등의 기본적 경제문제를 현재 우리나라는 어떤 방법으로 해결하고 있는가?

① 정부의 계획과 명령　　　　② 전통과 관습
③ 시장의 가격기구　　　　　④ 시장가격과 정부의 개입

11 다음 중 서구 여러 나라의 근대시민계급에 대한 설명으로 옳지 않은 것은?

① 처음에는 중앙집권적 민족국가를 형성하는 절대군주에 적극 협력하였다.
② 경제활동에 있어서 보호무역을 주장하였다.
③ 산업혁명 이후부터 부의 축적이 강화되면서 절대군주와 대립하였다.
④ 자유와 평등을 보장하는 정치제도를 요구하였다.

12 다음의 그래프는 감자와 고구마의 생산조합을 나타낸 것이다. 이에 대한 설명으로 옳은 것은?

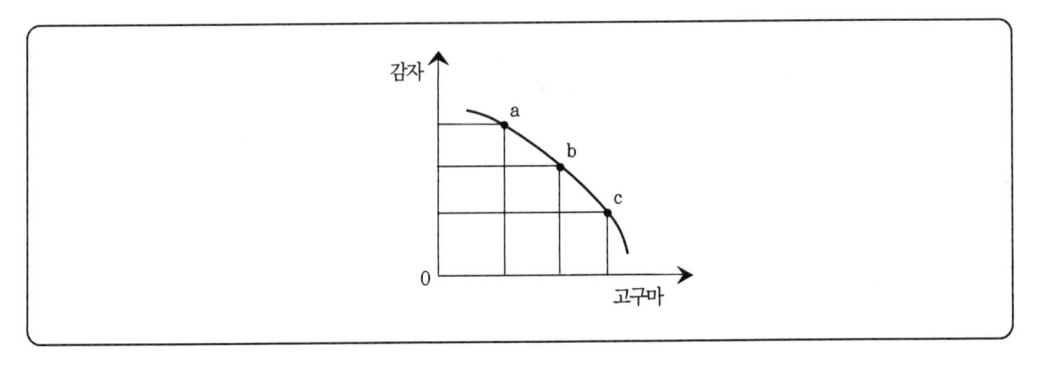

① 감자의 기회비용은 반비례한다.
② 고구마의 기회비용은 반비례한다.
③ c점에서 b점으로 이동하는 과정에서 고구마의 생산을 줄이지 않고도 감자의 생산을 늘릴 수 있다.
④ 일정한 양의 고구마 생산을 늘리기 위해서 포기해야 하는 감자의 양은 b점보다 c점에서 많아진다.

13 경제생활이란 대가를 지불해야만 하는 것이라는 관점에서 볼 때 경제생활의 출발점은?

① 형평성   ② 효율성
③ 기회비용   ④ 희소성

14 효율성만을 중시하는 성장 위주의 경제정책으로 나타난 결과로 보기 어려운 것은?

① 소득분배의 불공평
② 도시와 농촌의 불균형
③ 정부 내지 관(官)의 지도력 약화
④ 내수산업과 수출산업의 불균형

15 A재의 소비량이 8에서 9로 증가하고 한계효용이 0일 때 가장 적절한 설명은?

① A재를 9단위 소비할 때 총효용은 0이다.
② A재를 9단위 소비할 때의 총효용이 8단위 소비할 때보다 크다.
③ A재를 9단위 이상으로 소비량을 늘리면 총효용은 증가한다.
④ A재를 9단위 소비할 때 최대의 총효용을 얻는다.

16 다음 중 경제활동을 가장 잘 설명한 것은?

① 경제원칙에 입각한 행위
② 재화와 용역을 유상으로 조달하는 인간의 행위
③ 시장에서 상품을 구입하고 판매하는 행위
④ 이윤을 극대화하려는 행위

17 다음 중 경제적이라는 개념을 가장 잘 설명하고 있는 것은?

① 수요공급의 법칙에 따라 행동한다.
② 경제체제의 이념에 맞게 행동한다.
③ 최소비용으로 최대효과를 얻는다.
④ 효율성과 공평성 모두를 고려한다.

18 다음 중 의미가 다른 하나는?

① 사회정의　　　　　　　　② 공공복리
③ 소득재분배　　　　　　　④ 경제성장

19 다음 중 경제활동이라고 할 수 없는 것은?

① 생산　　　　　　　　　　② 분배
③ 소비　　　　　　　　　　④ 지출

20 경제주체에 대한 설명으로 옳지 않은 것은?

① 가계는 소비주체이다.
② 기업은 생산주체이다.
③ 정부는 공공서비스를 소비하는 주체이다.
④ 외국은 교역주체이다.

21 다음 용역 중 간접용역에 해당하는 것은?

① 변호사의 활동   ② 음악가의 음악활동
③ 운수업자의 운수활동   ④ 의사의 진찰활동

22 산업혁명의 결과를 가장 바르게 지적한 것은?

① 절대주의의 붕괴로 자본주의적 요소가 확산되었다.
② 경제활동의 중심이 농업에서 공업으로 변화하였다.
③ 정부가 개개인의 경제활동을 규제하였다.
④ 자본가계층과 노동자계층의 구분이 어려워졌다.

23 다음 두 시대를 구분하는 가장 중요한 근거는?

• 봉건경제	• 자본주의경제

① 화폐의 발생   ② 상인계급의 출현
③ 종교세력의 몰락   ④ 임금노동자의 발생

24 다음 중 스미스(A. Smith)의 저서로 옳은 것은?

① 국부론   ② 인구론
③ 법의 정신   ④ 시민정부이론

25 다음 글의 (   ) 안에 알맞은 말로 짝지어진 것은?

> 자본주의경제가 성립되려면 자본의 축적, (   ), 노동력이라는 세 가지 요건이 갖추어여야 한다. 이 세 가지가 다 갖추어진 시기는 나라에 따라 다르나, 대체로 16세기에서 (   )까지에 걸쳐 유럽제국에서 이루어졌다.

① 자본재사용, 17세기　　　　　② 상품시장, 18세기
③ 전문경영인, 18세기　　　　　④ 자유경쟁, 17세기

26 시장경제와 계획경제를 구분하는 기준으로 옳은 것은?

① 운용방식　　　　　　　　　② 소유형태
③ 정치형태　　　　　　　　　④ 사회체제

27 뉴딜(New Deal)정책의 내용이라 할 수 없는 것은?

① AAA(농업조정법)　　　　　② NIRA(산업부흥법)
③ TVA(테네시계곡개발공사)　　④ VAN(부가가치정보통신망)

28 '풍요 속의 빈곤'의 해소방안으로 옳은 것은?

① 유효수요의 증대를 통한 소비촉진　　② 생산증대를 통한 공급촉진
③ 통화억제를 통한 총수요억제　　　　④ 공공투자사업의 축소

29 자본주의경제의 변화로 옳은 것은?

① 산업자본주의 – 독점자본주의 – 수정자본주의
② 독점자본주의 – 수정자본주의 – 산업자본주의
③ 수정자본주의 – 산업자본주의 – 독점자본주의
④ 산업자본주의 – 수정자본주의 – 독점자본주의

30 1930년대 경제공황을 타개하기 위한 뉴딜정책에 직접적인 영향을 준 경제학자는?

① 애덤 스미스(A. Smith) ② 케인즈(J. M. Keynes)
③ 벤덤(Bentham) ④ 루소(J. J. Rousseau)

31 경제자료와 경제정보에 대한 설명으로 옳지 않은 것은?

① 재화의 소비를 통해 얻는 소비자의 만족도는 객관적 측정이 어렵다.
② 변화를 파악하고 비교하기 위해서는 다른 시점 간의 통계자료가 서로 일관성을 가져야 한다.
③ 정확한 경제정보를 생산하기 위해서는 수시로 자료수집의 기준을 바꾸어야 한다.
④ 경제정보를 생산해내는 이유는 정보의 활용가치가 그 정보를 만드는 데 들어간 비용과 시간보다 더 크기 때문이다.

32 전수조사와 비교할 때 표본조사의 특징에 해당하는 것은?

① 조사상의 오차가 적다.
② 시간과 비용이 적게 소요된다.
③ 전체의 특성을 보다 잘 파악할 수 있다.
④ 조사된 통계의 신뢰도가 높다.

33 통계자료가 자원배분과 같은 의사결정에 활용되기 위한 조건 두 가지로 옳은 것은?

① 정확성, 일관성 ② 효율성, 형평성
③ 지속성, 타당성 ④ 공평성, 분배성

34 다음 중 표본조사의 장점으로 옳은 것은?

① 조사대상 전부를 조사할 수 있다.
② 적은 비용으로 전체의 특성을 파악할 수 있다.
③ 인구 및 주택센서스 조사 시 중요한 조사방법이다.
④ 보다 정확하고 정밀한 조사를 할 수 있다.

35 불변가격통계자료 작성시 중요한 것은?

① 경상가격 ② 시장가격
③ 물가지수 ④ 수출입동향

36 공직자의 경제윤리라고 할 수 없는 것은?

① 행정편의주의에 치우쳐서는 안 된다.
② 공익을 우선하는 마음으로 솔선수범해야 한다.
③ 시장의 실패로 비롯되는 부작용을 최소화해야 한다.
④ 이윤추구만이 아니라 사회적 책임도 수행해야 한다.

☞ 정답 및 해설 **P.235**

1 과자의 가격을 1000원에서 850원으로 내렸을 때 수요량은 300개에서 318개로 증가하였다. 과자에 대한 수요의 가격탄력성은? (수요의 가격탄력성은 절댓값으로 표현한다.)

① 0.2   ② 0.4
③ 0.8   ④ 1.0

2 다음은 X재의 수요 및 공급표이다. 이에 대한 분석으로 옳지 않은 것은? (단, X재의 수요곡선 및 공급곡선은 연속이다)

가격(원)	600	800	1,000	1,200	1,400	1,600
수요량(개)	200	190	180	170	160	150
공급량(개)	140	160	180	200	220	240

① 균형가격은 1,000원이고 균형 거래량은 180개이다.
② 균형가격이 1,600원일 경우에 공급자는 240개를 다 팔 수 있다.
③ 수요의 법칙에 따르는 Y재가 X재의 대체재인 경우, Y재의 가격이 상승하면 X재의 수요량이 증가한다.
④ X재에 대한 소비자의 기호가 상승하면, 수요곡선이 이동한다.

3 다음은 A재 가격 하락으로 인해 변화된 B재와 C재 시장의 모습이다. 이에 대한 설명으로 옳은 것만을 보기에서 모두 고른 것은? (단, 모든 재화는 정상재)

구분	B재	C재
가격	상승	하락
수요(량)	증가	감소

① ㄱㄴ　　　　　　　　　　② ㄱㄷ
③ ㄴㄷ　　　　　　　　　　④ ㄱㄴㄷ

4 다음과 같은 특성을 지닌 시장 형태로 가장 적절한 것은?

> • 소수의 공급자　　　　　　　• 치열한 비가격 경쟁
> • 담합 가능성이 있음

① 독점 시장　　　　　　　　② 과점 시장
③ 완전 경쟁 시장　　　　　　④ 생산 요소 시장

5 다음 그래프와 같은 수요 변화(D → D')를 가져올 수 있는 요인을 모두 고른 것은? (단, 다른 조건은 일정하다.)

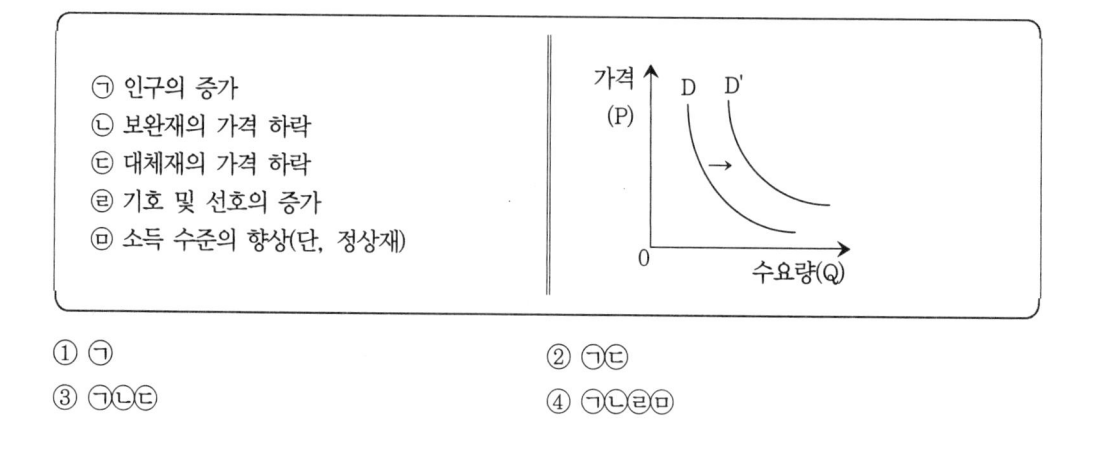

> ⊙ 인구의 증가
> ⓒ 보완재의 가격 하락
> ⓒ 대체재의 가격 하락
> ⓔ 기호 및 선호의 증가
> ⓜ 소득 수준의 향상(단, 정상재)

① ㄱ　　　　　　　　　　　② ㄱㄷ
③ ㄱㄴㄷ　　　　　　　　　④ ㄱㄴㄹㅁ

6 시장가격의 결정에 대한 설명으로 적절한 것은?

① 초과공급이 이루어지면 수요부족현상이 발생하여 가격이 상승한다.
② 초과수요가 발생하면 공급부족현상이 발생하여 가격이 하락한다.
③ 시장 공급량과 시장 수요량이 같은 상태에서 균형가격이 결정된다.
④ 희소성이 높을수록 가격이 하락한다.

7 다음 상황으로 나타나는 결과는?

> • 주식상장하는 기업이 늘고 있다.　　　　• 외국자본의 주식투자가 늘고 있다.

① 주식거래량은 증가하고, 주가지수는 상승한다.
② 주식거래량은 감소하고, 주가지수는 상승한다.
③ 주식거래량은 증가하나, 주가지수는 알 수 없다.
④ 주식거래량은 감소하나, 주가지수는 알 수 없다.

8 A, B 두 사람의 주장을 바탕으로 추론할 때 다음 중 옳지 않은 것은?

> A : 저축을 많이 해야 기업 투자가 늘고 경제가 발전한다.
> B : 소비를 잘 해야 수요가 늘고 물가기 잘 돌아서 경제가 발전한다.

① 과소비라 할지라도 이는 수요를 증대시키므로 경제가 성장한다.
② 저축은 금융기관을 통해 자금이 필요한 기업에 대출되고 기업은 이를 활용하여 기술 개발 및 생산 능력을 확대시킨다.
③ 저축이 감소하면 기업 투자가 감소하고 경제가 위축된다.
④ 저축만 계속하다 보면 수요가 감소되어 단기적으로 경기가 위축될 수 있다.

9 수요곡선이 D에서 D'로 변동한 원인에 해당하는 것은?

① 대신할 수 있는 상품의 가격이 올라갔다.
② 소비자의 소득이 감소하였다.
③ 소비자 수가 감소하였다.
④ 보완관계에 있는 상품의 가격이 올라갔다.

10 독점적 경쟁시장에서의 가격은 완전경쟁시장에서의 가격보다 다소 높을 수 있지만 바람직한 점도 있다. 이 독점적 경쟁시장의 장점은?

① 수요자 기호에 맞추어 다양한 상품이 공급된다.
② 공급자가 일방적으로 가격을 결정한다.
③ 동일한 상품에 대하여 가격차별이 가능하다.
④ 소수의 기업이 담합으로 이윤을 증대시킬 수 있다.

11 소비자의 소득이 고정되어 있고, 이 소득으로 가격이 각각 다른 재화 X재와 Y재를 소비할 때 합리적인 소비의 조건은?

① X재와 Y재의 한계효용이 최대가 될 때
② X재와 Y재의 총효용이 같을 때
③ X재와 Y재의 한계효용이 같을 때
④ X재와 Y재의 화폐의 1원어치의 한계효용이 같을 때

12 독점기업의 수요곡선이다. 그래프가 다음과 같이 주어져 있을 때, 이를 바르게 추론한 것은?

가격(원)

100

50

0   50   100   수량(개)

① 기업이 판매량을 늘리려면 가격을 내려야 한다.
② 가격이 100원일 때, 기업의 총수입이 최대가 된다.
③ 기업의 공급곡선은 우상향하는 형태가 될 것이다.
④ 가격을 50원에서 60원으로 올리면 총수입은 증가한다.

13 오른쪽 그림에서 독점시장의 가격결정과 관련된 설명 중 옳지 않은 것은?

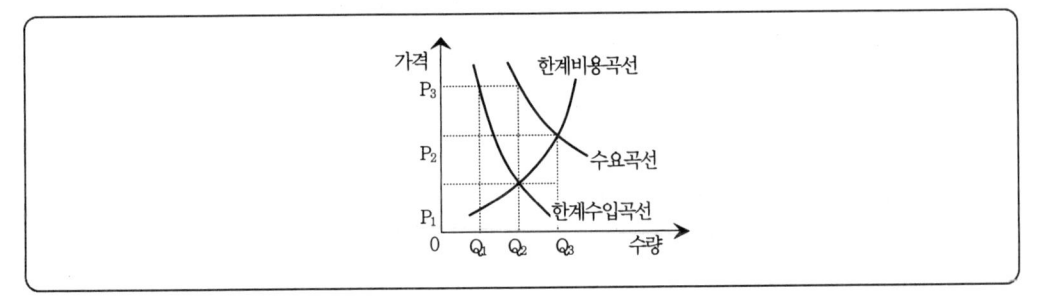

① 독점기업의 한계수입은 시장가격과 일치하지 않는다.
② 독점기업의 한계수입은 시장가격보다 낮다.
③ 독점기업의 공급량은 Q2에서 결정된다.
④ 독점기업의 균형가격은 P1에서 결정된다.

14 수요의 가격탄력성이 탄력적인 경우 가격이 상승하면?

① 수요량이 감소하고, 그 상품의 소비에 지출되는 금액도 감소한다.
② 수요량이 감소하나, 그 상품의 소비에 지출되는 금액은 증가한다.
③ 수요량이 증가하고, 그 상품의 소비에 지출되는 금액도 증가한다.
④ 수요량이 증가하나, 그 상품의 소비에 지출되는 금액은 감소한다.

15 한 나라의 평균소비성향이 높으면 외자도입이 불가피하게 되는데 그 이유는?

① 소비의 감소로 투자재원이 감소하므로

② 소비의 증가로 물량이 부족하게 되므로

③ 저축성향의 감소로 투자재원이 부족하므로

④ 저축증가로 투자재원이 부족하기 때문에

16 다음 그림은 배추의 수요곡선이다. 배추생산량이 0Q일 때 시장가격이 0P에서 결정되었다. 그러나 배추의 생산이 풍년으로 0Q2만큼 생산되어 0P2로 가격이 폭락했다. 정부가 0P1의 가격을 유지하려면?

① 0Q2 − 0Q만큼 수매한다.

② 0Q2 − 0Q1만큼 수매한다.

③ 0Q1만큼 수매한다.

④ 0Q2만큼 수매한다.

17 다음의 내용을 종합하여 개념정의를 한다면?

- A는 집주변 공한지를 이용하여 지난해 작황소득이 좋았던 고구마를 심기로 했다.
- B는 생산공장을 확장하면서 노동인력과 기계설비 양자를 놓고 선택의 고민을 하던 중·장기적으로 보아서 인건비 상승이 우려되어 당장은 투자비가 더 들지만 기계설비 쪽을 선택하였다.

① 시장지배

② 시장실패

③ 수요공급

④ 가격기능

18 일반적인 재화의 수요곡선이 다음 그림과 같은 형태로 나타나는 까닭이라고 보기 어려운 것은?

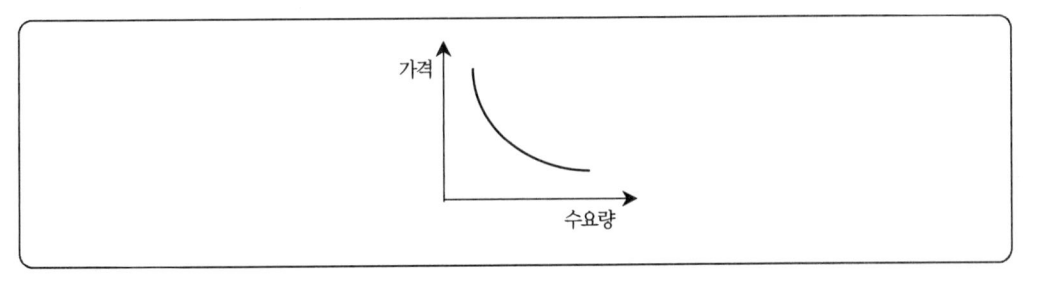

① 소득이 한정되어 있기 때문이다.
② 한계효용체감의 법칙이 작용하기 때문이다.
③ 한계비용체증의 법칙이 작용하기 때문이다.
④ 한계효용균등의 법칙에 따라 소비하기 때문이다.

19 가격이 1,000원인 어떤 상품을 생산함에 있어서 투입되는 가변비용과 그에 따른 생산량의 관계가 다음 도표와 같을 때 합리적인 생산량은 몇 단위인가?

가변비용(만원)	8	9	10	11	12
생산량(단위)	177	189	200	210	219

① 177단위   ② 189단위
③ 200단위   ④ 210단위

20 정부가 사치품에 대해서 가격을 올릴 때 이 가격정책이 최대의 효과를 나타낼 수 있는 경우는?

① 수요의 탄력성이 0일 때   ② 수요의 탄력성이 1일 때
③ 수요의 탄력성이 1보다 클 때   ④ 수요의 탄력성이 1보다 작을 때

21 다음의 조건하에 쌀시장에서 발생될 수 있는 경제현상으로 옳은 것은?

• 식생활의 개선으로 빵의 수요가 급증   • 쌀시장의 개방

① 가격하락, 거래량증가   ② 가격하락, 거래량감소
③ 가격상승, 거래량증가   ④ 가격상승, 거래량감소

22 상품 A, B, C의 가격은 각각 100원, 200원, 300원이고 상품수입에 지출할 수 있는 금액은 2,000원이다. 아래의 한계효용표에서 소비자가 최대만족을 얻을 수 있는 각 상품의 구입량은 상품 A, B, C의 순서대로 보아 다음 중 어느 것인가?

단위 \ 상품명	A	B	C
1	10	14	21
2	8	10	15
3	7	6	9
4	5	4	6
5	3	2	3
6	2	1	2
7	1	0	0

① 3단위, 1단위, 1단위 ② 4단위, 2단위, 2단위
③ 5단위, 3단위, 3단위 ④ 6단위, 3단위, 2단위

23 다른 생산요소를 고정시켜 놓고 노동투입을 증가시키면 결국 한계비용은 체증하게 된다. 그 이유는?

① 고정비용의 증가 ② 한계생산성 체감
③ 생산기술의 향상 ④ 한계생산균등의 적용

24 효용의 개념에 대한 설명 중 옳지 않은 것은?

① 재화는 효용이 인정되나, 용역에는 효용이 인정되지 않는다.
② 효용은 수량적으로 측정할 수 없는 것이다.
③ 어떤 재화의 소비로부터 얻게 되는 효용의 총량을 총효용이라고 한다.
④ 소비자가 재화나 용역의 소비로부터 느끼는 만족도가 효용이다.

25 생산요소에 따라 얻어지는 가계소득의 연결이다. 옳지 않은 것은?

① 노동 – 임금 ② 자본 – 이자
③ 기술 – 배당금 ④ 토지 – 지대

26 토지 1단위의 비용이 1만원이고 노동 1단위의 비용이 5만원이라면, 양파생산자가 최소비용상태가 되는 합리적 행위는?

① 토지의 한계생산과 노동의 한계생산이 같도록 한다.
② 사용된 토지의 양이 사용된 노동의 양의 5배가 되도록 한다.
③ 노동의 한계생산이 토지의 한계생산의 5배가 되도록 한다.
④ 양파가격을 모르므로 알 수가 없다.

27 완전경쟁시장하에서 행동하는 기업에 대한 설명으로 옳은 것은?

① 생산증가는 가격의 하락을 가져올 수 있다.
② 동일한 상품에 대한 가격차별화를 행한다.
③ 한계수입이 한계비용을 초과한다면 공급을 늘릴 것이다.
④ 시장지배를 목적으로 카르텔을 형성하는 경우도 있다.

28 생산량의 변화에 따라 변하는 가변비용으로 옳은 것은?

① 공장구입비
② 원자재구입비
③ 자본설비구입비
④ 기계설비도입비

29 다음 보기의 사실과 관계있는 경제적 개념으로 옳은 것은?

> 철수는 1근에 8,000원하는 쇠고기 대신 1근에 3,400원하는 돼지고기를 샀다.

① 생산비용
② 기회비용
③ 희소성의 원칙
④ 한계비용

30 소득수준과 그에 따른 소비생활에 대한 설명으로 옳지 않은 것은?

① 소득이 높아질수록 소비지출의 증가보다 저축의 증대가 상대적으로 커진다.
② 같은 소득수준일 경우에 가족원의 수가 많을수록 저축액이 상대적으로 많을 가능성이 크다.
③ 가족수가 적을수록 소비지출이 소득에서 차지하는 비중이 상대적으로 작아질 것이다.
④ 소득수준이 높아질수록 음식물비의 비중이 상대적으로 작아질 것이다.

31 소득이 100만 원인 사람이 소비를 30만 원 할 경우 소비성향은?

① 0.2
② 0.3
③ 0.4
④ 0.5

32 과소비가 국민경제에 미치는 영향으로 옳지 않은 것은?

① 물가상승
② 부동산시장의 침체
③ 근로자 임금상승욕구의 증대
④ 사치품 수입으로 인한 국제수지의 악화

33 기업의 사회적 책임 중 윤리적인 책임에 해당하는 것은?

① 이윤극대화와 고용 창출
② 투명한 회계와 성실한 세금 납부
③ 소비자의 권의 보호
④ 여성·현지인·소수 인종에 대한 공정한 대우

34 기업의 생산활동에서 합리적인 선택이 필요한 이유로 옳은 것은?

① 국민의 복지증진을 위하여
② 소비자의 권익 보호를 위하여
③ 기업의 사회적 책임을 다하기 위하여
④ 이윤극대화 추구를 위하여

35 소득 중에서 음식비가 차지하는 비중과 가장 관계가 깊은 것은?

① 제본스법칙　　　　　　　② 슈바베법칙
③ 엥겔법칙　　　　　　　　④ 고센법칙

36 주식회사의 특징으로 옳지 않은 것은?

① 많은 사람이 출자하여 대규모 자금조달이 용이하다.
② 회사의 손실에 대해 자기가 출자한 한도 내에서 책임을 진다.
③ 무한책임사원으로 구성된 인적 회사이다.
④ 소유와 경영이 분리되어 운영되는 회사이다.

37 회사기업이 민간기업으로서 중요한 위치를 차지하게 된 배경과 관련이 없는 것은?

① 기업의 경제규모 확대　　　② 산업기술의 고도화
③ 대자본의 필요성　　　　　④ 노동조합의 활성화

38 일정소득으로 구입가능한 최대의 조합을 연결한 곡선을 AB라 할 때 AB선상의 점 E에서 소비하다가 점 E'로 소비를 변화시켰다면, 이 소비자의 행동을 바르게 설명한 것은?

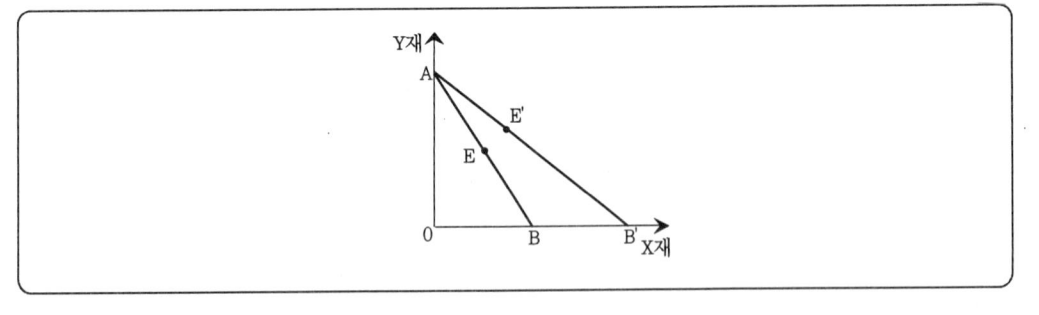

① X재의 가격이 내려 X재만의 수요량을 늘렸다.
② X재의 가격이 내려 X재와 Y재의 수요량을 늘렸다.
③ Y재의 가격이 올라 X재만의 수요량을 줄였다.
④ Y재의 가격이 올라 X재와 Y재의 수요량을 줄였다.

39 주식회사에서 회사의 운영을 책임지고 있는 곳은?

① 이사회　　　　　　　　　② 주주
③ 감사　　　　　　　　　　④ 주식

40 민간기업과 정부기업으로 구분하는 기준으로 옳은 것은?

① 고정자본시설　　　　　　② 운영주체
③ 회사의 규모　　　　　　　④ 투자규모

41 시장의 종류를 분류한 것 중 옳지 않은 것은?

① 국내시장, 해외시장 – 장소에 따른 분류
② 노동시장, 어시장 – 거래되는 상품의 종류에 따른 분류
③ 증권시장, 노동시장 – 추상적 시장
④ 남대문시장, 외환시장, 노동시장 – 구체적 시장

42 어느 나라의 정부가 어떤 재화의 소비를 억제할 목적으로 가격을 높였다면 그 재화는 어떤 성격을 지니고 있는가?

① 수요의 가격탄력성이 크다.
② 수요의 가격탄력성이 작다.
③ 수요의 가격탄력성이 1이다.
④ 수요의 가격탄력성이 무한대이다.

43 수요량과 공급량을 결정짓는 가장 중요한 요인으로 옳은 것은?

① 임금수준　　　　　　　　② 소득수준
③ 재화의 가격　　　　　　④ 소비자의 기호

44 다음은 총효용과 한계효용과의 관계를 나타낸 것이다. 이에 대한 설명으로 적절한 것은?

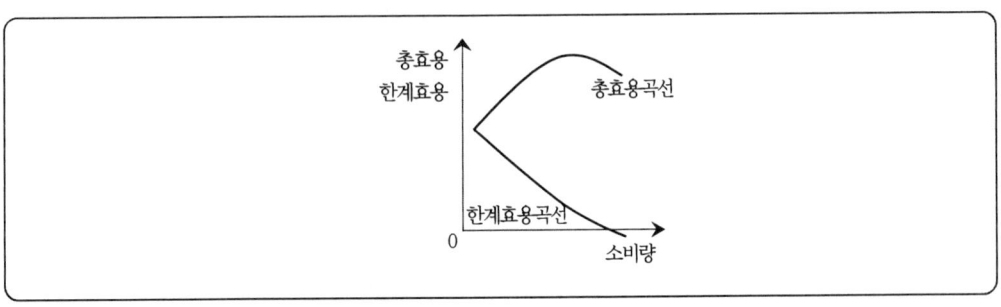

① 재화의 한계효용은 언제나 양수(+)이다.
② 재화의 소비량이 증가함에 따라 총효용곡선과 한계
　효용곡선은 점점 가까워진다.
③ 재화의 소비량이 증가함에 따라 총효용은 증가한다.
④ 재화의 소비량이 증가함에 따라 한계효용은 감소한다.

45 시장에서 가격의 가장 중요한 기능으로 옳은 것은?

① 수요량과 공급량을 일치하게 한다.
② 공평한 소득분배를 이루게 한다.
③ 완전한 시장정보를 제공한다.
④ 완전한 경쟁체제로 만든다.

46 가격이 변화할 때 수요량이 변하지 않는다면 그 재화의 수요곡선은 어떻게 나타나는가?

① 수평적이다.　　　　　　② 수직적이다.
③ 쌍곡선이다.　　　　　　④ 알 수 없다.

47 다음 중 수요공급법칙에 관한 내용으로 옳지 않은 것은?

① 가격이 상승하면 수요는 감소한다.
② 가격이 상승하면 공급은 감소한다.
③ 초과수요가 발생하면 가격은 상승한다.
④ 초과공급이 발생하면 가격은 하락한다.

48 다음 중 완전경쟁시장의 특징이 아닌 것은?

① 수요자와 공급자의 수가 많다.
② 거래되는 상품이 동질의 상품이다.
③ 새로운 기업의 시장 진입이 자유롭다.
④ 가격경쟁이나 비가격경쟁이 심하게 나타난다.

49 개별기업의 한계수입을 나타내는 곡선이 다음과 같이 수평선으로 나타나는 시장은?

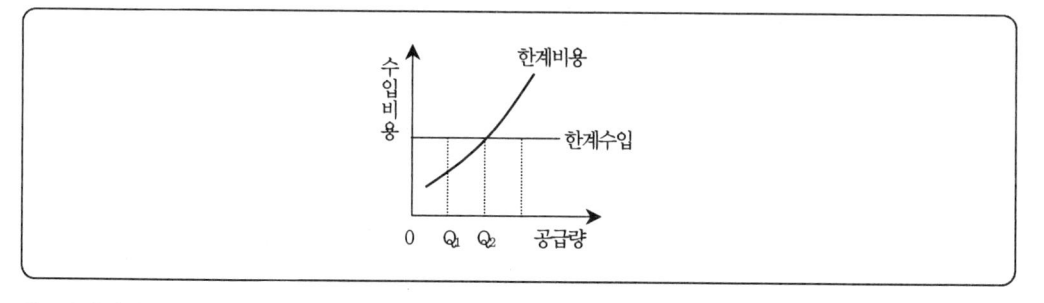

① 완전경쟁시장 　　　　　　② 독점시장
③ 독점적 경쟁시장 　　　　　④ 과점시장

50 독점적 경쟁시장의 특징으로 옳은 것은?

① 다수의 공급자와 동질적인 제품의 공급
② 소수의 공급자와 동질적인 제품의 공급
③ 다수의 공급자와 이질적인 제품의 공급
④ 소수의 공급자와 이질적인 제품의 공급

51 도영이는 동네 햄버거 집에 대한 시장조사를 하였다. 다음은 그 결과를 적은 표이다. 표에서 알 수 있는 것을 고르면?

구분 햄버거집	햄버거의 가격(원 / 한 개)	구입고객수(명 / 월)	햄버거 매출액(만 원 / 월)
L 햄버거	1,500	1,000	150
O 햄버거	1,200	1,200	144
M 햄버거	1,800	2,000	360

> ㉠ 햄버거는 공급법칙의 적용을 받지 않는다.
> ㉡ 동네 햄버거시장은 불완전경쟁상태에 있다.
> ㉢ 햄버거의 수요는 가격 이외의 요인에 의해서도 결정된다.
> ㉣ 햄버거는 수요의 가격탄력성이 1보다 큰 상품이다.

① ㉠㉡ ② ㉠㉢
③ ㉡㉢ ④ ㉢㉣

52 다음 중 독점의 발생원인이라 할 수 없는 것은?

① 규모의 경제 ② 인허가제도
③ 가격 ④ 법에 의한 통제

53 가격의 변동에 따른 수요량의 변동, 총수입의 변동에 대한 다음 설명 중 옳지 않은 것은?

① 정부가 가격을 통제하면 수요의 탄력성이 큰 상품이 그 효과가 크다.
② 수요의 탄력성이 작은 필수품의 공급이 줄면 그 가격은 현저하게 상승한다.
③ 수요의 가격탄력성이 완전비탄력적이면 가격인상에 비례해서 기업의 총수입이 증가한다.
④ 농산물은 일반적으로 수요·공급이 탄력적이기 때문에 가격변동이 큰 편이다.

③ 시장경제와 정부

☞ 정답 및 해설 **P.239**

1 직접세와 간접세에 대한 설명으로 옳지 않은 것은?

① 직접세는 저소득층에 불리하여 조세 부담의 역진성을 초래한다.
② 직접세는 담세 능력에 따라 세율 구조가 누진적이다.
③ 간접세는 조세 저항이 약하여 조세 징수가 용이하다.
④ 간접세에는 부가 가치세, 주세 등이 있다.

2 정부 실패의 원인으로 옳지 않은 것은?

① 정치적 과정에서의 제약
② 관료 집단의 이기주의
③ 정부의 제약된 지식과 정보
④ 외부효과의 발생

3 밑줄 친 정책으로 적절한 것을 〈보기〉에서 고른 것은?

> A국은 실업이 증가하고 소비와 투자가 감소하는 현상이 나타났다. A국 정부와 중앙은행은 이러한 경제 문제를 해결하기 위한 정책을 실시하였다.

〈보기〉
(가) 국·공채 매입	(나) 기준 금리 인상
(다) 지급준비율 인하	(라) 흑자 재정 정책 실시

① (가), (나)
② (가), (다)
③ (나), (다)
④ (나), (라)

4 다음에서 설명하는 세금이 아닌 것은?

> • 납세자와 담세자 일치
> • 소득·재산 등에 부과되는 세금
>
> • 담세 능력에 따른 공평 과세

① 법인세   ② 상속세
③ 증여세   ④ 부가가치세

5 사치품목의 세율을 인상하고 생필품의 세율을 인하하는 궁극적인 목적은?

① 조세의 확보   ② 소비의 활성화
③ 소득의 재분배   ④ 물가의 안정

6 조세의 분류에 대한 설명이다. 적절하지 않은 것은?

① 상속세와 소득세 등은 누진세로 과세 대상의 금액이 많을수록 높은 세율을 적용하여 소득재분배 효과가 있다.
② 소비세와 부가가치세 등은 비례세로 과세 대상의 금액에 상관없이 같은 세율을 적용한다.
③ 직접세는 소득재분배라는 장점이 있지만, 조세 저항이 강하다는 단점이 있다.
④ 간접세는 조세 저항이 약하다는 장점이 있지만, 징수하기가 번거롭다는 단점이 있다.

7 누진세를 적용하거나 고율의 특별소비세를 부과하는 정책의 목적은?

① 소득재분배   ② 경제발전
③ 경제안정화   ④ 자원의 효율적 배분

8 다음 중 비배제성과 비경합성 모두를 충족하는 것은?

① 교육, 국방, 도로   ② 치안, 방송, 등대
③ 공원, 은행, 전기   ④ 교통, 통신, 가로등

9 직접세와 간접세에 대한 설명 중 맞는 것은?

① 소득세와 부가가치세는 직접세이고, 특별소비세는 간접세이다.
② 조세징수가 용이한 것은 직접세이고, 까다로운 것은 간접세이다.
③ 담세자와 납세자가 다른 것은 직접세이고, 동일한 것은 간접세이다.
④ 세율인상에 대한 저항이 강한 것은 직접세이고, 약한 것은 간접세이다.

10 사회적 자본(social capital)에 대한 설명으로 옳지 않은 것은?

① 사회적 자본은 인적자본과 달리 사회적 관계나 구조에 내재된 자본이다.
② 사회적 자본의 유형으로 사회적 신뢰, 사회연결망, 호혜적 규범 등이 있다.
③ 퍼트남(Putnam)에 따르면, 미디어 시청의 확대로 사회적 자본의 역할과 영향력이 증가한다.
④ 그라노베터(Granovetter)에 따르면, 연결망 유형 중 '약한 연계(weak tie)'가 '강한 연계 (strong tie)'보다 정보 획득에 더 유리하다.

11 국가 경제 발전을 설명하는 이론을 모두 고르면?

㉠ 근대화이론	㉡ 종속이론
㉢ 세계체제이론	㉣ 공공 영역 이론

① ㉠㉡　　　　　　　　　　　　　② ㉡㉢
③ ㉠㉡㉢　　　　　　　　　　　　④ ㉠㉡㉢㉣

12 소득분배의 공평성을 제고하기 위해 정부가 균형가격보다 낮게 가격을 책정할 때 나타날 수 있는 결과가 아닌 것은?

① 낮은 가격으로 인해 초과수요가 발생한다.
② 물가가 안정되어 소비자를 보호할 수 있다.
③ 암시장의 발생가능성이 높아져 오히려 소비자의 가격부담이 가중될 수 있다.
④ 최저임금제 실시로 저임금 근로자의 소득이 보장된다.

13 다음의 내용이 초래하게 되는 문제점은?

> • 독과점기업의 횡포　　　　　　• 해로운 외부효과
> • 공공재 생산의 부족

① 국민의 조세부담을 가중시킨다.
② 이익단체의 압력으로 공공지출이 확대된다.
③ 시장의 자원분배가 정상적으로 이뤄지지 않는다.
④ 민간부문의 창의성과 역량을 저해한다.

14 다음의 제시문과 관련 있는 것은?

> • 기업의 이윤추구가 소비자의 권익 침해
> • 소득불균형으로 빈부격차 발생

① 독점 규제 완화
② 사회간접자본의 확충
③ 사회보장제 실시
④ 완전고용의 달성

15 정부에서는 2000년 1월 1일부터 다음 표에 나타난 물품들을 특별소비세의 과세대상에서 제외하기로 결정하였다. 이러한 정책의 시행에 따라 나타날 수 있는 경제적 효과를 알 수 있는 것을 모두 고르면?

구분	과세대상에서 제외되는 물품
식 · 음료품	청량 · 기호음료, 설탕, 커피, 코코아 등
생활용품	화장품, 크리스탈 유리제품, 피아노 등
가전제품	TV, 냉장고, VTR, 세탁기, 음향기기, 전자렌지 등
대중스포츠	스키, 볼링용품, 스키장 및 퍼블릭 골프장 이용료

㉠ 지방세의 수입이 증가할 것이다.
㉡ 조세부담의 역진성이 완화될 것이다.
㉢ 근로자의 일할 의욕이 감소할 것이다.
㉣ 특별소비세가 폐지된 상품의 가격이 인하될 것이다.

① ㉠㉡

② ㉠㉢

③ ㉡㉢

④ ㉡㉣

16 다음 중 경기침체와 생산활동의 위축으로 실업률이 증가한 상황에서 가장 적절한 경제정책은?

① 세율의 인상

② 재할인율의 인상

③ 지급준비율의 인하

④ 유가증권의 매각

17 다음 그래프는 어떤 세금의 특성을 나타낸 것이다. 이를 옳게 설명한 것은?

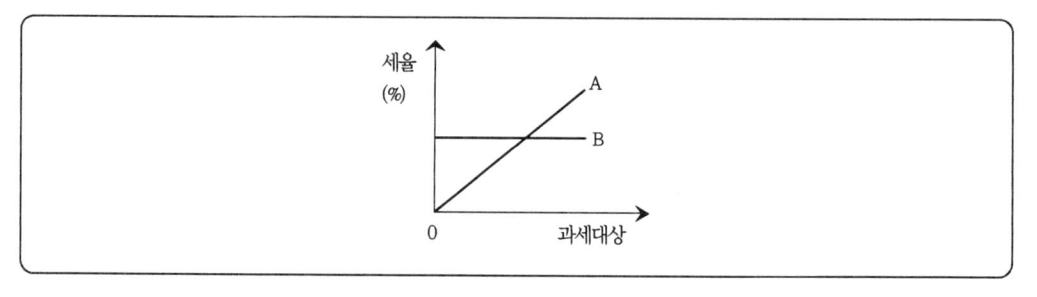

① A는 빈부격차를 완화시켜 소득재분배효과를 가져온다.
② A는 조세의 역진성을 초래할 수 있다.
③ B는 소득세, 특별소비세, 부가가치세 등이 해당된다.
④ B는 소득에 기준을 두고 부과하는 조세이다.

18 다음 중 재정에 관한 내용으로 옳은 것은?

① 우리나라 세출구조의 특징은 정부주도의 경제개발비의 비중이 점차 높아지고 있어 경직성을 띠고 있는 것이다.
② 간접세의 비율이 높아진 관계로 소득분배를 많이 개선시켰다.
③ 직접세 위주의 조세정책은 간접세에 비해 보다 많은 조세저항을 가져온다.
④ 국민경제가 불경기일 때 긴축재정은 물가를 안정시키고 경기를 회복시킨다.

19 각국의 조세비율이 다음과 같다고 할 때 다음 중 알맞은 것은?

구분	한국	미국	영국	일본
직접세	44.1	90.9	54.3	72.7
간접세	55.9	9.1	45.7	27.3

① 영국은 미국보다 소득재분배효과가 클 것이다.
② 미국의 저소득층이 가장 불리할 것이다.
③ 일본은 영국보다 조세저항이 적을 것이다.
④ 한국은 타국에 비해 조세징수가 간편할 것이다.

20 수정자본주의의 내용 중 유효수요의 증가를 통한 가장 중요한 정부정책은?

① 재정지출과 공공사업 추진   ② 복지정책 실시
③ 주요 산업의 국유화   ④ 경제계획의 수립

21 다음의 내용을 가장 적절하게 설명해 줄 수 있는 개념은?

> • 한 개인의 흡연행위는 담배를 피우지 않는 많은 사람에게 피해를 주게 된다.
> • 전력생산을 위해 댐을 건설하면 홍수조절과 함께 경관이 좋은 관광자원을 얻을 수 있다.

① 규모의 경제   ② 기회비용
③ 감가상각   ④ 외부효과

22 정부에서 고율의 세금부과로 사치품의 범람을 막으려는 재정정책을 실시할 때 기대되는 효과는?

① 소득재분배　　　　　　　　　　② 경제안정
③ 효율적인 자원배분　　　　　　　④ 물가안정

23 다음 중 십분위분배율에 대한 내용으로 적당한 것은?

① 십분위분배율이 클수록 소득분배의 불평등이 개선된다.
② 우리나라에서는 십분위분배율이 계속 높아지고 있다.
③ 십분위분배율이 높을수록 상위소득계층이 하위계층에 비해 상대적으로 많아진다.
④ 십분위분배율은 소득과는 무관하다.

24 다음은 두 종류의 세금을 대비시킨 것이다. 정부가 세금제도를 ⓒ 중심에서 ㄱ 중심으로 개편했을 때 예상되는 결과로 적절한 것은?

구분	부과기준	세율적용	종류
ㄱ	소득원천	누진세율 적용	소득세, 상속세 등
ⓒ	소비지출	비례세율 적용	부가가치세, 특별소비세 등

① 물가상승이 우려된다.　　　　　② 조세저항이 줄어든다.
③ 소득의 불균형을 완화시킨다.　　④ 상류층에게 유리하게 적용한다.

25 시장이 최선의 자원배분을 보장하지 못하는 사례라고 볼 수 없는 것은?

① 독점기업이 제품의 이윤을 극대화하기 위해 가격을 올렸다.
② 정부의 시장개방화정책으로 농산물이 수입되어 농가수입이 감소하였다.
③ 염색공장에서 폐수가 방류되어 강물이 오염되었다.
④ 자동차회사들이 모여 자동차가격과 판매조건을 합의하였다.

26 독점시장의 문제점을 해결하려는 방안과 거리가 먼 것은?

① 새로운 기업을 육성하여 기업간의 경쟁을 유도한다.
② 기업의 이윤 일부를 조세로 징수한다.
③ 기업을 공기업화하여 가격과 생산량을 규제한다.
④ 최저가격제를 실시하여 소비자를 보호한다.

27 경제주체들의 공정한 경쟁여건을 조성하기 위한 정부의 규제로 적절하지 않은 것은?

① 담합행위에 대하여 법으로 금지한다.
② 개인의 조림사업을 지원해 준다.
③ 소비자의 권리를 보호해 준다.
④ 대기업의 부당한 거래조건의 강요를 규제한다.

28 공공재 생산을 정부가 주관해야 하는 이유로 옳은 것은?

① 수익자부담의 원칙이 적용될 수 없기 때문이다.
② 기업에 맡기면 너무 과다한 이윤을 얻기 때문이다.
③ 소비자들의 욕망이 무한하기 때문이다.
④ 소비자들의 소비억제를 유도하기 위해서이다.

29 정부가 공공사업을 위하여 지출액을 증가시킬 경우의 효과로 옳은 것은?

① 실업자 증가   ② 지속적인 불황
③ 가처분소득의 증가   ④ 빈부의 차이 증가

30 오늘날 정부의 경제적 역할이라고 할 수 없는 것은?

① 국방 · 치안 등의 공적서비스 공급
② 사회간접자본시설의 확충
③ 불공평한 소득분배의 시정
④ 최소한의 공공재공급으로 민간기업의 자율성 보장

31 다음과 같은 정책을 실시할 때 추구하는 목표로 가장 알맞은 것은?

> 수질오염의 주요 원인이 되는 합성세제에 적절한 소비세를 부과하였다.

① 효율적인 자원배분　　　　　② 공정한 소득재분배
③ 경제의 발전　　　　　　　　④ 소비자보호

32 소득효과가 가장 큰 재정지출수단으로 옳은 것은?

① 비례세율에 의한 지출　　　　② 누진세율에 의한 지출
③ 단일세율에 의한 지출　　　　④ 간접세율에 의한 지출

33 민간의 경제활동이 과열되어 물가상승 등의 문제가 발생할 경우 이를 억제하기 위한 정책으로 옳은 것은?

① 긴축재정과 흑자예산　　　　② 팽창재정과 균형예산
③ 적극재정과 적자예산　　　　④ 팽창재정과 흑자예산

34 지하경제의 흐름을 막고 공평하게 과세하기 위한 정책으로 시행하고 있는 것은?

① 금융소득종합과세　　　　　　② 부동산실명제
③ 직접세의 비중 확대　　　　　④ 특별소비세의 비중 확대

35 다음 중 재정정책의 수단으로 옳은 것은?

① 할인율정책　　　　　　　　　② 조세정책
③ 지급준비율정책　　　　　　　④ 공개시장조작정책

36 경기침체시 경기회복을 위한 정책으로 가장 바람직한 방법은?

① 개인의 소득에 대한 추가적인 세금 부과
② 직접세율의 인상
③ 부가가치세 세율의 인상
④ 중앙은행으로부터의 정부차입금 증가

37 그림에서 어떤 상품의 수요와 공급이 E점에서 균형을 이루고 있을 때 정부가 가격을 P_1로 통제하는 경우에 대한 설명으로 바르지 못한 것은?

① 정부의 통제가 느슨해지면 다시 가격이 P_2로 올라갈 수 있다.
② 암시장이 형성되어 P_3 이하의 가격에서 거래가 이루어진다.
③ 배급제, 선착순 판매 등과 같은 방식이 필요하다.
④ P_1가격은 최저가격으로 생산자를 보호하기 위한 것이다.

38 정부가 특정산업부문에서 특정업자에게만 인·허가하는 목적이라고 볼 수 없는 것은?

① 업자 간의 과열경쟁을 방지
② 국민전체의 공익을 증진
③ 시장경제의 자율성을 존중
④ 자원의 효율적 관리

39 "특허권은 보호되어야 한다."에 대하여 논리적으로 옳지 않은 것은?

① 특허권은 연구개발의 유인을 제공한다.
② 재산권을 보장하는 것은 자본주의의 기본입장이다.
③ 특허권은 일종의 독점이므로 특허권의 기간은 한시적이어야 한다.
④ 특허권제도는 자원의 효율적 배분을 위해서 필요하다.

40 공기업에 대한 민영화를 시행할 경우 나타나는 효과로 옳지 않은 것은?

① 서비스 개선
② 가격의 인하
③ 경영효율화
④ 독과점의 방지

41 소비자보호를 위한 가격정책은?

① 최고가격제
② 최저가격제
③ 인허가제
④ 균형가격제

☞ 정답 및 해설 P.243

④ 현대국민경제의 이해

1 환율 하락의 영향으로 옳지 않은 것은?

① 내국인의 해외여행이 증가한다.
② 수입품의 가격 하락으로 수입 물가가 하락한다.
③ 원화 가치의 하락으로 기업의 외채 상환 부담이 증가한다.
④ 수출품의 외화 표시 가격이 상승하여 수출이 감소한다.

2 다음 사례에서 외화의 수취에 해당하는 것을 모두 고르면?

> ㉠ 우리나라에서 체류하는 외국인 근로자가 임금을 자기 나라로 송금하였다.
> ㉡ 한류 열풍으로 한국을 찾은 일본 관광객들이 많은 돈을 쓰고 갔다.
> ㉢ 외국인이 국내 주식시장에서 주식을 구입하였다.
> ㉣ 우리나라의 정유 회사가 해외에서 원유를 수입하고 수입대금을 지불하였다.

① ㉠㉡
② ㉠㉢
③ ㉡㉢
④ ㉢㉣

3 다음은 2014년에 발생한 모든 경제활동이라고 할 때, A국의 국내총생산은?

> • A국의 축구선수가 B국의 프로팀에 스카우트되어 연봉 600만 달러를 받았다.
> • B국에서 개최된 프로 골프 대회에서 A국 선수가 50만 달러 상금을 받았다.
> • B국의 근로자가 A국에 취업해서 200만 달러의 소득을 받았다.
> • B국의 항공기 업체가 A국에 공장을 세워 생산한 제품을 C국에 수출하여 1,000만 달러를 벌었다.

① 1,000만 달러
② 1,200만 달러
③ 1,400만 달러
④ 1,600만 달러

4 그림은 민간 경제의 흐름을 나타낸 것이다. 이에 대한 설명으로 옳은 것은?

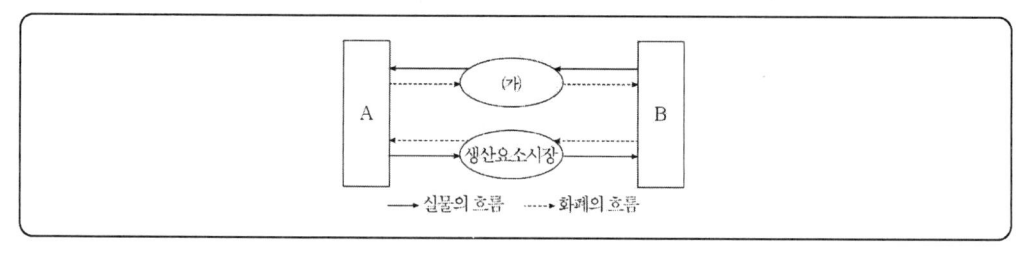

① (가)에서 기업은 공급자, 가계는 수요자이다.
② 임금은 (가)에서 결정된다.
③ A는 조세를 거둬들여 공공재를 생산한다.
④ B는 노동 시장에서 공급자이다.

5 다음 글을 통해 알 수 있는 국제 경제의 특성으로 가장 적절한 것은?

> 중동의 원유 가격 변동은 세계 각국 경제에 영향을 미친다. 원유 가격이 오르면 세계 각국의 물가가 오르고 경기가 침체되는 경우가 많다.

① 지역주의 심화
② 상호 의존성 증대
③ 지역 간의 격차 심화
④ 세계 시장의 경쟁 격화

6 GDP에 대한 설명으로 잘못된 것은?

① 한 나라의 국민이 국내와 국외에서 생산한 것의 총합을 의미한다.
② 국민경제 전체적인 생산수준을 나타내며, 국내에서 생산된 재화와 용역의 생산물 가치가 포함된다.
③ 각 생산단계의 부가가치의 합계 혹은 최종 생산물 가치의 합계로, 총 생산물액 – 중간 생산물액을 말한다.
④ 복지수준과 소득분배의 파악이 불가능하다.

7 다음 그래프는 우리나라 외화의 수요와 공급을 나타낸 것이다. 환율이 $1=₩1,000에서 $1=₩1,100 으로 변화하였을 때 나타날 수 있는 현상으로 가장 적절한 것은? (단, 다른 조건은 일정하다.)

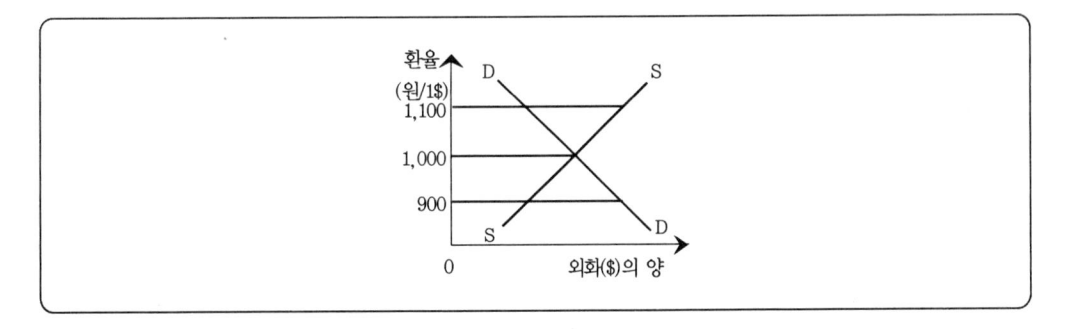

① 해외여행이 증가할 것이다.
② 해외 유학이 증가할 것이다.
③ 수출 기업의 가격 경쟁력이 하락할 것이다.
④ 수입 원자재를 사용하는 기업의 생산 비용이 증가할 것이다.

8 국내총생산을 구하는 방법으로 옳지 않은 것은?

① 국내총생산 = 각 생산단계의 부가가치의 합계
② 국내총생산 = 최종 생산물 가치의 합계
③ 국내총생산 = 국민순생산−감가상각비
④ 국내총생산 = 총생산물액−중간생산물액

9 환율의 의미와 결정에 대한 설명으로 옳지 않은 것은?

① 환율은 통화제도가 다른 나라와 거래를 위해 정해 놓은 자국 화폐와 외국 화폐와의 교환 비율을 뜻한다.
② 환율의 표시는 자국 화폐 1단위와 교환되는 외국 화폐의 단위로 표시한다.
③ 환율의 결정은 각국의 화폐가 가지는 구매력으로 결정되는 것이 바람직하다.
④ 고정환률제도는 한 나라의 환율을 정부가 결정·고시하여 운영하는 반면, 변동환율제도는 외환시장에서 수요·공급에 따라 한 나라의 환율이 적정 수준으로 변동하는 제도이다.

10 환율이 1,050원에서 1,000원이 되었을 경우에 발생할 수 있는 효과가 아닌 것은?

① 해외여행의 증가　　　　　　② 수입 증가 및 수출 감소

③ 통화량감소　　　　　　　　　④ 외채상환 부담 증가

11 다음 중 빗금 친 부분에 해당하는 것은?

① 외국에서 생산한 자동차를 국내로 수입한다.

② 자국민이 외국에 나가 생산한다.

③ 국내에서 외국인이 생산한다.

④ 국내에서 자국민이 생산한다.

12 국민총생산을 증가시킬 수 있는 방법 중 단기간에 할 수 있는 것은?

① 자본의 기간투자를 증대시킨다.

② 자연자원의 양적 공급을 증가시킨다.

③ 고용을 증가시켜 자본량을 늘린다.

④ 단기간의 생산기능을 향상시킨다.

13 환율상승(평가절하)했을 때의 내용으로 옳지 않은 것은?

① 물가의 상승

② 수입업체의 이윤 증가

③ 외채상환 비용부담 증가

④ 유학간 자녀의 해외송금비용 증가

14 다음 표는 우리나라의 주요 경제지표를 나타낸 것이다. 이 표와 관련된 설명으로 옳지 않은 것은? (단위 : 100만 달러)

연도 \ 구분	경상수지	무역수지	자본수지	외환보유액(말)
1985	−795	−20	1,633	7,749
1990	−2,003	−2,450	2,564	14,822
1995	−8,508	−4,444	16,786	32,712
1997	−8,618	−3,875	5,438	20,406

① 일종의 가공자료라고 할 수 있다.
② 전수조사(全數調査)를 하였을 것이다.
③ 1997년의 무역규모는 1995년보다 작아졌다.
④ 경상수지의 적자를 자본수지의 흑자로 메웠다.

15 甲, 乙 양국의 다음 상품의 생산에 있어 노동비용만이 생산비를 구성한다고 할 때 비교우위설에 대해 옳은 것은?

상품 \ 나라	甲국	乙국
라디오(1단위)	100명	90명
옷감(1단위)	120명	80명

① 라디오, 옷감 둘 다 乙국에서 생산한다.
② 라디오, 옷감 둘 다 甲국에서 생산한다.
③ 甲국은 라디오만을 생산하고, 乙국은 옷감만을 생산한다.
④ 甲국은 옷감이 비교우위에 있고, 乙국은 라디오가 비교우위에 있다.

16 다음에서 환율이 r에서 r'로 변동한 원인으로 옳은 것은?

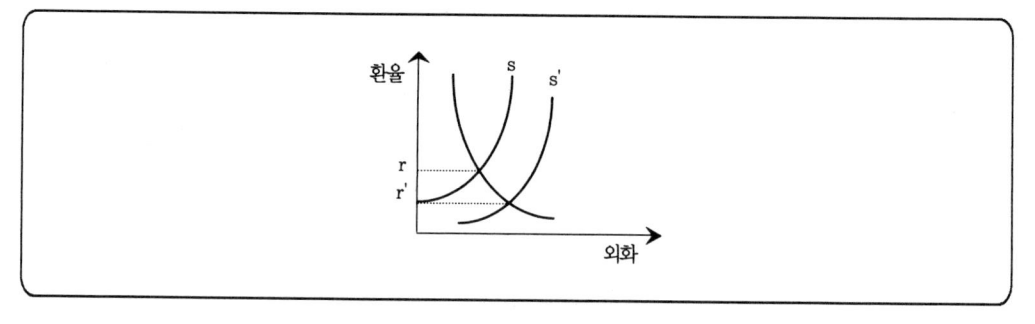

① 해외관광객의 감소   ② 수출의 증가
③ 해외투자의 증가   ④ 외자도입의 감소

17 변동환율제도하에서 국내물가가 상승하면 환율은 어떻게 되는가?

① 수출감소와 수입증가로 환율이 인상된다.
② 수출증가와 수입감소로 환율이 인하된다.
③ 수출감소와 수입증가로 환율이 인하된다.
④ 수출증가와 수입감소로 환율이 인상된다.

18 중앙은행의 금융완화정책에 해당하는 것은?

① 유가증권 매각과 재할인율 인상
② 재할인율 인하와 지급준비율 인하
③ 유가증권 매각과 지급준비율 인상
④ 재할인율 인상과 지급준비율 인하

19 국제수지의 불균형을 조절하기 위해서 다음과 같은 방법을 썼을 때 국내물가를 상승시킬 우려가 가장 큰 것은?

① 균형환율정책   ② 금융확장정책
③ 수입자유화정책   ④ 긴축재정정책

20 다음 그림은 경기순환의 네 국면을 나타낸 것이다. A국면에서 나타나는 현상은?

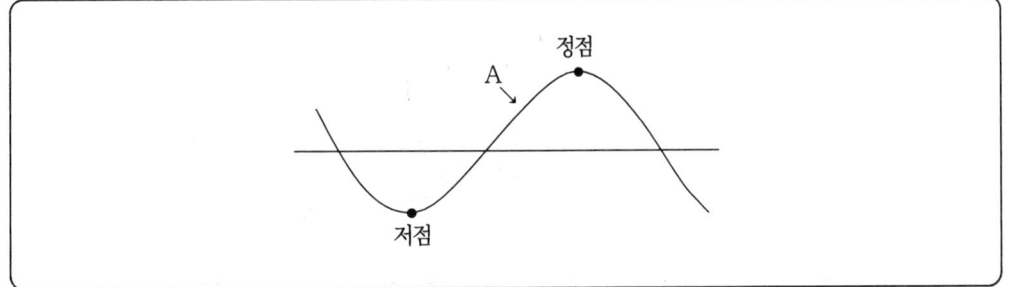

① 국민소득이 증가하고 기업의 이윤도 늘어나므로 설비투자도 활기를 띠게 된다.

② 경제활동이 둔화되고 생산과잉상태가 부분적으로 발생한다.

③ 기업이윤의 감소로 손해가 발생하게 되어 도산하는 기업이 생기고 실업자도 증가한다.

④ 경제활동이 활기를 띠기 시작하며 서서히 수요가 증가하고 생산량이 많아지므로, 실업자도 줄어들게 된다.

21 국민경제에서 총수요가 총공급보다 지나치게 클 때 취해야 할 조치 중 옳지 않은 것은?

① 생산증대 ② 수입증대

③ 수출감소 ④ 정부지출증대

22 다음 중 어느 경우에 통화량이 늘어나는가?

① 일반은행의 대출이자율 인하

② 유가증권을 매각하여 민간자금 흡수

③ 중앙은행이 지급준비율을 인상할 때

④ 당좌예금이 줄고 저축성 예금이 늘어날 때

23 우리나라 무역수지를 흑자로 되게 하는 요인으로 보기 어려운 것은?

① 재할인율의 중단 ② 원화의 평가절상

③ 국제금리의 하락 ④ 원유가격의 하락

24 다음 보기를 통하여 알 수 있는 GNP는?

나무꾼이 산에서 나무를 1단위 생산하여 종이생산자에게 팔고, 종이생산자는 나무를 가지고 종이를 3단위 생산하여 노트생산자에게 팔았다. 노트생산자는 노트를 5단위 생산하여 판매하였다(단, 나무꾼은 생산요소 중 노동력만 투입하였고, 그 외의 요소는 무시하기로 한다. 나무 1단위 20원, 종이 1단위 30원, 노트 1단위 50원).

① 150원 ② 330원
③ 250원 ④ 370원

25 경기가 침체되어 있을 때 수요가 급증하는 상황에서 채택할 수 있는 정책적 수단은?

① 중앙정부의 세율을 높인다.
② 지급준비율을 내린다.
③ 재할인율을 높인다.
④ 은행대출의 최고금액을 올린다.

26 다음에서 물가상승을 유발시킬 가능성이 가장 큰 정책으로 옳은 것은?

① 지급준비율의 인하
② 세출의 축소
③ 국·공채의 매각
④ 부가가치세율의 인상

27 실업자가 늘고 경기가 좋지 않아 기업의 부도율이 올라간다고 할 때, 정부는 재정정책으로 대처하려 한다. 적당한 재정정책은?

① 정부발주 각종 사업을 일시중단 또는 지체시킨다.
② 흑자예산을 편성한다.
③ 정부의 공공부문 공사를 늘린다.
④ 부가가치세금을 올린다.

28 우리나라가 미국에 대하여 원화의 평가절상을 꺼리는 근본이유는?

① 국내물가의 안정을 위하여
② 외채의 상환부담을 감소시키기 위하여
③ 수출증대를 지속하기 위하여
④ 국제경제의 협력을 강화하기 위하여

29 다음에서 국민소득(NI)을 계산하면?

> • 총생산물 : 50만 원   • 감가상각비 : 5만 원
> • 간접세 : 3만 원   • 보조금 : 2만 원
> • 중간생산물 : 15만 원

① 20만 원   ② 25만 원
③ 29만 원   ④ 35만 원

30 다음에 해당되는 국민소득의 개념은?

> • 순수한 부가가치의 합계   • 국민총생산 − 감가상각비

① 국내총생산(GDP)   ② 국민순생산(NNP)
③ 국민소득(NI)   ④ 개인소득(PI)

31 어떤 해의 명목임금이 전년도에 비해 10% 상승하였다. 이때 전년도 기준으로 물가지수가 125 라면 그 해의 실질적인 임금의 변동은?

① 15% 증가   ② 15% 감소
③ 12% 증가   ④ 12% 감소

32 국제수지가 흑자일 경우 나타나는 경제적 상황으로 옳은 것은?

① 한국은행의 외환보유고가 감소한다.
② 환율이 상승하여 가격경쟁력이 증대된다.
③ 국내물가가 하락한다.
④ 시중의 통화량이 증가하여 유효수요가 증가한다.

33 저축성예금의 이자율을 올리고 요구불예금의 이자율을 내리면 국내통화량은 어떻게 변화하는가?

① 감소한다.　　　　　　　　　② 변함이 없다.
③ 1개월 후부터 증가한다.　　　④ 증가한다.

34 국민경제의 순환과정에서 요소소득을 근거로 하여 성립되는 경제부문은?

① 가계　　　　　　　　　　　② 기업
③ 정부　　　　　　　　　　　④ 해외

35 다음은 국민총생산(GNP)과 국내총생산(GDP)의 개념을 표시한 것이다. 이를 토대로 바르게 설명한 것은?

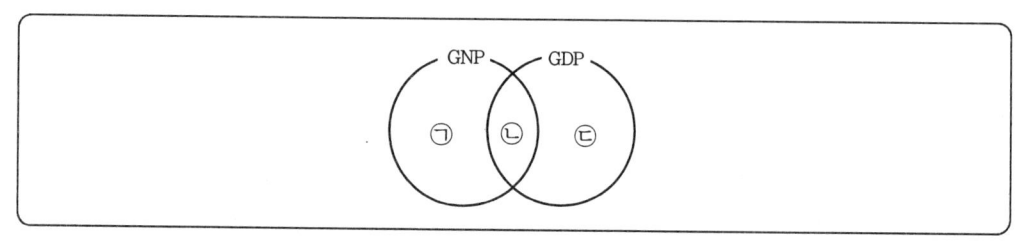

① ㉠은 국내에서 외국인들이 생산한 부가가치의 합계이다.
② ㉠과 ㉢을 합친 액수는 항상 ㉡보다는 크다.
③ ㉠이 ㉢보다 크면 국제수지의 흑자요인이 된다.
④ ㉠㉡㉢은 모두 일정한 시점을 전제로 계산된다.

36 A, B국의 라디오와 옷감의 생산비가 도표와 같다. 양국이 비교우위에 따라 교역을 할 때, A국이 옷감 1단위를 얻는 데 드는 노동은? (단, 교역 조건은 1 : 1)

구분	라디오	옷감
A국	8	9
B국	12	10

① 8단위　　　　　　　　　　② 9단위
③ 10단위　　　　　　　　　 ④ 11단위

37 국내총생산(GDP)에 포함되지 않는 것은?

① 자기소유 건물의 임대료　　　② 도로 건설
③ 노동자에 대한 현물 지급　　　④ 증여, 상속

38 총공급이 총수요보다 클 경우 이에 대한 바람직한 대책은?

① 소비세율을 인상하고 민간의 저축을 장려한다.
② 기업의 재고를 감축하도록 하고 수입규제에 나선다.
③ 경산경비를 감축하여 흑자예산을 편성한다.
④ 수출품의 통관절차를 엄격히 한다.

39 다음 중 국제무역의 원인으로 옳지 않은 것은?

① 생산기술의 차이　　　　　　② 부존자원의 차이
③ 물가상승률의 차이　　　　　④ 비교생산비의 차이

40 우리나라가 외국에 빌려준 돈에 대한 이자를 받아서 다른 나라에 직접 투자를 하였다. 이러한 경우에 국제수지표에서는 어떤 항목이 어떻게 변동되겠는가?

① 무역수지 수취↑, 자본수지 지급↑
② 무역외수지 수취↑, 자본수지 지급↑
③ 이전거래 수취↑, 무역외수지 지급↑
④ 자본수지 수취↑, 자본수지 지급↑

41 1997년의 실질GDP과 실질경제성장률을 구한 것으로 올바른 것은?

구분	1995년	1996년	1997년
명목 GDP	240조 원	330조 원	396조 원
물가지수	100	110	120

① 310조 원, 5%
② 320조 원, 5%
③ 330조 원, 10%
④ 350조 원, 12%

42 지출국민소득에서 가장 큰 부분을 차지하는 것은?

① 소비
② 저축
③ 수입
④ 수출

43 가계와 기업은 시장경제원리에 따라 자기편익을 위한 이기적인 행동을 하게 된다. 이에 따라 호황시에는 더한 호황을 초래하여 경기과열을 가져오게 되는데, 이러한 상황에서 경기를 진정시키기 위한 조치로서 옳은 것을 고르면?

┌───┐
│ ㉠ 정부는 세율을 인하시킨다.   ㉡ 자금에 대한 이자율을 높인다. │
│ ㉢ 정부의 재정지출을 축소시킨다. ㉣ 공공투자사업에 대한 투자를 확대한다. │
└───┘

① ㉠㉡
② ㉡㉢
③ ㉡㉣
④ ㉢㉣

44 경기변동에 있어서 고용과 소득수준에 가장 큰 영향을 미치는 것은?

① 수입   ② 투자
③ 통화량   ④ 저축

45 다음에서 기업들이 추구하는 바를 가장 바르게 나타낸 것은?

> 요즘 서울 테헤란밸리에서 '벤처사업'부터 '굴뚝산업'에 이르기까지 '전략적 제휴(Strategic Alliance)'
> 란 말이 크게 유행하고 있다. 제휴의 유형도 작게는 인터넷 사이트끼리 서로 배너광고를 실어주는
> 것에서부터 크게는 몇 조원 규모의 기업 간 인수합병(M&A)에 이르기까지 다양하다. 기술과 시장
> 환경이 급변하기 때문에 한 업체가 모든 기술을 개발하기보다는 서로 잘 할 수 있는 부분을 찾아
> 분업형태로 전념하는 편이 더 경쟁력 있다는 판단에 따른 것이다. 사업에 필요한 기술개발력, 영업
> 능력 등을 외부로부터 조달하는 경향도 한 몫 거들었다.

① 형평성의 추구   ② 경영혁신 추구
③ 구성의 모순 극복   ④ 실업문제의 해결

46 중앙은행이 시중은행의 재할인율을 인상할 경우 시장금리변화로 옳은 것은?

① 올라갈 것이다.   ② 내려갈 것이다.
③ 변동이 없을 것이다.   ④ 오르다가 내려간다.

47 외상대금 지불, 세금 납부, 채무의 변제 등과 관계가 깊은 화폐의 기능으로 옳은 것은?

① 일반적 교환수단   ② 가치척도수단
③ 가치저장수단   ④ 거래의 결제수단

48 통화와 화폐에 대한 설명으로 옳지 않은 것은?

① 현금통화에는 중앙은행이 발행한 지폐와 주화가 있다.
② 화폐 중에서 현재 시중에 유통되고 있는 화폐를 통화라 한다.
③ 총통화는 통화에다가 저축성예금 및 거주자 외화예금을 합한 것이다.
④ 중앙은행이 보유하고 있는 것은 화폐, 일반은행이 보유하고 있는 것을 통화라고 한다.

49 다음 중 시중의 통화량이 증가하는 경우로 옳은 것은?

① 중앙은행의 예금은행에 대한 여신이 수신보다 적을 때
② 정부의 재정수입이 재정지출보다 클 때
③ 중앙은행의 외환매입이 매각보다 클 때
④ 일반은행에 대한 재할인율을 인하할 때

50 중앙은행의 기능이 아닌 것은?

① 정부의 은행   ② 국민의 은행
③ 은행의 은행   ④ 발권은행

51 다음에서 경제개념과 관련된 진술 중 그 개념이 바르게 사용된 것을 모두 고르면?

⊙ 요구불예금과 저축성예금의 합을 총통화라 한다.
ⓒ 민간보유 현금과 예금통화의 합을 통화라 한다.
ⓒ 중앙은행은 지급준비율 조정을 통하여 은행의 예금통화 공급에 영향을 미친다.
ⓔ 중앙은행의 통화공급은 신용창조과정을 통하여 이루어진다.

---

① ⊙ⓒ   ② ⓒⓒ
③ ⓒⓔ   ④ ⓒⓔ

52 예금통화가 30억, 요구불예금이 100억, 정기예금이 50억이라고 할 경우 통화량은?

① 80억   ② 130억
③ 150억   ④ 180억

53 다음 중 무역외수지의 항목에 해당하지 않는 것은?

① 해외여행경비
② 운임 및 보험료의 지급
③ 북한의 경수로 건설에 대한 무상지원
④ 동남아 투자에 따른 수익

54 외환에 대한 수요가 증가하는 경우로 옳은 것은?

① 외국관광객의 국내관광 증가
② 국내기업에 의한 해외투자 증가
③ 외국으로부터의 차관도입 증가
④ 외국으로부터의 무상원조액 증가

55 국내경제와 국제경제의 차이점으로 옳지 않은 것은?

① 생산요소의 이동제약
② 통화단위의 차이
③ 이윤극대원리의 적용
④ 상이한 경제환경

56 경제 현상과 개념에 대한 설명으로 옳은 것을 모두 고른 것은?

> (개) 국내 총생산은 소비지출 + 투자지출 + 정부지출 + 수출로 계산할 수 있다.
> (내) 명목GDP는 생산량이 증가하는 경우뿐만 아니라 가격이 상승하는 경우에도 증가한다.
> (대) 더 나은 일자리를 찾거나 직장을 옮기는 직업 탐색 과정에서 발생하는 실업을 마찰적 실업이라고 하며 비자발적 실업에 속한다.
> (래) 명목 국내 총생산을 실질 국내 총생산으로 나눈 값에 100을 곱한 것을 GDP디플레이터라고 한다.
> (매) 경기침체와 통화의 가치가 지속적으로 떨어지는 현상이 동시에 나타나는 것을 디플레이션이라고 한다.

① (개), (래)
② (내), (래)
③ (개), (대), (래)
④ (내), (대), (매)

57 후진국이 교역의 균형유지를 위하여 산업구조를 조정할 때 올바른 정책이라 할 수 없는 것은?

① 점진적으로 중간재산업과 자본재산업으로 확대해 나간다.
② 노동집약적 수출산업을 전문화한다.
③ 기술집약적 산업을 확대한다.
④ 노동집약적 산업을 확대한다.

58 수출과 수입의 차이를 나타낸 것은?

① 소득수지   ② 자본수지
③ 종합수지   ④ 상품수지

☞ 정답 및 해설 P.248

1   인플레이션 현상이 심화되었을 때 이에 대한 정부의 적절한 대처로 올바른 것은?

① 정부는 흑자예산을 편성하여 신규투자를 유도한다.

② 정부는 적자예산을 편성하여 물가를 내리도록 한다.

③ 정부는 이전지출을 늘려서 저소득층에 대한 지원을 강화한다.

④ 정부는 긴축재정을 운용하여 총수요를 억제한다.

2   다음 표는 A국의 고용 상황 변화를 나타낸 것이다. 전년 대비 2014의 고용 상황에 대한 분석으로 옳은 것을 고르면?(단, 15세 이상 인구는 변함이 없다.)

	2013년	2014년
고용률(%)	65.7	62.3
실업률(%)	5.2	5.2

$$※ \ 고용률(\%) = \frac{취업자 수}{15세 \ 이상 \ 인구} \times 100$$

> ㉠ 취업자 수는 감소했다.
> ㉡ 실업자 수는 변함이 없다.
> ㉢ 경제 활동 참가율은 낮아졌다.
> ㉣ 비경제 활동 인구는 감소했다.

① ㉠㉡   ② ㉠㉢

③ ㉡㉢   ④ ㉢㉣

3 다음 A 또는 B로 인해 인플레이션이 우려될 때, 이에 대한 설명으로 옳지 않은 것은? (단, 총수요곡선은 우하향하고, 총공급곡선은 우상향하며, 다른 조건은 불변)

> A : 원자재 가격의 급등
> B : 소비 및 투자 증가로 인한 경기 과열

① A로 인해 생산과 고용이 감소한다.
② A의 경우 총공급곡선이 좌측으로 이동한다.
③ B로 인해 생산과 고용이 증가한다.
④ B에 대한 대책으로 재할인율 인하를 들 수 있다.

4 인플레이션에 대한 설명으로 적절하지 않은 것은?

① 물가수준이 상당히 높은 비율로 지속적으로 오르는 현상을 말한다.
② 생산비의 상승은 인플레이션의 한 원인으로 볼 수 있다.
③ 해외 인플레이션은 국내 인플레이션에 영향을 미치지 않는다.
④ 소비억제, 저축장려, 토지가격규제, 공공요금대책 등으로 해결할 수 있다.

5 다음의 문제를 해결하기 위한 정책으로 옳은 것은?

> ㉠ 인플레이션 억제   ㉡ 실업률 해소

	㉠	㉡
①	지급준비율 인상	재할인율 인하
②	지급준비율 인하	재할인율 인상
③	유가증권의 매각	지급준비율 인상
④	유가증권의 매입	지급준비율 인하

6 현대사회의 심각한 경제문제 중 하나는 실업이다. 다음의 자료를 바탕으로 실업률을 구하면?

> • 총인구 5000
> • 비경제활동인구 800
> • 15세 미만인구 1000
> • 취업자수 3000

① 5.55%

② 6.25%

③ 7.15%

④ 7.50%

7 테일러리즘의 원리로 적합하지 않은 것은?

① 노동자로부터 숙련기술을 분리, 제거한다.

② 구상(conception)과 실행(execution)을 분리한다.

③ 지식에 대한 독점의 힘을 바탕으로 노동자의 행위양식을 통제한다.

④ 컨베이어벨트를 이용한 조립생산에 기초하여 제조업 생산기술을 확장시킨다.

8 인플레이션이 예측 가능할 때의 장점에 해당하는 것은?

① 기업투자증가

② 은행금리조정

③ 자금수요증가

④ 생산비증가

9 인플레이션에 대한 설명으로 옳은 것은?

① 인플레이션이 발생하면 국내총생산이 감소하고 재고가 증가한다.

② 인플레이션이 나타나면 정부는 재정 및 금융활동에서 긴축정책을 채택한다.

③ 인플레이션이 발생하면 평가절상현상이 발생하여 환율이 인하된다.

④ 인플레이션이란 경기침체에도 불구하고 물가가 계속 상승하는 현상이다.

10 다음 그래프에서 A점에서 B점으로의 이동을 바르게 해석한 것은?

⊙ 직접세보다 간접세를 늘린다.
ⓛ 누진세율을 인상한다.
ⓒ 공공부조의 이전지출을 줄인다.
ⓔ 불로소득을 제거하고 금융실명제를 실시한다.

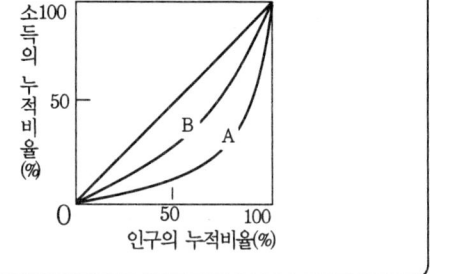

① ㉠ㄴ　　　　　　　　② ㄴㄷ
③ ㄴㄹ　　　　　　　　④ ㄷㄹ

11 비용인상인플레이션에 관한 설명으로 옳지 않은 것은?

① 원자재가격의 상승이 원인이다.
② 임금상승이 원인이다.
③ 노동조합의 활동과 연관이 깊다.
④ 소비자들의 소비수요 증가 시 발생한다.

12 인플레이션이 발생했을 때 일반적으로 일어나는 현상이 아닌 것은?

① 부와 소득의 분배가 더욱 불공평하게 된다.
② 저축이 늘어난다.
③ 부동산투기가 늘어난다.
④ 수출이 위축된다.

13 물가안정을 위해 정부가 취하는 정책으로 옳은 것은?

① 세율인하정책　　　　　② 흑자재정정책
③ 공공사업실행　　　　　④ 수출증가정책

14 한 나라의 총수요가 총공급을 초과하여 일어나는 인플레이션을 바르게 나타낸 것은?

① 관리가격인플레이션 ② 비용인상인플레이션
③ 수요견인인플레이션 ④ 초과공급인플레이션

15 다음 중 인플레이션의 영향으로 옳지 않은 것은?

① 금융자산소지자는 불리하다. ② 국제수지는 악화된다.
③ 봉급생활자는 불리하다. ④ 금리가 내려간다.

16 다음 중 인플레이션의 원인이라고 할 수 없는 것은?

① 총수요가 총공급을 초과 ② 임금의 상승
③ 원자재가격의 상승 ④ 정부의 재정정책

17 물가안정을 위한 경제주체의 역할로 옳지 않은 것은?

① 정부는 적자재정을 통해 공공정책에 적극 개입한다.
② 기업은 공정한 경쟁을 통해 물가안정에 노력한다.
③ 기업은 신기술 개발을 통한 품질 개선에 노력한다.
④ 근로자는 생산성 범위 내에서 임금인상을 요구한다.

18 완전고용이란 어느 상태를 뜻하는가?

① 구조적 실업이 존재하는 상태
② 기술적 실업이 존재하는 상태
③ 경기적 실업이 존재하는 상태
④ 취업희망자 수와 일자리 수가 일치하는 상태

19 다음 중 노동의 특성을 잘못 말하고 있는 것은?

① 노동은 근로자의 인격과 분리하기 어렵다.
② 임금의 노동수급조절기능이 미약하다.
③ 근로자의 유일한 생계수단이다.
④ 노동의 질은 향상시킬 수 없다.

20 신보호주의의 특징이라고 할 수 없는 것은?

① 자국의 유치산업을 보호하기 위한 조치이다.
② 비관세장벽을 통해 선진국의 제조업에 대한 보호주의가 이루어지고 있다.
③ 신흥공업국의 수출품에 대한 수입규제가 강화되었다.
④ 국가와 상품에 따라 선별적으로 취해지는 경향이 있다.

21 실업을 줄이기 위한 가장 바람직한 방법은?

① 지속적인 경제성장　　　　　② 임금의 인상
③ 사회보장제도의 실시　　　　④ 소득의 공정한 분배

22 다음 중 실업에 대한 설명으로 옳지 않은 것은?

① 경제불황으로 인해 노동에 대한 수요가 감소할 수 있다.
② 농업이나 건설업에서 계절에 따라 발생할 수 있다.
③ 경제성장이 지속되는 한 실업률은 반드시 줄어들게 되어 있다.
④ 산업구조의 변화로 기능과 기술이 없어 발생할 수 있다.

23 마찰적 실업에 대한 대책으로 옳은 것은?

① 통화량의 증대　　　　　　　② 취업정보의 효율적 제공
③ 공공투자정책의 실시　　　　④ 직업기술교육의 실시

24 노동조합의 효율성이라 할 수 없는 것은?

① 노동자의 근로조건 개선
② 훈련 및 채용비용의 절약
③ 특수기술의 축적으로 생산성 향상
④ 임금억제로 인한 원가 절감

25 소득분배에 대한 설명으로 옳지 않은 것은?

① 임금, 이자, 지대 등 생산요소의 종류에 따른 소득분배를 기능적 분배라 한다.
② 개인별 소득의 크기를 기준으로 소득분배를 나누는 것을 인적 분배라고 한다.
③ 빈부의 차이를 파악하기 쉬운 것은 기능적 분배이다.
④ 중산층 이하의 대부분의 국민은 임금소득이 주를 이룬다.

26 사회보장 확대시 가져올 수 있는 가장 큰 문제점은?

① 근로의욕의 감퇴   ② 소득분배의 악화
③ 저축의욕의 감소   ④ 설비투자의 위축

27 금융실명제, 부동산실명제, 금융소득종합과세의 시행목적으로 옳은 것은?

① 소득불균형의 개선   ② 정부조세수입의 확대
③ 국민최저생활의 보장   ④ 사회보장제도의 확립

28 한 나라의 지속적인 경제성장의 조건으로 가장 알맞은 것은?

① 끊임없는 기술의 변화   ② 정부의 경제성장에 대한 의지
③ 기업의 이윤추구   ④ 생산요소의 증가

29 다음 중 기술혁신을 강조한 학자는?

① 스미스(A. Smith)
② 케인즈(J. M. Keynes)
③ 슐츠(J. W. Schultz)
④ 슘페터(J. A. Schumpeter)

30 기술을 발전시키는 측면이 가장 적은 것은?

① 지적 소유권을 보장하는 사회풍토
② 창의적 측면을 중시하는 사회풍토
③ 수요가 큰 대규모 시장의 존재
④ 자유로운 경쟁체제

31 다음 중 혁신의 사례라고 할 수 없는 것은?

① 기업이 업무방식을 개편하여 직원 수를 줄였다.
② 수출을 하던 기업이 국내판매중심으로 바꾸었다.
③ 의류회사가 새 감각의 의류를 만들어 시장에 내놓았다.
④ 정유회사가 새로운 정제기술을 도입하여 생산비용을 낮추었다.

32 지적 재산권을 보호해야 하는 의미와 거리가 먼 것은?

① 보다 많은 연구개발과 인적자본에 대한 투자를 유도한다.
② 신기술에 대한 정당한 대가와 권익을 보장해 준다.
③ 기술의 모방을 통해 독점의 횡포를 방지한다.
④ 혁신을 추구하는 기업가에게 동기를 부여해 준다.

33 환경문제의 경제적 성격으로 옳지 않은 것은?

① 경제발전과정에 부수되어 나타난다.
② 환경을 오염시킨 원인자에게 세금을 부과한다.
③ 공해배출행위를 일정한 기준에 따라 규제할 수 있다.
④ 공해배출행위를 완전히 규제하면 자원의 효율적 배분을 가져온다.

34 환경오염문제에 대해 정부가 개입할 수밖에 없는 가장 적절한 이유는?

① 해로운 외부효과를 줄이기 위해
② 독과점시장의 형성을 막기 위하여
③ 기업이 환경부담금을 내도록 하기 위하여
④ 국민의 경제적 부담을 줄이기 위하여

35 자원문제를 해결하기 위한 직접적인 대책이 아닌 것은?

① 자원의 효율적 이용　　　　② 지속적인 경제성장
③ 적정인구 유지정책　　　　④ 환경보호의 생활화

36 다음 그림에 대한 설명으로 옳지 않은 것은?

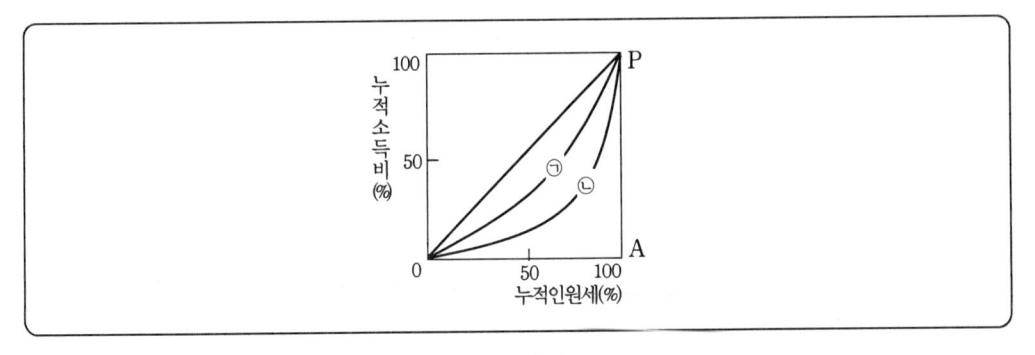

① ㉠곡선이 ㉡곡선보다 소득분배 정도가 균등하다.
② 상이한 집단의 로렌츠 곡선은 교차한다.
③ 지니계수가 작을수록 소득분배의 불균등이 완화된다.
④ 곡선이 0P에 가까울수록 지니계수가 1에 가깝다.

37 희소성이 있어 대가를 치뤄야만 얻을 수 있는 재화로 옳은 것은?

① 자유재　　　　　　　　② 대체재
③ 경제재　　　　　　　　④ 보완재

38 다음 중 관세동맹형태의 경제통합으로 옳은 것은?

① 북미자유무역지역(NAFTA)
② 유럽자유무역연합(EFTA)
③ 중앙아메리카공동시장(CACM)
④ 유럽연합(EU)

39 세계의 무역분쟁조정기능과 관세인하 요구 등의 일을 하는 기구로 옳은 것은?

① 국제무역개발회의(UNCTAD)
② 세계무역기구(WTO)
③ 경제협력개발기구(OECD)
④ 관세 및 무역에 관한 일반 협정(GATT)

40 다음의 표와 같은 추세가 지속될 경우에 예상되는 효과를 고르면?

연도	1992	1993	1994	1995
정부예산 대비 사회보장비(%)	7.2	6.3	6.0	5.6

㉠ 예산규모가 축소된다. ㉡ 경제적 불평등이 심화된다.
㉢ 가계의 가처분소득이 줄어든다. ㉣ 조세의 이전지출기능이 약화된다.

① ㉠㉡ ② ㉡㉢
③ ㉡㉣ ④ ㉢㉣

41 시장경제체제에서 경제의 기본문제들을 해결하는 과정을 잘못 설명한 것은?

① 생산방법은 생산요소의 가격에 맞는 것을 선택한다.
② 값을 치를 수 있는 자를 위해 생산이 이루어진다.
③ 소득분배의 몫은 생산가격에 따라 결정된다.
④ 노동력, 토지, 자본 등의 가격이 곧 소득이 된다.

42 경제문제에 대한 설명으로 옳지 않은 것은?

① 모든 사회에는 생산량, 생산방법, 분배 등의 문제가 존재한다.
② 무엇을 얼마나 생산할 것인가의 문제에서는 선택한 재화의 생산경비가 기회비용이다.
③ 누구를 위하여 생산할 것인가의 문제는 효율성과 형평성의 문제이다.
④ 생산량과 생산방법에 대한 합리적 결정은 최소희생으로 최대효과를 얻으려는 것이다.

43 물가와 경기변동이 격심할 경우 발생하는 문제점으로 옳지 않은 것은?

① 안정된 경제활동 저해
② 매점매석, 과잉투자 등의 불건전한 경제행위 성행
③ 경제성장과 발전의 원동력 상실
④ 기업이윤의 감소

44 인플레이션이 국민경제에 미치는 영향으로 옳지 않은 것은?

① 사업가가 고정봉급자보다 유리하다.
② 임금과 부동산가격이 급격히 상승한다.
③ 수입은 감소하고 수출은 증가한다.
④ 물가가 상승하여 경제적 불안요소로 작용한다.

6 우리 경제의 발전과 당면과제

☞ 정답 및 해설 **P.252**

1 우리나라가 경제성장정책에서 수출주도형 성장전략을 채택하게 된 가장 주된 이유는?

① 자원이 빈약하고 국내시장이 협소하였기 때문에
② 수출증대를 통한 국제수지의 흑자를 위해서
③ 성장과 분재를 동시에 달성할 수 있기 때문에
④ 경제성장과 물가안정을 동시에 이룰 수 있기 때문에

2 지속가능한 개발(sustainable development)에 대한 설명으로 옳지 않은 것은?

① 물질 자원의 고갈 보다는 자원을 재활용하여 경제 성장을 촉진시키는 것을 강조한다.
② '성장의 한계'를 지적하면서 자본주의로 인한 불평등의 문제를 해결해야 한다고 주장한다.
③ 지구의 수용능력과 자정능력을 감안하여 성장을 지속시키자는 입장이다.
④ 장래 세대의 필요를 충족시키는 가능성을 유지하며 현재의 욕구를 충족시키는 입장이다.

3 8·15광복 직후의 우리나라 경제여건에 대한 설명으로 옳지 않은 것은?

① 인구에 비해 좁은 국토와 불리한 농업여건을 가지고 있다.
② 국토분단으로 인한 산업분포의 불균형이 심화되었다.
③ 북한 피난민의 월남으로 남한의 인구가 급격히 증가하였다.
④ 경제적 실리를 위해 정치권이 단합하였다.

4 1970년대 중반 이후에 추진된 경제개발계획의 특징으로 옳은 것은?

① 노동집약적 경공업의 발전
② 중화학공업에 대한 육성정책
③ 사회간접자본시설의 확충
④ 성장과 분배의 조화

5 우리나라 경제발전의 성과로 볼 수 없는 것은?

① 교역규모의 확대
② 산업구조의 개선
③ 상대적 빈곤 타파
④ 대의적 위상 강화

6 경제적 불균형을 해소하기 위한 대책으로 옳지 않은 것은?

① 대기업과 중소기업의 보완관계를 통한 균형발전
② 대화와 타협을 통한 원만한 노사관계
③ 도시와 농촌 간의 도로건설을 통한 균형적인 지역개발
④ 인허가 및 특허제도를 통한 개인의 권리보호

7 1960년대 경제개발의 특징으로 옳은 것은?

① 석유파동의 어려움 속에서도 중화학공업 육성
② 노동집약적 경공업중심의 수출로 고도 성장
③ 성장과 함께 안정을 강조하고 중화학공업에 역점
④ 농촌개발을 위한 새마을운동 추진

8 우리나라가 세계최빈국을 대상으로 원조를 제공하기 위해 창설한 대외협력기관은?

① 세계무역기구(WTO)
② 한국국제협력단(KOICA)
③ 경제협력개발기구(OECD)
④ 유럽자유무역연합(EFTA)

9 경제제일주의의 결과에 대한 설명으로 옳지 않은 것은?

① 경제적 효율성을 중시하여 대규모 기업이 출현하였다.
② 남동연안지역에 새로운 중화학공업도시가 발달하였다.
③ 차관에 의존적이고 수출주도형 경제정책을 실시하였다.
④ 중소기업과 중소규모의 공업단지들을 전국적으로 분산하여 건설하였다.

10 우리나라가 북한과 경제교류 및 협력을 하는 궁극적인 목표는?

① 상호이해 증진과 신뢰 구축을 통한 통일기반 마련
② 서로의 비교우위를 통한 무역이익의 확보
③ 상대적으로 풍부한 북한의 인력과 광물자원의 확보
④ 북한체제의 붕괴시 흡수통일의 기반 조성

11 남북한경제교류의 특징으로 잘못 말하고 있는 것은?

① 제3국을 경유한 간접교역을 주도한다.
② 대북위탁가공교역이 증대하고 있다.
③ 남한이 북한의 5대 교역국의 하나로 부상하였다.
④ 남북한의 경제교류로 남한의 대북무역흑자가 증대하고 있다.

CHAPTER
03

사회 · 문화

① 사회 · 문화현상의 이해

☞ 정답 및 해설 P.253

1 밑줄 친 ㉠, ㉡과 같은 연구 방법의 일반적인 특징에 대한 설명으로 옳지 않은 것은?

> 신입 사원들의 직장 생활을 주제로 A연구자는 ㉠신입 사원들의 입사 성적과 근무 성적 간의 상관관계를 연구하였고, B연구자는 ㉡신입 사원들의 사내 문화 적응 과정을 연구하였다.

	㉠	㉡
①	방법론적 일원론	방법론적 이원론
②	자료의 계량화	직관적 통찰
③	질문지법, 실험법	면접법, 참여관찰법
④	사회 문화 현상의 의미 해석	일반화나 보편적인 법칙 발견

2 다음 연구 방법 중 ㉡의 연구방법을 주장하는 논거로 볼 수 있는 것은?

> ㉠ 객관화된 자료들을 근거로 예측하는 방법
> ㉡ 수량화될 수 없는 주관적 요인들을 중시하는 방법

① 사실이나 실재에 대한 의미 부여는 검증될 수 있는 경험에 의해서만 가능하다.
② 사회 · 문화 현상의 탐구자와 사회 · 문화 현상은 분리될 수 있다.
③ 사회 · 문화 현상은 인간의 의식과 의지를 바탕으로 일어난다.
④ 일반화나 보편적인 법칙을 발견하여 이를 미래 상황에 적용할 수 있다.

3 다음 글에서 강조하고 있는 사회 과학의 탐구 태도로 가장 적절한 것은?

> 자기와 다른 생각과 가치관을 가진 사람이 존재한다는 것은 인간의 삶을 더 풍요롭고 다양하게 하는 측면이 있다. 이런 점을 고려했을 때 사람들 간의 사고의 차이는 결코 부정적인 것이 아니라 긍정적인 자기 발전의 밑거름이 될 수 있다고 보아야 하며, 이런 사고야말로 21세기를 살아가는 우리 시민의 기본자세이다.

① 성찰적 태도　　　　　　　　　　② 객관적 태도
③ 개방적 태도　　　　　　　　　　④ 윤리적 태도

4 사회현상의 탐구와 자연현상의 탐구가 서로 다르다는 사람들이 중시하는 입장으로 옳은 것은?

① 일반적인 법칙발견　　　　　　　② 행위의 의미파악
③ 탐구의 목적과 주제　　　　　　④ 주어진 환경과 조건

5 다음 견해에 대한 반론으로 가장 적절한 것은?

> 어느 이슬람 국가에서는 기혼 여성이 남편 이외의 남자와 가깝게 지냈거나 간통을 했다는 혐의를 받으면, 그 남편은 자신의 명예를 더럽혔다는 이유로 아내를 살해하는 '명예살인'이라는 풍습이 있다. 이는 엄격한 이슬람 국가에서 남성과 여성의 접촉이 처벌 대상이 되기 때문에 나타난 일로 그 사회의 맥락 속에서 이해해야 한다.

① 자문화 중심주의에 기반을 두어서는 안 된다.
② 문화는 전체적인 맥락 속에서 이해해야 한다.
③ 문화적 주체성을 가지고 문화를 이해해야 한다.
④ 문화는 인류의 보편적 가치에 기반하여 이해해야 한다.

6 다음 자료 수집 방법의 특성을 가장 잘 나타낸 것은?

> 대화를 통해 필요한 정보를 수집하는 방법으로, 질문하고자 하는 내용을 조사자가 물어보고 그에 대한 조사 대상자의 응답을 통해 자료를 수집하는 방법

	시간과비용의 정도	자료 수집의 심층정도	연구자의 주관 개입 정도
①	많음	낮음	높음
②	많음	높음	높음
③	적음	낮음	높음
④	적음	높음	낮음

7 사회과학의 연구방법 중 해석적 연구방법에 해당하는 것은?

① 객관적으로 관찰 가능한 인간행위를 분석대상으로 삼는다.
② 통계적인 분석기법을 활용한다.
③ 수량적으로 표현할 수 있는 양적인 자료 중시한다.
④ 연구자가 관찰대상의 입장이 되어 볼 것을 강조한다.

8 다음 중 사회 · 문화현상을 탐구하는 태도로 옳지 않은 것은?

① 사회 · 문화현상의 특수성을 고려한다.
② 가능한 한 선입관이나 편견을 배제한다.
③ 부분적인 가치를 지닌 특정한 이론은 그대로 받아들인다.
④ 사회 · 문화현상 그 자체를 있는 그대로 정확하게 인식하는 단계에서는 냉정한 제3자의 입장에 서야 한다.

9 다음 사고방식에 해당하는 것은?

> • 명확해야 한다.
> • 감정에 호소하거나 모호한 의미를 가진 언어를 사용한 주장, 신뢰할 만한 증거가 뒷받침되지 않은 주장, 가치들 간에 모순이 있는 주장인지 아닌지를 검토해본다.

① 비판적 사고   ② 배타적 사고
③ 절대적 사고   ④ 획일적 사고

10 다음 사회현상의 탐구과정 중 가치중립이 필요한 곳은?

> 문제제기 ──→ 가설의 설정 ──→ 자료수집 및 해석 ──→ 결론도출 ──→ 대안모색
>   ㉠   ㉡   ㉢   ㉣

① ㉠   ② ㉡
③ ㉢   ④ ㉣

11 사회를 보는 관점이 나머지 셋과 다른 것은?

① 통합과 균형을 강조하며, 안정성과 지속성을 기본으로 한다.
② 사회 구성요소들은 갈등적인 관계에 있으며, 사회 전체의 변동에 기여한다.
③ 각 요소들의 역할과 기능은 강제와 탄압에 의한 것이다.
④ 진보주의 학자들의 지지를 받는다.

12 다음 중 실증적 연구방법에 대한 설명으로 옳은 것은?

① 직관적인 통찰에 의하여 연구한다.
② 사회현상에 대한 의미를 파악한다.
③ 경험적인 자료를 계량화하여 분석한다.
④ 비공식적 자료를 활용한다.

13 우리가 무심코 사용하는 말 중에는 특정집단과 국가의 가치관이나 편견이 개입된 것들이 많이 있다. 다음 중 이러한 사례로 보기 어려운 것은?

① 대한민국의 주권은 국민에 있다.
② 중국인들은 우리 민족을 동이족이라 불렀다.
③ 대한민국은 극동지역에 위치한 반도국이다.
④ 콜럼버스는 1492년 아메리카대륙을 발견했다.

14 다음 중 해석적 연구방법으로 옳은 것은?

① 직관적 통찰
② 법칙 발견
③ 통계적 연구
④ 조작적 정의

15 사회현상에 대한 탐구는 일반적 법칙을 발견하는 일 못지않게 사회적 의미를 파악하는 일도 중요하다. 그 까닭으로 가장 적절한 것은?

① 사회현상에는 인과법칙이 존재할 수 없기 때문에
② 사회현상은 실증적 방법을 통하여서는 탐구할 수 없기 때문에
③ 사회현상은 가치와 목적이 개입되어 있기 때문에
④ 사회현상의 탐구과정에서 연구자의 관점을 배제할 수 있기 때문에

16 비교적 소수의 응답자로부터 깊이있는 정보를 얻고자 할 때 가장 적절하게 쓰일 수 있는 정보수집방법은?

① 질문지법
② 면접법
③ 참여관찰법
④ 문헌연구법

17 사회현상을 바르게 인식하기 위해서는 새로운 사실 또는 다른 사람들의 주장을 편견없이 받아들이는 태도가 필요한데, 이와 관계깊은 사회현상의 인식태도는?

① 객관적인 태도
② 개방적인 태도
③ 상대주의적인 태도
④ 특수성을 고려하는 태도

18 다음의 두 가지 성질이 모두 사회현상이 지닐 수 있는 특징이라고 생각되는 것은?

① 구속법칙 – 당위법칙
② 목적법칙 – 필연법칙
③ 특수성 – 존재법칙
④ 특수성 – 보편성

19 다음의 내용과 관련이 있는 것은?

> '사람을 해치지 말라', '이웃을 사랑해야 한다' 등과 같이 '마땅히 그러해야 한다', '마땅히 그렇게 해야 한다' 등이 그 예이다.

① 사실법칙
② 당위법칙
③ 존재법칙
④ 인과법칙

20 다음 내용을 읽고 사회과학연구에서 연구자의 주관이나 가치관이 개입될 수도 있는 단계를 고르면?

> 모든 사회현상이 객관적 성격을 가지고 있지는 않지만 사회현상 중에서도 자연현상과 마찬가지로 객관화시킬 수 있는 분야가 있다. 인구의 수, 연령 및 성별로 구분된 분포형태라든가, 봉급과 물가의 현황, 생산구조, 노동조건 등은 객관성을 갖는다. 뿐만 아니라 역사학에서의 전쟁과정이나 동맹의 내용, 정치학에서의 선거제도 등도 객관적 사실로 파악된다. 이처럼 사회과학에서도 여러 현상들이 객관성을 가지며 관찰자의 편견을 배제시킬 수 있는 장점을 가지기 때문에 사회과학자들은 가능한 한 많은 사회현상을 객관적인 방법으로 연구하려 한다.

① 개념의 규정
② 가설의 설정
③ 대책의 수립
④ 자료의 수집 · 분석

21 사회현상의 탐구과정에 대한 진술로 옳지 않은 것은?

① 시대와 사회를 초월하는 보편적 가치를 지닌 사회현상도 있음을 인정한다.
② 연구의 결과 얼마나 사실과 일치하느냐의 문제는 연구가 얼마나 체계적이냐에 달려 있다.
③ 연구가 얼마나 정밀성이 있느냐의 문제는 측정의 단위가 얼마나 정확한가에 달려 있다.
④ '신은 있는가', '인생의 궁극적인 목적은 무엇인가' 등은 경험적으로 증명할 수 없으므로 연구의 대상으로 삼지 않는다.

22 다음의 내용과 가장 관련이 깊은 것은?

> • 여러 가지 개념 간의 상호관계에 대한 잠정적 결론을 미리 진술한 것이다.
> • 경험적인 검증을 거치지는 않았지만, 충분히 기대되고 예측되는 원리적이고 법칙적인 내용을 잠정적으로 서술한 것이다.

① 개념   ② 가설
③ 정리   ④ 공리

23 실증적 연구방법의 장점이 아닌 것은?

① 공식적 문서의 이면적 의미를 중시한다.
② 통계적 연구를 가능하게 한다.
③ 정확하고 정밀한 측정을 가능하게 한다.
④ 법칙발견을 가능하게 한다.

24 사회현상들을 과학적으로 인식하고 탐구하기 위하여 가져야 할 태도가 아닌 것은?

① 여러 가능성이 동시에 공존할 수 있다는 개방적인 태도
② 사회와 문화의 특수성을 고려하는 상대주의적인 태도
③ 사회는 조화 속에서 발전한다는 조화성 중시의 태도
④ 사회현상을 자기의 삶과 결부시켜 해결하려는 적극적인 태도

② 개인과 사회구조의 이해

☞ 정답 및 해설 P.255

1 관료제에 대한 설명으로 옳지 않은 것은?

① 연공서열에 따라 승진과 보수를 결정한다.
② 유연한 조직 운영이 가능하다.
③ 전문화와 분업화로 효율적 업무 수행을 중시한다.
④ 인간 소외 현상과 목적 전치 현상이 나타날 수 있다.

2 사회 계층 현상을 바라보는 갑과 을의 관점에 대한 설명으로 옳지 않은 것은?

> 갑 : 저소득층에 대한 학비지원 제도나 국가장학금 제도가 있기 때문에 모든 학생들에게 대학 진학의 기회는 균등하게 부여되어 있어. 결국 개인의 능력이나 노력의 차이에 따라 특정 대학진학이 결정되는 것이지. 자기가 원하는 대학에 진학하지 못했다고 부모를 탓하는 것은 핑계에 불과해.
> 을 : 어떤 가정환경에서 자라고 얼마만큼 사교육을 받았는지가 학생의 성적을 좌우하지. 기득 권층 자녀는 부모 덕으로 특정 대학에 진학하는 것이 현실이야. 개인의 능력과는 무관하게 사회 불평등은 재생산되는 것이지.

① 갑은 사회 계층화의 불가피성을 강조한다.
② 갑은 사회 계층 현상을 사회적 기여 정도에 따른 서열화로 본다.
③ 을은 사회 계층 현상을 지배 집단의 기득권 유지를 위한 노력의 결과로 본다.
④ 을은 사회계층제도가 개인의 성취동기를 자극하는 기능을 한다고 본다.

3 개인과 사회의 관계를 바라보는 갑과 을의 관점에 대한 설명으로 옳지 않은 것은?

> 갑 : 뭐니 뭐니 해도 사람을 봐야지. 정치를 하는 것은 결국 사람이니까 정당보다 후보자의 됨
> 됨이가 더 중요하다고 봐.
> 을 : 날아 봤자 부처님 손바닥 안의 손오공처럼 제아무리 잘난 사람도 정당의 영향력에서 벗어
> 날 수 없어. 어떤 후보를 뽑느냐보다는 어떤 정당에 투표하느냐가 더 중요하다고 봐.

① 갑은 사회에 대한 개인의 우월성을 강조한다.
② 갑은 개인의 자율적인 판단과 선택 의지가 사회 질서를 형성한다고 본다.
③ 을의 관점은 미시적 관점과 관련된다.
④ 을은 사회가 개인보다 우선시되며 개인은 사회를 구성하는 구성 요소에 불과하다고 본다.

4 다음 글의 빈칸에 들어갈 집단으로 옳은 것은?

> '당신이 사는 아파트는 당신의 가치를 말해 줍니다.', '이 차를 타는 순간 당신은 특별해집니다.'
> 등은 모두 텔레비전이나 신문 광고에서 종종 접할 수 있는 말들이다. 이와 같은 광고는 실제로
> 높은 판매 효과를 가져 온다고 한다. 그 이유는 사람들에게는 _____을 정해 놓고 그에 따라
> 생각하고 행동하려는 경향이 있기 때문이다.

① 준거집단   ② 1차 집단
③ 내집단   ④ 외집단

5 다음 (가),(나)에 나타난 사회 이동의 유형을 바르게 연결한 것은?

> (가) 대기업에 입사한 A씨는 불굴의 의지로 노력하여 10년 만에 계열사 사장이 되었다.
> (나) 노비의 아들로 태어난 B씨는 갑오개혁으로 신분 제도가 폐지되자, 열심히 노력하여 큰 부
> 자가 되었다.

	(가)	(나)
①	수평 이동	수직 이동
②	개인적 이동	구조적 이동
③	수평 이동	세대간 이동
④	세대간 이동	세대내 이동

6 사회적 소수자에 대한 설명으로 옳지 않은 것은?

① 정치 · 경제 · 사회적 권력에서 열세에 있거나 자원 동원 능력이 뒤쳐진다.
② 신체적 또는 문화적 특성으로 인해 자기가 사는 사회의 다른 구성원으로부터 구분되어 불평등한 처우와 차별을 받는다.
③ 자신이 차별을 받는 소수자 집단에 속한다는 소속감을 가진다.
④ 사회적 지위에 기초하여 결정되기보다는 사회에서의 수에 의해 결정된다.

7 사회 구조를 바라보는 (가), (나) 관점의 일반적인 특징에 대한 설명으로 옳지 않은 것은?

> (가) 학교는 교육을 통해 사회 성원의 사회화를 담당하고, 인력을 양성하여 적재적소에 배치함으로써 사회의 효율성을 높인다.
> (나) 학교는 기득권 집단의 이익을 반영한 교육내용을 다룸으로써 기존의 불평등한 사회 구조를 정당화하는데 기여한다.

① (가)는 갈등과 대립을 일시적인 병리현상으로 간주한다.
② (가)는 사회 구성 요소들이 상호 의존적 관계에 있다고 본다.
③ (가)는 특정 계층의 합의에 의해 사회 통합이 이루어진다고 본다.
④ (나)는 사회가 희소가치를 둘러싼 집단 간의 대립이 존재하는 곳이라고 본다.

8 사회이동에 대한 설명으로 바른 것을 모두 고르면?

> ㉠ 비슷한 수준의 양가에서 맺는 혼인은 수평적 이동이다.
> ㉡ 구조적 이동과 개인적 이동은 이동 원인에 따른 구분이다.
> ㉢ 세대내 이동은 부모 · 자녀 간에 나타나는 계층적 지위 변화를 말한다.
> ㉣ 사회이동은 사회적 평등 체계에서 개인과 집단의 위치가 변화하는 현상이다.

① ㉠㉡　　　　　　　　　　② ㉠㉢
③ ㉡㉢　　　　　　　　　　④ ㉡㉣

9 사회 불평등구조를 해결하는 방안으로 옳지 않은 것은?

① 개방적 계층구조의 실현
② 피라미드형 계층구조의 실현
③ 국민 의식과 태도의 변화
④ 교육기회의 확대

10 탈관료제에 대한 설명으로 옳지 않은 것은?

① 복잡성, 공식화의 정도가 높다.
② 의사결정 권한이 분산된다.
③ 신속한 의사결정 및 상황 대처능력을 중시한다.
④ 구성원의 능력에 기초한 보상체계를 강조한다.

11 사회화의 개념에 대한 설명으로 적절하지 않은 것은?

① 사회화란 한 개인이 사회적 상호작용을 통하여 사회적 행동을 학습해가는 과정이다.
② 사회화는 개인을 사회적 성원으로 성장시키는 동시에 사회구성원을 동질화한다.
③ 앞으로 자신이 맡으려고 하는 지위에 부합되는 가치, 태도, 기술을 먼저 습득하는 것은 재사회화의 한 예로 볼 수 있다.
④ 탈사회화란 과거에 이루어졌던 사회화로부터 이탈되거나 그것을 망각하는 것을 말한다.

12 1차집단과 2차집단에 대한 구분이다. 적절하지 않은 것은?

	구분	1차집단	2차집단
	형성방법	자연발생적 형성	인위적 형성
①	친밀도	친밀한 대면관계	친밀감이 낮은 형식적 관계
②	목적	목적 달성	관계 자체
③	관계	자기노출 수준이 높음 타인에 대한 지식과 관계가 포괄적	타인에 대한 지식과 관계가 부분적
④	통제	관습, 도덕 등 비공식적 통제	법, 규칙 등 공식적 통제

13 계급에 대한 설명으로 옳지 않은 것은?

① 마르크스는 어떤 단일 형태의 계급의식은 존재하지 않는다고 본다.
② 마르크스는 사회계급의 핵심적 결정요인으로 경제적 요소를 강조한다.
③ 베버(Weber)는 계급은 공통된 생활기회를 가진 사람들로 구성된다고 본다.
④ 베버(Weber)는 기술·행정 전문직 종사자들의 지위를 계급이론의 틀 안에서 수용할 수 있는 토대를 제공한다.

14 블라우(Blau)와 던컨(Duncan)의 미국사회 세대 간 계층이동 연구 이후 현대사회에서 계층구조를 측정하는 데 가장 널리 쓰이는 측정지표는?

① 성별   ② 연령
③ 직업   ④ 재산

15 사회집단에 대한 설명으로 옳지 않은 것은?

① 상대적 박탈감은 준거집단을 기준으로 발생한다.
② 의사와 환자의 관계는 원초집단의 전형적 예이다.
③ 동일연령집단(age cohort)은 사회집단의 예가 아니다.
④ 내집단과 외집단을 구분하는 근거는 개인의 소속감이다.

16 사회화에 대한 설명으로 옳은 것은?

① 미드(Mead)의 상징적 상호작용론은 일반화된 타자의 역할을 중시한다.
② 사회화는 어린이가 자신이 접하는 영향을 수동적으로 흡수하는 과정이다.
③ 재사회화가 일어나는 주요 제도로는 가족, 또래관계, 학교 등을 들 수 있다.
④ 피아제(Piaget)의 인지발달단계에서 고도로 추상적이고 가설적인 생각을 하는 단계는 구체적 조작기이다.

17 다음에 제시된 대한리 주민들과 유명 CEO들의 특징에 가장 부합하는 집단 유형을 옳게 연결한 것은?

> • 마을대항 축구대회에서 대한리 주민들은 혼연일체가 되어 자기 마을 팀의 승리를 기원하며 목이 터지도록 응원하였다.
> • 창업을 준비하고 있는 A씨는 창업에 성공한 유명 CEO들을 자신의 역할모델로 삼아 그들의 성공 노하우를 열심히 배우고 있다.

① 내집단 – 외집단　　　　　　② 내집단 – 준거집단
③ 외집단 – 공식집단　　　　　　④ 비공식집단 – 공식집단

18 일탈에 대한 설명으로 옳지 않은 것은?

① 일탈은 사회에 긍정적인 기능을 수행하지 못한다.
② 통계적으로 평균에서 벗어난 비정상적인 행위 특성이다.
③ 일탈에 대한 규정은 시간적, 공간적으로 상대적일 수 있다.
④ 일탈에 대한 과도한 억압과 제재는 사회적으로 부정적인 영향을 미칠 수 있다.

19 사회학적 일탈행동 이론 중 갈등론과 상호작용론의 관점이 결합된 이론은?

① 아노미이론　　　　　　　　② 차별교제이론
③ 낙인이론　　　　　　　　　④ 합리적 선택론

20 준거집단(reference group)에 대한 설명으로 옳지 않은 것은?

① 사람들이 자신과 행동에 관해서 평가할 때 기준으로 삼는 집단이다.
② 준거집단은 예기사회화(anticipatory socialization)의 직접적이고 중요한 원천이 된다.
③ 준거집단은 상대적 박탈감과 관련될 수 있다.
④ 사람들은 하나의 준거집단만 가진다.

21 사회실재론에 대한 설명으로 옳은 것은?

① 사회는 사회에 존재하는 모든 개인들의 합이다.
② 사회실재론을 주장하는 고전 사회학자들은 사회를 생물유기체에 비유하곤 하였다.
③ 마르크스(Marx), 베버(Weber), 짐멜(Simmel) 등이 사회실재론을 주장하는 대표적인 고전 사회학자들이다.
④ 사회실재론의 입장에서는 사회에 대한 개인들의 의미 해석이 강조된다.

22 다음과 같이 사회문제를 바라보는 이론은?

> 사회 문제 중 하나인 자살 현상을 불경기와 연관시켜 설명하는 학자들이 있다. 구체적으로 우리나라의 경우 IMF 구제금융 사태 이전인 1997년의 자살자 수는 6,022명인데 1998년에는 8,569명으로 증가했으며, 이에 대하여 한 전문가는 "구제금융 체제로 중산층이 하류층으로 전락하는 등의 생활고가 심해지면서 자살을 선택한 사람이 늘어난 것으로 보인다."라고 하였다.

① 낙인이론　　　　　　　　　　② 아노미이론
③ 갈등이론　　　　　　　　　　④ 하위문화론

23 현대사회의 조직에서 나타나는 현상이 아닌 것은?

① 네트워크 조직은 상급 관리자들의 수가 적고, 이들이 의사결정을 지배하지 않는 특징을 지니는 조직이다.
② 관료제의 효율적인 운영을 위해서는 카리스마를 지닌 리더가 구성원들을 동기화시키는 것이 중요하다.
③ 과제의 규모가 크고 복잡할수록 이를 다루는 조직이 관료제화 되는 경향이 있다.
④ 애드호크라시(adhocracy)란 관료제와는 상이한 성격을 지니는 유형의 조직이며, 전문가들의 팀 형태의 조직을 지칭한다.

24 '다른 집 아이들은 어찌되던 우리 집 아이만 좋고 괜찮으면 그만이다'라고 생각하는 형태는 다음 중 어디에 해당하는가?

① 아노미　　　　　　　　　　② 집단이기주의
③ 문화지체　　　　　　　　　④ 문화해체

25 다음 표는 한국사회 계급구성의 시기별 추이를 보여주고 있다. 이에 대한 해석으로 옳지 않은 것은?

(단위 : %)

연도 계급	1960	1970	1980	1990	2000
상류/중상계급	1	1	2	2	4
신중간계급	7	14	18	25	24
구중간계급	13	15	21	18	25
노동자계급	9	17	23	31	30
도시하류계급	7	8	6	6	8
농업계층	64	45	31	18	10
계	100	100	100	100	100

① 1990년대까지 농업계층은 급속도로 줄어들고 노동자계급과 신중간계급이 빠르게 늘어났다.

② 1990년대까지 노동자계급의 비중이 꾸준하게 증가한 것은 이 기간 동안 산업화가 진행되었음을 반영한다.

③ 구중간계급의 비율도 완만하지만 꾸준히 늘어났는데, 이는 일반적인 양극화 추세와 궤를 같이 하는 것이다.

④ 1990년대 이후부터 신중간계급과 노동자계급의 감소와 중상계급의 증가는 제조업 등 2차 산업 중심의 산업구조가 지식 · 정보사회로 변화해 가는 추세를 반영하고 있다.

26 사회집단의 유형 중 2차 집단의 속성에 해당하는 것은?

① 집단의 소규모성　　　　　　② 친밀한 대면접촉
③ 부분적 인간관계　　　　　　④ 비공식적 통제

27 다음 사례와 관련이 있는 것은?

> 전문직 종사자인 甲은 최근 고용주와 계약을 체결할 때, 자신의 특수한 지위를 반영하는 몇 가지 조건을 삽입하였다.

① 모순적 계급 위치   ② 사회적 배제
③ 혼합계급   ④ 부르주아화

28 다음의 사항을 모두 충족시키는 집단은?

> • 기존의 전통적인 좌-우 정치를 초월한 새로운 정치문화를 받아들이는 집단이다.
> • 전통적인 계급적 쟁점보다는 사적 관심이나 가치를 반영한 생활양식에 의미를 둔다.
> • 지식 경제의 출현과 관계가 있으며, 비위계적인 조직구조에서 일한다.

① 정보노동자   ② 3차 집단
③ 신중간계급   ④ 보보스 족

29 다음 중 계층구조에 대한 설명으로 옳은 것은?

① 우리나라의 계층구조는 다이아몬드형에서 피라미드형으로 변화하고 있다.
② 안정된 사회에서는 흔히 피라미드형 계층구조가 이루어진다.
③ 폐쇄적 계층구조와 개방적 계층구조의 차이는 사회이동의 제도적 인정여부에 있다.
④ 폐쇄적 계층구조는 수직이동을 제도적으로 허용한다.

30 다음 지문의 내용을 일탈의 통제론 관점에서 볼 때 가장 옳은 것은?

> 인간은 누구나 선천적으로 비행성향과 비행동기를 가지고 태어나 누구나 일탈, 비행이 가능하지만, 어떤 개인이 사회와 유대가 강하면 비행성향을 통제할 수 있게 되고 유대가 약하면 비행성향이 통제 불가능하여 자연적으로 비행으로 이어지게 된다. 즉, 이 이론은 가정, 학교, 사회와의 유대를 강조하여 내·외적인 통제가 강할수록 비행가능성이 적어진다는 것이다.

① 깨진 유리창 이론   ② 허쉬의 사회통제이론
③ 성악설   ④ 생물학적 입장

31 다음에서 설명하고 있는 것은?

> ㉠ 한 개인이 그 집단에 소속감을 가지며, 구성원 간에 '우리'라는 공동체의식이 강한 집단
> ㉡ 내가 소속된 집단이 아니며, 이질감이나 적대감까지 갖게 되는 타인들로 이루어진 집단

	㉠	㉡
①	내집단	외집단
②	1차 집단	2차 집단
③	공동사회	이익사회
④	소속집단	준거집단

32 피라미드형 계층구조와 비교하여 다이아몬드형 계층구조의 내용으로 옳지 않은 것은?

① 사회이동이 극히 제한되어 있어 불안정하다.
② 적극적인 복지정책을 추진하는 나라에 많이 보인다.
③ 분화된 산업사회의 계층구조이다.
④ 중간계층이 상·하층보다 상대적으로 많다.

33 사회구조에 대한 설명으로 옳지 않은 것은?

① 사회구조에 대한 기능론적 관점은 사회를 하나의 유기체로 보고 변화의 속성을 강조한다.
② 사회구조에 대한 갈등론적 관점은 갈등과 강제의 속성이 있다.
③ 사회구조는 구성원이 바뀌더라도 비교적 오랫동안 지속되는 특징을 지닌다.
④ 사회구조는 안정성과 변화의 가능성을 함께 지닌다.

34 집단은 하나의 사회단위로서 소멸되지 않고 유지·발전되어 간다. 그 요인이 아닌 것은?

① 구성원의 이동제한　　　　　② 구성원들의 합의와 동조
③ 적당한 방식의 보상과 제재　　④ 집단의 지도력

35 사회적 상호작용에 대한 설명으로 옳지 않은 것은?

① 협동은 달성된 목표나 혜택이 고루 분배된다는 조건이 보장될 때 잘 이루어진다.
② 경쟁은 모든 분야에서 무제한 허용되지는 않는다.
③ 타협과 공존은 갈등이 부분적일 때 일어난다.
④ 집단 간에 갈등이 생기면 집단 내부의 갈등은 심화되는 경향이 있다.

36 다음의 내용을 충족시키는 가장 적절한 개념은?

> • 동물에게서는 발견되지 않는다.   • 사고, 의지와 관계가 있다.
> • 생각과 느낌의 흐름을 파악한다.

① 생리적 욕구   ② 사회적 존재
③ 상징체계   ④ 자기성찰력

37 다음에서 협동의 조건이 되는 것만을 옳게 골라 묶은 것은?

> ㉠ 목표달성을 위한 활동에 누구나 참여할 수 있다.
> ㉡ 달성된 목표나 혜택이 고루 분배된다.
> ㉢ 달성목표가 제한되어 있다.
> ㉣ 달성목표나 이해관계가 상충되어 있다.

① ㉠㉡   ② ㉠㉢
③ ㉡㉢   ④ ㉢㉣

38 다음과 같은 현상이 일어나는 원인을 바르게 설명한 것은?

> 어느 날 교통경찰관인 甲은 과속으로 달리는 자동차를 적발하고 범칙금을 부과하기 위해 차를 세웠다. 우연히도 운전자는 자신의 친한 친구였다. 甲은 범칙금을 부과해야 할지 말아야 할지 망설이고 있었다.

① 개인은 단 하나의 사회적 지위를 가지기 때문이다.
② 개인이 사회적 지위를 스스로 선택할 수 없기 때문이다.
③ 사회적 역할에 의해서 사회적 지위가 결정되기 때문이다.
④ 사회적 지위가 요구하는 역할들이 갈등을 일으키기 때문이다.

39 갈등의 긍정적 측면으로서 거리가 먼 것은?

① 집단 내부의 결속과 연대의 강화
② 달성된 목표의 공정한 분배의 실시
③ 사회적 혁신을 촉진시키는 계기를 제공
④ 보다 확고한 협동을 이끌어내는 분위기 조성

40 다음 중 관료제의 순기능은?

① 효율성과 능률성의 추구
② 인간소외현상의 극복
③ 목적전치현상의 배제
④ 개인적 의사결정을 존중

41 다음 두 주장이 공통으로 근거하고 있는 관점에 대한 설명으로 가장 거리가 먼 것은?

> • '부(富)'라는 사회가치는 인정하지만 비합법적으로 부를 달성하려 할 때 일탈행위가 발생한다.
> • 사회계층화는 개인과 사회가 최선의 기능을 발휘하도록 하는 불가피한 사회적 장치이다.

① 사회는 갈등에 의해 발전한다.
② 사회적으로 합의된 가치가 존재한다.
③ 사회구성원은 사회통합에 기여한다.
④ 사회문제는 사회기능이 파괴될 때 발생한다.

42 다음 글은 甲공무원이 일탈행동을 하게 되는 과정을 나타낸 것이다. 이 과정을 설명해 줄 수 있는 이론을 순서대로 나열한 것은?

> 甲공무원이 돈을 벌기 위하여 공무원신분을 망각한 채 이권에 개입하여 징계를 받았다. 이후 그는 주위 사람들과 동료들의 차가운 시선 때문에 헤어나지 못하고 계속 범죄의 수렁에 빠지게 되었다.

① 상호작용론, 낙인론
② 낙인론, 아노미론
③ 아노미론, 낙인론
④ 상호작용론, 아노미론

43 갈등론적 관점에서의 계층화현상에 대해 옳지 않은 것은?

① 계층화현상은 필연성을 부정한다.
② 지배집단은 기득권 유지를 위해서 계층이 발생되었다고 생각한다.
③ 사회계층화는 집단 간의 갈등을 유발하고, 사회적 박탈감을 초래한다.
④ 희소가치의 균등한 분배에 의해 계층이 나타난다.

44 사회계층화현상에 관한 보기의 내용을 통해 추론한 설명 중 옳지 않은 것은?

> 지금까지 인간사회에서는 어떤 형태로든 계층화현상이 전혀 없는 상태를 가져 본 일이 없다는 것이 사회학적 연구에서 얻은 결론이다. '계층이 없는 사회를 볼 수 없다'는 말에는 '계급없는 사회(Classless Society)'를 표방하는 공산주의사회에서도 계층화현상은 여전히 존재한다는 뜻이 내포되어 있다. 사실, 지금 우리가 보는 공산주의사회에는 경제적 불평등은 감소되었는지 몰라도 정치적인 계층화의 정도, 즉 정치적 불평등과 그에 따르는 특권의 불균등한 배분은 역사상 보기 드물 만큼 심각하다.

① 마르크스는 생산수단의 소유여부에 따라 계급이 발생되었다고 한다.
② 베버는 계급, 지위, 권력에 의해 사회계층화현상이 발생한다고 보았다.
③ 전통적 사회에서는 서열화된 위치가 엄격하며, 사회적 차별이 심했고, 그 위치가 세습되었다.
④ 근대사회에서는 사회적 희소가치가 다양화되고 서열화된 위치를 구분하기 어렵게 되어 사회계층화현상은 점차 소멸되어 가고 있다.

45 청소년기의 사회화와 관계가 없는 것은?

① 기본적인 욕구충족의 방식은 세련된다.
② 생물적인 욕구 외에 새로운 사회적 욕구를 가진다.
③ 다양한 상징체계를 습득하여 복잡한 상호작용이 가능해진다.
④ 사회교육이나 재교육을 통하여 재사회화가 형성된다.

46 성인의 재사회화가 필요한 이유가 아닌 것은?

① 급변하는 현대사회에 적응하기 위해서
② 기업의 유능한 사원을 육성하기 위해서
③ 대중문화를 올바르게 이해하기 위해서
④ 새로운 지식·기술을 습득하기 위해서

47 사회적 측면에서 볼 때 사회화의 기능에 해당하지 않는 것은?

① 사회구성원의 동질화를 꾀한다.
② 사회와 문화를 존속시킨다.
③ 개인을 사회적 성원으로 존속시킨다.
④ 한 사회의 문화가 다른 사회의 문화와 다른 양상을 보이도록 한다.

48 다음 중 자발적 결사체에 대한 설명으로 옳지 않은 것은?

① 사회의 다원화와 민주주의 발달에 기여할 수 있다.
② 업무수행의 경험과 훈련이 중시되며 신분이 보장된다.
③ 때에 따라서는 이해관계가 일반국민의 이해관계와 상충되기도 한다.
④ 구성원에게 집단에의 소속감을 부여하며, 자아정체감 형성에 도움을 준다

49 다음 중 계급과 계층에 관한 설명으로 옳지 않은 것은?

① 계층은 재산, 교육, 직업 등 여러 차원에서 비슷한 사회적 지위를 가지고 있다고 인정되는 개인들의 집합을 뜻한다.
② 계급은 경제적 차원에서 재산이나 부의 정도에 따라, 혹은 정치적 지배력의 유무에 따라 구분되는 집단이다.
③ 계층은 재산이나 권력의 분배를 중심으로 하는 이해관계의 대립집단을 뜻한다.
④ 한 집단이 계급의식을 가지면 다른 계급과의 구분이 뚜렷하여 계급의 성원은 강한 소속감을 가지게 되고 계급의 갈등이 초래될 수 있다.

50 다음의 내용을 추론해 볼 때 옳지 않은 것은?

> 시베리아 벌목장에서 북한노동자들의 꿈은 목숨을 잃지 않고 산(벌목장)을 내려가는 것이다. 벌목장에서 작업하는 북한노동자들의 생활은 참혹했던 공산통치하의 시베리아의 수용소군도와 마찬가지였다. 그들은 살아가는 것이 아니라 목숨을 부지해가는 것이었다.

① 생활을 위한 삶이 아니라 생존을 위한 삶을 하고 있다.
② 자유를 얻기 위해 벌목장을 탈출하는 것은 일탈행동이 아니다.
③ 인간으로서의 존엄과 가치를 존중받지 못하고 있다.
④ 준거집단과 소속집단이 다르다.

51 우리 속담에 나오는 보기와 같은 말을 고려하여 일탈행동의 원인을 옳게 추론한 것은?

> • 까마귀 싸우는 곳에 백로야 가지 마라.
> • 친구 따라 강남 간다.

① 부모의 양육태도가 일관성이 없고 결손가정이기 때문이다.
② 일탈행동은 사회적 상호작용을 통하여 학습되기 때문이다.
③ 목적과 수단이 어긋나서 규범이 없거나 혼란상태가 발생하기 때문이다.
④ 사회적인 제도와 관습이 불리하여 사회변화에 제대로 적응하지 못하기 때문이다.

52 다음의 내용과 가장 거리가 먼 것은?

> • 마약중독, 가출 또는 범죄를 비롯하여 어떤 취미나 신앙에 극단적으로 몰두하여 정상적인 생활을 하지 못하는 일을 말한다.
> • 이 같은 사회적 행동은 대부분의 구성원들이 생활과 조건에 적합한 행동으로 받아들이지 않는다.

① 부모님께 꾸중을 듣고 가출하는 것
② 농촌생활이 싫다고 무작정 상경하는 것
③ 알코올 중독으로 가사를 돌보지 않는 것
④ 대학입시에 낙방하여 우는 것

53 관료제의 역기능으로 볼 수 없는 것은?

① 지위의 공평한 획득으로 경력에 따른 보상이 무시된다.
② 인간의 소외현상을 증대시킬 수 있다.
③ 수단과 목적이 바뀌는 현상이 일어날 수 있다.
④ 비인간화현상을 유발할 수 있다.

54 어느 시대·사회를 막론하고 사회계층화현상은 존재한다. 사회계층에 대한 설명 방식 중 기능론적 관점으로 볼 수 없는 것은?

① 사회적 희소가치의 분배는 타당성이 있는 절차와 기준에 의하여 이루어진다.
② 사회계층화는 불가피하게 희소가치를 차등하게 분배함으로써 분배된다.
③ 사회적 희소가치의 분배는 권력이나 가정의 배경에 따라 분배된다.
④ 사회계층화는 구성원의 합의된 가치가 반영된 것이다.

55 다음의 내용과 가장 관계가 깊은 것은?

> • 개인적 욕구의 충족   • 사회적 기능의 수행
> • 사회의 유지 및 발전   • 관습화되고 공식화된 방법과 절차

① 계층구조   ② 사회구조
③ 사회제도   ④ 역할제도

56 사회제도의 발전과정을 옳게 설명한 것은?

① 사회제도는 미분화된 상태에서 다양한 형태로 분화되었다.
② 다양한 사회제도의 발달로 사회적 기능은 점차 통합되고 있다.
③ 사회제도는 교통·통신의 발달로 지역적 다양성을 더해가고 있다.
④ 다른 사회의 제도를 이해하기 위해서는 보편성이 강조되어야 한다.

57 다음에서 사회제도의 기능 가운데서 보다 중요한 두 가지로 짝지어진 것은?

> ㉠ 성원의 욕구충족   ㉡ 생존의 동기부여
> ㉢ 전체적 이익의 실현   ㉣ 사회통제

① ㉠㉡   ② ㉠㉣
③ ㉡㉢   ④ ㉢㉣

③ 공동체생활과 지역사회

☞ 정답 및 해설 P.260

1 현대사회에서 특히 강조되는 가족의 기능은?

> ㉠ 자녀교육   ㉡ 정서적 기능
> ㉢ 노약자 부양   ㉣ 여가·오락적 기능의 확대

① ㉠㉡　　　　　　　　　　② ㉠㉢

③ ㉡㉢　　　　　　　　　　④ ㉡㉣

2 다음 중 현대사회의 가족제도가 가장 중요시하는 것은?

① 체계적인 사회화 기능
② 정서적인 안정 도모와 보호
③ 개인에게 삶의 의미와 방향 제시
④ 의미있는 삶을 위한 수단적 기반 제공

3 이혼과 독신의 증가, 핵가족화 등으로 가족의 기능이 약화되고 있는 추세에도 불구하고 여전히 필수적인 가족의 기능으로 인정되는 것은?

① 유아와 노인의 양육과 보호
② 개인에 대한 삶의 방향 제시
③ 새로운 성원의 재생산과 사회화
④ 조상숭배를 비롯한 종교적 기능

4 다음의 내용에서 공통적으로 추출할 수 있는 일반화는?

> • 티베트의 하층민들은 결혼지참금으로 인한 재산의 분산을 막기 위하여 여러 형제들이 한 아내와 공동생활을 한다.
> • 북극의 에스키모인들은 사냥감을 찾아 넓은 지역으로 흩어져 독립적 생활을 영위할 수 있도록 핵가족형태를 보편적 가족형태로 갖는다.
> • 농사는 협업을 통하여 생산성이 늘어나는 특징이 있기 때문에 농경민들은 확대가족의 형태를 유지한다.

① 경제적 요인은 가족의 형태를 결정하는 요인이 된다.
② 가족의 형태는 사회의 풍속에 따라 다르다.
③ 인류는 대개 확대 또는 대가족제도로 생활해 왔다.
④ 가족의 형태는 인종에 따라 달라진다.

5 노인문제와 청소년문제의 발생배경이 근본적으로 같다고 보는 시각의 근거로 볼 수 있는 것을 고르면?

> ㉠ 개인주의의 강화 ㉡ 노동력 상실로 인한 빈곤
> ㉢ 가족의 사회적 중요성 약화 ㉣ 수명의 연장으로 인한 건강문제
> ㉤ 과학문명의 발달로 인하여 인간소외현상

① ㉠㉡㉢　　　　　　　　② ㉠㉢㉤
③ ㉡㉣㉤　　　　　　　　④ ㉡㉢㉣

6 가족과 가구에 관한 설명으로 옳지 않은 것은?

① 가구는 2인 이상이어야 한다.
② 가족관계가 아니더라도 가구원이 될 수 있다.
③ 분가한 작은아버지는 가족이 아니다.
④ 시집을 온 형수는 가족이다.

7 다음 중 후기 도시화의 과정에 해당하는 내용은?

① 공업도시의 형성   ② 이촌향도현상
③ 도시인구 집중   ④ 도시적 생활양식의 농촌 파급

8 다음 중 농촌지역사회의 특징에 해당하는 것은?

① 익명성이 강하다.
② 진보적이고 개방적이다.
③ 정착성, 동질성 및 유대성이 강하다.
④ 주로 수단적이고 형식적인 인간관계를 맺는다.

9 다음 설명에 해당하는 지역에서 전형적으로 나타나는 인구구조는?

- 인구의 선택적 이동으로 노인문제가 심화된다.
- 노동력이 부족하여 인건비가 상승하는 추세이다.
- 학교·병원 등 사회복지시설과의 거리가 점차 멀어진다.

①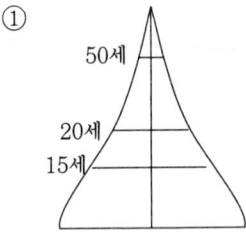

②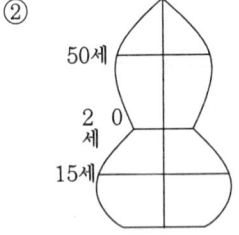

③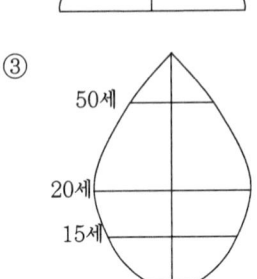

④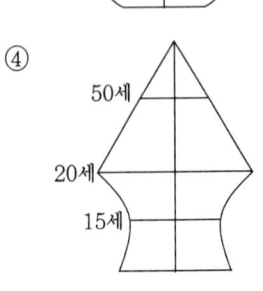

10 농촌사회의 변동과 그 파생효과에 관한 다음 설명 중 옳지 않은 것은?

① 젊은 노동력의 부족현상으로 농업활동이 기계화되고, 기업농이 대두되었다.
② 인구의 노령화로 영농의 어려움이 가중되고, 생산성은 감소하여 생산연령층의 인구부양 부담이 가중되었다.
③ 근교농업은 주로 채소재배에 치중하고, 오지에서는 목축업이나 고산작물을 재배하는 상업적 농업의 발달로 촌락 간의 이질성이 증대되었다.
④ 농촌의 전출인구는 대부분 경제적인 상층과 중간층이며, 주로 하층은 잔류한다.

11 다음과 같은 특징을 가진 모임의 이름은?

- 그 지역사회의 자치와 상부상조를 위한 모임이다.
- 도로의 보수작업이나 동제(洞祭)와 같은 지역사회의 행사에는 온 마을사람들이 협조하였고, 오늘날 새마을운동의 정신으로 계승되었다.

① 두레
② 향약
③ 대동계
④ 품앗이

④ 인간과 문화생활

☞ 정답 및 해설 P.261

1 문화 사대주의에 대한 설명으로 옳은 것은?

① 세계화 시대에 갖추어야 할 바람직한 태도이다.
② 자기 문화의 주체성과 정체성을 상실할 우려가 있다.
③ 집단 내 일체감을 형성하는 데 기여한다.
④ 자기 문화를 기준으로 타 문화를 평가하는 태도이다.

2 정보화로 인터넷은 빠르게 보급되었으나, 이에 비해 사람들의 인터넷 윤리 의식은 미처 확립되지 못해서 나타나는 문화 현상은?

① 문화 공존   ② 문화 지체
③ 문화 융합   ④ 문화 동화

3 다음은 사회·문화 시간에 부여된 모둠별 과제이다. 이를 통해 학습하고자 하는 문화의 속성을 설명하기에 가장 적절한 사례는?

> 선생님 : 조선 시대 여성의 복식 문화를 연구해 봅시다.
> A 모둠 : 저희는 유교가 끼친 영향을 분석해 보겠습니다.
> B 모둠 : 저희는 경제 생활을 중심으로 조사해 보겠습니다.
> C 모둠 : 저희는 신분제와의 상관관계를 분석해 보겠습니다.

① 인터넷의 발명은 사회 전반에 걸쳐 큰 변화를 가져 왔다.
② 과거의 문화는 기록을 통해 축적되어 전승된다.
③ 복식 문화는 시대의 흐름에 따라 변화한다.
④ 한국인이라도 외국에서 성장하면 한국과 다른 언어와 가치관을 갖게 된다.

4 인터넷의 발달로 UCC 등을 통하여 한류 열풍이 일어나는 등의 문화현상을 가장 잘 나타낸 용어는?

① 문화전파   ② 문화개혁

③ 문화지체   ④ 문화공존

5 문화를 보는 관점이 다른 하나는?

① 정치, 경제, 사회 영역 등과 구별되는 영역으로서의 문화

② 국가와 특별한 관계를 가지고 있는 인간의 정신적, 창조적 활동의 영역

③ 헌법상의 문화

④ 자연 상태에 대비되는 영역

6 다음 설명과 가장 가까운 문화 개념은?

> 빈곤 지역에 모여서 거주하는 사람들이 갖고 있는 약한 자아 구조와 강한 현실주의적 지향, 체념과 숙명주의라는 삶의 방식은 사회 안에서 그들의 위치에 대한 적응 양식이다.

① 반문화(anti-culture)   ② 하위문화(subculture)

③ 대중문화(mass culture)   ④ 대항문화(counter-culture)

7 다음에 해당하는 문화 전달 방법은?

> 문익점은 원나라에 갔다가 돌아오면서 붓대 속에 목화씨를 감추어 가져왔다.

① 직접전파   ② 간접전파

③ 자극전파   ④ 문화접변

8 문화 및 사회화에 관한 설명으로 옳지 않은 것은?

① 알튀세르(L. Althusser)는 사회화 과정도 지배이데올로기가 학습되는 과정이라고 본다.

② 프로이트(S. Freud)가 말하는 초자아(super-ego)는 사회문화적인 가치나 규범이 내면화된 것이다.

③ 문화지체(cultural lag)란 선진국의 발전된 이념이나 지식이 개발도상국에 도입된 이후, 이를 지원하는 기술체계가 뒤따르지 않아 사회적으로 문제가 야기되는 경우를 말한다.

④ 부르디외(P. Bourdieu)가 말하는 문화적 차이는 많은 경우 경제적 차이에 따라 차별화된 문화적 경험들이 체화된 결과이다.

9 문화변동의 양상에 대한 설명으로 적절하지 않은 것은?

① 자발적 문화접변은 복고운동의 원인이 된다.

② 비물질적인 제도나 가치의 변화가 물질적 측면의 변화를 따르지 못해 격차가 커지는 현상을 문화지체현상이라고 한다.

③ 의도된 계획에 따라 단기간에 일어나는 문화변동은 국민 대다수의 합의와 참여를 바탕으로 이루어져야 한다.

④ 문화의 진화가 장기간에 걸친 완만한 문화변동이라면, 문화의 개혁은 단기간의 급속한 문화변동이다.

10 문화의 속성에 대한 설명으로 옳은 것은?

① 같은 문화를 공유하는 사람들에게 원활한 생활을 위한 공동의 장을 제공하는 것은 문화의 전체성이다.

② 인간은 학습능력과 상징체계를 가지고 있어 경험과 지식을 다음 세대로 전달할 수 있는 것은 문화의 학습성이다.

③ 문화는 새로운 지식이 축적됨으로써 한 세대에서 다음 세대로 지속되는 축적성이 있다.

④ 문화는 환경과 사회적 조건에 대한 적응과정을 통하여 인간에 의해 창조되는 창조성을 가진다.

11 문화를 이해하는 관점에 대한 설명으로 적절하지 않은 것은?

① 인간의 생리구조와 생각할 수 있는 능력은 대부분 비슷하기 때문에 모든 사회의 문화는 언어, 예술, 종교, 기술 등의 공통적 요소를 지닌다고 보는 것은 보현성에 입각하여 이해하는 관점이다.

② 각 사회마다 서로 다른 환경과 상황에 적응해 가면서 독창적인 생활방식을 개발해 왔기 때문에 문제해결방식이 여러 가지로 나타난다고 보는 것은 사대주의적인 발상이다.

③ 자연환경과 사회적 상황의 차이, 독특한 생활양식의 선택의 결과로 각 문화마다 독자성이 나타난다고 보는 것은 문화의 특수성에 입각하여 이해하는 관점이다.

④ 자신의 문화의 우수성을 과신하여 타문화를 비하하는 자문화 중심주의적 태도는 문화를 이해하는 바르지 못한 관점이다.

12 다음의 예가 해당하는 문화의 속성은?

> 피임약이 개발됨으로써 임신과 출산율이 감소하고 여성의 사회진출이 늘어났으며 가족의 구조가 핵가족화되고 있다.

① 문화의 전체성   ② 문화의 공유성
③ 문화의 학습성   ④ 문화의 축적성

13 다음과 관계있는 문화를 이해하는 관점은?

> 뉴기니 원주민은 부모의 시체를 먹음으로써 사랑이나 힘을 간직한다고 믿는 풍습이 있었다. 19세기말 유럽의 백인 학자가 이들의 식인 풍습을 사진으로 찍어 한 주간지에 게재하면서 뉴기니 원주민들은 식인종으로 불리게 되었다.

① 문화의 다양성   ② 문화적 사대주의
③ 문화의 특수성   ④ 자문화 중심주의

14 다음 중 문화지체현상이 아닌 것은?

① 자동차는 증가하였으나 신호위반, 과속 등 운전자의 질서의식과 태도는 개선되지 않고 있다.
② 컴퓨터 사용이 증가하면서 컴퓨터를 이용한 범죄행위도 가능하게 되었다.
③ 휴대폰 사용자가 증가하면서 때와 장소를 가리지 않고 휴대폰 벨소리가 울린다.
④ 공무원이 돈만 벌면 최고라는 생각에 뇌물수수 행위를 하였다.

15 다음과 관련된 문화현상은?

> ⊙ 쌀 + 햄버거 → 라이스 버거   ⓒ 피자 + 김치 → 김치피자

① 문화종속   ② 문화융합
③ 문화수용   ④ 문화정체성

16 문화이해의 태도에 관한 다음 글에 대한 반론으로 적절한 것은?

> 어떠한 문화현상이든지 모두 나름대로의 의미와 가치를 가지고 있다. 따라서 자신의 가치와 다르다고 해서 나쁜 것으로 평가할 수는 없다. 예를 들면, 기형아를 물에 빠뜨려 죽이는 것이나 노인을 버리는 것도 그 사람 나름의 사정이 있기 때문에 어느 정도는 타당성을 인정해야 한다. 이렇게 보면, 인간이 하는 활동, 즉 문화는 어떠한 것이든지 나쁜 것이 없다고 인식해야 한다.

① 도덕성이 상실되었다.
② 그 사회의 맥락에서 해석해야 한다.
③ 어느 사회에서나 보편적으로 적용되는 가치는 있다.
④ 그런 문화를 가진 사회는 다 이유가 있으니까 비난하지 말아야 한다.

17 휴대전화가입자수가 천만 명을 넘어선 지금에도 '때와 장소'를 가리지 않고 울리는 '삐리릭' 소리 때문에 사회가 몸살을 앓고 있다. 이런 현상을 설명하는 개념으로 가장 적합한 것은?

① 2차적 발명   ② 자극전파
③ 문화접변   ④ 문화지체

18 문화지체현상이 나타나는 이유는?

① 문화는 정태적인 성격을 갖고 있기 때문이다.
② 문화요소를 조합하여 새로운 문화요소를 만들어내기 때문이다.
③ 문화요소들 사이에 전파와 변화의 속도가 다르기 때문이다.
④ 아노미현상과 사회적 혼란 때문이다.

19 기술혁신에 따른 문화변동의 결과에 대한 비판적 견해라 할 수 없는 것은?

① 사회가 기계화되고 물질만능주의와 개인주의가 확산됨에 따라 공동체의식이 약화될 것이다.
② 정보화사회의 진전으로 개인정보가 노출되어 사생활을 침해받을 수 있다.
③ 대량 생산과 소비를 가져와 지구의 한정된 자원을 급격히 소모시킬 것이다.
④ 대중매체에 따른 대중문화의 역기능으로 인해 문화의 전반적인 침체를 가져올 것이다.

20 다음에 제시된 내용과 관련된 가장 적절한 개념은?

> 중국의 우리 동포사회가 오랫동안 모국문화와 직접적인 접촉없이 전개되면서, 현지의 문화요소들이 많이 추가되어 점차 민족문화의 양식들이 변해가고 있다.

① 문화지체   ② 아노미
③ 문화접변   ④ 문화의 내재적 변동

21 다음 중 문화의 상대성에 대한 설명으로 옳은 것은?

① 한 문화는 다른 사회의 기준에 의해 평가될 수 있다.
② 한 문화는 그 나라의 상황을 고려해서 평가해야 한다.
③ 문화는 각기 고유의 특성과 가치를 가지고 있다.
④ 문화 간의 우열은 상대적으로 가릴 수 있다.

22 광의의 문화개념이 옳게 사용된 것은?

① 미술전람회나 음악공연회에 자주 참석하면 문화시민이 된다.
② 한 사회의 사람들이 관습적으로 침을 뱉는 것은 그 사회의 문화적인 행위이다.
③ 어떤 사람들은 한국인이 일본인보다 더 문화적인 민족이라고 생각한다.
④ 아프리카 미개사회의 원주민은 문화인의 범주에 속하지 않는다.

23 다음 중 문화의 속성으로 보기 어려운 것은?

① 축적성   ② 공유성
③ 학습성   ④ 부분성

24 다음 내용으로부터 추론할 때 인간의 문화에 대한 설명으로 옳지 않은 것은?

> 영국의 인류학자 타일러(E.B. Tyler)는 「원시문화」라는 책에서 문화의 개념정의를 이렇게 하였
> 다. "문화란 사회성원으로서의 인간이 습득한 지식, 믿음, 예술, 도덕, 법, 관습 기타 모든 능
> 력과 습관을 다 포함하는 복합적인 총체이다."

① 문화란 특정한 인간집단의 성원들이 생각하고 행동하는 방식의 총체로서의 생활양식을 뜻한다.
② 인간이 출생 후 성장과정에서 사회생활을 하고 학습을 통하여 얻은 것은 문화적인 특성이다.
③ 문명은 발달된 사회에만 존재하지만 문화는 어느 사회에서나 존재한다.
④ 문화와 문명을 구분할 때 '발전된 것', '개화된 것'으로 파악하는 것은 문화의 개념이다.

25 문화의 특성에 대한 설명으로 옳지 않은 것은?

> • 한 한국소녀의 가족이 온돌방에 상을 차려 놓고 둘러앉아 수저로 밥과 반찬을 먹고 있다.
> • 한 백인소녀의 가족이 식탁에 둘러앉아 포크와 나이프로 고기를 먹고 있다.

① 두 사람이 피부색, 얼굴형태, 머리색깔 등이 다른 것은 모두 문화적 특성이 다르기 때문이다.
② 그들의 이런 특성들은 출생후 성장하면서 각기 그들의 문화를 학습한 결과이지 가지고
  태어난 것이 아니다.

③ 어디서, 어떻게 앉아, 무슨 음식을, 어떤 식으로 먹는지는 그들의 생활양식의 한 부분으로서의 문화적 특성이다.

④ 문화는 특정한 사회집단의 성원들이 생각하고 행동하는 생활양식이다.

26 다음에서 문화의 공유성기능에 속하는 것만을 옳게 골라 묶은 것은?

> ㉠ 사회생활을 위한 공통의 장을 제공한다.
> ㉡ 사회구성원 간의 행동 및 사고를 예측하게 한다.
> ㉢ 그 나라의 사회생활을 전체적으로 파악하게 한다.

① ㉠㉡   ② ㉠㉢
③ ㉡㉢   ④ ㉠㉡㉢

27 문화에 관한 설명 중 옳지 않은 것은?

① 모든 사회의 문화는 언어, 예술, 신화, 종교 등 서로 공통된 요소를 가진다.
② 문화는 각 사회마다 특수성이 있어 전체적으로 다양성을 가진다.
③ 각 문화는 고유의 가치를 가지고 있으므로 우열을 가려서는 안 된다.
④ 개개인의 특징적이고 독특한 버릇도 장기화되면 문화라 한다.

28 다음의 내용은 문화의 속성 중 무엇을 말하는가?

> • 인간의 출생과 더불어 가지고 태어난 것은 아니다.
> • 성장과정에서 그가 어떠한 문화 속에 살았느냐에 달려 있다.
> • 어릴 때에는 주로 가정교육, 또래집단에서의 놀이, 친구들과의 담소 등을 통해서 익혀 나간다.

① 문화의 전체성   ② 문화의 학습성
③ 문화의 변동성   ④ 문화의 축적성

29 다음 중 제도의 기능이 아닌 것은?

① 사회구성원들을 조직한다.
② 사회질서를 유지한다.
③ 전체로서의 사회운영을 가능하게 한다.
④ 환경적인 제약을 극복한다.

30 다음의 내용을 포괄적으로 지닌 문화로 옳은 것은?

- 학문, 종교, 예술과 같은 정신적 창조물을 지칭하는 것으로 개인이나 집단이 가지는 의미와 가치, 즉 이상적인 문화를 내용으로 한다. 따라서 인간이 살아가야 할 궁극의 목표, 행위의 방향을 제시하여 준다.
- 환경적인 제약을 극복해 나가는 데에 용기와 의욕을 불어넣어 주고, 생활의 지혜를 제공해 줌으로써 결과적으로 인간의 삶을 풍요롭게 해준다.

① 상징체계   ② 제도문화
③ 관념문화   ④ 물질문화

31 다음 중 사회마다 문화가 다양하게 나타난 이유만을 골라 옳게 묶은 것은?

㉠ 모든 사람마다 능력과 감정이 유사하다.
㉡ 각 사회마다 그 여건에 맞는 독자적인 생활양식을 개발하였다.
㉢ 사회적 환경이 서로 다르다.
㉣ 환경에의 적응수단이 다르다.
㉤ 인간의 감정은 지역에 따라 다르다.

① ㉠㉡㉢   ② ㉠㉡㉤
③ ㉡㉢㉣   ④ ㉡㉢㉤

32 다음과 같은 문화전파를 설명한 내용 중 옳지 않은 것은?

> 발명과 발견의 형식으로 새로이 등장한 문화요소는 한 문화체계에서 다른 문화체계로 전파되어 나아가기도 하고, 또는 같은 문화체계 안에서도 한 지역에서 다른 지역으로 전파되어 나가기도 한다.

① 인쇄물, 텔레비전과 같은 대중매체를 통한 정보, 사상의 유입을 간접전파라 한다.
② 전래되어 들어온 외래종교에서 아이디어를 얻어 우리 사회에 맞는 새로운 신흥종교가 등장했다면 이 같은 문화의 전파를 자극전파라 한다.
③ 문화전파는 성격이 다른 두 개의 문화체계 안에서만 나타난다.
④ 문화변동의 요인 중 문화변동의 촉매역할을 하는 것은 문화전파이다.

33 오늘날 대중매체를 통해 외국가요나 복장이 우리 청소년들에게 쉽게 접촉되면서 이로 인해 그들의 행동양식에도 변화가 나타나는데 이러한 현상을 가장 잘 나타내는 말은?

① 문화전파 ② 문화개혁
③ 문화지체 ④ 문화진화

34 모든 사회의 문화는 언어, 예술, 종교, 기술 등의 공통적인 요소를 가지고 있는데, 그 이유로서 적합한 것은?

① 인간은 문화적 수단을 통하여 환경에 적응하고 있기 때문이다.
② 사회마다 독특한 문화의 특성을 가지고 있기 때문이다.
③ 생활상의 문제해결방식이 사회마다 다르기 때문이다.
④ 인간의 생리적 구조와 사고능력이 비슷하기 때문이다.

35 다음의 내용이 의미하는 것으로 가장 옳은 것은?

> 어떤 사람이 가늘고 긴 나뭇가지의 양끝에 실을 매어 팽팽하게 나무를 구부렸을 때, 이때까지 없었던 힘의 원천을 발견하게 되었다.

① 간접전파 ② 직접전파
③ 제1차적 발명 ④ 제2차적 발명

36 보기의 내용을 추론한 다음 설명 중 옳지 않은 것은?

> 문화접변은 성격이 다른 두 문화체계가 지속적이고 직접적인 접촉을 함으로써 문화요소가 전파되어 기존의 요소들과 상호작용하여 새로운 양식으로 변동되는 것이다. 예컨대 스페인문화와 토착인디언의 문화가 융합되어 제3의 멕시코문화가 형성되었다.

① 종교나 사회조직의 변화는 쉽게 수용하지만, 기술적인 혁신은 강한 거부반응을 보인다.
② 강제적인 문화접변의 경우 자율성을 박탈당하면 전통문화에 대한 복고운동이나 지배사회 문화에 대한 전면적인 거부운동이 일어나기도 한다.
③ 정복이나 식민지통치의 경우처럼 피지배민족의 문화를 말살하고 지배민족의 문화를 이식시키는 문화변동을 강제적 문화접변이라 한다.
④ 자발적인 문화접변은 새로이 접하게 된 문화요소가 기존의 방식보다 더 효과적이라고 판단될 때 강하게 나타난다.

37 다음에서 우리나라 구비전승문화의 특징을 옳게 연결한 것은?

> ㉠ 사회비판적, 풍자적인 특징　　　㉡ 민족정신의 지표 설정
> ㉢ 민족의 생활감정 표현　　　㉣ 농경문화의 반영
> ㉤ 민족적 긍지의 상징

① 가면극 – ㉠㉡
② 신화 – ㉠㉢
③ 민담 – ㉡㉤
④ 민요 – ㉢㉣

38 다음의 내용을 추론할 때 우리의 전통적 무속신앙에 대한 설명으로 옳지 않은 것은?

> 집안에 터주와 성주를 모시어 추수가 끝난 다음에 햇곡식으로 음식을 장만하여 고사를(家神에게 드리는 제사) 지냈고, 마을에서 해마다 동제 또는 산신제를 지낼 때에 서낭신(마을의 수호신)에게 농사의 풍요를 기원하였다.

① 유일신을 섬기고 주로 내세를 기원하였다.
② 동제는 공동체의식과 연대의식을 고취시켰다.
③ 안택(安宅)굿의 신앙대상은 집 안에 있었다.
④ 서낭신은 한 부락의 수호신으로 마을사람들이 공동으로 모셨다.

39 중국으로부터 한자와 유교가 유입된 것과 관련있는 것을 다음에서 골라 묶은 것은?

> ⊙ 두 문화체계 안에서의 전파   ⓒ 자극전파
> ⓒ 직접전파   ② 간접전파

① ⊙ⓒ   ② ⊙ⓒ
③ ⓒⓒ   ④ ⓒ②

40 문화가 가지고 있는 의미에 대한 설명 중 옳지 않은 것은?

① 본능에 의해 만들어진 산물이다.
② 인간의 공동생활에 의한 산물이다.
③ 인간사회는 각각 특유한 문화를 가지고 있다.
④ 사회의 기능적 전제요건을 충족시키는 역할을 한다.

41 정부 각 부처에서 기업의 사후 서비스(A/S)체제가 좋은 반응을 얻는다는 것을 발견하고 기존의 행정서비스에 도입해서 변동이 일어났다면 이것은 문화변동의 양상 중 어디에 해당하는가?

① 내재적 변동   ② 수용
③ 자발적 동화   ④ 문화접변

42 다음에서 알 수 있는 민족문화의 특징은?

> • 의림지와 벽골제   • 두레, 울력, 품앗이
> • 계와 향약   • 터주와 성주

① 무속신앙   ② 불교신앙
③ 농경신앙   ④ 유교신앙

☞ 정답 및 해설 P.265

⑤ 현대사회의 문제

1 급변하는 현대사회에서 산업구조가 변화되고 고령화 핵가족 등의 원인으로 노인문제가 대두되고 있는데, 이 노인문제의 해결방안으로 거리가 먼 것은?

① 노령층의 취업기회 강화
② 노인복지지원 강화
③ 재사회화
④ 국민연금 가입 연령을 앞당긴다.

2 고령화 추이를 나타내고 있는 표에 대한 설명으로 옳은 것은?

연도	노년부양비(%)	고령화지수(%)
2000	10.1	33.0
2010	15.0	66.3

① 노년부양비는 $\dfrac{65세\ 이상\ 인구}{유소년\ 인구 + 생산가능\ 인구} \times 100$ 으로 구한다.

② 고령화지수는 $\dfrac{65세\ 이상\ 인구}{생산가능\ 인구} \times 100$ 으로 구한다.

③ 2000년 노인 인구는 유소년 인구의 3분의 2 이하이다.

④ 2010년 유소년 인구는 생산가능 인구의 3분의 2 이상이다.

3 사회 불평등 현상을 바라보는 갑과 을의 관점에 대한 분석으로 옳은 것은?

> 갑 : 사회 불평등은 필연적이야. 사회적으로 중요한 일을 하는 사람에게는 높은 보상을 해 주어야 그 사회가 원활하게 돌아간다고 생각해.
>
> 을 : 네 말이 맞긴 한데 전적으로 동의할 수는 없어. 너의 말 중 '사회적으로 중요한 일'이 무엇인지 불분명해. 그것을 누가 결정하지? 사회적 중요성과 그에 따른 차등적 보상이라는 것은 기득권층이 자신들의 이익을 보전하기 위해 내세우는 구실에 불과해.

① 갑의 관점에 따르면, 사회계층 제도는 지배 집단의 이해와 가치를 반영한다.

② 갑의 관점에 따르면, 사회계층 제도는 개인과 사회가 최선의 기능을 하는 데 방해가 된다.

③ 을의 관점에 따르면, 기득권을 가진 집단이 자신들의 이익을 위하여 사회계층 제도를 유지하고자 한다.

④ 을의 관점에 따르면, 사회계층 제도는 개인의 성취동기를 자극하고 필요한 인재를 적재적소에 충원하는 기능을 한다.

4 다음 중, 균형 개발 방식에 대한 설명으로 적절한 것을 고른 것은?

> (가) 지역 격차를 심화시킬 우려가 있다.
> (나) 지방자치제도가 정착된 사회에 적합하다.
> (다) 투자의 효율성을 우선하는 개발 방식이다.
> (라) 낙후된 지역을 우선적으로 개발하는 방식이다.

① (가)(나)   ② (가)(다)

③ (가)(라)   ④ (나)(라)

5 최근 사회적 양극화가 심각한 사회문제로 대두되고 있다. 사회적 양극화 현상과 관련이 먼 것은?

① 20대 80의 사회   ② 신자유주의 정책

③ 산업민주주의의 확대   ④ 노동시장의 유연화 정책

6 다음 중 환경오염의 원인이 아닌 것은?

① 인구증가와 도시화   ② 환경문제에 관한 인식부족

③ 노동집약적 농업   ④ 과학·기술의 발달

7 다음의 내용을 뒷받침하는 근거로 적절하지 않은 것은?

> 대중문화는 대중매체를 소유하고 있는 대기업이나 국가가 국민을 일방적으로 조종하는 데 이용할 수 있다는 점에서 지배계층의 대중조작수단으로 규정되기도 한다.

① 집집마다 TV가 있고, 신문을 구독한다.
② 미국의 부시·케리의 대통령 선거에서 유태계인 뉴욕타임즈, 워싱턴타임즈 등 유력신문들은 사실상 케리에게 유리하도록 보도를 했다. 그리하여 선거는 치열한 접전을 하였다.
③ 신문이나 TV를 통해 발표된 것이면 무엇이든 믿는 경향이 있다.
④ 드라마가 60%대의 시청률을 기록하기도 한다.

8 청소년문제나 노인문제의 가장 근본적인 원인은?

① 가족의 보호·통제기능의 약화
② 소득격차에 따른 상대적 빈곤감의 증대
③ 자유주의·평등주의 가치관의 확산
④ 국가의 사회복지대책 미흡

9 다음 내용을 바탕으로 하여 사회운동에 관한 결론을 내릴 때 가장 적절한 것은?

> • 서구에서는 환경운동, 반핵운동, 녹색운동, 소비자운동, 인권운동, 여성해방운동 등이 다양하게 일어나고 있다.
> • 미국에서는 특징적으로 흑인민권운동이 발생한다.
> • 우리나라에서는 1970~1980년대에 빈민운동, 농민운동, 노동운동 등이 격렬하게 전개되었다.

① 사회운동은 사회발전에 긍정적인 영향을 끼친다.
② 사회운동을 보면 그 사회의 변동모습을 예측할 수 있다.
③ 사회운동은 사회변동의 주요 요인 중의 하나이다.
④ 사회운동의 내용을 보면 그 사회의 구조적 모순을 알 수 있다.

10 다음과 같은 원인으로 인하여 사회문제가 발생하게 된 것은?

> 사회문제는 반드시 사회변동의 결과로 나타난 새로운 현상들로만 이루어지는 것은 아니다. 어떤 것은 예전부터 있었던 것이, 또는 예전에는 바람직하다고 생각되던 것이, 사람들의 생각이 바뀌면서 심각한 사회적인 문제로 인식되기도 한다. 오히려 사회적으로 중요한 문제들 중에서 많은 것이 새로운 관념과 가치의 형성이나 도입으로 인해 나타난 것 등이다.

① 인권문제   ② 환경오염문제
③ 자원고갈문제   ④ 인구문제

11 다음 현상들을 일반화하여 진술할 수 있는 가설로 옳은 것은?

> • 1인당 국민소득이 증가함에 따라 자원소비량이 증가하고 이에 따라 자원고갈의 문제가 나타났다.
> • 산업화정책으로 인해 계층 간의 이해관계가 다양해지고 첨예하게 대립되는 현상이 나타났다.
> • 산업화정책으로 인해 농촌에는 일손부족현상과 이농현상이 나타나고 대도시에서는 주택난과 구직난이 발생한다.

① 사회문제의 해결을 위해 공업화는 필요하다.
② 가치변동은 사회의 변동을 가져온다.
③ 산업화정책으로 경제성장을 이루었지만 여러 문제를 동시에 가져왔다.
④ 경제성장은 지속적인 공업화로 가능하다.

12 다음 그림에서 나타난 사회변동에 대한 관점과 부합되는 진술로 보기 어려운 것은?

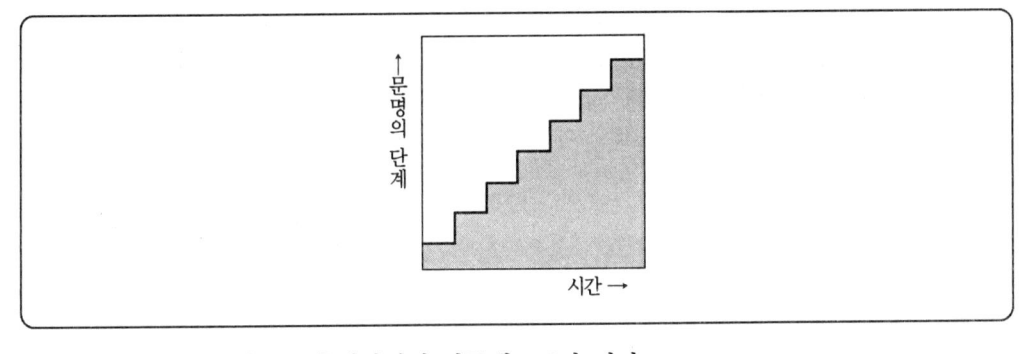

① 서구사회의 가족제도는 후진사회의 가족제도보다 낫다.
② 사회는 현재의 상태를 파괴하려는 힘에 의하여 변동하게 된다.
③ 서구사회의 식민지정책으로 식민지사회의 경제적 상황이 향상되었다.
④ 개발도상국은 근대화를 통하여 경제발전과 정치적 민주화를 이룩하였다.

13 다음과 같은 문제를 극복할 수 있는 방안으로 옳지 않은 것은?

> 우리나라의 성비불균형은 세계 1위이다. 1994년 한 해 여아 100명당 남아출생률은 116명으로 미국, 일본은 말할 것도 없고 중국에 비해서도 높은 수준이다. 자연성비가 여아 100명당 106명이라는 점을 생각해 보면 과다한 남아 출산을 위해서 얼마나 많은 인공적 수단들이 동원되었는지 쉽게 짐작할 수 있다.

① 성 역할에 관한 고정관념을 탈피한다.
② 평등사회를 지향하는 가치관을 정립한다.
③ 남성 위주의 가족법인 호주제도를 폐지한다.
④ 확대가족이 증가할 수 있도록 정부의 지원을 확대한다.

14 다음은 어떤 사회제도에 대한 설명인가?

> • 사회구성원들의 기본적인 생존을 가능하게 하는 수단을 제공한다.
> • 현대사회로 올수록 분배의 형평을 중요시하고 있다.

① 가족제도   ② 교육제도
③ 종교제도   ④ 경제제도

15 사회의 빠른 변동이 우리 사회에 안겨준 심각한 문제에 해당하지 않는 것은?

① 아노미현상　　　　　　　　　② 가치관의 혼란
③ 대중사회화현상　　　　　　　　④ 세대 간의 갈등

16 현대사회 문제의 발생요인이라 할 수 없는 것은?

① 인간의 가치보다 물질의 가치를 선호한다.
② 개인이나 특정집단의 이익을 공공의 이익보다 중요시한다.
③ 구성원의 의식개혁을 한다.
④ 모든 현상을 자기중심으로 이끌어 가려고 하는 태도를 보인다.

17 다음 내용을 토대로 현대사회의 문제점을 가장 옳게 지적한 것은?

> • 정보망의 발달에 따라 개인정보는 수요 · 공급이라는 자본주의 구조에 의해 불법적으로 유통된다.
> • 사무처리가 문서에 의해 간접적이고 공식적인 방식으로 이루어진다.

① 생태계 파괴　　　　　　　　　② 인간소외
③ 집단이기주의 확산　　　　　　④ 비합리적 사고의 팽배

☞ 정답 및 해설 P.267

1 다음 사례에서 밑줄 친 ㉠과 ㉡에 대한 설명으로 옳지 않은 것은?

> • 우리 아버지는 시청에서 근무하시다가 정년퇴임을 하시고는 ㉠공무원연금을 받으며 생활하고 있다.
> • 윗집 할머니는 자식도 없이 홀로 사시는데 소득이 없어서 ㉡국민기초생활보장법 상의 수급권자로 생계비를 지원받고 있다.

① ㉠은 강제가입의 성격을 갖는다.
② ㉡은 ㉠에 비해 사회적 약자 보호의 성격이 강하다.
③ ㉠은 비용 전부를 국가가 부담한다.
④ ㉡은 ㉠에 비해 소득 재분배 효과가 강하다.

2 공공부조에 대한 설명으로 옳은 것은?

① 생산과 복지를 결합한 복지급여이다.
② 사회보험보다 소득재분배의 효과가 더 큰 복지급여이다.
③ 예방적 복지의 성격을 갖는 잔여적 복지급여이다.
④ 혜택 비효율성이 높은 보편주의에 입각한 복지급여이다.

3 다음에서 제시하고 있는 우리나라의 사회보장제도에 대한 설명으로 옳지 않은 것은?

> • 서비스 대상 : 65세 이상의 노인 또는 65세 미만의 노인성 질환자
> • 서비스 내용 : 시설 급여, 재가 급여, 특별 현금 급여
> • 보험료 징수 방법 : 건강보험료와 통합 징수

① 의료급여제도에 대한 설명으로 소득재분배 효과를 담보하고 있다.
② 가입자는 부양해야 할 노인이 없어도 부담액을 납부하여야 한다.
③ 국가와 지방자치단체의 노인부양책임을 강화하는 것을 목적으로 한다.
④ 가입자의 소득과 가입자 부담액은 양(+)의 상관관계가 있다.

4 사회보험과 공적부조에 대한 표이다. 잘못된 것은?

구분		사회보험	공적부조
	목적	산업재해, 실업, 사망 등에 따른 소득의 중단이나 상실의 불안 해소	보험료의 부담능력이 없는 생활무능력자의 생활보호
①	대상	보험료 부담능력이 있는 사람	자산상황, 건강상태 등 조사 후 결정
②	종류	재해보험, 실업보험, 의료보험, 양로보험, 각종 연금제도	구호대상자에 대한 각종 보호사업, 사회복지사업, 공중위생사업 등
③	부담	피보험자, 기업주 또는 국가	비용 전부를 국가가 부담
④	특징	소득재분배효과, 국가재정의 팽창, 근로자 투자 의욕의 상실	강제가입, 능력별 부담, 근로의욕 고취, 상호부조의 성격

5 정보화 사회에 대한 설명으로 옳지 않은 것은?

① 정보화 사회란 정보와 지식을 중심으로 조직되고 움직이는 사회를 말한다.
② 정보혁명은 자동화된 기계를 통하여 육체적인 능력의 한계 극복을 가능하게 하였다.
③ 선택의 폭 확대, 삶의 질 향상, 많은 사람들의 정보접근 용이 등의 장점이 있다.
④ 정보의 빈부격차, 비인간화현상, 사생활 침해 등의 단점이 발생한다.

6 다음의 직업 종사자가 양적으로 증가할 뿐만 아니라 사회적 위상도 높아져가는 추세를 적절하게 설명하는 이론을 제시한 학자는?

> • 광고업자　　　　　　　　• 패션 디자이너
> • 스타일리스트　　　　　　• 웹 디자이너

① 칼 마르크스(Karl Marx)
② 에릭 올린 라이트(Erik Olin Wright)
③ 존 골드소로프(John H. Goldthorpe)
④ 삐에르 부르디외(Pierre Bourdieu)

7 복지국가체제에 관한 설명으로 옳지 않은 것은?

① 서구 복지 국가 체제의 기본 이념은 보편적 복지에서 선택적 복지로의 이동이다.
② 복지 의존이란 복지 정책이 수혜자들의 자립의지를 약화시키고 정부 보조에 대한 의존심을 강화시키는 상태를 가리킨다.
③ 에스핑-안데르센(G. Esping-Anderson)의 복지 국가 유형 중 조합주의 국가는 복지 사업이 높은 수준으로 탈상품화되어 있는 경우를 말한다.
④ 마샬(H. Marshall)은 복지를 산업사회의 성장과 더불어 발달한 시민권의 한 범주로 보았는데, 이는 사회적 배제의 개념에 영향을 미쳤다.

8 사회보험과 공공부조를 구별하는 기준이 되는 것은 무엇인가?

① 혜택의 범위
② 소득의 유무
③ 보험료의 과다
④ 비용부담의 주체

9 농업에 인터넷을 사용하는 것에 관한 설명 중 옳지 않은 것은?

① 인터넷을 이용하여 농작물 재배에 대한 필요한 정보를 얻을 수 있다.
② 농산물 관련 홈페이지를 만들어 소비자에게 직접 농산물을 판매함으로써 높은 소득을 올릴 수 있다.
③ 소비자의 입장에서 볼 때 물건을 비싸게 구매하게 될 것이다.
④ 새로운 정보를 서로 교환할 수 있다.

10 다음 글에서 추론할 수 있는 내용으로 옳은 것은?

> 인터넷이란 세계 각국의 수많은 통신망들이 서로 연결되어 각 망들이 보유하고 있는 정보들을 전세계 어느 곳에서든지 망이 연결된 사용자들에게 원하는 정보를 제공해 주는 지구촌 통신망(global network)이다.

① 사회이동의 감소로 계층간 격차가 심화될 것이다.
② 재택근무와 함께 소호(SOHO)산업이 등장할 것이다.
③ 원하는 정보를 얻기 위해 도시로의 인구이동이 가속화될 것이다.
④ 중간관리층의 역할이 증가할 것이다.

11 다음 중 산업재해보상보험의 성격이 아닌 것은?

① 고용보장　　　　　　　　　　　② 사회보험
③ 의료보장　　　　　　　　　　　④ 소득보장

12 현재 우리나라에서 실시하고 있는 사회보험의 내용으로만 묶인 것은?

> ㉠ 의료보호제도　　　　　　　　㉡ 생활보호제도
> ㉢ 공무원연금제도　　　　　　　㉣ 산업재해보장보험제도
> ㉤ 의료보험제도　　　　　　　　㉥ 아동보호제도
> ㉦ 노인복지제도

① ㉠㉡㉢　　　　　　　　　　　② ㉡㉢㉦
③ ㉢㉣㉤　　　　　　　　　　　④ ㉣㉤㉥

13 좁은 의미의 사회보장제도에 해당하는 것을 모두 고르면?

> ㉠ 최저임금제　　　　　　　　　㉡ 실업수당
> ㉢ 고용정책　　　　　　　　　　㉣ 의료혜택
> ㉤ 주택보장　　　　　　　　　　㉥ 의무교육

① ㉠㉡　　　　　　　　　　　　② ㉠㉡㉢
③ ㉠㉡㉢㉣　　　　　　　　　　④ ㉠㉡㉢㉣㉤

14 모든 사람이 인간다운 생활을 보장받을 수 있는 사회가 복지사회이다. 다음 중 그 요건이 아닌 것은?

① 민주주의의 토착화　　　　　　② 소득의 공정한 분배
③ 최저생활의 보장　　　　　　　④ 완전고용의 실현

15 계획에 의한 발전은 무엇에 치중하는 경향이 있는가?

① 도시화의 공업화　　　　　　　　② 경제발전과 공업화
③ 기계화와 과학화　　　　　　　　④ 경제발전과 생활의 합리화

16 다음 중 종속이론의 근대화에 대한 시각은?

① 물질적으로는 발전하나 정신적으로 오히려 후퇴한다.
② 근대화는 오히려 경제적 침체와 사회적 불안만을 초래한다.
③ 근대화는 바로 사회를 발전시키고 물질적인 풍요와 정신적인 만족을 가져다준다.
④ 근대화를 추진해도 전통적인 사회제도 때문에 일정한 한계를 벗어나지 못한다.

17 단기적으로 소득재분배의 효과를 보다 크게 얻을 수 있는 사회보장의 방법은?

① 생활보호　　　　　　　　　　　② 공무원연금
③ 국민건강보험　　　　　　　　　④ 산업재해보장보험

18 다음 중, 대중사회를 출현시킨 배경으로 적절한 것을 고른 것은?

> (가) 의무교육의 시행　　　　　(나) 보통선거의 실시
> (다) 소수자의 권리 보장　　　　(라) 탈(脫)관료제의 정착

① (가)(나)　　　　　　　　　　　② (가)(라)
③ (나)(다)　　　　　　　　　　　④ (나)(라)

1 시민사회의 형성과 발전

☞ 정답 및 해설 P.269

1 다음 중 서구 여러 나라의 근대시민계급에 대한 설명으로 옳지 않은 것은?

① 처음에는 중앙집권적 민족국가를 형성하는 절대군주에 적극 협력하였다.
② 경제활동에 있어서 보호무역을 주장하였다.
③ 산업혁명 이후부터 부의 축적이 강화되면서 절대군주와 대립하였다.
④ 자유와 평등을 보장하는 정치제도를 요구하였다.

2 ㈎~㈐사건에 관한 설명으로 옳은 것만을 〈보기〉에서 모두 고르면?

㈎ 1688년 왕권신수설과 로마 가톨릭을 신봉하는 제임스 2세의 전제정치에 반대하여 일어난 혁명이다.
㈏ 1776년 영국의 식민지였던 북아메리카 13개 주의 대표들이 독립을 선포한 사건이다.
㈐ 1789년 루이 16세의 전제정치를 타도하고, 앙시앵 레짐(구체제)의 모순을 극복하기 위하여 시민계급이 주도한 혁명이다.

〈보기〉
㉠ ㈎의 성공으로 의회는 권리청원을 제출하여 왕의 승인을 받았다.
㉡ ㈏에는 자연권 사상보다 실정권 사상이 더 많은 영향을 미쳤다.
㉢ ㈏이후 근대 최초의 민주공화제가 실시되었다.
㉣ ㈐직후 천부 인권사상에 바탕을 둔 '프랑스 인권선언'이 채택되었다.

① ㉠㉡   ② ㉠㉢
③ ㉡㉣   ④ ㉢㉣

3 다음에서 설명하고 있는 정치사상과 가장 관련이 있는 것은?

> • 인간은 이성의 힘으로, 편견과 오류를 극복하고 사회적 모순과 부조리를 바로잡을 수 있다.
> • 이 사상은 인간의 독립성과 자율성을 강조하여, 군주제 아래의 불평등한 사회 구조를 개혁
>   하여야 한다는 사회의식을 사회 구성원들에게 심어 주었다.

① 근대 초기, 국가에 의한 적극적 자유를 강조하는 이념의 기반이 되었다.
② 근대 시민혁명의 사상적 기원이 되었다.
③ 군주의 권위에 구성원이 절대적으로 복종하게 되었다.
④ 정치를 국가의 근본적인 활동으로 인식하게 하는 계기를 제공하였다.

4 민주사회 시민으로서의 사회참여 방식을 모두 고르시오.

> ㉠ 선거와 투표   ㉡ 신문 독자투고
> ㉢ 행정관서에 건의   ㉣ 시민단체 가입
> ㉤ 자원봉사활동   ㉥ 지역의 이익표출 위한 집단행동

① ㉠㉣㉤   ② ㉠㉡㉣㉤
③ ㉠㉢㉣㉥   ④ ㉠㉡㉢㉣㉤㉥

5 민주주의체제를 전체주의체제와 구분할 수 있는 가장 중요한 요소는?

① 법률에 의한 통치   ② 다원주의의 인정
③ 정치적 안정의 추구   ④ 국가발전의 도모

6 국민이 모든 일에 능동적으로 참여함으로써 권리를 행사하고 의무를 이행하는 마음가짐을 무엇
이라고 하는가?

① 관용   ② 책임의식
③ 공동체의식   ④ 주인의식

7 다음 중 대한민국 민주주의의 이념은?

① 다원주의, 상대주의
② 인간의 존엄, 자유와 평등
③ 자유주의, 국제평화주의
④ 국민주권, 법치주의

8 다음 글에 나타나는 신민과 시민에 관한 설명으로 옳은 것은?

> • 과거의 신분사회에서는 소수의 특권층만이 권력과 재산을 소유하고 다수의 일반신민들은 정치적, 경제적, 사회적으로 소외되었다.
> • 법은 일반 의사의 표명이다. 모든 시민은 스스로 또는 대표자를 통해서 참여할 수 있는 권리를 가진다.

① 시민과 신민은 비슷한 성격을 지닌다.
② 시민은 국가권력의 근원이다.
③ 신민은 국가주권이 주인이다.
④ 신민은 정부를 구성하는 권한이 있다.

9 다음 사고방식의 문제점으로 적절한 것은?

> • 남녀 간에는 원래 능력의 차이가 있다.
> • 서울대학교를 나와야 출세할 수 있다.
> • 성공하려면 역시 공부를 잘해야 한다.
> • 나 혼자 뭘 잘났다고 법을 지키나, 요령껏 편하게 살아야지!

① 고정관념
② 흑백논리
③ 편견
④ 표리부동

10 우리나라 시민사회의 형성과 관련된 설명으로 옳지 않은 것은?

① 동학농민운동을 계기로 민권의식이 크게 성장하였다.
② 백성들은 3·1운동과 이후 계속된 독립운동의 주체로서 활약하였다.
③ 조선말기의 정부는 국정개혁을 통한 시민사회의 수립을 위해 적극적으로 노력하였다.
④ 대한민국의 역대 정부는 국가안보와 경제성장을 지배이념으로 내세우고, 권위주의적인 방법으로 통치하였다.

11 시민들의 참여유형에 대한 그림을 토대로 옳은 설명을 모두 골라 묶은 것은?

능동적

파괴적 ── Ⅱ유형 – 중도적 참여 │ Ⅰ유형 – 적극적 참여 ── 건설적
　　　　 Ⅲ유형 – 참여 거부 │ Ⅳ유형 – 소극적 참여

수동적

　㉠ Ⅰ유형 : 관료와의 접촉, 정치적 쟁점에 대한 토론, 선거운동, 시위 참가
　㉡ Ⅱ유형 : 투표 거부, 참여에 대한 불신감, 공직자에 대한 불신
　㉢ Ⅲ유형 : 관할구역의 이탈, 공적 서비스보다는 사적 서비스의 선호
　㉣ Ⅳ유형 : 투표, 지역사회에 대한 선전, 지역사회에 대한 지지 표명

① ㉠㉡　　　　　　　　　　　　　　② ㉠㉣
③ ㉡㉣　　　　　　　　　　　　　　④ ㉢㉣

12 다음 중에서 근대시민사회의 성격으로 옳은 것은?

① 재산소유정도에 따라 선거권에 차이가 있었다.
② 보통선거가 실시되면서 누구나 정치참여가 가능하게 되었다.
③ 국가의사결정에 참여하는 사람의 범위가 무제한 확대되었다.
④ 집권자의 자발적인 협력으로 소수의 특권계급이 누리던 자유와 권리가 다수에게로 확대되었다.

② 사회적 쟁점과 문제해결방법

☞ 정답 및 해설 P.270

1 사회적 쟁점의 민주적 해결 방법으로 보기 어려운 것은?

① 일방적인 결론 도출
② 당사자 간 대화와 토론
③ 사회 정의의 원칙 준수
④ 공정하고 합법적인 절차 이행

2 다음은 사회적 쟁점의 해결 절차를 나타낸 것이다. ㈎단계에서 해야 할 일로 가장 적절한 것은?

> ㈎ 문제의 명료화 → 대안의 탐색 → 대안의 평가 기준 선정 → 대안의 평가와 선택

① 실천 가능한 모든 해결 방안을 찾아본다.
② 문제의 내용이 무엇인지 뚜렷하게 밝힌다.
③ 해결 방안의 적절성을 판단할 수 있는 기준을 세운다.
④ 해결 방안별로 장단점을 비교하여 가장 좋은 것을 선정한다.

3 다음의 사회현상으로 인한 결과가 아닌 것은?

> ⊙ 인터넷 보급률이 급속히 증가한다.   ⓒ 집에서 인터넷으로 모든 일을 처리한다.

① 정치집단의 영향력이 커진다.
② 정보의 빠른 전달·전파가 가능해진다.
③ 사회참여율이 높아진다.
④ 개인주의적 성향이 더욱 강화된다.

4 다음은 다니엘 벨(D. Bell)의 탈산업사회에 대한 내용이다. 이에 대한 설명으로 옳은 것을 고르면?

> ㉠ 인간서비스업이나 전문서비스업의 비중이 증가한다.
> ㉡ 각 과학자들의 실험적 노력이 기술혁신을 주도한다.
> ㉢ 이론적 지식은 모든 분야를 혁신하는 주역이 된다.
> ㉣ 자본과 노동이 가치창출의 원천이 된다.
> ㉤ 상품의 대량생산을 담당하는 공장의 규모가 확대된다.

① ㉠㉡㉢   ② ㉠㉢㉤
③ ㉡㉢㉣   ④ ㉢㉣㉤

5 다음 글에서 현대사회의 변동양상과 그 특징이 아닌 것은?

> 제1의 물결인 농업혁명은 수천 년에 걸쳐서 천천히 전개되었다. 산업문명의 출현에 따른 제2의 물결의 변혁은 불과 300년밖에 걸리지 않았으며 오늘날은 역사의 진행이 더욱 빨라지고 있다. 제3의 물결로 고작 20~30년 내에 역사의 흐름을 바꾸어 그 변혁을 마무리 짓는 것은 아닐까?

① 정보통신기술에 따라 촉진되고 있다.
② 변동의 범위는 한정된 분야에 국한되어 복합적으로 나타난다.
③ 사회변동의 속도가 완만해지고 있다.
④ 정보의 보유, 판별, 분배능력이 귀중한 사회적 자원이 된다.

6 사회적 탐구와 가치 탐구의 두 관점이 서로 보완되어야 하는 이유로 옳지 않은 것은?

① 과학적 지식이 뒷받침되지 않은 가치 탐구는 맹목적이고 설득력이 적기 때문에
② 가치 탐구가 없는 사회쟁점의 과학적인 탐구는 문제해결의 방향감각을 분명하지 않게 하기 때문에
③ 사회적 쟁점이나 사회문제에는 사실문제와 가치문제가 모두 포함되어 있기 때문에
④ 가치갈등을 해결하기 위한 기준은 과학적 지식에 의해서만 마련될 수 있기 때문에

7 다음에서 합리적인 의사결정방법으로 옳지 않은 것은?

① 문제를 분명히 한다.
② 사실문제와 가치문제를 구분한다.
③ 대안모색과 결과예측을 한다.
④ 지식보다는 개인적 가치를 더욱 중요시한다.

8 합리적 의사결정을 위한 기본적 관점에서 균형있는 관점에 관계가 없는 것은?

① 사회적 탐구와 가치탐구에 대한 입장이다.
② 개인과 사회에 관한 관점이다.
③ 안정과 변동에 따른 관점이다.
④ 지속적이며 적극적인 참여에 대한 입장이다.

9 집단적 노력과 제도개선에 의하지 않고 의식개혁으로 사회문제의 해결이 실현되는 사례로 가장 적절한 것은?

① 승용차 다량소유 제한
② 승용차 운행횟수 줄이기
③ 인도 없는 차도에서 좌측통행하기
④ 자유로운 해외여행 실시

10 다음 중 개방적인 태도가 아닌 것은?

① 자신의 주장이 확실하게 틀렸다는 증거가 나오기까지는 자신의 입장을 견지한다.
② 여러 가지의 가능성이 동시에 공존할 수 있음을 인정한다.
③ 더 좋은 결론이 나오면 현재의 결론이 수정될 수 있음을 수용한다.
④ 주어진 자료와 정보를 분석하고, 보편적인 위치에서는 비춰보지 않는다.

☞ 정답 및 해설 P.271

1 사회변동에 대한 다음 주장에 부합하는 설명으로 적절한 것은?

> 생산력과 생산관계가 결합된 생산양식이 경제적 토대를 형성하며, 이에 조응하여 법·정치·종교 등의 상부구조가 구성된다. 즉, 물질적 생산양식이 사회적·정치적·정신적 생활 과정의 일반적 특성을 결정한다. 사회변동은 경제적 토대의 변화와 더불어 생산수단을 통제하는 힘과 그 관계에서 생기는 모순과 갈등의 결과로 일어난다.

① 사회변동의 요인은 그 사회의 외부로부터 주어진다.
② 인간의 의식은 사회적 삶 전반을 규정하는 토대로 작용한다.
③ 정치질서와 같은 상부구조는 경제적 토대의 형식적 표현일 뿐이다.
④ 경제적 요소에 의해 사회의 가치체계가 변화될 가능성을 간과하고 있다.

2 다음 주장에 나타난 사회이론에 대한 설명으로 옳지 않은 것은?

> 가난한 나라가 발전하려면 이미 근대화를 이룬 서구 선진국의 발전 과정을 모델로 삼아 의도적으로 사회 발전을 추진해야 한다. 그러므로 서구 사회처럼 무엇보다 산업화가 이루어져야 하며 또 정치적인 자유와 민주주의의 확립, 합리주의, 개인주의 등 서구의 근대적 가치를 수용해야 한다.

① 근대화는 곧 서구화라고 보고 있다.
② 문화사대주의적 사고를 바탕으로 하고 있다.
③ 사회는 일정한 방향성을 가지고 변동한다는 사회진화론을 전제하고 있다.
④ 개발도상국의 저발전은 선진국과의 종속 관계에 기인한다고 보고 있다.

3 다음 지문에 내용의 해결책으로 가장 적절한 것은?

> 우리나라 노인의 취업 현황을 살펴보면 65세 이상 전체 노인 중 30%만이 수익을 내는 일을 하고 있다. 또한 대부분의 노인들이 농어축산업, 단순노무직, 서비스직, 판매직과 같은 불안정한 직종 군에서 일하고 있다는 문제가 있다. 반면 사회경제적 지위가 높은 직종 군에서 일하고 있는 노인은 3% 정도에 불과했다.

① 경로효친 분위기 조성　　　　　② 재사회화 교육 시행
③ 노인복지 정책의 확대　　　　　④ 가족간 정서적 유대 강화

4 가족의 유형과 관련된 개념들의 짝(pair)으로 옳지 않은 것은?

① 핵가족 – 대가족　　　　　　　② 부계제 – 모계제
③ 부거제 – 모거제　　　　　　　④ 단혼제 – 복혼제

5 오늘날 전 세계적으로 이혼이 증가하는 원인으로 적합하지 않은 것은?

① 개인의 만족도에 따라 결혼을 평가하는 풍조의 만연
② 이혼에 따라다니던 낙인이 예전에 비해 사라졌기 때문
③ 여성의 경제적 독립과 함께 결혼의 경제적 문제 해결 기능이 상대적으로 약화되었기 때문
④ 남녀 간의 적대감이 갈수록 첨예해지기 때문

6 성차별의 원인은 사회에서 '남성은 남성답게, 여성은 여성답게' 학습된 결과라고 본다. 이를 극복하는 방안이 아닌 것은?

① 양성성을 개발한다.
② 성역할에 대한 고정관념을 극복하여 가치관을 재정립한다.
③ 여성의 사회활동을 지원할 수 있는 제도를 마련한다.
④ 남자는 남자답게, 여자는 여자답게 성역할 교육을 강화시킨다.

7 다음 글에서 경주 어머니의 역할상황을 적절히 제시할 수 있는 의미는?

> 회사원인 경주 어머니는 어느날 회사의 업무관계로 타 지역으로 출장을 가게 되었다. 그런데 경주의 동생이 교통사고로 수술을 받게 되었다. 어머니는 회사원으로서의 역할과 어머니로서의 역할 사이에서 어떤 것을 선택해야 할지 망설이고 있다.

① 일탈행동　　　　　　　　　② 메커니즘
③ 역할갈등　　　　　　　　　④ 가치갈등

8 다음 중 지위와 역할에 대한 설명으로 옳지 않은 것은?

① 지위와 역할은 특정의 개인에 따라 달라지는 것이 아니며, 역할행동은 특정의 개인에 따라 달라진다.
② 지위는 사회 속에서 차지하는 위치이고, 역할은 그 지위에 부과된 임무나 행위양식이다.
③ 직업·학벌·생활수준 등 개인의 재능이나 노력에 의해 차지하게 되는 지위는 귀속지위이다.
④ 역할 수행을 제대로 못하거나 규범을 어기는 경우에는 그에 상응하는 적절한 제재가 가해진다.

9 다음 중 현대가족이 전통가족보다 좋은 점으로 옳은 것은?

> ㉠ 가족 간의 의사소통 원활　　　　㉡ 가정교육을 통해 가풍과 가치관 전승
> ㉢ 가족구성원들의 개성과 창의성 발휘　㉣ 가족생활이 심리적 안정감을 제공

① ㉠㉡　　　　　　　　　② ㉠㉢
③ ㉠㉣　　　　　　　　　④ ㉡㉣

10 다음 중 산업화과정에서 나타나는 사회문제로 관계가 없는 것은?

① 규범적 갈등으로 인한 범죄의 증가
② 근로자와 여성의 상대적인 지위의 하락
③ 세대간 적대의식과 규범적 갈등
④ 새로운 환경에의 적응과 관련된 각종 문제

11 다음과 같은 현상에서 발견될 수 있는 문화이해의 기본속성은?

> 우리나라에는 강강술래라는 민속춤이 있고 하와이에는 훌라춤을 춘다. 민족마다 서로 다른 형태이기는 하지만, 춤을 춘다는 점에서는 동일하다.

① 제일성
② 총체성
③ 상대성
④ 다양성

12 다음 중 용어의 사용이 올바른 것을 모두 고르면?

> ㉠ 한 개인이 그가 속한 사회집단 내에서 차지하고 있는 사회적 위치를 지위라고 한다.
> ㉡ 한 가지의 지위에 대하여 여러 가지의 역할이 기대될 때, 이를 지위모순이라고 한다.
> ㉢ 어떤 지위에 대하여 일반적으로 기대되는 행동양식을 역할행동이라고 한다.
> ㉣ 사회적 상호작용을 통해 사회적 행동을 학습해가는 과정을 사회화라고 한다.

① ㉠㉡
② ㉠㉣
③ ㉡㉢
④ ㉢㉣

13 인간의 사회화에 대한 설명 중 옳지 않은 것은?

① 사회화란 인간이 주어진 상황과 조건에 맞추어 의미있는 행동을 하는 것이다.
② 한 개인이 다른 사람과 더불어 살아갈 수 있는 능력은 본능적으로 타고나는 것이다.
③ 사회화는 개인을 사회적 성원으로 성장시키고, 사회적 소속감을 부여하는 기능을 한다.
④ 급격히 변화하는 현대사회에서 새로운 사회규범과 행동양식에 적응하기 위해서는 재사회화가 필요하다.

14 다음과 같은 사회적 갈등의 특징을 바르게 지적한 것은?

> • 인공유산에 관한 찬반론자들 간의 갈등
> • 경제성장론자와 환경보전론자 간의 갈등
> • 핵의 평화적 이용을 주장하는 집단과 핵이용 금지를 주장하는 집단 간의 갈등

① 화해와 협력으로 쉽게 해결될 수 있는 사회문제이다.
② 소득격차가 심화됨에 따라 나타나는 갈등이다.
③ 아노미상태에서 많이 발생하는 사회적 갈등이다.
④ 사회적 쟁점에 대한 가치관의 차이에 따른 갈등이다.

15 다음 중 정보화사회의 특성이나 문제점과 관계가 적은 것은?

① 사회의 발전으로 도시문제가 부각
② 세계를 하나의 단위로 한 사고와 행동을 요구
③ 국가나 기업 및 개인의 경쟁력은 정보의 소유자 접근에 의해 결정
④ 정보의 공유는 여러 제도와 조직의 분권화를 가속

16 집단갈등의 기능에 대한 내용 중에서 옳지 않은 것은?

① 집단갈등을 완전히 제거하면 사회발전을 촉진시킬 수 있다.
② 사회문제의 해결방안을 제시하기도 한다.
③ 갈등이 원만하게 해결될 경우 사회통합에 기여하기도 한다.
④ 선진산업사회는 갈등의 합리적인 조정과 해결을 통해 발전을 이루어 왔다.

17 다음 문화현상의 연구방법에서 문화를 이해하는 방법으로 옳은 것은?

> • 열 길 물 속은 알아도 한 길 사람 속은 알 수 없다.
> • 문화현상에는 수량화가 안되는 부분이 훨씬 많다.

① 현지연구   ② 질적연구
③ 비교연구   ④ 양적연구

18 다음에서 문화현상이 의미하는 특성은?

> 경상도 지역은 동해안에 섬이 발달하지 않고 내륙이 산악지대여서 김치를 담글 때 소금을 많이 넣어 짠 맛이 나게 하여 '짠지'라 부르고, 전라도는 섬이 발달하고 평야지대여서 젓갈을 많이 넣어 담그어 김치의 맛으로 유명하게 되었다.

① 총체성   ② 특수성
③ 개방성   ④ 유동성

19 전통문화와 외래문화에 대한 시각으로 바람직하지 못한 것은?

① 세계화의 시대에서는 외래문화의 수입이 전통문화의 수출보다 더 중요하다.
② 외래문화를 비판적이면서도 열린 마음으로 받아들여야 한다.
③ 외래적인 것도 잘 수용해서 우리 사회에 맞게 변용하면 전통문화가 될 수 있다.
④ 전통문화를 잘 계승하여 높은 수준의 문화로 만들어 보존하고 세계에 전파하는 것이 세계화에 기여하는 것이다.

20 다음과 같은 사회변동을 일어나게 하는 공통적인 근본요인으로 옳은 것은?

> ⊙ 기업내부구조의 분권화   ⊙ 중간관리층의 감소
> ⓒ 환경문제의 발생   ② 세대간 갈등 증대
> ⑩ 노동시간의 단축

① 탈이념화   ② 정보혁명의 가속화
③ 국제화   ④ 탈산업화

21 다음에 제시된 내용을 분석하여 결론을 내릴 때, 가장 타당한 것은?

> 인간은 사회변동을 예견하고, 조절하기도 하는 주체자이다. 과학과 기술도 분명히 사회변동의
> 한 요인이지만, 인간에 의하여 발명되어 확산될 때에야 변동의 동인이 되는 것이다. 인간은
> 그것을 수용하고, 거부하며, 심지어는 폐기시킬 수도 있다.

① 인간의 능력은 확고한 의지를 발휘할 수 있다.
② 인간은 실현 가능한 총체적인 대응책을 마련할 수 있다.
③ 인간은 사회의 변동을 예견하고 적절하게 조절하기도 하는 주체적인 동인(動因)이다.
④ 인간은 변동으로 인한 사회문제를 예견하고 그것을 예방하기도 한다.

22 다음 내용이 설명하는 사회변동의 이론으로 옳은 것은?

> 사회는 항상 현재의 상태를 파괴하려는 힘을 가지고 있으며, 바로 이러한 힘에 의해 혁명을 포
> 함한 여러 가지 중요한 사회변동이 일어난다.

① 진화론   ② 기능론
③ 균형론   ④ 갈등론

23 다음 내용과 관련된 사회변동에 관한 입장으로 옳은 것은?

> • 사회는 발전·퇴보·멸망하기도 한다는 비판을 받고 있다.
> • 서구의 선진사회가 후진사회를 식민지화하는 것을 정당화하기 위한 것이라 비판받기도 한다.

① 종속이론　　　　　　　　　② 진화론
③ 갈등론　　　　　　　　　　④ 균형론

24 사회변동에 대한 균형론적 시각으로 옳은 것은?

① 사회 여러 부분의 사이에는 항상 갈등이 존재한다.
② 현재의 사회는 과거의 사회보다 더 나은 사회이다.
③ 혁명적 사회변동의 설명에 적합하다.
④ 사회 어떤 부분에 마찰·갈등이 발생해도 정상을 회복하여 통합된다.

④ 합리적 선택과 시장

정답 및 해설 P.273

1 자본주의사회에서 개인의 경제적 자유를 제한하는 이유가 아닌 것은?

① 작은 정부를 지향하므로   ② 공익과 형평성 추구를 위해
③ 도덕적 정당성 지향   ④ 기회비용이 존재하기 때문

2 근대국가와 현대국가의 특성을 옳게 나열한 것은?

① 야경국가 – 자유방임국가   ② 절대국가 – 중상주의국가
③ 행정국가 – 복지국가   ④ 소극국가 – 적극국가

3 다음 중 자본주의국가들의 경제성장률이 사회주의국가들보다 일반적으로 높은 이유로 옳은 것은?

① 생산이 무계획적으로 이루어졌기 때문이다.
② 국가의 경제계획이 철저하지 못했기 때문이다.
③ 경쟁을 통하여 효율성을 얻을 수 있었기 때문이다.
④ 형평성의 보장으로 인하여 근로의욕이 증진되었기 때문이다.

4 다음의 글이 의미하는 바는 무엇인가?

> 소비자가 물건을 구매하는 현상은 상품에 대한 소비자의 투표를 의미한다. 즉, 생산자가 무엇을, 얼마만큼, 어떠한 가격에 생산하여야 할 것인가를 매물(買物)이라고 하는 투표로써 지시한다.

① 소비자주권   ② 생산량의 결정
③ 수요과 공급의 균형   ④ 자원배분의 필요성

198 PART Ⅰ. 단원별 핵심문제

5 다음에서 소비자 문제와 관계가 없는 것은?

① 광고의 관심으로 소비자의 판단을 흐리게 하는 경향이 많아졌다.
② 극소수의 기업이 시장을 지배하는 경우가 많아지고 있다.
③ 기술이 발달하여 상품의 수와 종류가 많아졌다.
④ 소비자들의 경쟁으로 생산자만 이익을 보는 경우가 많아졌다.

6 다음은 기업가의 경영관리활동을 나타낸 것이다. 순서대로 바르게 연결한 것은?

> ㉠ 기업전체를 평가하고 조정한다.
> ㉡ 기업의 구체적인 목표를 설정하고 계획을 세운다.
> ㉢ 사용할 수 있는 자원을 배분, 조직하고 근로자를 이끌어 나간다.

① ㉠ – ㉡ – ㉢
② ㉡ – ㉠ – ㉢
③ ㉡ – ㉢ – ㉠
④ ㉢ – ㉠ – ㉡

7 다음과 같은 조건하에서 우리나라가 취했던 경제정책에 대한 내용으로 옳지 않은 것은?

> ㉠ 소득수준이 낮았다.
> ㉡ 노동력이 풍부하였다.
> ㉢ 자본과 기술이 빈약하였다.
> ㉣ 사회 곳곳에 비효율이 산재하였다.

① 차관을 도입하였다.
② 내수보다 수출을 우선하였다.
③ 중화학공업을 집중 육성하였다.
④ 분배의 개선보다 성장을 우선하였다.

8 1930년대 대공황 이후의 정부의 역할들을 모두 고르면?

> ㉠ 치안   ㉡ 국방
> ㉢ 공공재공급   ㉣ 독과점규제
> ㉤ 교육   ㉥ 환경오염방지

① ㉠㉡   ② ㉡㉢

③ ㉢㉣㉥   ④ ㉣㉤㉥

9 다음은 교육이란 변수가 소득분배에 미치는 영향을 분석한 것이다. 이 그래프에 대한 해석과 설명으로 옳지 않은 것은?

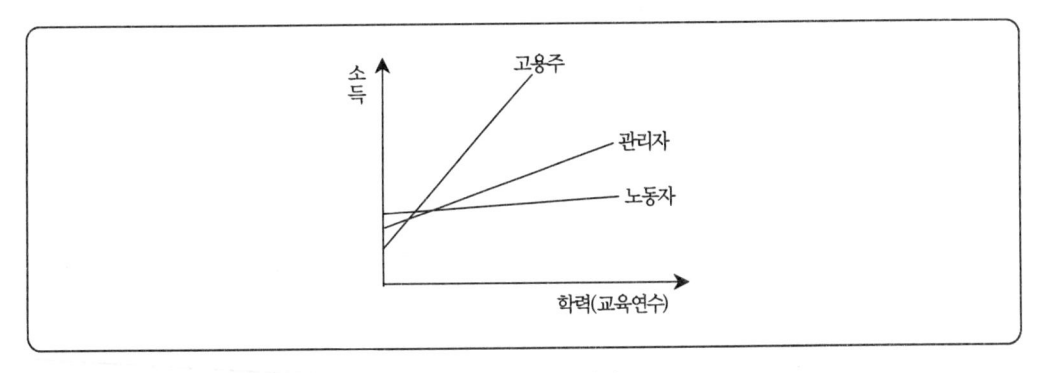

① 계급이 소득결정에서 매우 중요한 역할을 하고 있다.

② 교육의 기회균등은 소득분배의 개선에 크게 기여한다.

③ 교육이란 변수가 소득에 미치는 영향은 사회계급에 따라 상당한 차이가 있다.

④ 자본가계급의 경우 교육의 효과가 다른 어떤 계급에서보다 높게 나타나고 있다.

10 아담 스미스의 '보이지 않는 손'이 의미하는 것으로 옳은 것은?

① 정부의 경제정책   ② 시장의 가격기능

③ 국민소득수준   ④ 가계의 소득수준

11 다음에서 국가 간의 통상마찰이 심화되고 있는 근본원인은?

① 국가 간의 무역불균형 때문에
② 유럽화폐 등장으로 국제통화체제 붕괴
③ 신보호무역국의 수입제한조치 때문에
④ 신흥공업국의 수입제한조치 때문에

12 우리나라가 국제경쟁력을 강화하고 육성하는 중요한 과제라 볼 수 없는 것은?

① 과소비의 억제
② 중소제조업의 육성
③ 중화학공업의 육성
④ 첨단기계류산업의 육성

13 시장의 기능에 대한 설명으로 옳지 않은 것은?

① 국민들이 원하는 재화나 용역이 생산된다.
② 사회적 약자를 위한 자원배분이 이루어진다.
③ 생산자는 가장 비싼 값에 물건을 판매할 수 있다.
④ 재화나 용역이 가장 필요로 하는 사람에게 분배된다.

14 기업의 경쟁력을 강화하기 위한 방법으로 옳지 않은 것은?

① 경영혁신
② 생산성 향상
③ 정부의 기업에 대한 심한 간섭
④ 새로운 노사관계 형성을 위한 제도 개선

15 국민경쟁력을 위한 제도적 장치로 볼 수 없는 것은?

① 금융실명제
② 공직자재산등록제
③ 주식신고제
④ 부동산실명제

16 다음 밑줄 친 부분의 사례로서 적절하지 않은 것은?

> 경제주체들이 각자 자유스럽게 자신의 이익을 추구하다 보면 경제가 효율적으로 운용되는 측면도 있다. 그러나 시장의 자유가 지나치면 공공의 이익을 해칠 수도 있다.

① 독과점의 비용
② 관료주의의 폐단
③ 환경오염의 발생
④ 공공재 생산의 부족

17 다음과 같은 상황에 대처할 수 있는 금융정책수단으로 가장 적절한 것은?

> 최근 우리나라에도 선진국의 시장개방압력이 계속되고 있는데, 금융시장도 예외가 될 수 없다. 따라서 금융산업을 안정시키고 경쟁력을 강화할 수 있도록 금융기관의 자율성을 신장시켜야 한다.

① 은행에 대출한도를 정하여 통화량을 조절한다.
② 은행예금에 최고금리를 정하여 통화량을 조절한다.
③ 은행의 지급준비율을 정하여 통화량을 조절한다.
④ 은행의 대출담보를 정하여 통화량을 조절한다.

18 다음의 내용과 관련이 없는 것은?

> 한 나라의 경제발전은 재화와 용역의 양을 증가시키고 질을 향상시킴으로써 국민생활수준을 높이지만, 발전에 불가피하게 따르는 부산물로서 여러 가지 문제들을 유발시키기도 한다.

① 직업병 등 산업재해의 발생
② 공업화에 따른 도시화문제의 발생
③ 생태계 파괴 등 자연의 훼손
④ 도시화에 따른 인간소외의식의 극복

19 다음과 같은 기업들의 행위를 보고 내릴 수 있는 결론으로 옳지 않은 것은?

> • 甲 화장품회사는 고유상품의 개발보다는 외국화장품을 수입하여 판매하는데 역점을 두고 있다.
> • 乙 건설회사는 하청기업에 대하여 납품대금의 지불연기, 자사제품의 강매 등의 행위를 상습적으로 하고 있다.
> • 丙 백화점은 세일기간 동안에 광고전단과는 다른 상품을 비싸게 판매하였다.

① 기업가의 사회적 책임의식이 부족하다.
② 창의와 혁신을 바탕으로 한 기업가정신이 부족하다.
③ 바람직한 경제사회 건설을 저해하고 있다.
④ 기업의 이윤추구행위는 부도덕하다.

20 다음 중 현대정부의 과제로 보기에 적절하지 않은 것은?

① 개입주의와 비개입주의의 조화를 기한다.
② 생존권 보장과 자유권 수호의 균형을 기한다.
③ 공공의 목적을 위하여 개인재산권을 보호한다.
④ 시장실패와 정부실패를 모두 해결하여야 한다.

⑤ 개인과 국가

☞ 정답 및 해설 P.275

1 지역에 이익이 되는 시설 등의 자기지역 유치를 경쟁적으로 시도하는 지역이기주의 현상은?

① 님비현상
② 핌피현상
③ 임피현상
④ 바나나현상

2 다음 진술을 통하여 알 수 있는 법의 특징은?

> • 피레네산맥 이쪽에서의 정의는 저쪽에서는 불의이다.
> • …… 하지만 법학자들은 말하네. 법이란 옳은 것도 그른 것도 아니며, 때와 장소에 따라 처벌되는 것은 범죄들일 뿐…….

① 상대성
② 보편성
③ 정당성
④ 강제성

3 자기의 생각을 여러 형태로 표현할 수 있는 영역에 해당되는 기본권은?

① 행복을 추구할 권리
② 학문과 예술의 자유
③ 사생활을 침해받지 않을 자유
④ 언론·출판·집회·결사의 자유

4 다음에서 사회적 기본권에 속하는 것은?

> ㉠ 신체의 자유
> ㉡ 양심의 자유
> ㉢ 교육받을 권리
> ㉣ 근로의 권리
> ㉤ 재판청구권
> ㉥ 인간다운 생활을 할 권리

① ㉠㉡
② ㉢㉣
③ ㉢㉣㉥
④ ㉢㉤㉥

5 다음에서 설명하고 있는 법의 원칙으로 옳은 것은?

> 국민의 권리를 국가가 제한할 경우에는 정당한 법의 내용과 함께 공정한 절차를 거쳐야 한다.

① 형벌불소급의 원칙   ② 일사부재리의 원칙
③ 적법절차의 원칙   ④ 죄형법정주의

6 밑줄 친 주장의 예로 옳지 않은 것은?

> 세계화와 지방화가 동시에 진행됨에 따라 국민국가의 역할은 축소되고 있다. 국민국가가 어떤 문제는 너무 커서 또 어떤 문제는 너무 작아서 효율적으로 대처할 수 없기 때문이다. 그러나 국민국가의 위기나 붕괴를 논하기에는 성급하다고 볼 수 있다.

① 개발도상국가들은 아직도 국가형성과 산업화라는 과제를 추진하고 있다.
② 국가가 사회·경제적 약자들의 삶을 보호하고 지원할 필요성이 증가하고 있다.
③ 세계평화의 확립, 핵확산 금지 등을 위한 비정부기구(NGO)의 노력이 증가하고 있다.
④ 사회간접자본의 축적이나 인적자본의 개발 등 국가차원에서 해결해야 할 과제가 많다.

7 다음의 법률들로 인하여 침해되는 법의 목적은 무엇인가?

> • 반민족 특위구성에 관한 특별법(1948)   • 반민주인사 처벌을 위한 특별법(1960)
> • 특별재판소 및 검찰부법(1960)   • 국가재건 비상조치법(1961)
> • 5 · 18 민주화운동 등에 관한 특별법(1996)

① 법적 안정성   ② 합목적성
③ 법의 강제성   ④ 법의 상대성

8 다음의 내용에 대한 국민들의 대책방안으로 옳은 것은?

> 당선만 되고 보자는 정치꾼은 실천할 수도 없는 공약을 내세우고 국가와 민족을 생각하는 정치인은 실천할 수 있는 합리적인 공약을 내세운다.

① 공약을 잘 지키지 않는 정치인에 대하여 정치적으로 심판한다.
② 국민은 공약이 잘 지켜지지 않으면 공약이행을 촉구한다.
③ 선출된 사람에게 지역주민의 의사를 수용할 법적인 책임을 요구한다.
④ 새로운 환경에 맞도록 정책을 수정하는 것도 공약을 어기는 것이다.

9 다음 중 대통령 선거과정에서 유권자들이 후보자를 선택할 때의 판단기준으로 가장 중요하다고 생각되는 것은?

① 민주시민이라면 먼저 선거공약을 검토해 보고, 합리성이 있으면 그 후보자를 선택한다.
② 후보자의 경력과 정당 등을 보고 결정한다.
③ 민주주의는 다원주의사회이므로 이익단체나 여론조사에 나타난 지지율을 보고 결정한다.
④ 민주주의는 정당정치이므로 정당이 마음에 들면 인물이나 기타 다른 조건들을 검토하지 않아도 된다.

10 국가가 일반사회단체와 다른 점을 지적한 것으로 옳지 않은 것은?

① 강제력을 독점적으로 행사할 수 있다.
② 구성원인 국민은 임의로 탈퇴할 수 없다.
③ 일반사회단체와 같이 조직적인 단체라고는 할 수 없다.
④ 국가는 외세에 의해 독립이 박탈되지 않은 한 해산할 수 없다.

11 다음 내용 중에서 국가의 문화발전의 지표라고 볼 수 없는 것은?

① 열등한 문화를 도태시키고 가장 우수한 문화만을 보존한다.

② 문화의 물질적 측면보다는 정신적 측면을 앞세운다.

③ 허위문화보다는 순수 문화의 발전을 추구한다.

④ 인간다운 삶을 보장하고 공동체의 형성에 기여하는 문화를 육성한다.

12 국가의 구성요소에 대한 설명으로 옳지 않은 것은?

① 국가는 일정한 지역을 기반으로 그곳에 모여 사는 사람들이 공동의 목적을 가지고 형성한 독립된 정치공동체라고 할 수 있다.

② 국가 구성의 3요소는 영토, 국민, 주권이다.

③ 영토는 땅으로서의 영토뿐만 아니라 일정한 범위의 바다인 영해와, 땅으로서의 영토의 상공인 영공도 포함한다.

④ 주권이란 국가의 의사를 최종적으로 결정하는 최고의 권력으로, 대외적으로 자주성과 독립성을 가진다.

미래사회의 탐구

☞ 정답 및 해설 P.276

1 미래에 대한 연구 방법에 대한 설명으로 적절한 것은?

① 델파이기법은 미래에 나타날 수 있는 여러 대안들의 전개과정을 가설적으로 추정·예측한다.
② 모의실험법은 유사한 모형을 만들어 그 작동하는 상태를 분석해 봄으로써 미래의 가능성을 예측한다.
③ '대기의 흐름이나 구름, 기압골 배치, 지형 등을 종합해 보건대, 내일은 맑을 가능성이 높습니다.'는 추세외삽법에 따른 예측이라고 할 수 있다.
④ 의사결정의 나무작성법은 특정사태와 관련된 요소들의 독립포함, 중첩상태를 분석하여 사태의 발생확률을 산출하는 방법이다.

2 지구온난화 방지를 위한 저탄소 성장모델처럼 환경보전과 경제성장을 동시에 추구하는 접근방식은?

① 심층생태주의   ② 생태사회주의
③ 환경관리주의   ④ 사회생태주의

3 다음 내용에 적용될 미래예측기법으로 옳은 것은?

> 일정기간 동안 나타난 규칙성을 바탕으로 앞으로의 추세를 예측하는 방법

① 추세외삽법   ② 시나리오법
③ 모의실험법   ④ 전문가합의법

4 다음 중 주장하는 성격이 다른 것은?

① 물질적 만족이 전부가 아니다.
② 오염정화시설은 경제적 비용이 많이 든다.
③ 지역개발시에는 환경영향평가제가 실시되어야 한다.
④ 지역개발은 자연자원을 감소시켜 경제성장을 둔화시킨다.

5 다음 아래의 글을 읽고 바르게 추론하면?

> 연탄을 태우면 재가 남는다. 그러나 연소과정에서 발생한 수증기, 이산화황, 이산화탄소 등과 연탄재의 무게를 모두 합하면 태우기 전 연탄의 무게와 같아지는 것을 질량보존의 법칙으로 알 수 있다.

① 자원고갈은 환경오염이 점점 감소한다는 의미이다.
② 환경오염이 증대할수록 자원이 절약된다.
③ 자연자원의 고갈로 경제성장은 계속적으로 성장한다.
④ 환경문제는 인간과 자연의 생존을 위해서 꼭 해결해야 할 문제이다.

6 다음에서 미래사회를 가리키는 용어로 부적절한 것을 묶으면?

> ㉠ 후기산업사회 ㉡ 초산업사회
> ㉢ 산업사회 ㉣ 후기문명
> ㉤ 탈이념 ㉥ 지식사회
> ㉦ 대중사회 ㉧ 탈대량 소비사회

① ㉠㉣
② ㉡㉥
③ ㉢㉦
④ ㉤㉧

7 미래에 대한 연구의 설명으로 보기 어려운 것은?

① 과학적이고 체계적인 미래연구는 최근에 와서야 시작되었다.
② 미래연구의 목적은 인류의 생존과 발전에 대한 대책을 세우는 것이다.
③ 어떤 미래가 될 것인가를 짐작하고 예측하는 것은 미래연구의 목적이라고 볼 수 없다.
④ 학문적인 미래연구는 인간이 원하는 방향으로 미래를 구성해 갈 수 있다는 가능성을 전제로 하고 있다.

① 정치

:: 1. 현대시민생활과 민주정치

1 ①

① 인간본성은 이기적이어서 '만인에 대한 만인의 투쟁' 상태이므로 자기 보전을 위해 동의를 하고 권리를 국가에 양도하는 것이다.
②④ 루소에 대한 설명이다.
③ 로크에 대한 설명이다.

2 ④

사회권적 기본권은 산업혁명 이후 인간적인 삶을 누리지 못하는 노동자가 생겨나면서 관심을 갖게 되었으며 ④는 참정권에 대한 설명이다.

3 ④

④ 제레미 벤담은 영국의 철학자로 인생의 목적을 '최대다수의 최대행복'의 실현에 두었으며 쾌락을 조장하고 고통을 방지하는 것이 모든 도덕과 입법의 기초원리라고 하는 공리주의를 주장하였다.

4 ②

기본권 사상의 발달
㉠ **자유권적 기본권**: 17~18세기의 초기 기본권은 인간의 생명, 재산, 자유 등에 대한 인간의 권리를 강조한 사상이 중심을 이루었다.
㉡ **참정권**: 19세기
㉢ **사회적 기본권**: 20세기에 이르러 더욱 강조되었다.

5 ②

① 로크는 간접민주정치와 2권분립을 주장했다.
③ 홉스는 군주주권설을 주장했다.
④ 몽테스키외는 3권분립을 주장했다.

홉스, 로크, 루소의 비교

구분	홉스	로크	루소
인간의 본성	성악설(이기적, 충동적)	백지설(자연 빛으로서의 이성)	성선설(이성, 박애)
자연 상태	투쟁, 고독	자유, 평등→ 자연권유지 불완전	자유, 평화 → 불평등관계
옹호 체제	절대군주제	제한군주체제, 입헌군주제	국민주권주의, 직접민주정치
사회 계약	- 전부양도설 - 자연권의 전면적 양도 - 각 개인의 자연권 포기	- 일부양도설 - 자연권을 국가나 국왕에게 신탁 - 자연권의 보장	- 모든 사람의 의지를 종합·통일 - 공동합으로 자연권 위임 시 시민적 자유 획득(교환설) - 모든 사람들의 자연에의 복귀

6 ②

헌법 제10조와 제37조 제2항
㉠ **헌법 제10조**: 모든 국민은 인간으로서의 존엄과 가치를 가지며, 행복을 추구할 권리를 가진다. 국가는 개인이 가지는 불가침의 기본적 인권을 확인하고 이를 보장할 의무를 진다.
㉡ **헌법 제37조 제2항**: 국민의 모든 자유와 권리는 국가안전보장, 질서유지 또는 공공복리를 위하여 필요한 경우에 한하여 법률로써 제한할 수 있으며, 제한하는 경우에도 자유와 권리의 본질적인 내용을 침해할 수 없다.
① 자연법은 실정법이 지향하는 보편적 기준으로 실정법을 제정하거나 개정하는 기준이 된다.

② 우리 헌법은 제10조와 제37조 제2항을 통하여 천부인권사상과 실정법사상의 조화를 꾀하고 있다.
③④자연법의 정신은 실정법을 통해서 구체화되고 실정법의 내용은 자연법에 근거해야 한다.

7　②

자유민주정치의 필수적인 내용정치… 인간의 존엄과 가치를 존중하기 위한 기본적 인권의 보장, 상향식(上向式) 의사형성과정의 보장, 권력의 분립과 견제, 법치주의, 법률에 의한 행정, 사법권의 독립 등이다.

ⓛⓜ 복지국가의 지향원리이다.

8　②

주권
ⓐ **주권의 뜻**: 국가 의사를 최종적, 전반적으로 결정할 수 있는 최고의 권력이다.
ⓑ **주권의 성격**
- 대내적: 최고의 절대적인 힘을 가짐
- 대외적: 독립성을 가짐
ⓒ **주권이론의 발생**
- 왕권신수설: 봉건시대의 절대군주들이 안으로는 봉건영주들의 세력을 억압하고 밖으로는 교황과 신성로마제국 황제의 권력으로부터 벗어나기 위해 생각해낸 절대적이고 항구적인 권력
- 군주주권설: 왕권신수설을 바탕으로 국가가 가지는 영구적·절대적 권한은 군주가 가져야 한다고 주장
- 국민주권론: 시민혁명을 통해 왕권신수설을 부정하고, 국가의 주권은 국민에게 있고 모든 국가권력의 창설이나 그 행사는 국민의 동의나 합의에 의해서만 가능하며 정당하다고 주장

9　③

직접민주정치
ⓐ **도시국가의 구성형태**
- 도시국가의 성격: 시민공동체
- 도시국가의 규모: 소규모 공동체
- 시민: 외적의 방어, 공무의 집행, 재판 등의 공적인 일에 종사(18세~20세 이상의 남자에게만 시민권 부여)
- 노예: 농토의 경작
ⓑ **아테네의 직접민주정치**
- 시민 전원이 참여(실제 시민이란 18세 이상의 성인남자로, 부녀자와 외국인에게는 참정권이 없었으며 노예는 제외)
- 윤번제 적용
- 다스리는 사람과 다스림을 받는 사람이 동일

① 그리스의 도시국가는 농촌과 대립되는 도시도 아니고, 오늘날의 주권국가와도 다른 시민공동체였다.
② 공직자를 추첨제로 선임하고 윤번제를 적용하였기 때문에, 아테네 시민들은 대부분 일생에 한 번 정도는 공직을 맡을 수 있었다.
④ 아테네에서 시민이란 18세 이상의 성인남자에 한하였고, 부녀자와 외국인에게는 참정권이 없었으며 노예는 제외되어 있었다.

10　①

정치권력의 정당성 요소
ⓐ 정치권력을 정당하게 행사하려는 신념이 있어야 한다.
ⓑ 국민이 그 권력을 정당한 것으로 동의하고 지지하여야 한다.
ⓒ 집권층은 국민의 기본적 인권을 보장해야 한다.
ⓓ 국민이 자율적으로 정치권력을 규제할 수 있어야 한다.

11　①

제시된 내용은 루소의 간접민주정치에 대한 비판으로 현대민주정치는 이를 보완하기 위하여 직접민주정치제도를 보충적으로 채택하고 있다. 종류로는 국민투표, 국민소환, 국민발안 등이 있는데 우리나라는 국민투표제만을 실시하고 있다.

12　④

천부인권을 보장받기 위해 시민에 의해서 국가가 구성되었다는 사상이다.

13　③

초창기 근대국가는 작은정부, 야경국가, 소극적 국가로 치안과 국방이 최고의 목적이었다.

14　①

평등
ⓐ **개념**: 누구든지 성별, 종교, 사회적 신분 등 불합리한 이유 때문에 차별을 받아서는 안된다는 것을 의미한다. 상대적·비례적 평등을 실현하도록 노력해야 한다.
ⓑ **법 앞의 평등의 의미**: 법적으로 차별대우를 받지 않는다는 뜻으로 인격의 평등, 기회의 균등, 능력에 따른 평등, 곧 합리적 차별대우를 말한다.

15 ④

인간의 존엄성과 가치 존중 … 우리 헌법이 정한 최고의 가치지표이며, 자유와 평등의 실현을 통해서 달성한다. 인간의 인격적 가치가 침해되지 않도록 국가의 권력행사를 가능한 한 최소한으로 줄이는 것이 필요하다.

16 ②

② 인구가 많거나 국가의 영토가 크면 국민의 직접참여가 현실적으로 불가능하다.

17 ①

상대주의와 타협
㉠ 상대주의 : 나의 생각만이 절대적이라고 생각하지 않고, 각자의 인격과 견해를 서로 존중하면서 비판과 관용을 통하여 각 개인이나 집단 간의 이해를 조정해 나가는 것이다.
㉡ 타협 : 구체적 목적에 대한 각자의 처지를 조정하여 대립을 해소하는 기술로서 원만한 문제해결과 올바른 인간관계의 수립과정이다.

18 ③

대의정치(간접민주정치) … 국민이 선출한 대표자가 국가를 운영하는 방식으로, 민주정치를 효율적으로 실현하는 방법의 하나이다. 단점으로 국민의 의사가 정확히 전달되기 어려운 점이 있고, 직접 국정에 참여하지 못하므로 국민의 정치적 무관심을 초래할 수도 있다. 단점의 보완방법으로는 직접민주정치방법의 도입, 지방자치제도의 병행 등이 있다.

19 ②

대표와 대리의 구분
㉠ 대표 : 선거구민을 대표해서 국정에 참가하는 사람으로, 국민 전체의 이익을 위해 스스로의 양심에 따라 판단하며 선거구민의 이해관계에 의해서 구속받지 아니한다.
㉡ 대리 : 선거구민의 의사를 그대로 전달하는 사람이다.

20 ④

재산권 행사
㉠ 재산권 행사 : 재산권의 행사는 공공복리에 적합하도록 하여야 한다.
㉡ 배경 : 종래에는 재산권이 자유이며 권리라고만 생각되어 왔으나, 현대복지국가에 있어서 재산은 사회가 그에게 위탁해 둔 것이라는 신탁사상이 대두하게 되었다.

21 ①

① 타협에 해당된다.

22 ④

민주주의(democracy)는 고대 그리스어의 민중(demos) + 통치, 지배, 힘(kratos)을 의미한다.

23 ③

③ 왕권신수설에 근거한 말로서 국민주권원리에 맞지 않는다.

24 ②

근대 초 소극적인 작은정부에서는 치안과 국방에만 신경을 쓰고 나머지 부분은 무제한적 자유권을 보장했다.

25 ④

만장의 일치는 상호간 대립된 의견을 가장 이상적으로 통합하는 수단이다.

26 ②

교육의 권리, 근로의 권리, 노동자의 권리, 사회보장을 받을 권리, 복지향상 등은 사회적 기본권에 해당한다.

27 ④

정부권력의 정당성이 부족하다는 것은 국민들의 지지와 동의가 부족하다는 것이다.

28 ①

지나치게 정책결정의 효율성을 강조하면 정당성의 확보요건인 시민참여 등의 절차가 간과되기 쉽다.

29 ①

다양한 이익추구와 인구수의 증가로 다수결방식이 일반적인 의사결정방법이다.

30 ①

자치원리는 직접민주정치제도와 간접민주정치제도가 있으며 자치의 원리에 충실한 것은 직접민주정치이다.

31 ③

사회계약론자의 공통점은 자연상태와 사회상태를 분류한 점과 국가권력이 시민과의 계약으로 유래했다고 보는 점 등이다.

④ 자연상태에서는 자유롭고 평등하다.

32 ③

다원주의는 철학상의 다원론에서 나온 것으로, 사회를 구성하는 여러 요소들은 서로 독립적이어서 다른 것으로 환원될 수 없다는 사상이다.

33 ②

대부분 선진국일수록 참여형 정치문화의 속성이 강하고 후진국일수록 신민형이나 향리형 정치문화의 속성이 강하다.

※ **정치문화의 유형**
  ㉠ **향리형** : 전근대적 전통사회에 나타나며 후진국형이다. 스스로 정치에 참여할 수 있다고 기대하지 않으며, 참여에도 소극적인 유형이다.
  ㉡ **신민형** : 중앙집권적 권위주의 사회에 나타나며 후진국형이다. 공동체에 대한 의식은 있으나 능동적으로 참여하지는 않는 유형이다.
  ㉢ **참여형** : 민주사회에 나타나며 선진국형이다. 공동체에 대한 명확한 인식과 정치 참여에도 능동적인 유형이다.

34 ③

모든 국민은 법 앞에 평등하다. 누구든지 성별·종교·사회적 신분에 의하여 정치적·경제적·사회적·문화적 생활의 모든 영역에 있어서 차별을 받지 아니한다〈헌법 제11조 제1항〉. 헌법에서의 평등은 평균적 정의 실현의 절대적 평등이 아닌 배분적 실현의 상대적 평등을 의미한다. 상대적 평등이란 개인의 능력에 따른 차별대우를 인정하는 것이다.

③에서 병역의 의무는 개인의 의사에 따라 이행할 수 없는 것이므로 합리적 이유 없는 불평등이다.

35 ③

③ 사회권은 사회법상의 권리로 사회적 기본권을 비롯하여 노동법상 인정되는 권리, 사회보장법상 인정되는 권리, 경제법상 인정되는 권리 등이 있다.

36 ②

① 평등권과 더불어 본질적인 기본권에 해당한다.
③ 국가권력으로부터의 개인의 자유를 보장한다.
④ 혼인·가족·모성·보건에 관한 권리는 사회적 기본권에 속한다.

※ **자유권적 기본권** … 평등권과 더불어 본질적인 기본권으로 국가권력으로부터의 개인의 자유를 보장하며, 핵심적이고 소극적이며 포괄적인 권리이다. 종류로는 신체의 자유, 거주·이전의 자유, 직업선택의 자유, 주거의 자유, 사생활 비밀과 자유의 불가침, 통신의 자유, 양심의 자유, 종교의 자유, 언론·출판·집회·결사의 자유, 학문과 예술의 자유, 재산권보장 등이 있다.

37 ②

자유이념의 변천
  ㉠ **자유권** : 국가로부터의 자유
  ㉡ **참정권** : 국가에의 자유
  ㉢ **사회권** : 국가에 의한 자유

38 ②

① 본질적인 기본권으로, 모든 국민은 법 앞에 평등하다. 누구든지 성별·종교 또는 사회적 신분에 의하여 정치적·경제적·사회적·문화적 생활의 모든 영역에 있어서 차별을 받지 아니한다〈헌법 제11조 제1항〉.
③ 평등권과 더불어 본질적인 기본권으로, 국가권력으로부터의 개인의 자유를 보장하며, 핵심적이고 소극적이며 포괄적인 권리이다.
④ 국민의 침해당한 기본권의 구제를 국가에 대해 청구하는 적극적 권리이며 기본권을 보장하기 위한 수단적 기본권이다.

39 ④

①②③ 민주정치의 전제조건 ④ 개인주의

✿ 2. 시민생활과 법

1 ③

① 행위 무능력자의 법률 행위는 원칙적으로 무효가 아니며, 취소가 가능하다.
② 법인은 자연인 보다 좁은 범위에서 권리능력이 인정된다.
④ 태아는 출생 전이므로 원칙적으로 민법상의 권리 능력이 없으며, 살아서 태어난다는 전제하에 예외적으로 상속, 유증 등의 경우에 권리능력이 인정된다.

2 ①

미성년자 단독으로 한 법률행위는 미성년자 본인이나 법정 대리인이 취소할 수 있다.

3 ③

행정상 손실보상⋯ 적법한 공권력의 행사로 사유재산권에 가해진 특별한 희생에 대한 사유재산권의 보장과 공평부담의 견지에서 행할 수 있는 조절적인 재산적 전보를 말한다.

4 ④

태아는 출생 전이므로 원칙적으로 민법상의 권리 능력이 없지만 예외적으로 불법행위로 인한 손해배상청구, 상속, 유증, 대습상속에 관하여는 권리 능력이 인정된다. 즉, 출생한 것으로 본다.

5 ①

형법은 제20조에서 제24조까지 정당행위, 정당방위, 긴급피난, 자구행위, 피해자의 승낙 등을 위법성 조각사유로 규정하고 있다.

① A는 자신 소유의 자동차에 불을 질러 공공의 위험을 발생시켰으므로 형법 제166조(일반건조물 등에의 방화)에 따라 처벌된다.

6 ④

상속 순위는 직계비속 → 직계존속 → 형제자매 → 4촌 이내 방계혈족이다. 이때 직계비속과 직계존속이 상속인인 경우 사망자의 배우자는 공동상속인이 되며 5할을 가산하여 상속받는다.

㉠ A씨 사망 → 상속인은 아들, 딸, 아내이고 각각 상속분은 아들(1), 딸(1), 아내(1.5)
　• 아내의 상속액 : 2억 1,000만 원 × (1.5/3.5) = 9,000만 원
　• 아들 및 딸 : 21,000만 원 × (1/3.5) = 6,000만 원
㉡ 아들 사망 → 직계비속이 없기 때문에 직계존속인 엄마(A씨의 아내)가 상속인
∴ A씨 아내의 상속액 총액은 9,000만 원 + 6,000만 원 = 1억 5,000만 원

7 ④

취소⋯ 법률행위가 일단 유효한 법률행위로서 효력을 발생하였으나 후에 법률행위가 있었던 때에 소급하여 효력을 잃게 되는 것이다. 즉, 법률행위를 한날로 소급하여 무효였던 것으로 취급하기 때문에 취소로 하기 전에는 효력이 있는 것으로 다루어진다.

8 ③

③ 사권에는 물권, 채권, 특허권, 무체재산권 등의 재산권과 인격권, 신분권 등의 비재산권이 있다.

9 ①

① 형법상 몰수는 부가형(附加刑)으로, 즉 다른 형벌을 선고하는 경우에 한하여 이와 함께 과할 수 있다. 단, 행위자에게 유죄의 재판을 아니할 때에도 몰수의 요건이 있는 때에는 몰수만을 선고할 수 있다.

10 ④

법적 안정성⋯ 법에 의하여 보호 또는 보장되는 사회생활의 안정성을 의미하며 법이 자주 변경되면 사회 안정을 해치게 되므로 법의 제정은 신중하게 이루어져야 한다.

11 ④

자연법⋯ 실정법이 지향하는 보편적인 기준이 되는 것으로 시대와 민족, 국가와 사회를 초월하여 보편 타당하게 적용될 수 있는 객관적 질서이다.

12 ③

민법의 기본원칙

구분	근대 민법	현대 민법
기본 원칙	- 소유권절대의 원칙(사유 재산권 존중의 원칙) - 사적자치의 원칙(계약자 유의 원칙) - 자기책임의 원칙(과실책 임의 원칙)	- 소유권 공공의 원칙 - 계약 공정의 원 칙(신의성실의 원칙) - 무과실책임의 원칙

③ 진정한 의사 뿐 아니라 계약 내용의 공정성도 고려하게 되었다.

13 ③

정당방위 … 자기 또는 타인의 법익에 대한 현재의 부당한 침해를 방위하기 위한 행위는 상당한 이유 가 있는 때에는 벌하지 아니한다〈형법 제21조〉.

① 자기 또는 타인의 법익에 대한 현재의 위난을 피하기 위한 행위는 상당한 이유가 있는 때에 는 벌하지 아니한다〈형법 제22조〉.

② 법정절차에 의하여 청구권을 보전하기 불능한 경우에 그 청구권의 실행불능 또는 현저한 실행 곤란을 피하기 위한 행위는 상당한 이유가 있는 때에는 벌하지 아니한다〈형법 제23조〉.

④ 처분할 수 있는 자의 승낙에 의하여 그 법익을 훼손한 행위는 법률에 특별한 규정이 없는 한 벌하지 아니한다〈형법 제24조〉.

14 ④

저작권법 … 문학 · 학술 · 미술 · 음악 등의 창작물을 보 호하기 위한 법률이다.

15 ①

신체의 자유를 보장하기 위한 헌법상의 규정에는 죄형법정주의, 적법절차의 원리, 고문 금지 및 불 리한 진술거부권, 영장주의, 변호인의 도움을 받을 권리, 신체의 자유 제한 시 이유고지 및 가족에게 통지할 의무, 구속적부심사제, 피고인 자백의 증거 능력 제한, 형벌불소급의 원리, 일사부재리의 원 칙, 연좌제의 금지, 형사피고인의 무죄추정원칙 등 이 있다.

16 ③

명확성의 원칙 … 형법은 법적 결과와 구성요건을 명확하게 규정해야 한다는 원칙

※ **죄형법정주의**
　㉠ **의의**: 공동생활의 질서를 해하는 행위인 범죄 와 이에 대한 제재인 형벌의 내용을 미리 법 률로 정해야 한다는 원칙이다. 죄형법정주의 는 국가형벌권의 한계를 제시하여 그 남용을 방지함으로써 국민의 인권을 보장한다.
　㉡ **죄형법정주의의 파생원칙**
　　- 관습법 적용의 금지 원칙 : 범죄와 형법은 성 문의 법률에 규정되어야 하고, 관습법에 의 하여 가벌성을 인정하거나 형을 가중하여서 는 아니 된다는 원칙
　　- 유추해석의 금지 원칙 : 법률에 규정이 없는 사항에 대해 그것과 유사한 성질을 가지는 사항에 관한 법률을 적용하는 것을 금지하는 원칙
　　- 형벌불소급의 원칙 : 형벌법규는 시행 이전의 행위에까지 소급하여 적용될 수 없고 그 시 행 이후에 이루어진 행위에 대해서만 적용된 다는 원칙
　　- 절대적 부정기형의 금지 원칙 : 자유형의 경 우 그 형기를 전혀 확정하지 않는 경우를 절 대적 부정기형이라고 하며, 이를 허용하게 되면 사법권에 대한 행정권의 침해를 초래하 므로 이를 금지한다는 원칙

17 ②

② 죄형법정주의의 요청상 법률에 규정이 없는 사 항에 관하여 그와 유사한 성질을 지닌 사항에 관 한 법률을 적용 · 해석하는 유추해석은 허용되지 않는다.

※ **죄형법정주의의 파생원칙**
　㉠ 관습형법의 배척
　㉡ 형법불소급의 원칙
　㉢ 유추해석의 금지
　㉣ 절대적 부정기형의 금지

18 ④

① 법이 규율하는 생활실체에 따른 분류
② 법의 효력 범위에 따른 분류
③ 법의 규율 내용에 따른 분류
④ 법 규범의 존재형식에 따른 분류

19 ④

지방자치단체에 의해 제정되는 자치법규로는 조례와 규칙이 있다. 조례는 법령의 범위 안에서, 지방자치단체의 사무에 관하여만 제정할 수 있다.

① 법 중에서도 최고의 법으로 국민에 의해 제정된다.
② 국민의 대표기관인 국회에 의해 제정된다.
③ 행정기관에 의해 제정된다.
④ 지방자치단체장에 의해 제정된다.

20 ③

① 법적 생활의 안정과 기득권의 보장 등을 위하여 법은 그 효력발생일 이전의 사항에 대해서는 적용되지 않는다는 원칙이다.
② 법원은 검사의 공소제기가 없는 사건에 대하여 심판할 수 없다는 형사소송 절차의 원칙이다.
④ 형사절차상 피의자나 피고인은 유죄의 판결이 확정될 때까지 무죄로 추정된다는 원칙이다.

21 ①

② 헌법소원은 헌법재판소에 구제를 청구한다.
③ 행정소송은 법원에 구제를 청구한다.
④ 행정상 손해배상은 위법한 행정행위에 의해 가해진 손해를 전보하여 주는 것이다.

22 ②

© 보석제도란 일정한 보증금의 납부를 전제로 구속의 집행을 정지하고, 구속된 피고인을 석방하는 제도를 말한다. 그러므로 단순히 구속만을 정지시킬 뿐 형이 감안되는 것은 아니다.

23 ②

© 비상계엄하의 군사재판은 군인·군무원의 범죄나 군사에 관한 간첩죄의 경우와 초병, 초소, 유독음식물 공급, 포로에 관한 죄 중 법률이 정한 경우에 한하여 단심으로 할 수 있다. 다만, 사형을 선고하는 경우에는 단심으로 할 수 없다.
© 지방법원 단독판사의 판결에 대한 항소심은 지방법원 본원 합의부이고, 지방법원 합의부의 항소심은 고등법원이다. 최종심(상고심)은 모두 대법원이다.

24 ③

사회법 … 사법이 공법화 되어가는 과정에서 발생한 중간적인 법의 영역으로 노동법, 경제법, 사회보장법이 있다.

※ **사회법의 종류**
  ㉠ **노동법** : 근로조건을 개선하고 자주적인 노동운동을 보장하여 근로자의 생활수준을 향상시키기 위한 법으로 근로기준법, 노동조합 및 노동관계조정법과 근로자참여 및 협력증진에 관한 법률 등이 있다.
  ㉡ **경제법** : 모든 국민에게 생활의 기본적 수요를 충족시키는 정의사회의 실현과 국민경제의 발전을 위한 법으로 독점규제 및 공정거래에 관한 법률과 소비자보호법 등이 있다.
  ㉢ **사회보장법** : 모든 국민의 최소한의 인간다운 삶을 보장하기 위한 법으로 국민기초생활 보장법, 아동복지법, 장애인복지법 등이 있다.

25 ②

① 근로복지정책의 수립 및 복지사업의 수행에 필요한 사항을 규정하여 근로자의 삶의 질을 향상시키고 국민경제의 균형 있는 발전에 이바지한다.
③ 사회보장에 관한 국민의 권리와 국가 및 지방자치단체의 책임을 정하고 사회보장제도에 관한 기본적인 사항을 규정함으로써 국민의 복지증진에 기여한다.
④ 헌법에 의한 근로자의 단결권·단체교섭권·단체행동권을 보장하여 근로조건의 유지·개선과 근로자의 경제적·사회적 지위의 향상을 도모하고, 노동관계를 공정하게 조정하여 노동쟁의를 예방하고 해결함으로써 산업평화의 유지와 국민경제의 발전에 이바지한다.

26 ③

사회법 … 사법이 공법화 되어가는 과정에서 발생한 중간적인 법의 영역으로 노동법, 경제법, 사회보장법이 있다.

① 사회보장법 ② 경제법 ④ 사회보장법

※ **사회법의 종류**
  ㉠ **노동법** : 근로기준법, 노동조합 및 노동관계조정법, 근로자참여 및 협력증진에 관한 법률 등
  ㉡ **경제법** : 소비자보호법, 독점규제 및 공정거래에 관한 법률 등
  ㉢ **사회보장법** : 국민기초생활보장법, 아동복지법, 장애인복지법, 국민건강보험법 등

27 ④

① 최종적인 유권해석으로 법원이 내리는 해석
② 법문(法文)으로 입법자가 하는 해석
③ 법 규정의 문구에 구애받지 않고 논리적 추리에 의해 행하는 해석

※ 법의 해석
　㉠ 유권해석 : 공적 구속력을 가지는 국가나 그 기관이 행한 해석
　　- 입법해석
　　- 행정해석
　　- 사법해석
　㉡ 학리해석 : 법문이나 입법취지, 구체적 사실을 기초로 논리학적으로 법률용어의 의의를 밝히는 해석
　　- 문리해석
　　- 논리해석

28 ①

자연법 … 실정법이 지향하는 보편적인 기준이 되는 것으로 시대와 민족, 국가와 사회를 초월하여 보편타당하게 적용될 수 있는 객관적 질서이다.

②③④는 실정법에 대한 설명이다.

29 ③

법률행위는 성립요건과 효력요건을 갖추어야 하는데 금치산자는 행위능력이 없고, 인신매매 행위는 사회적 타당성이 없으므로 법률행위의 유효요건에 어긋난다.

30 ①

법의 이념(법의 목적)
　㉠ 정의
　　- 사회의 평화 · 번영 · 안정의 필요조건
　　- 오늘날에는 평등 · 공정 및 기본적 인권의 존중 등으로 파악
　　- 사회구성원 개개인의 인간으로서의 존엄과 가치를 최대한 보장, 사회공동체의 조화와 복리증진을 실현
　㉡ 합목적성 : 국가와 사회가 전체적으로 어떤 가치를 추구하는 것이 이상적인가를 예상하고 그것에 맞추어 방향을 설정
　㉢ 법적 안정성
　　- 국민들이 법에 따라 안심하고 생활할 수 있는 것
　　- 법의 내용이 명확하고, 함부로 변경되지 않으며, 국민의 의식에 합당해야 함
　① 자연법의 정신은 실정법을 통해서 구체화되고 실정법의 내용은 자연법에 근거하여 그 타당성을 인정받는다.

31 ①

신의성실은 원래 사람의 행위나 태도에 대한 윤리적 · 도덕적 평가를 나타내는 말이지만, 민법 제2조의 신의성실은 구체적인 사건에서 객관적인 법률을 무차별적으로 적용함으로써 발생하는 부작용을 회피하기 위한, 즉 정의와 형평을 의미한다.

32 ③

① 조세법률주의〈헌법 제59조〉
② 선거구법정주의〈헌법 제41조 제3항〉
③ 미풍양속에 위배되지 않으면 사인 간에 자유로이 정할 수 있다.
④ 정부조직의 입법화〈헌법 제96조〉

33 ②

① 모든 근로자가 각자의 능력을 계발 · 발휘할 수 있는 직업에 취업할 기회를 제공하고, 산업에 필요한 노동력의 충족을 지원함으로써 근로자의 직업안정을 도모하고 국민경제의 발전에 이바지하기 위한 법이다.
③ 근로자의 단결권 · 단체교섭권 · 단체행동권을 보장하여 근로조건의 유지 · 개선과 근로자의 경제적 · 사회적 지위의 향상을 도모하고, 노동관계를 공정하게 조정하여 노동쟁의를 예방 · 해결함으로써 산업평화의 유지와 국민경제의 발전에 이바지하기 위한 법이다.
④ 노동관계에 있어서 판정 및 조정업무의 신속 · 공정한 수행을 위하여 노동위원회를 설치하고 그 운영에 관한 사항을 규정함으로써 노동관계의 안정과 발전에 이바지하기 위한 법이다.

34 ④

법의 효력
　㉠ 법의 시간적 효력
　　- 법의 시간적 효력 : 성문법의 효력은 그 시행일로부터 폐지일까지 계속되며, 법률은 특별한 규정이 없는 한 공포된 날로부터 20일을 경과함으로써 효력을 발생한다.
　　- 법률불소급의 원칙 : 법적 생활의 안정과 기득권의 보장 등을 위하여 법은 그 효력발생일 이전의 사항에 대해서는 적용되지 않는 것을 원칙으로 하고 있다.
　　- 신법 우선의 원칙 : 동일한 사항에 대하여 새로운 법이 제정되면 신법의 효력이 구법에 우선한다.
　㉡ 법의 장소적 효력 : 한 나라의 법은 주권이 미치는 전영역 내의 모든 사람과 물건에 평등하게 적용된다. 이는 한 국가의 영역 내에서 그 국가의 권력을 절대적으로 존중하는 영토고권에 바탕을 두고 있다.

ⓒ **법의 대인적 효력**
- 속지주의 : 한 나라의 법은 내국인은 물론 외국인까지 포함하여 그 영역 내에 있는 모든 사람에게 적용된다(영토고권).
- 속인주의 : 국적을 기준으로 하여 국내외의 어느 곳에 있든지 장소를 불문하고 자국의 모든 국민에게 그 나라의 법을 적용시키는 것을 말한다(대인고권).
- 일반관례 : 대부분의 국가는 상대방 국가의 영토고권을 존중하여 속지주의를 원칙으로 하고, 보충적으로 속인주의를 채택하고 있다.
- 속지주의 원칙의 예외 : 치외법권자와 섭외사법에 의해 본국법의 적용을 받도록 되어 있는 자는 예외로 치외법권이 인정된다.
④ 속지주의가 아니라 속인주의 원칙의 내용이다.

35 ①

민법 제2조 제1항의 "권리의 행사와 의무의 이행은 신의에 좇아 성실히 하여야 한다."는 규정은 민법 전체를 지배하는 원칙으로서 사권(私權)의 사회성·공공성으로부터 도출된다는 원칙이다. 따라서 채권자의 강제경매신청에 의하여 그 건물을 경락받은 제3자에게 토지소유자가 건물의 철거를 요구하는 것은 민법 제2조 제1항의 신의성실의 원칙에 위배된다고 할 수 있다(1991. 6. 11, 91다9299).

36 ①

행정구제제도
㉠ 행정구제 : 행정작용으로 권리나 이익을 침해당한 국민이 행정기관이나 법원에 대하여 그것의 취소·변경, 손해배상, 손실보상을 요구하는 절차(국민의 기본권을 보장)이다.
㉡ **손해전보제도**
- 손해배상제도 : 공무원의 위법한 직무행위, 국가 또는 단체가 관리·경영하는 사업 또는 설비의 설치·관리의 흠으로 인한 손해를 배상해주는 제도
- 손실보상제도 : 적법한 행정작용으로 인한 희생을 보상하는 제도
㉢ **행정쟁송제도**
- 행정심판제도 : 위법하거나 부당한 행정처분으로 말미암아 권익을 침해당한 경우 시정을 구하는 절차
- 행정소송제도 : 행정심판에 의하여 구제받지 못했을 때, 최종적으로 법원에 구제를 청구하는 제도

37 ①

법적용의 우선순위
㉠ 신법우선의 원칙 : 동일한 사항에 대하여 신법과 구법의 내용이 상호 저촉되는 경우 그 범위 안에서 구법은 효력을 상실하고 신법이 우선하여 적용된다.

㉡ 특별법우선의 원칙 : 일반법과 특별법이 서로 충돌할 때에는 특별법이 우선하여 적용된다.
㉢ 상위법우선의 원칙 : 상위법과 하위법이 상호 저촉하는 경우에 상위법이 우선하여 적용된다(헌법>법률>명령>자치법규).
① 공법·사법의 분류는 법이 규율하는 실체에 따른 것이므로 공법과 사법 간에는 서로에 대한 우선순위가 적용되지 않는다.

38 ②

합목적성 … 국가와 사회가 전체적으로 어떤 가치를 추구하는 것이 이상적인가를 예상하고 그것에 맞추어 방향을 설정하는 것을 말한다.
①③ 법의 안정성을 설명한 말이다.
② 국민이 원하는 것은 법의 질서조율기능이지 법 그 자체는 아니다.
④ 정의를 설명한 말이다.

39 ③

용익물권과 담보물권
㉠ 용익물권 : 타인의 물건을 일정한 목적을 위하여 사용, 수익하는 것을 내용으로 하는 물권이다.
- 지상권 : 건물이나 수목을 소유하기 위하여 다른 사람의 토지를 이용하는 권리
- 지역권 : 자기집에 드나들기 위하여 다른 사람의 토지를 통행하는 경우와 같이 서로 인접한 토지에서 자기 편익을 위하여 다른 사람의 토지를 이용할 수 있는 권리
- 전세권 : 전세금을 지불하고 다른 사람의 부동산을 그 용도에 따라 사용, 수익할 수 있는 권리
㉡ 담보물권 : 자기 채권을 확보하기 위해 다른 사람 소유의 물건에 제한을 가하는 물권이다.
- 유치권 : 다른 사람의 동산을 점유한 자가 그 물건 때문에 생긴 채권을 변제받을 때까지 그 물건을 자기의 지배하에 두는 권리
- 질권 : 채권의 담보로 받은 동산을 채권자가 가지고 있다가 채권의 변제가 없을 때에는 그 물건을 처분하여 우선변제를 받을 수 있는 권리
- 저당권 : 가옥을 담보로 하여 은행 등에서 돈을 빌려주는 경우와 같이 채권의 담보로 내놓은 부동산을 그 제공자의 사용·수익에 맡겨두면서 채권의 변제가 없을 때, 그 물건에서 다른 채권자보다 우선적으로 변제를 받을 수 있는 권리

40 ②

죄형법정주의
㉠ 의의 : 공동생활의 질서를 해하는 행위인 범죄와 이에 대한 제재인 형벌의 내용을 미리 법률로 정해야 한다는 원칙이다. 죄형법정주의는 국가 형벌권의 한계를 제시하여 그 남용을 방지함으로써 국민의 인권을 보장한다.

ⓒ **죄형법정주의의 파생원칙** : 관습법 적용의 금지, 유추해석의 금지, 형벌불소급의 원칙, 절대적 부정기형의 금지 등이 있다.

41 ④

법적용의 원칙 … 대부분의 국가는 상대방 국가의 영토고권을 존중하여 속지주의를 원칙으로 하고, 보충적으로 속인주의를 채택하고 있다. 속지주의의 예외로서 치외법권과 섭외사법이 있다.

42 ③

위법성조각사유 … 어느 행위가 범죄의 구성요건에는 해당되지만 그 행위의 위법성을 배제하여 적법으로 하는 예외적인 특별사유로서 정당행위, 정당방위, 긴급피난, 자구행위, 피해자의 승낙에 의한 행위 등이다.

43 ①

① 의료보호제도는 1977년 의료보호법의 제정으로 그 보호내용이 확대되고 보호의 질적 개선이 이루어졌으며, 1986년부터는 저소득층에까지 확대 실시하고 있다.
②③④ 사회보험제도이다.

44 ①

손실보상 … 적법한 공권력 행사에 의해 가하여진 사유재산상의 특별한 희생에 대하여 사유재산의 보장과 공평부담의 견지에서 행정주체가 이를 조정하기 위하여 행하는 재산적 보상이다.

45 ①

① 교도관의 행위는 위법성조각사유, 즉 업무로 인한 행위 및 법령에 의한 행위에 해당하므로 범죄가 성립되지 않는다.

46 ③

① 공시의 원칙에 따라 부동산은 등기, 동산은 인도한다.
② 자력구제금지의 원칙이 적용된다.
③ 물권의 한정된 면만 지배할 수 있는 권리로서 용익물권(지상권, 지역권, 전세권), 담보물권(유치권, 질권, 저당권)이 있다.
④ 채권발생은 계약, 채권소멸은 변제로써 소멸된다.

47 ②

① 민법에서 물건이라 함은 유체물 및 전기, 기타 관리할 수 있는 자연력을 말한다〈민법 제98조〉.
③ 법률행위는 당사자가 의사능력 및 행위능력을 가지고 있어야 한다.
④ 민법상 권리의 주체는 자연인과 법인이다.

48 ④

범죄의 성립요건
㉠ **구성요건해당성** : 그 행위가 형법에서 범죄로 규정하고 있는 구성요건(폭행, 절도 등)에 해당해야 한다.
㉡ **위법성** : 구성요건에 해당되는 것으로서 전체 법질서로부터 부정적인 행위라는 판단이 가능해야하며, 정당방위 등 합당한 이유가 있을 경우에는 위법성이 없다고 본다.
㉢ **위법성조각사유** : 어떤 행위가 범죄의 구성요건에는 해당되지만 그 행위의 위법성을 배제하여 적법으로 하는 사유를 말한다(정당행위, 정당방위, 긴급피난, 자구행위, 피해자의 승낙 등).
㉣ **책임성조각사유** : 형사미성년자, 심신상실자, 강요된 행위 등인 경우 책임성이 없어지며, 심신장애자, 농아자의 행위는 경감한다.
④ 위법행위를 이유로 그 행위자가 사회적으로 비난받을 만한 책임이 있어야 범죄가 성립된다. 행위자가 형사미성년자(14세 미만)이거나, 저항할 수 없는 폭력에 의하여 강요된 경우 등이면 책임성이 없어진다.

49 ②

"사회 있는 곳에 법이 있다." … 인간의 사회생활과 규범과의 관계를 잘 설명해 주고 있는 법언으로 인간이 공동생활을 영위하기 위해서는 무엇인가 통일적인 사회질서가 존재하지 않으면 안 된다는 의미이다. 여기에서 법은 일체의 사회규범을 뜻한다.

50 ④

법은 정의의 실현을 목적으로 하여 타율성에 기초한 강제성이 있지만 사회규범은 자율성과 선의의 실현이 목적이다.

51 ②

법률행위를 함에 있어 각자는 자신의 창의와 책임하에 자유의사에 따라 하는 것을 원칙으로 하며, 법률행위의 효력발생요건은 실현가능성, 적법성·사회적 타당성(인신매매 등의 계약은 무효), 자유로운 의사결정(생명의 위협 때문에 체결한 계약은 무효), 행위능력자의 행위(미성년자, 한정치산자, 금치산자 등의 법률행위는 무효) 등을 바탕으로 한다.

52 ③

법의 분류
㉠ 법을 규율하는 내용에 따라 실체법, 절차법으로 분류한다.
㉡ 법의 효력이 미치는 범위에 따라 일반법, 특별법으로 분류한다.
㉢ 법을 규율하는 생활의 실체에 따라 공법, 사법, 사회법으로 분류한다.
㉣ 법의 제정주체와 효력이 미치는 지역적 범위에 따라 국내법, 국제법으로 분류한다. 하는 방법과 절차에 의하지 아니하고는 새로운 의무를 부과하지 못하게 하려는 데 원래의 목적이 있다.

53 ③

실체법은 권리와 의무를 규정하는 법이고, 절차법은 권리와 의무를 실현하는 절차를 규정한 법이다.

54 ④

사회법의 종류
㉠ **노동법** : 근로기준법, 노동조합 및 노동관계조정법, 노동위원회법, 노사협의회법
㉡ **경제법** : 독점규제 및 공정거래에 관한 법률
㉢ **사회보장법** : 생활보호법, 의료급여법, 산업재해보상보험법

55 ②

국민의 기본적 의무를 헌법에 규정하고 있는 것은 국민에게 의무를 강조하자는 데에 그 뜻이 있는 것이 아니라 헌법에 규정된 경우와 헌법이 정하는 방법과 절차에 의하지 아니하고는 새로운 의무를 부과하지 못하게 하려는 데 원래의 목적이 있다.

56 ②

형벌
㉠ **개념** : 국가가 일정한 범죄행위에 대응하여 그 행위자에게 법률상의 이익을 박탈하는 제재를 가하는 것이다. 형벌의 주체는 국가이고 객체는 범죄이다.
㉡ **형벌의 목적** : 범죄자의 교화와 범죄예방 및 사회질서의 유지를 목적으로 한다.
㉢ **형벌의 종류** : 박탈되는 법익의 내용에 따라 생명형(사형), 자유형(징역, 금고, 구류), 재산형(벌금, 과료, 몰수), 명예형(자격상실, 자격정지)의 4종으로 구분하고 9종의 형벌을 규정하고 있다.

57 ①

법적 안정성의 유지조건
㉠ 내용이 명확해야 한다.
㉡ 법이 쉽게 변경되어서는 안 된다.
㉢ 법이 실행가능한 것이야 한다.
㉣ 법은 국민의 법의식과 합치되어야 한다.

58 ④

법의 이념과 기능이 실현되기 위해서는 올바른 법의 제정과 집행이 이루어져야 하고 국민의 준법정신이 필요하다.

59 ③

사법의 공법화현상은 사회법의 등장을 의미한다. 사회법 중에서 노동법은 노사갈등과 대립을 해결하기 위한 법이다.

60 ②

이 법들은 모든 권리와 의무발생, 변경을 규정한 실체법에 속한다.

① 형법의 특징 ③ 민법의 특징

61 ②

형벌의 분류
㉠ 생명형 : 사형
㉡ 자유형 : 징역, 금고, 구류
㉢ 재산형 : 벌금, 과료, 몰수
㉣ 명예형 : 자격정지, 자격상실

62 ④

원칙적인 무효행위 … 사회질서에 반하는 계약, 지나치게 불공정한 계약, 강행법규를 위반한 계약, 선량한 풍속을 해치는 계약

①②③ 취소법률행위이다.

63 ④

개화기 이후 일본을 통하여 독일, 프랑스의 대륙법을 수용하여 법치민주주의를 표방하였고, 광복 후에는 미군정 영향으로 미국법을 수용하여 혼합적 법문화를 이루고 있다.

64 ①

역사적으로 안면문신형, 궁형, 참수형 등 가혹하고 잔인한 형벌을 시행한 적이 있으나 그로 인해 흉악범이 없어지거나 줄지는 않았다.

65 ③

공법상의 제재 … 헌법상 제재, 형법상 제재, 행정법상 제재

66 ①

파면과 해임은 공무원직을 박탈당한다는 점에서는 같다. 차이점으로는 파면은 연금지급이 금지되고 해임은 연금이 지급되며, 공무원이 될 수 없는 기간이 파면은 5년, 해임은 3년이다.

67 ②

민사재판 … 사법상(私法上)의 권리 또는 법률관계에 대하여 법률상의 다툼이 있는 사건에 대하여 법원이 심리하여 법률적으로 판단하는 것을 말한다. 재산적·신분적 분쟁으로 인한 민사소송사건의 재판이 대표적이며, 파산사건의 재판과 가사소송사건·비송사건과 강제집행 등도 이에 속한다.

68 ②

법률불소급의 원칙 … 법률생활의 안정, 기득권 보장 등을 위하여 법률은 원칙적으로 그 효력이 발생한 날로부터 장래의 일에 적용되며 과거에 거슬러 적용되지 않는다.

69 ②

법도 문화이므로 시간적·공간적 상황에 따라서 변화된다. 법의 존립요건으로는 타당성과 실효성이 있어야 하는데, 사회적 환경이나 상황이 변하면 법은 그 사회나 시대적 상황에 알맞게 개정·폐지된다. ①은 역사적 특성의 반영을, ③은 지방자치법 개정을, ④는 준법정신을 나타내고 있다.

❖ 3. 시민의 정치참여와 정치과정

1 ②

선거에 후보자를 배출하는 정치 참여 집단은 정당이다.

2 ②

2001년 7월 19일 헌법재판소는 당시 시행되고 있던 비례대표 국회의원 의석 배분 방식 및 1인 1표제가 국민의 자유로운 선택권을 방해하고 평등선거 원칙에 위배되며 직접선거 원칙에도 위배된다는 이유로 위헌 판결을 내리고 제17대 국회의원 선거부터 1인 2표제로 바꾸었다.

3 ④

소선거구제는 1선거구에서 1인의 대표를 선출하는 것으로 양대 정당의 출현으로 정국의 안정을 기할 수 있고 선거 비용이 절약된다는 장점을 지닌다. 또한 지역적 인물의 당선이 용이하며 선거에 대한 참여와 관심을 높일 수 있다. 반면에 사표가 많이 발생하며 신진세력진출이 곤란하다는 단점을 지닌다.

4 ②

② 제시된 자료의 제도는 주민소환이다. 주민소환은 지방자치단체장과 지방의회 의원(비례대표 의원은 제외)에 문제가 있을 경우 주민들의 투표로 임기 중 파면시킬 수 있는 제도이다. 따라서 지방자치의 효율성과 안정성의 저해 위험이 있는 반면 민주성과 정당성을 향상시킨다.

5 ③

③ 제시된 내용들은 선거과정의 공정성을 확보하기 위해서 필요한 것들이다.

6 ④

게리맨더링(gerrymandering) … 선거구를 특정 정당이나 후보자에게 유리하게 인위적으로 획정하는 것으로 게리맨더링을 방지하여 선거의 평등성을 확보할 수 있다.
① 정치권에서 대선 또는 총선 출마주자로 나섰다가 중도에 다른 후보를 지지하며 사퇴하는 역할을 하는 사람을 일컫는 용어

② 의회의 표결에 있어 가부동수인 경우 의장이 던지는 결정권 투표나, 2대 정당의 세력이 거의 같을 때 그 승패를 결정하는 제3당의 투표
③ 선거를 도와주고 그 대가를 받거나 이권을 얻는 행위

7 ①

정당은 대표자를 선출하고, 여론을 형성하며, 정부와 의회의 매개역할을 담당한다.

8 ④

④ 진정한 정치참여의 요건은 개인의 이익뿐만 아니라 정치 공동체의 이익에 기여해야 한다. 또한 정당한 절차를 거쳐 확정된 법이나 정책을 준수하면서 참여해야 한다.

9 ③

보통선거… 일정 연령에 도달한 사람은 성별·재산·종교·교육에 관계없이 누구나 선거를 할 수 있는 제도이다. 이것 때문에 정치인은 뭇사람들(대중)을 정치적 계산에 넣을 수밖에 없게 되었다. 반면, 대중은 특정세력이나 권력집단에 의해 의사결정을 쉽게 바꾸는 경향이 있어 언론 등 여론형성매체의 힘을 기하급수적으로 키우는 결과를 낳았다.

10 ②

② 보통선거는 선거민의 사회적 신분이나 재산·지위에 관계없이 모든 사람(19세 이상)에게 선거권 및 피신거권을 인정하는 제도로 현대대중민주주의의 실현에 기여하였다.

11 ④

자료에서 보면 정치참여자의 영향력이 1980년에는 군부, 학생 등에 편중되어 있었으나 1990년에는 그 두 집단의 영향력은 줄어들고 다른 집단들의 영향력이 늘어나는 것을 볼 수 있다. 따라서 정치과정에 참여하는 집단들이 다양해지고 있고, 이는 그만큼 민주주의가 신장되고 있음을 알 수 있는 근거가 되는 것이다.

12 ②

② 국회는 각 선거구의 선거인수와 인원수의 비율을 같도록 하고 특정 정당이나 후보자에게 유리한 일이 없도록 하기 위해 선거구를 법률로써 정한다(선거구법정주의).

13 ③

정당

ㄱ. **정당의 뜻** : 정당은 정치적 견해를 같이 하는 사람들이 정권을 획득함으로써 자신의 정강을 실현할 것을 목적으로 모인 단체이다.
ㄴ. **정당정치** : 현대민주정치는 대의정치이며, 대의정치는 정당을 통하여 이루어지므로 민주정치를 정당정치라고도 한다.
ㄷ. **정당의 성격 및 기능**
  - 정권획득을 목표로 하고 그것을 공개적으로 내세움
  - 조직이 민주적이며 국민전체의 이익을 도모한다는 정강을 가짐
  - 국민여론을 형성하고 조직화하여 정부에 전달함
  - 정부와 의회 간의 매개역할

14 ②

대선거구제와 소선거구제의 장·단점

구분	대선거구제	소선거구제
대표자수	4인 이상의 다수인을 선출	1선거구에서 1인의 대표선출
장점	- 사표의 감소(비례대표제와 결부된 경우) - 부정선거 가능성 감소 - 인물선택의 폭 증대 - 소수자를 보호할 수 있음	- 양당제가 확립되어 정국안정 도모 - 선거관리 용이, 선거비용 절약 - 후보자에 대한 인물파악 용이 - 투표율이 높음
단점	- 군소정당의 쉬운 출현으로 정국불안의 조장 우려 - 선거비용이 많이 들고 관리가 어려움 - 후보자 식별 곤란, 선거인의 무관심	- 사표발생률이 높고, 소수당에 불리 - 의원의 질적 저하 초래 - 부정선거의 위험성이 많음 - 게리맨더링의 가능성

15 ④

선거구법정주의… 선거구가 특정한 정당이나 후보자에게 유리한 일이 없도록 하기 위해 선거구를 국회가 법률로써 정하는 것으로, 대부분의 국가가 이 제도를 채택하고 있다.

16 ②

지역구의원은 지역대표제, 다수대표제(소선거구제)를, 전국구의원은 비례대표제를 채택하고 있고, 선거공영제는 국가 또는 지방자치단체가 선거를 관리하는 제도이다.

17 ④

현대민주정치의 과정에서 국민들은 다양한 방법과 절차로 정치에 참여하고 있다.

18 ①

정치참여
㉠ **의미** : 민주정치의 참여란 모든 개인이 자신의 권리를 충분히 행사하면서 의무를 성실하게 이행하는 일이다. 이러한 참여의식은 비단 권리행사에만 국한되는 것이 아니고, 민주시민으로서 지켜야 할 필수적인 것이다.
㉡ **방법** : 선거, 정당 및 사회단체의 구성, 대중매체를 통한 지지·비판 등을 통해서 참여한다.

19 ④

중앙집권국가로 발전을 하면서 국가의 규모가 커지고 인구가 많아져 직접민주정치의 실시가 곤란해졌다.

20 ④

정치활동에 직접 영향을 끼치는 행위로 ④에서 국회의원은 주민의 요구를 쉽게 무시할 수 없으므로 적극적인 방법이다.

21 ①

양대정당제도는 보통 소선거제하에서 나타나며, 정국이 안정되고, 국정 운영이 능률적이며, 책임정치가 실현될 수 있다.

22 ①

②③④는 정치참여방법에 해당되나 ①은 국가기관에 대하여 요구를 진술하는 것이다.

23 ②

①③④ 순기능 ② 역기능

24 ④

언론이 독립해야 여론형성에 크게 기여할 수 있다.

25 ②

정당은 국민의 의사를 대변하여 국민전체의 이익을 도모하지만, 이익단체는 자기들의 특수한 이익만을 얻기 위하여 여러 가지 방법을 실현시킨다.

①③④ 정당의 기능에 해당한다.
② 이익실현의 방법에 해당된다.

26 ④

모든 자금은 정치활동만을 위해 사용하여야 하며 부당한 용도의 사용금지와 부당한 정치자금의 징수금지 등이 기본원칙이다.

27 ③

다당제는 정책결정에 영향력을 미치는 정당이 3개 이상인 경우를 말하고 양당제는 정책결정에 영향력을 미치는 정당이 2개인 경우를 말한다.

①②④ 다당제 ③ 양당제

28 ④

여론정치는 국민으로부터 정치권력의 정당성을 인정받고 여론을 중심으로 정치를 하는 것이다.

29 ③

국민의 여론을 정책에 적극 반영하는 정치가 국민의 폭넓은 지지를 받는다.

30 ④

여론은 특정세력에 의해 형성되기도 한다.

31 ③

①②④는 여론의 전달에 영향력이 많은 요소이고 ③은 여론의 역할이 아주 미미한 편이다.

32 ④

①②③ 선거의 기능에 해당한다.
④ 국민이 국가의 정책결정에 참여할 수는 있으나 대의정치이기 때문에 국민이 직접 결정할 수는 없다.

33 ②

② 공직선거법에 따라 대통령선거는 3억 원을 기탁해야 한다.

34 ④

④ 모든 국민은 언론 및 출판의 자유와 집회 및 결사의 자유를 가진다〈헌법 제21조〉.

35 ④

④ 시민의 알권리의 보장은 언론의 역할이다.

36 ②

㉠㉢ 간접민주정치 ㉡㉣ 직접민주정치

37 ④

정치참여의 방법
㉠ 선거에의 참여 : 국민은 누구나 선거에 참여한다.
㉡ 직접적으로 정치담당 : 스스로 정치인이 되어 정책결정과정에 참여할 수 있다.
㉢ 언론매체를 통한 참여 : 잡지나 신문, 방송 등을 통해 정부의 정책을 지지하거나 비판할 수 있다.
㉣ 정당, 단체를 통한 참여 : 정당이나 단체를 결성하여 자신의 정치적 의사를 실현할 수 있다.

38 ②

정당은 정권획득을 위하여 국민전체의 이익을 추구하지만 압력단체는 특정한 이익을 추구한다.

※ 압력단체(이익집단)과 정당
㉠ 공통점 : 정부의 정책결정에 영향력을 행사한다.
㉡ 차이점
 - 압력단체 : 자신들의 특수한 이익을 추구하는 것이 목표이다.
 - 정당 : 선거에 승리하여 정권을 획득하는 것이 목표이며, 사회 구성원 모두에게 영향을 주는 광범위한 영역에 관심을 둔다.
㉢ 관련성 : 압력단체는 정당을 이용해 자신들의 이익추구를 실현하고 정당은 지지기반을 넓히기 위해 이익집단을 활용한다.

39 ①

① 행정부의 최고심의기관
②③④ 공식적 정책결정자에 해당

40 ④

①②③ 정당의 역할 ④ 이익집단의 역할

1 ④

발안제… 직접 민주주의의 한 형태로 창안제라고도 하며 일반 선거권자들이 직접 중요 법률이나 조례의 제·개정이나 협법 개정안, 헌장 수정안 등을 행정부나 입법부에 요구할 수 있는 제도이다. 적용범위에 따라 국민발안제와 주민발안제로 부르기도 한다.

2 ①

법률안 의결은 재적의원 과반수의 출석과 출석의원 과반수 이상 찬성이 필요하다.

3 ③

의원내각제에서 의회는 내각에 대해서 불신임권을 행사 할 수 있기 때문에 내각은 의회의 요구에 민감하다.

4 ③

① 헌법재판소는 정부의 형태와는 관련이 없는 내용이다.
②④ 대통령제의 고유한 요소이다(단, 학자들은 의원내각제에서 탄핵소추권을 인정하기도 함).

※ 의원내각제적 요소 가미
 ㉠ 국무총리제
 ㉡ 행정부의 법률안 제출권
 ㉢ 국무 위원의 국회 출석 발언권
 ㉣ 국무회의에서 국정심의
 ㉤ 국회의원의 각료 겸직 가능
 ㉥ 국회의 동의에 의한 국무총리 임명
 ㉦ 국회의 국무총리와 국무위원 해임건의권

5 ③

① 내각이 국민의 대표 기관인 의회에 그 존립과 존속을 의존하게 되므로 민주적 요청에 가장 적합하다.
② 의회와 내각이 대립하는 경우 불신임 결의와 의회 해산으로 정치적 대립을 신속하게 해결할 수 있다.
④ 의회가 정권획득을 위한 투쟁의 장소가 될 수 있다는 점이 의원내각제의 단점이다.

6 ④

④ 제시문은 의원내각제와 관련된 것이다. 엄격한 권력분립은 대통령제의 특징이다.

7 ④

④ 감사원장은 1차에 한하여 중임이 가능하다.

8 ③

③ 지방자치단체는 의결기관인 지방의회와 집행기관인 지방자치단체의 장으로 구성된다.

9 ②

ⓒ 의원내각제에서는 의원과 각료는 겸직이 가능하다(대통령제에서 불가능).
ⓒ 의원내각제의 장점이다. 대통령제는 임기 동안 정국이 안정되고 국회 다수파의 횡포방지 등의 장점이 있다.
ⓜ 대통령제는 의회의 정부불신임권과 정부의 의회해산권을 인정하지 않는다(의원내각제 인정).

10 ③

③ 임기만료를 앞둔 공직자가 보이는 통치력 저하 현상이다.
① 'Not in My Backyard'의 약자로, 자기 주거지역에 혐오시설 설립을 기피하는 현상을 일컫는 말이다.
② 'play in my back yard'의 약자로 오락시설 등 유익한 시설을 자기 구역 내에 설치해 주기를 바라는 현상이다.
④ 'Build Absolutely Nothing Anywhere Near Anybody'의 약자로, 환경오염 시설들을 자기가 사는 지역권 내에는 절대 설치하지 못한다는 지역 이기주의의 한 현상이다.

11 ①

보기는 행정부 수반으로서의 권한이다.
②③④ 국가원수로서의 권한에 해당한다.

12 ①

② 각료와 의원의 겸직이 가능하다.
③ 행정부와 국회의원이 법률안을 제출할 수는 있으나 행정부는 법률안의 거부권이 없으며, 이는 대통령의 권한이다.
④ 국회는 대통령과 국무위원 등에게 탄핵소추를 의결할 수 있다.

13 ①

㈎ 대통령제 ㈏ 의원내각제

① 대통령제는 국민에 대한 정치적 책임을 지나 의회에 대한 책임은 지지 않는다.

※ 대통령제와 의원내각제의 비교

구분	대통령제	의원내각제
특징	- 엄격한 권력분립이 이루어진다. - 의회의 정부불신임권과 정부의 의회해산권을 인정하지 않는다. - 대통령은 법률안거부권을 가지며, 의회는 대통령에 대한 탄핵소추권을 가진다. - 의원과 각료의 겸직을 금한다. - 국민에 대한 정치적 책임을 지나 의회에 대한 책임은 지지 않는다.	- 의회중심주의로 행정권은 의회의 다수당이 구성하는 내각이 담당한다. - 의회는 내각불신임권을, 내각은 의회해산권과 법률안의 제안권을 행사한다. - 내각은 의회에 대해 연대책임을 진다. - 의원과 각료는 겸직이 가능하다.
장점	- 임기동안 정국이 안정된다. - 국회다수파의 횡포를 방지한다.	- 정치적 책임에 민감하다. - 의회와 내각의 협조가 용이하다.
단점	- 정치적 책임에 민감하지 못하다. - 정부와 국회의 조화가 곤란하다.	- 신속한 정책결정이 곤란하다. - 다수당의 횡포 우려가 있다. - 군소정당 난립 시 정국이 불안정하다.

14 ②

② 국회가 폐회중일 때도 대통령은 이송된 법률안에 대하여 법률안거부권을 행사할 수 있다.

15 ④

지방자치단체의 사무
ⓒ 고유사무 : 지방자치단체가 자기의 의사와 책임 하에 자주적으로 처리하는 사무로 중앙으로부터 사후 교정적 감독을 받는다. 비용은 지방자치단체가 전액 부담하고, 상하수도 사무·지방세 및 세외수입의 과징사무 등 지방자치단체의 존립관련사무와 지방 공공복리에 관련된 사무가 해당한다.

ⓛ **단체위임사무**: 국가 또는 상급단체의 사무가 법령에 의하여 지방자치단체에 위임되어 중앙의 교정적인 감독 하에 처리되는 사무로 국가가 비용을 일부 부담한다. 보건소 운영, 예방접종사무, 시·군의 재해구호사무, 도의 국도 유지·보수사무 등이 해당한다.

ⓒ **기관위임사무**: 국가 또는 상급단체의 사무가 법령의 근거 없이 상황에 따라 지방자치단체로 위임되어 지방의회의 간섭을 배제하고 상급단체의 사전적·전면적 감독을 받으며 처리하는 사무로 국가가 비용을 전액 부담한다. 병역, 인구조사, 경찰, 선거에 관련된 사무가 해당한다.

16 ④

국회의 권한…국회는 법률의 집행과 적용을 감독하고 견제하는 국정통제권한을 가진다. 왜냐하면 입법·행정·사법 상호 간의 견제와 균형을 통해 국가권력의 남용을 방지하고, 이로써 국민의 기본권을 보장하려는 것이 바로 헌법의 정신이기 때문이다.

④ 국정에 관한 감사·조사권과 국무총리·국무위원해임의권, 탄핵소추권에 해당하는 내용으로 국회가 그 밖의 국가기관들을 감시·비판·견제하여 권력남용을 방지하기 위한 국정통제권한이다.

17 ④

① 서울특별시는 일반지방자치단체이며 특별지방자치단체는 교육위원회, 교육감, 교육청(교육장)이 있다.
② 지방의회는 법령의 범위 안에서 조례를 제정할 수 있다.
③ 지방자치단체는 수익을 위한 기본재산을 유지하거나 주민에게 조세 등을 부과·징수할 수 있는 자치재정권이 있다.

18 ②

민주국가의 정치형태
㉠ 참여주체에 따라

구분	직접민주정치	간접민주정치
참여 주체	모든 국민(국민자치의 원리 충실히 실행)	국민이 선출한 대표자 (대의정치)
단점	영토가 좁거나 인구가 적은 나라에서만 실현가능	- 국민의사를 정확히 전달하기 어려움 - 국민의 정치적 무관심 초래
보안점	간접민주정치 채택	- 국민투표·국민발안·국민소환 - 지방자치제도 병행

ⓛ 입법부와 행정부의 관계에 따라

구분	대통령제	의원내각제
지도 체제	대통령과 의회의 균형	의회중심
내용	탄핵소추 의회 ⟷ 대통령 법률안거부권	내각불신임권 의회 → 내각 의회해산권
성격	심의기관	의결기관
장점	정국안정, 강력한 정치	책임정치, 민주적 요청에 충실
단점	독재화 우려	다수당의 횡포, 정국 불안

19 ③

③ 의원내각제의 행정권은 의회의 다수당에 의해 구성된 내각에 있다(의회중심주의).

20 ①

간접민주정치는 국민의 의사가 정치에 직접 반영되지 못하는 단점을 안고 있다. 그러므로 직접참여의 원리를 보완하는 방법이 필요하다.
① 간접민주정치제도가 발달한 나라의 일반적인 특징이다.
② 직접참여의 기회 증가를 의미한다.
③ 국민투표, 국민창안, 국민소환을 직접민주정치의 3요소라 한다.
④ 지역주민의 참여기회 확대를 가져와 간접민주정치의 중앙집권화에 대한 보완책으로 적합하다.

21 ②

헌법재판소의 권한
㉠ 위헌법률심판권
　- 법률이 헌법에 위반되는지의 여부가 재판의 전제가 된 때, 해당 법률의 효력 상실
㉡ 탄핵심판권
　- 국회의 소추
　- 국회에서 탄핵소추가 의결된 때, 공직에서 파면
㉢ 정당해산 심판권
　- 정부의 제소
　- 정당의 목적이나 활동이 민주적 기본질서에 위배된 때, 정당의 해산
㉣ 기관쟁의 심판권(권한쟁의 심판권)
　- 국가기관, 지방자치단체의 제소
　- 헌법적 권한과 의무의 범위와 내용에 관한 다툼의 발생시, 다툼의 조정·권한과 의무의 한계를 설정

ⓤ 헌법소원심판권
  - 국민의 제소
  - 위법한 공권력 발동으로 헌법에 보장된 자유와 권리를 침해당한 때, 인용시 권리를 구제받음

② 국회의 권한이다.

22 ④

국무회의는 행정부의 최고심의기관으로 정부(대통령)의 권한에 속하는 중요한 정책을 심의한다. 보기의 사항들은 모두 국무회의의 심의를 거쳐 국회의 동의·승인·통고와 헌법재판소의 심판을 요하는 사항들이다.

23 ④

국무회의… 대통령(의장)과 국무총리(부의장) 그리고 15인 이상 30인 이하의 국무위원으로 구성되며, 정부의 권한에 속하는 중요한 정책을 심의하는 헌법상 행정부의 최고심의기관이다.

24 ③

긴급명령의 효력상실
㉠ 긴급재정·경제처분 및 명령권과 긴급명령권 : 국회의 승인을 얻지 못한 때부터 효력상실의 명령에 의하여 개정 또는 폐지되었던 법률은 그 때부터 다시 효력을 회복한다.
㉡ 계엄선포권 : 국회의 해제요구시(재적의원 과반수의 찬성) 대통령은 반드시 계엄을 해제하여야 한다.

25 ④

자치입법권… 지방자치단체는 법령의 범위 내에서 자치에 관한 규정을 제정할 수 있다(조례·규칙제정권).
㉠ 조례 : 지방의회가 법령의 범위 내에서 사무에 관하여 조례를 제정한다.
㉡ 규칙 : 지방자치단체의 장이 법령·조례의 범위 내에서 규칙을 제정한다.

26 ①

법원
㉠ 뜻 : 사법기관으로서, 법관으로 구성되고 소송절차에 따라 사법권을 행사하는 국가기관이다.
㉡ 법원의 조직
  - 대법원 : 모든 상고사건, 재항고사건, 선거재판, 명령·규칙·처분 심사
  - 고등법원 : 항소·항고사건, 행정재판

  - 지방법원 : 모든 소송의 제1심, 단독 판사판결에 대한 항소사건, 단독 판사의 결정·명령에 대한 항고사건
  - 가정법원 : 가사사건, 소년보호사건 심판
  - 군사법원 : 특별법원으로 군인·군무원의 범죄, 국민의 특별범죄 담당

① 정치적 사건을 사법적 절차에 따라 해결하는 기관은 헌법재판소이다.

27 ③

공소시효 … 확정판결 전에 시간의 경과에 의하여 형벌권이 소멸하는 제도를 말한다. 예컨대 법정형이 사형에 해당하는 범죄라 할지라도 15년이 경과하면 형벌권이 소멸되는 따위이다.

③ 대통령의 신분상 특권 중 "대통령은 내란 또는 외환의 죄를 범한 경우가 아니면, 재직중에 형사상의 소추를 받지 아니한다."라고 규정되어 있다.

28 ④

대통령의 권한
㉠ 국가원수로서의 권한
  - 대외적으로 국가를 대표할 권한 : 외국과의 조약체결·비준권, 선전포고와 강화권, 외국승인권
  - 국가의 독립과 영토의 보전, 국가의 계속성과 헌법을 수호할 책무에 따르는 권한 : 긴급재정·경제처분 및 명령권과 긴급명령권, 계엄선포권, 위헌정당해산제소권
  - 국정조정권 : 헌법개정안제안권, 국민투표부의권, 임시국회소집요구권, 국회출석 발언과 의견표시권, 사면권
  - 헌법기관을 구성할 권한 : 대법원장·국무총리·헌법재판소장 임명권
㉡ 행정부수반으로서의 권한 : 행정부의 지휘·감독권 및 법령집행권, 국군통수권, 공무원임명권, 대통령령발포권 등이다.

29 ①

국회 회의의 원칙
㉠ 의사공개의 원칙 : 국회의 회의는 공개한다. 예외로 국가의 안전보장을 이유로 공개하지 않을 수 있다. 이때에는 국회출석의원 과반수의 찬성이나 의장의 결정이 있어야 한다.
㉡ 회기계속의 원칙 : 국회에 제출된 법률안 등은 회기중에 의결하지 못한 이유로 폐기되지 아니한다는 원칙으로 다만, 국회의원의 임기만료시, 회기불계속원칙이 적용된다.
㉢ 일사부재의(一事不再議)의 원칙 : 국회에서 한 번부결된 안건은 같은 회기 내에 다시 제출할 수 없다는 원칙으로 소수파의 의사진행방해(필리버스터 ; filibuster)를 견제할 수 있다.

30 ③

헌법개정절차
- ⊙ 제안 : 대통령 또는 국회의 재적의원 과반수가 발의한다.
- ⓒ 공고 : 제안된 헌법개정안은 대통령이 20일 이상의 기간 동안 공고한다.
- ⓒ 의결 : 공고된 날로부터 60일 이내에 의결하여야 하고, 재적의원 3분의 2 이상의 찬성이 있어야 한다.
- ⓔ 국민투표 : 의결 후 30일 이내에 국민투표에 부쳐 선거권자 과반수의 투표와 과반수의 찬성이 있어야 한다.
- ⓜ 공포 : 투표자 과반수의 찬성을 얻은 때에는 헌법개정이 확정되며, 대통령이 이를 즉시 공포한다.

31 ①

국회의 회기

구분	집회	회기	주요 안건
정기회	매년 1회 (9월 1일)	100일 내	예산안 심의확정
임시회	재적 4분의 1 이상의 요구	30일 내	국회의 필요안건
	대통령의 요구	30일 내	정부제출의 안건

32 ③

①②④ 중앙집권체제에 해당한다.
③ 지역의 특수사정을 반영하며, 주민의 참여에 의한 지역문제를 할 수 있어서 지방자치 이후부터는 지방자치단체장이 결정한다.

33 ④

법관의 임기는 헌법으로, 법관의 자격은 법률로 정한다.

34 ②

①③은 대통령 권한에 해당한다.
④는 정부도 제출할 수 있다.

35 ④

④ 법원의 기능에 해당된다.

36 ④

국회의원 신분보장의 목적은 성실한 직무수행과 자주적이고 자유로운 활동보장을 위함이다.

37 ②

국회의 권한
- ⊙ 입법에 관한 권한 : 법률안 제안·의결·공포권, 헌법개정안의 제안·의결권, 조약체결·비준에 대한 동의권
- ⓒ 재정에 관한 권한 : 조세법률 제정권, 예산안의 심의·확정권, 결산심사권
- ⓒ 일반국무에 관한 권한 : 중요공무원 임명동의권, 중요헌법기관 구성권, 국정조사·감사권, 탄핵소추의결권, 계엄해제요구권

38 ①

① 의결된 법률안은 정부로 이송되어 15일 이내에 대통령의 공포절차를 거친다. 그러나 이의가 있을 경우, 대통령은 이송된 날로부터 15일 이내에 법률안을 국회에 환부하여 재의를 요구할 수 있다.

39 ③

국무회의는 최고심의기관으로서 국정의 기본계획과 정부의 일반정책 선전, 강화 및 기타 중요정책으로 헌법개정안, 국민투표안 등이 있으며 의장은 대통령이다.

40 ①

②③④는 대통령의 법률제정절차의 세 가지 권한이고 ①은 국회의 권한이다.

41 ①

행정부 수반으로서의 권한은 행정부지휘·감독권, 공무원임면권, 국군통수권, 대통령령발포권, 법령집행권, 재정에 관한 권한(예산안제출권, 추가경정예산안제출권, 예비비지출권 등)을 가진다.

42 ③

우리나라 정부형태 … 엄격한 의미에서 대통령제와 의원내각제 요소가 혼합된 혼합제 정부형태 또는 변형된 대통령제이다. 대통령 또는 행정부가 법률안제출권을 가지며, 국회의원은 행정각부의 장관을 겸할 수 있으며, 행정각부의 장관은 국회에 출석·발언할 수도 있으며, 내각은 심의기관으로서의 성격을 띠고 있다. 국무위원과 행정각부 장관의 겸직은 기획과 집행의 통일성에 효과적이다.

43 ①

① 판결 이외의 법원결정이나 명령에 불만이 있을 때 상급법원에 취소, 변경을 구하는 상소방법이다.
③ 1심판결에 불복하여 2심판결을 청구하는 것이다.
④ 2심판결에 불복하여 3심판결을 청구하는 것이다.

44 ③

정부는 정당의 목적이나 활동이 민주적 기본질서에 위배될 때 헌법재판소에 제소할 수 있고 헌법재판소의 심판에 따라 해산된다.

45 ③

위헌법률심사제청권은 법원에 해당되고, 법원의 제청으로 의회가 의결한 법률이 헌법에 위배되는가의 여부를 심사하고 결정하여 심판하는 기관은 헌법재판소이다.

46 ④

㉠ **광역단체**: 특별시, 광역시, 도, 특별자치도
㉡ **기초단체**: 시, 군, 구

47 ②

지방법원은 경미한 민·형사사건의 제1심 재판을, 가정법원은 가사사건과 소년보호사건을, 행정법원은 행정소송법에서 정한 사건의 1심재판을 담당한다.

48 ②

고유사무로는 청소년 보호, 각급 학교설립과 유지, 소방, 상·하수도의 설치, 주택개량과 지역경제 촉진 등이다.

49 ④

지역이기주의의 실례
㉠ **님비**(NIMBY)**현상**(Not in my back yard) : 범죄자, 마약중독자, AIDS환자 등의 수용이나 산업폐기물·핵 폐기물의 처리시설의 필요성에 찬성하지만 이러한 시설들이 자기 주거지역에 들어서는 것에 대해서는 강력히 반대하는 심리상태로 현대인의 자기 중심적 공공성 결핍증을 의미한다.

㉡ **핌피**(PIMFY)**현상**(Please in my front yard) : 전망 좋고 바람직한 시설을 자기 지역으로 유치하려는 움직임을 뜻한다.
㉢ **바나나**(BANANA)**현상**(Build absolutely nothing anywhere near anybody) : 어디에든 아무것도 짓지 말라는 의미로 핵 폐기물을 비롯한 환경오염시설은 절대로 자기 생활권 내에 지을 수 없다는 심리상태이다.

50 ④

①②③ 지방자치단체의 권한

51 ②

민사재판은 개인과 개인 간의 분쟁을, 군사재판은 군인·군무원의 범죄나 일반국민의 특별한 범죄사건을 재판한다. 행정재판은 행정법규의 적용이나 공법상의 법률관계에 대한 분쟁을 해결하는 재판이다.

52 ②

우리나라 초고법인 헌법을 중심으로 법률, 명령이 제정되고 명령을 토대로 조례와 규칙이 제정된다.

53 ②

국회의원 제명 의결 … 의원을 제명하려면 국회재적의원 3분의 2 이상의 찬성이 있어야 한다〈헌법 제64조 제3항〉.

5. 국제관계와 한국 민주정치의 과제

1 ③

국제레짐(International Regimes) … 국제관계를 규율하는 보다 포괄적인 장치로서 행위주체들이 바라는 바가 수렴되는 제도, 원칙, 규범, 절차 등을 총칭하는 광범위한 개념이다.

2 ④

국제법은 통일된 입법기관에서 제정되는 것이 아니고 국가 간의 합의를 기초로 하기 때문에 무시되거나 유보될 수 있고, 효율적인 법 제정의 권위체와 제정된 법의 강제집행을 추진할 기구가 없다.

3 ①

ⓒ 국제관습법은 국가 간에 존재해 온 관습을 인정하여 법적 효력을 가진다고 인정하는 것으로 모든 국가들에게 적용되는 국제규범이다.

ⓔ 법의 일반원칙은 문명된 여러 나라의 국내법상 공통적으로 인정되고 있는 원칙으로 신의성실의 원칙, 권리남용금지의 원칙 등이 있다.

4 ①

제시문은 국제정치에 대한 현실주의적 관점이다.
②③④ 이상주의적 관점에 대한 내용이다.

※ **국제사회에 대한 기본적 시각**

ⓐ 이상주의 : 인간 이성에 대한 신뢰를 가정하며 인간의 이익이 조화되는 것처럼 국제정치의 도덕성을 강조하며 집단적 정치권력 자체에 주목

ⓑ 현실주의 : 인간은 권력추구적 존재이며 국가는 국가적 이익만 추구한다고 가정하며 국제관계는 힘의 논리에 따라 결정되는 냉엄한 현실이고 국제 사회는 약육강식의 자연상태임

5 ③

㈎ 국제연합(UN)

㈏ 북대서양조약기구(NATO), 국제원자력기구(IAEA), 국제통화기금(IMF)

㈐ 국제연합교육과학문화기구(UNESCO), 국제사면위원회(AI), ICRC(국제적십자사)

ⓐ 국제연합(UN)은 ㈎에, 북대서양조약기구(NATO)는 ㈏에 해당한다.

ⓔ ㈎의 예로는 국제연합(UN)으로, 전 세계에 걸쳐 활동한다.

6 ④

④ 종속이론은 사회발전이론 중 하나로, 제3세계의 저발전의 원인을 설명한 이론이다. 1960년대남미의 경제 파산 상황에서 제기된 것으로, 기존의 근대화 이론으로는 제3세계의 저발전 이유를 설명하지 못한다고 주장하면서 제3세계와 선진국 사이에 구조적인 불평등을 지적하였다. 종속은 선진국과 후진국의 관계를 비대칭적인 관계로 규정하는 것으로, 제3세계 저발전은 선진국에 의한 종속에서 비롯되는 것으로 본다.

7 ①

② OECD(Organization for Economic Cooperation and Development) : 자유시장경제를 추구하는 나라들이 모여 세계경제의 주요 현안들을 협의해 해결방안을 도출하는 기구이다. 제2차 세계대전 후 유럽의 부흥 및 경제협력을 추진해 온 유럽경제협력기구(OEEC)를 개편하여 1961년 발족되었으며, 재정금융상의 안정·고용생활수준의 향상·개발도상국의 경제발전 도모·세계무역의 다각적 확대 등을 목적으로 한다.

③ EU(European Union) : 유럽의 정치와 경제를 통합하기 위해 1993년 11월 1일 마스트리히트조약의 발효에 따라 유럽 12개국이 참가하여 출범한 연합기구로 1994년 1월 1일 이후 사용하기 시작한 EC의 새로운 명칭이다.

④ APEC(Asia Pacific Economic Cooperation) : 1989년 환태평양지역의 주요 경제실체 간 경제협력과 무역증진을 목표로 결성된 아시아·태평양지역 최초의 범정부간 협력기구이다. 회원국 간 경제 불균형을 해소하고 역내 경제·사회적인 복지를 개선함과 동시에 회원국들의 지속적인 성장과 균형된 발전을 도모하는 데 목적을 두고 있다.

8 ③

국제사회의 성격

ⓐ 국제사회는 독립적 주권국가로 구성되며, 구성 국가 간에 연대감이 형성되어 있다.

ⓑ 국제사회에는 중앙정부가 존재하지 않는다.

ⓒ 국제사회의 구성 국가들은 자국의 이익을 추구한다.

ⓔ 구성 국가 간에는 공동의 이해관계와 규범이 존재한다.

③ 국제사회의 구성 국가들은 자국의 이익을 추구한다.

9 ①

국제사회에서 국가 간의 갈등을 해결하는 수단

ⓐ **국제기구를 통한 해결** : 국제관계에는 중앙정부가 존재하지 않지만 국제연합 등의 국제기구가 갈등해결의 유력한 수단으로 기능하고 있다.

ⓑ **국제조정의 방식을 통한 해결** : 제3국이나 민간단체의 개입을 통한 갈등해결이 가능하다.

ⓒ **강제력의 행사** : 전쟁이나 무력위협 등을 통한 갈등해결방식이다.

10 ④

우리나라의 국제관계 … 국제법규의 준수, 침략전쟁의 부인, 국제법과 국내법의 동일시, 주한 외국인의 보호, 재외국민 보호 등 국제 간의 우호와 평화를 유지하고 증진시키기 위한 내용을 헌법에 규정하고 있다.

11 ②

국제사회의 성격 … 권력조직체가 없고, 힘의 원리가 지배하며, 자국의 이익을 추구하고, 상호 대립하고 협력하는 사회이다.

12 ④

관세의 부과이유
㉠ 국내산업의 보호 · 육성을 위해서이다.
㉡ 국민경제의 자주성 · 국가안보의 목적을 위해서이다.
㉢ 정부의 세입 증대를 위해서이다.
㉣ 수입 사치재의 소비억제효과를 위해서이다.

13 ②

비동맹 외교의 방향
㉠ 비동맹국가들과의 관계개선과 교류를 증진시키는 외교이다.
㉡ **초청방문외교**: 국가원수, 국회의원, 관료의 교류를 확대한다.
㉢ **경제외교**: 경제력을 바탕으로 효율적 경제교류와 차관제공을 목적으로 한다.
㉣ **문화외교**: 상호이해에 도움이 되는 광범위하고 적극적인 문화교류를 목적으로 한다.

14 ②

국제협력
㉠ **국제협력의 필요성**: 세계 각국이 전쟁의 위협으로부터 벗어나 평화롭게 공존하기 위해서 국제협력이 필요하며, 상호교류를 통해 서로를 이해하는 것이 바람직하다.
㉡ **국제협력으로 해결하여야 할 문제**: 자원문제, 환경문제, 인구문제, 남북문제, 군비확장문제 등이다.

15 ③

현대는 이데올로기 중심의 냉전시대가 아닌 평화공존시대이다.

16 ③

상임이사국의 거부권행사를 말한다.

17 ④

국제사회는 힘에 의한 지배사회이지만, 지구촌의 공통적 관심사는 서로 협력해야 한다.

18 ③

①②④ 우리나라가 회원국에 해당한다.
③ 미국, 캐나다, 멕시코의 경제자유무역지대를 뜻한다.

19 ②

각국 무역의 완전한 개방을 추구함으로써 자유무역주의를 지향하고 자연스런 국제분업화를 촉진시킬 것이다.

20 ③

①②④는 관계가 있지만 ③은 무역장벽의 투명성 보장이다.

21 ④

IMF 이전부터 미국과 서방국가는 중국 진출의 교두보로 한국을 노리고 있었다. 또 국민의 정부가 추진하는 햇볕정책 중에도 북한이 무력도발이 있었지만 일관된 평화정책으로 북한과의 경제협력 등 많은 것을 얻어내게 되었다.

② 경제

❄ 1. 경제생활의 이해

1 ④

계획경제체제는 이윤동기가 없어 창의성과 근로의 욕이 저하되어 경제가 침체되고 나아가 자원의 비효율성이 초래될 수 있다.

2 ③

희소성 … 경제문제는 물질적 수단의 희소성 때문에 발생되며, 희소성은 그 재화를 필요로 하는 욕구와의 관계에서 상대적으로 결정된다.

3 ③

③ 신자유주의는 케인스 이론을 도입한 수정자본주의의 실패를 지적하고 경제적 자유방임주의를 주장하면서 1970년대부터 본격적으로 대두되었다. 국가권력의 시장개입을 비판하고 시장의 기능과 민간의 자유로운 활동을 중시하며, 자유방임경제를 지향함으로써 비능률을 해소하고 경쟁시장의 효율성 및 국가 경쟁력을 강화하고자 한다.

4 ②

ⓛ 베버는 권력의 불평등을 강조한다. 계급의 불평등을 주장한 사람은 마르크스이다.
ⓒ 마르크스의 역사 발전 5단계에 대한 설명이다. 마르크스는 변증법적 유물론의 관점으로 사회를 바라보며, 원시공산사회 – 고대노예사회 – 중세 봉건사회 – 자본주의사회 – 공산주의사회 순으로 발전한다고 주장한다.

5 ①

① 특정 상품에 대한 일부 사람의 수요가 다른 사람들의 수요에 의해 영향을 받는 현상으로, 편승효과라고도 한다. 기업에서는 충동구매를 유도하는 마케팅 활동으로 이러한 소비 심리를 활용한다.
② 특정 상품에 대한 소비가 증가하면 그에 대한 수요가 줄어드는 소비현상으로, 다수의 소비자가 구매하는 제품을 꺼리고 남들이 사기 어려운 고가품을 사고 싶어 하는 속물근성에서 유래한다고 하여 속물효과라고도 한다.

③ 가격이 오르는 데도 일부 계층의 과시욕이나 허영심 등으로 인해 수요가 줄어들지 않는 현상으로, 과시욕이나 허영심이 한 원인이라는 점에서 스놉 효과와 유사하다.
④ 선거 전 여론조사에서는 지지율이 우세하였던 비(非) 백인 후보가 실제 선거에서 득표율이 낮게 나오는 현상을 가리키는 정치용어이다.

6 ①

기회비용 … 선택의 문제에서 발생하는 비용으로, 어떤 경제적 선택의 결과로 포기하는 여러 활동의 가치 중에서 가장 높은 값을 그 경제적 선택의 기회비용이라고 한다. 설문의 경우에 퇴근 후 친구와 함께 음주가무를 즐긴 것에 대한 기회비용은 회사에서 야근을 했다면 벌 수 있었던 돈의 양과 음주가무시 사용한 액수의 합계이다.

② 일정한 효과를 얻는 것이라면 비용을 최소화해야 하고, 일정한 비용이 들어가는 경우라면 효과를 최대화해야 한다.
③ 생산의 결과는 업적에 따라 공평하게 분배되고, 공공복리와 사회정의가 실현되는 방향에서 분배가 이루어져야 한다.
④ 인간의 욕망은 무한한데 이를 충족시킬 수 있는 자원은 유한한 현상이다.

7 ②

자본주의 … 아담 스미스(A. Smith)의 자유방임주의적 경제사상의 대두로 경제에 대한 정부의 간섭 없이도 개인의 자유로운 경제활동으로 균형가격이 형성되고 '보이지 않는 손'이 시장경제를 이끌어 간다는 사상이다. 그러나 결과적으로는 생산구조의 변동과 경기순환에 따른 실업으로 근로자 생활이 불안정해지고 빈부격차가 심화되는 등 문제점이 드러나게 되었고, 이로써 수정자본주의가 대두하게 되었다.

8 ④

제시문은 영국의 경제학자 아담 스미스(Adam Smith)가 그의 저서인 「도덕감정론」과 「국부론」에서 표현한 것으로, 국가의 간섭 없는 자유경쟁시장에서 공급과 수요가 균형을 이루며 시장가격이 결정되어 합리적이고 효율적인 경제상태가 된다고 보았다.

9 ②

기회비용 … 경제활동에서 어떤 것을 선택함으로써 포기하게 되는 것의 가치를 말한다. 노트 2개를 사는 경우와 노트 3개를 사는 경우 전자는 펜 6개를 살 수 있고, 후자는 펜 4개를 살 수 있다. 따라서 노트 1개를 더 사기 위해서 포기한 펜이 2개이 므로 펜 2개가 기회비용이다. 합리적 선택이 되기 위해서는 선택에서 오는 이득이 기회비용보다 커야 한다.

10 ④

수정자본주의 ··· 대공황 이후, 정부가 민간경제에 공 공투자를 하여 수요를 증대시키는 과정에서 정부의 역할이 강화되어 혼합경제 또는 수정자본주의라 한다.
㉠ **혼합경제** : 자유기업체제에서의 고도 성장은 불완전 고용, 공황과 같은 폐혜를 발생시키는데, 이를 극복하고 안정적인 경제성장을 위해 정부가 적극적으로 경제에 관여하여 사적 · 공적 경제를 병존시키는 것을 말한다.
㉡ **수정자본주의** : 실업 · 공황 등의 자본주의의 모순을 국가권력의 개입으로 완화하여, 경제의 민주화 · 사회화를 꾀하는 사상 또는 정책원리이다.
① 공산주의사회 ② 봉건사회 ③ 자본주의사회

11 ②

② 개별경제주체가 자유로운 계약에 기초하여 합리적으로 경제활동을 수행하는 자본주의 시장경제를 주장하였다.

12 ④

기회비용 ··· 제한된 자원과 재화의 이용은 다른 목적의 생산 또는 소비를 포기한다는 전제하에서만 이루어질 수 있다. 이때 포기되거나 희생된 재화 또는 용역을 선택된 재화와 용역의 기회비용이라 한다.

13 ④

희소성의 원칙 ··· 무한한 인간의 욕망에 비해 이를 충족시켜 줄 재화와 용역이 상대적으로 부족하기에 가치를 가진다는 원리로서, 경제문제를 발생시키는 출발점으로 선택의 의미인 경제원칙을 제기한다.

14 ③

효율성만을 중시하는 성장 위주의 경제정책으로 나타난 결과
㉠ 소득분배의 불공평(계층 간의 격차 심화)이 나타났다.
㉡ 도시와 농촌의 격차가 심화되었다.
㉢ 내수산업과 수출산업의 불균형이 이루어졌다.

㉣ 대기업과 중소기업의 격차가 심화되었다.
㉤ 기본적 수요충족에서의 불평등이 심화되었다.
㉥ 기업 간의 임금격차가 심화되었다.

15 ④

한계효용 ··· 재화 1단위를 더 소비함으로써 얻어지는 총효용의 증가분으로 총효용의 증가분을 소비량의 증가분으로 나눈 것과 같다. 한계효용이 0일 때 총효용은 최대가 된다.

16 ②

물이나 공기 등과 같이 대가 없이 재화나 용역을 얻는 경우는 경제활동이 아니다.

17 ③

경제적인 것과 경제는 다르다. 전자는 경제원칙과 관련된 행동을 의미한다면 후자는 생산, 소비, 분배활동을 의미한다.

18 ④

효율성은 기회비용을 고려하여 경제원칙에 따라 선택할 때 이루어진다.

19 ④

경제활동 ··· 인간에게 필요한 물품이나 서비스를 창출하는 것을 말한다.

20 ③

③ 정부는 국방, 치안, 의료, 교육 등의 공공서비스를 생산하는 동시에 이를 위해 필요한 자원을 활용한다.

21 ③

직접용역은 인적 용역을 뜻하고 간접용역은 물적 용역을 말한다.

22 ②

산업혁명의 결과 농업중심사회가 공업중심사회로 되었으며, 자본가와 노동자계층이 발생하였다.

23 ④

봉건체제하에서는 없었으나 자본주의경제체제하에서 나타난 결과이다.

24 ①

② 맬서스(Malthus)
③ 몽테스키외(Montesquieu)
④ 로크(Locke)

25 ②

자본재는 자본주의 이전 원시시대부터 사용되었다.

26 ①

시장경제와 계획경제
⊙ **시장경제**: '보이지 않은 손'에 의하여 이루어지는 경제체제를 말한다.
ⓛ **계획경제**: 국가의 주도하에 이루어지는 경제체제를 말한다.

27 ④

VAN(부가가치정보통신망) … 기존의 데이터 통신망을 바탕으로 하여 사용자가 필요로 하는 정보를 제공함으로써 통신망의 부가가치를 높이는 것을 말한다.

28 ①

풍요속의 빈곤 … 선진국에서 충분한 생산능력에도 불구하고 소비자들의 낮은 소득으로 구매력이 뒷받침되지 않아 나타나는 현상이다.

29 ①

자본주의는 산업혁명 후에 나타난 산업자본주의에서, 자유방임주의 때문에 생겨난 독점자본주의로, 1930년대 경제공황으로 나타난 수정자본주의 순으로 변화되었다.

30 ②

경제공황을 타개하기 위한 뉴딜정책 시행에 영향을 준 경제학자는 영국의 경제학자인 케인즈이며 스미스는 자유방임주의경제를 옹호한 학자이다.

31 ③

자료수집의 기준을 자주 바꾸면 다른 시점과의 비교분석이 어렵다.

32 ②

전수조사는 대상을 모두 조사하는 것이고 표본조사는 일부를 객관적으로 골라 조사하는 것이다.

33 ①

통계자료는 무엇보다 정확하고 일관성이 있어야 한다. 그렇지 않으면 자료와 정보를 남용할 수 있기 때문이다.

34 ②

전수조사는 대상을 모두 조사하는 것이고, 표본조사는 일부를 객관적으로 조사하는 것으로 ①③④는 전수조사의 장점이다.

35 ③

불변가격통계자료는 다른 연도의 경제활동을 비교분석할 때에 이용되는 것으로 이를 위해서는 물가지수로의 환산이 중요하다.

36 ④

④ 기업의 경제윤리이다.

1 ②

수요의 가격탄력성=(수요의 변화율/가격의 변화율)

수요의 변화율 $= \dfrac{318}{300} = 1.06\,(6\% \text{ 증가})$

가격의 변화율 $= \dfrac{850}{1000} = 0.85\,(15\% \text{ 하락})$

수요의 가격탄력성 $= \dfrac{6}{15} = 0.4$

2 ②

균형가격이 1,600원일 경우에 공급량이 240개이더라도 수요량이 150개밖에 되지 않기 때문에 240개를 다 팔 수 없다.

3 ①

A재의 가격이 상승함에 따라 B재의 수요량이 증가하는 경우, 즉 수요량의 변화가 양(+)의 관계를 지닐 때 대체재 관계에 있다고 하며 A재의 가격이 상승함에 따라 B재의 수요량이 감소하는 경우, 즉 수요량의 변화가 음(−)의 관계를 지닐 때 보완재 관계에 있다고 한다.
ⓒ A재와 C재는 대체재 관계이므로 교차탄력성은 양(+)이다.

4 ②

과점 시장…소수의 기업들이 공급에 참여하여 경쟁하는 시장형태로 과점기업들은 서로 담합하기도 하고, 독자적인 행동을 취하기도 한다.
① 한 기업이 한 상품을 도맡아 시장에 공급하는 경우에 발생하며 가격의 차별화가 가능하다.
③ 다수의 거래자들이 참여하고 동질의 상품이 거래되며, 거래자들이 상품의 가격이나 품질 등에 대한 완전한 정보를 지니고, 거래자들이 시장에 자유로이 들어가거나 나갈 수 있는 시장을 말한다.
④ 기업들의 생산요소에 대한 수요는 다른 시장에 상품을 공급하기 위해 파생된 수요로, 기업들은 요소 고용량을 결정할 때에 이윤극대화를 위해 한계적 결정을 내린다. 생산 요소란 재화나 서비스를 생산하는 과정에서 투입되는 자원으로 노동, 토지, 자본을 일컫는다.

5 ④

수요의 변동…수요곡선이 D에서 D'로 이동한 것은 수요가 증가하였음을 의미하며, 수요의 증가요인으로는 소비자의 소득수준의 향상, 대체재의 가격상승, 보완재의 가격하락, 소비자의 기호증가, 인구의 증가, 광고의 증가, 소비자의 가격상승 예상 등이 있다.

6 ③

① 초과공급이 이루어지면 수요부족현상이 발생하여 가격이 하락한다.
② 과수요가 발생하면 공급부족현상이 발생하여 가격이 상승한다.
④ 희소성이 높을수록 가격이 상승한다.

7 ③

제시된 상황은 주식의 수요와 공급이 모두 증가하고 있음을 나타낸다. 따라서 수요곡선과 공급곡선 모두 우측으로 이동하여 주식거래량은 증가하나, 수요량과 공급량의 변화는 알 수 없으므로 주가지수는 알 수 없다.

8 ①

① 과소비는 물가를 상승시키고 저축을 감소시켜 경제성장을 약화시킨다.

9 ①

수요곡선이 오른쪽으로 이동한 것은 수요가 증가하였음을 의미하며, 수요 증가요인으로는 소비자의 소득수준의 향상, 대체재의 가격상승, 보완재의 가격하락, 소비자의 기호증가, 인구의 증가, 광고의 증가, 소비자의 가격상승 예상 등이 있다.

10 ①

독점적 경쟁시장…수요자 입장에서 볼 때 많은 기업들이 제각기 조금씩 다른 상품을 공급하는 시장형태로 양장점, 주유소, 병원, 약방 등에서 찾아볼 수 있다.
㉠ 장점: 완전경쟁시장에서는 동질의 상품만이 공급되는 데 반하여 독점적 경쟁시장에서는 수요자들의 기호에 맞추어 선택할 수 있는 다양한 상품이 공급된다.
㉡ 단점: 독점적 경쟁시장에서는 상품의 차별화라는 독점적 요소 때문에 완전경쟁시장에 비하여 상품의 가격이 다소 높아져 수요자의 부담이 늘어난다.
②③ 독점시장
④ 과점시장

11 ④

한계효용균등의 법칙 … 각 상품의 소비에 지출되는 비용 1원어치의 한계효용이 서로 같도록 소비할 때 소비자는 가장 큰 효용을 얻게 되어 합리적인 소비를 하게 된다는 원칙이다.

$$\frac{\text{X재의 한계효용}(M_x)}{\text{X재의 가격}(P_x)} = \frac{\text{Y재의 한계효용}(M_y)}{\text{Y재의 가격}(P_y)}$$

즉, X재 1원어치의 한계효용 = Y재 1원어치의 한계효용(= 화폐 1원어치의 한계효용)

12 ①

독점기업이 가격을 내리면 수요가 늘어나 판매량이 증가한다.
② 가격이 100원일 경우 수요가 0이므로 기업의 수입이 없다.
③ 독점기업은 유일한 공급자이므로 시장 전체의 수요가 곧 그 기업의 상품에 대한 수요이므로 생산량을 늘리면 가격이 내려가게 되고 생산량을 줄이면 가격이 오르게 된다. 따라서 기업의 공급곡선은 존재하지 않는다.
④ 기업의 총수입은 가격 × 판매량으로 그림에서 보면 가격이 50원일 때 수요량은 50개로 총수입은 50 × 50으로 최대가 된다. 따라서 생산량을 조절하여 가격이 50원보다 낮아지거나 높아지면 총수입은 가격이 50원인 경우보다는 감소하게 된다.

13 ④

독점기업은 이윤극대화를 위한 가격결정력이 있으므로 한계비용 = 한계수입인 곳에서 이윤극대 생산량을 결정한다(Q2). 그러나 가격은 그 교차점인 P1이 아니라 수요곡선상의 한 점인 P3에서 결정하여 독점이윤을 극대화한다. ①과 ②에서 이윤극대점(Q2)에서 한계수입은 P1이고, 시장가격은 P3이다.

※ 완전경쟁시장은 시장가격 = 한계수입 = 한계비용이 된다. 그러나 독점시장에서는 시장가격 > 한계수입 = 한계비용이 된다.

14 ①

수요의 법칙에 의해 수요량은 감소하고, 가격의 상승효과보다는 수요량의 감소효과가 크므로 가계의 소비지출금액은 감소한다. 그러므로 사치재(탄력적인 재화)의 가격이 오르면 오히려 가계의 소비지출은 줄어들고, 농산물과 같은 생활필수품(비탄력적인 재화)의 가격이 오르면 가계의 소비지출이 증가하여 가계의 부담을 가중시킨다.
① 수요의 가격탄력성이 탄력적인 경우 가격이 상승하면 총판매수입이 감소하고 소비자 총지출액은 감소한다.

15 ③

소득 = 소비 + 저축, 평균소비성향 = $\dfrac{\text{소비}}{\text{소득}}$, 평균저축성향 = $\dfrac{\text{저축}}{\text{소득}}$ 이므로 평균소비성향이 높으면 저축성향의 감소로 투자재원이 부족하므로 외자도입이 불가피하게 된다.

16 ②

정부의 수매정책 … 풍년기근현상이 나타날 때 실시하는 정책으로, 정부가 Q1, Q2만큼의 배추를 사들이기로 한다면 배추의 일시적인 공급곡선은 Q1점에서 위로 올라가는 수직선이 되는 셈이므로 배추가격은 0P1으로 결정된다. 이때 정부의 농산물 수매가격 역시 0P1이라면 농민의 소득은 0P1 × 0Q1이 되어 풍년기근현상을 예방할 수 있다.

17 ④

가격과 경제문제
㉠ 가격의 기능 : 시장경제체제하에서 기본적인 경제문제를 해결, 가격의 자유로운 변동은 인위적인 계획이나 명령에 의하지 않고도 해결되도록 한다.
㉡ 경제문제해결
 - 생산선택의 문제해결
 - 생산방법의 문제해결
 - 소득분배의 문제해결

18 ③

합리적인 소비
㉠ 수요곡선 : 한정된 소득으로 합리적인 소비를 하기 위해서는 가격이 오른 재화의 소비를 줄이고 가격이 내린 재화의 소비를 늘려야 한다. 이러한 이유는 한계효용체감의 법칙이 작용하며, 합리적인 소비자는 한계효용균등의 법칙에 따라 소비하기 때문이다.
㉡ 한계효용체감의 법칙 : 재화의 소비가 증가할수록 어느 정도까지는 총효용은 증가하나 총효용의 증가분인 한계효용이 점점 줄어드는 경향을 말한다.
㉢ 한계효용균등의 법칙 : 각 상품의 소비에 지출하는 비용 1원 어치의 한계효용이 서로 같도록 소비할 때 소비자는 가장 큰 효용을 얻게되어 합리적인 소비를 하게 된다는 것이다.
③ 한계비용체증의 법칙 : 한계생산이 체감하기 때문에 생산량이 늘어남에 따라 한계비용이 점차 증가하는 현상으로 기업의 합리적 생산과 관련이 있다.

19 ④

합리적인 생산 … 한계비용 = 생산물의 가격

$$한계비용 = \frac{가변비용의\ 증가분}{생산량의\ 증가분}$$

가변비용(만원)	8	9	10	11	12
생산량(만원)	177	189	200	210	219
한계비용		833	909	1,000	1,111

④ 가격이 1,000원이므로 한계비용이 1,000일 때, 즉, 생산량 210단위에서 합리적인 생산량이 결정된다.

20 ③

수요의 가격탄력성
㉠ **사치품** : 수요의 가격탄력성이 1보다 큰 상품은 가격을 내릴 때 수요량 증가율이 하락률보다 커서 총판매수익이 증가한다.
㉡ **생필품** : 수요의 가격탄력성이 1보다 작으면 가격을 내린 상품의 수요량 증가율이 가격의 하락률보다 작아 총판매수익은 감소한다.

21 ②

식생활의 개선으로 빵의 수요가 급증하면 결국은 가격이 하락하게 되고, 쌀시장이 개방되면 거래량이 감소하게 된다.

22 ③

합리적 소비는 한계효용균등의 법칙에 따라

$$\frac{A재\ 한계효용}{A재\ 가격} = \frac{B재의\ 한계효용}{B재\ 가격}$$

$$= \frac{C재\ 한계효용}{C재\ 가격}$$

$$\therefore A재 = \frac{3}{100},\ B재 = \frac{6}{200},\ C재 = \frac{9}{300}$$

즉, A재 5단위, B재 3단위, C재 3단위일 때이다.

23 ②

한계생산체감의 법칙과 한계생산균등의 법칙
㉠ **한계생산체감의 법칙** : 다른 생산요소를 고정시키고 노동투입만을 계속 증가시키면 그 생산요소의 한계생산은 점점 감소하게 되는 현상이다. 모든 생산활동에는 이 법칙이 적용되기 때문에 합리적인 생산활동을 모색하게 된다.
㉡ **한계생산균등의 법칙** : 각 생산요소의 한계생산이 같아지도록 결합하는 것이 최적의 상태이다.

24 ①

효용의 종류와 개념
㉠ **효용** : 소비자가 재화나 용역의 소비로부터 느끼는 만족 또는 즐거움의 크기이다.
㉡ **총효용** : 어떤 재화의 소비로부터 얻게 되는 효용의 총량이다.
㉢ **한계효용** : 재화 1단위를 더 소비함으로써 얻어지는 총효용의 증가분이다.

$$한계효용 = \frac{총효용의\ 증가분}{소비량의\ 증가분}$$

㉣ **재화의 소비와 총효용** : 일반적으로 재화의 소비량이 늘면 총효용은 증가한다. 그러나 일정량 소비 후에는 오히려 감소한다(한계효용체감의 법칙).

25 ③

배당금은 자본을 투자한 주주들에게 나누어 주는 것이다.

26 ③

생산자의 최소비용상태는 한계생산균등의 법칙에 따라 $\frac{노동의\ 가격}{노동의\ 한계생산} = \frac{자본의\ 가격}{자본의\ 한계생산}$ 의 수준에서 이루어진다.

27 ③

완전경쟁시장하에서 기업의 공급량 결정
㉠ 기업은 시장가격이 한계비용과 일치하는 수준에서 공급량을 결정한다.
㉡ 개별기업이 공급량을 늘리거나 줄이더라도 한계수입(시장가격)은 항상 일정하다.
㉢ **합리적 생산**
 - 한계수입 > 한계비용 : 생산증가 유리
 - 한계수입 < 한계비용 : 생산감소 유리
 - 한계수입 = 한계비용 : 극대이윤→생산량 결정

28 ②

기술개발비, 공장구입비, 자본설비구입비, 기계설비도입비 등은 고정비용에 포함된다.

29 ②

기회비용 … 어느 하나를 선택하기 위해 다른 것을 포기하는 것을 말한다.

30 ②

가족원의 수가 많을수록 지출액이 상대적으로 많아져서 저축액은 줄어들 것이다.

31 ②

소비성향…소득 중에서 소비가 차지하는 비율이다.

32 ②

과소비는 물가상승, 임금상승, 부동산가격 상승, 기업의 투자자금 부족 등의 결과를 가져온다.

33 ④

기업의 사회적 책임… 기업의 이윤 추구 활동 이외에 법령과 윤리를 준수하고, 이해 관계자 요구에 적절히 대응함으로써 사회에 긍정적 영향을 미치는 책임 있는 활동

① 경제적 책임
②③ 법적 책임

34 ④

기업의 목적은 극대 이윤 추구이다. 따라서 기업은 이 목적을 달성하기 위하여 합리적인 생산방법을 선택한다.

35 ③

① 일물일가의 법칙
② 근로자의 소득과 주거비에 대한 지출의 관계법칙
③ 음식비가 차지하는 비중
④ 욕망포화의 법칙

36 ③

주식회사는 많은 출자자들이 동원될 수 있고 소유와 경영이 분리되어 위험부담을 분산할 수 있는 물적 회사이다.

37 ④

많은 사람이 자본을 출자하고 선정된 전문가에게 경영을 맡기는 기업형태를 회사기업이라 한다. 기업의 경제규모가 커지고 산업기술이 고도화되면서 기업은 많은 자본을 필요로 하게 되고 사업에 따르는 위험부담도 커지게 되었다. 따라서 많은 사람들로부터 자금이 조달될 수 있고 위험부담도 분산시킬 수 있는 회사기업이 민간기업으로서 중요한 위치를 차지하게 되었다.

38 ②

소득이 불변인 상황하에서 X재를 종전보다 더 많이 구매할 수 있기 때문에 X재의 가격이 하락하였음을 알 수 있다. 반면 Y재의 가격은 불변임을 보여 주고 있다. 따라서 이 소비자는 X재의 가격 하락으로 하락한 당해 재화의 수요를 늘린 것과 동시에 가격의 하락으로 실질소득이 늘어난 부분으로 Y재를 종전보다 더 많이 구입하고 있다.

39 ①

주식을 소유한 사람을 주주라 하고 주주는 이사를 선임하여 이사회를 구성하고 이사회가 회사운영의 책임을 맡는다.

40 ②

기업의 형태는 여러 가지가 있으나, 크게 소유 및 운영주체형태에 따라 민간기업과 정부기업으로 구분할 수 있다.

41 ④

외환시장, 노동시장은 추상적 시장이다.

42 ①

가격의 변화에 민감하게 반응하는 것은 수요의 가격탄력성이 큰 상품이다.

43 ③

수요량과 공급량을 결정짓는 가장 중요한 요인은 가격이며 나머지는 수요나 공급의 변동요인이다.

44 ④

재화의 소비량이 증가함에 따라 총효용은 증가하다가 어느 시점 이후부터는 감소한다.

45 ①

가격은 수요량과 공급량을 일치시켜 자원의 최적 배분을 실현해 준다.

46 ②

가격의 변화에 따라 수요량의 변화가 없으므로 수직적이다.

47 ②

가격과 수요는 반비례한다. 가격과 공급 간에 정비례관계가 성립하므로 ②층은 공급이 증가한다.

48 ④

가격경쟁이나 비가격경쟁이 심하게 나타나는 경우는 독점적 경쟁시장의 경우이다.

49 ①

완전경쟁시장은 시장가격을 그대로 받아들이기 때문에 시장가격이 변하지 않는 한 한계수입 곡선도 변하지 않아 수평을 이루게 된다.

50 ③

독점적 경쟁시장…완전경쟁시장과 독과점시장의 성격을 함께 지니고 있는 시장이다.

51 ③

자료에서 햄버거는 가격이 비싼 집에서 오히려 고객이 더 많고, 매출액이 많은 상태이다. 이를 통해 햄버거의 수요가 가격 이외에 다른 요인, 예를 들어 맛이나 상점의 서비스 등에 의해 더 크게 작용함을 알 수 있다. 또 햄버거의 가격이 서로 다른 점으로 미루어 보아 동네 햄버거시장은 불완전경쟁상태에 있음을 알 수 있다. 한편, 공급법칙이라든가 수요의 가격탄력성은 자료의 내용과는 무관하다.

52 ③

독점…시장을 1인이 지배하는 시장으로 가격을 주어진 것으로 받아들이는 것이 아니라 가격을 정할 수 있는 시장이다.

53 ④

④ 농산물은 가격에 대한 수요의 탄력성과 공급의 탄력성이 모두 작다. 비탄력적인 상품은 가격이 폭락하거나 폭등하는 경우가 발생한다.

3. 시장경제와 정부

1 ①

저소득층이 상대적으로 많은 세금을 내는 것은 소비를 기준으로 비례세율을 적용하는 간접세이다. 따라서 간접세는 조세 부담의 역진성을 초래할 수 있다.

2 ④

외부효과의 발생은 시장실패의 원인이다.

3 ②

실업이 증가하고 소비와 투자가 감소하는 현상은 경기침체 시 나타나는 것으로 A국 정부와 중앙은행은 이러한 경제 문제를 해결하기 위하여 경기를 부양하는 정책을 실시해야 한다. 경기 부양 정책에는 국·공채 매입, 지급 준비율 인하 등이 있다.
(내) 기준 금리를 인하해야 한다.
(래) 적자 재정 정책을 실시해야 한다.

4 ④

직접세와 간접세의 비교

구분	직접세	간접세
특징	- 납세자와 담세자가 동일 - 조세 전가가 안됨 - 누진세율 적용	- 납세자와 담세자가 분리 - 조세 전가가 잘됨 - 비례세율 적용 - 소비지출에 기준을 둠
장·단점	- 소득재분배의 효과 - 조세 저항이 강함 - 징수하기가 까다로움	- 세 부담의 역진적 효과 - 조세 저항이 약함 - 징수하기가 용이함
종류	소득세, 법인세, 상속세, 취득세, 등록세 등	부가가치세, 특별소비세, 주세, 전화세, 인지세 등

5 ③

③ 중상층 이상이 주로 소비하는 사치품목의 세율을 인상하고 서민들도 함께 소비하는 생필품의 세율을 인하하는 궁극적인 목적은 소득재분배이다.

6 ④

④ 간접세는 세금을 납부할 의무가 있는 납세 의무자와 세금을 최종적으로 부담할 담세자가 일치하지 않는 조세로 조세 저항이 약하고 징수하기가 용이하다는 장점이 있지만, 소득이 적은 자에게 상대적으로 높은 조세부담률이 적용하는 역진성을 띠게 되는 단점이 있다.

7 ①

소득재분배 ⋯ 정부가 여러 가지 재정정책을 통해 계층 간의 지나친 소득 격차를 완화시키는 정책으로 누진세 적용, 고율의 특별소비세 부과, 저소득층에 사회보장비 지급 등이 있다.

※ **재정정책의 기능**
  ㉠ **경제안정화 기능**
    - 경기 침체 시(불경기시) : 정부지출 증가, 조세 감소(적자예산 편성) → 경기 회복
    - 경기 과열 시(호경기시) : 정부지출 감소, 조세 증가(흑자예산 편성) → 경기 안정
  ㉡ **경제발전 기능**
    - 세입 면 : 조세 감면으로 기업의 투자 및 가계의 저축을 증대시킨다.
    - 세출 면 : 사회간접자본에의 투·융자, 직업훈련소 설치·운영 등의 기능이 있다.
  ㉢ **소득재분배 기능**
    - 세입 면 : 누진세 적용, 고율의 특별소비세 부과 등의 방법이 있다.
    - 세출 면 : 저소득층에 사회보장비 지급한다.
  ㉣ **자원배분 기능**
    - 세입 면 : 사치품의 세율을 인상하거나 생필품의 세율을 인하하여 사치품 생산의 감소 및 생필품 생산의 증가를 유도한다.
    - 세출 면 : 특정 부분(공공주택 건설)에 지출을 확대한다.

8 ①

공공재 ⋯ 시장에 의해 자율적으로 공급될 수 없고 정부예산을 통하여 공급되는 재화로 비배제성·비경합성을 가진다.

※ **배제성과 경합성에 따른 재화의 분류**
  ㉠ **배제성·경합성** : 순수 민간재로 민간기업의 생산품
  ㉡ **비배제성·경합성** : 공동소유재로 하수정화시설, 개울가의 수석
  ㉢ **배제성·비경합성** : 요금재로 상하수도, 교통, 통신, 전기, CATV
  ㉣ **비배제성·비경합성** : 공공재로 교육, 국방, 치안, 도로, 등대, 가로등

9 ④

직접세와 간접세의 분류

구분	직접세	간접세
특징	- 납세자와 담세자가 동일 - 조세 전가가 안됨 - 누진세율 적용	- 납세자와 담세자가 분리 - 조세 전가가 잘됨 - 비례세율 적용 - 소비지출에 기준을 둠
장·단점	- 소득재분배의 효과 - 조세 저항이 강함 - 징수하기가 까다로움	- 세 부담의 역진적 효과 - 조세 저항이 약함 - 징수하기가 용이함
종류	소득세, 법인세, 상속세, 취득세, 등록세 등	부가가치세, 특별소비세, 주세, 전화세, 인지세 등

① 소득세는 직접세이고, 부가가치세와 특별소비세는 간접세이다.
② 조세징수가 용이한 것은 간접세이고, 까다로운 것은 직접세이다.
③ 담세자와 납세자가 다른 것은 간접세이고, 동일한 것은 직접세이다.

10 ③

③ 퍼트남은 상호이익을 증진시키기 위한 조정과 협력을 촉진하는 네트워크, 규범, 사회적 신뢰 등을 사회적 자본의 원천으로 제시하고 있다.

※ **사회적 자본** ⋯ 사회구성원들이 공동의 문제를 해결하는 데 적극적으로 참여하는 사회의 조건 또는 특성으로, 공동이익을 위한 상호 조정과 협력을 촉진하는 사회적 조직의 특성이라고도 정의할 수도 있다.

11 ③

㉣ 근대적 의미의 공공 영역 이론은 아렌트(H. Arendt)와 하버마스(J. Habermas)에 의해 체계화된 것으로, 공공 영역은 개인 사이의 정체성을 맺어주는 수단, 여론이 형성되는 사회 영역의 성격을 가진다.

12 ④

④ 최저임금제는 최저가격제, 즉 정부가 균형가격보다 높은 가격을 정하고 이 가격보다 낮은 가격으로 거래하는 것을 금지하는 정책이다.

※ **최고가격제** ⋯ 정부가 균형가격보다 낮은 가격을 정함으로써 물가안정과 소득분배의 공평성을 제고하고 소비자의 가격부담을 줄이는 정책이다.

13 ③

제시문은 시장실패의 예로, 시장 실패란 시장이 제 기능을 다하지 못하여 자원의 최적분배가 깨진 것을 말한다.

14 ①

제시문은 큰 정부의 출현 배경으로 19세기 독점자 본주의와 1930년대 대공황으로 시장의 자율기능 상실, 빈부격차 심화, 노사 간 대립 첨예화가 발생되어 정부가 국민의 경제활동에 전면적으로 개입하게 되었다. 따라서 현대 정부는 사회간접자본을 확충하고 사회적 서비스의 공급과 조건을 정비, 조세제도와 사회보장제 실시, 완전고용의 달성, 자원의 효율적 배분을 위해 독점을 규제하는 역할을 하게 되었다.

15 ④

㉠ 특별소비세는 국세이므로 지방세의 증감과 관련이 없다.
㉡ 특별소비세는 부가가치세의 단일세율에서 오는 세부담의 역진성을 보완하는 것이므로 이를 과세 대상에서 제외한다면 역진성이 완화될 것이다.
㉢ 특별소비세를 과세하지 않으면 오히려 지나친 조세부담에서 벗어난 근로자들이 좋아할 것이다.
㉣ 특별소비세의 과세대상에서 제외되는 물품은 그만큼 가격이 인하될 것이다.

16 ③

경기침체시 정부는 투자 및 소비지출을 늘리고 금리와 세율을 인하하여 민간투자와 소비의 증대를 유도한다.

17 ①

A는 누진세로서 과세대상이 커짐에 따라 세율 자체가 상승하며, 과세대상의 금액이 많을수록 높은 세율을 적용한다. 소득세(직접세) 등이 이에 해당한다. B는 비례세로서 세율이 일정하며 특별소비세, 부가가치세(간접세) 등이 이에 해당한다. 누진세는 소득의 재분배효과가 크기 때문에 빈부의 격차를 해소하는 등 사회정의 실현에 도움을 줄 수 있다.

18 ③

재정과 예산
㉠ 재정 : 정부의 활동과 관련된 정부의 경제활동
 - 세입(재정수입) : 정부의 수입
 - 세출(재정지출) : 정부의 지출
㉡ 예산 : 일정기간(보통 1년)의 정부의 재정수입 · 지출에 대한 계획서
① 경제개발비의 비중이 낮아지고 있는 것은 경제개발을 이끌어 나가는 데 있어서 민간부문의 역할이 증대되고 정부의 역할이 감소하는 추세에 있기 때문이다.
② 직접세의 비율이 높을수록 소득재분배효과가 있다(종합소득세, 법인세, 상속세, 재산세 등).
④ 불경기일 때 정부는 경기회복을 위해서 조세인하, 재정지출 증가 등의 팽창정책을 실시하여 경제안정화를 추구하고 호경기 때에는 반대로 조세인상, 재정지출 감소의 긴축재정을 펼친다.

19 ④

조세
㉠ 직접세
 - 담세자와 납세자가 같으므로 조세의 전가성이 없다.
 - 누진율이 적용되어 소득재분배효과가 있다.
 - 조세저항이 크고 조세징수가 곤란하다.
 - 선진국은 직접세의 비중이 높다.
 - 종류 : 종합소득세, 법인세, 상속세, 재평가세, 이자소득세 등
㉡ 간접세
 - 담세자와 납세자가 달라 조세의 부담을 타인에게 전가시킨다.
 - 비례세율의 적용으로 빈부격차가 형성된다.
 - 조세저항이 작고 조세징수가 용이하다.
 - 후진국은 간접세의 비중이 높다.
 - 종류 : 부가가치세, 특별소비세, 주세 등
㉢ 우리나라 세입구조의 특징
 - 조세수입의 비중이 높다.
 - 간접세의 비중이 높다.
 - 조세징수가 간편하다.

20 ①

재정정책과 공공투자정책 … 자본주의국가들이 공황 극복을 위하여 대규모의 재정지출로 공공사업을 일으켜 유효수요를 증대시킴으로써 실업자를 구제하려는 정책을 추진하는 것으로, 미국에서 실시한 뉴딜(New Deal)정책이 그 대표적인 예이다.

21 ④

외부효과 … 시장경제에서 모든 문제를 전적으로 가격기능에만 의존할 수 없는 경우에 발생하는 문제 중 하나로, 어떤 한 사람의 행동이 제3자에게 의도하지 않은 이익이나 손해를 가져다 주는데도 이에 대한 대가를 지불하지도 받지도 않았을 때, 외부효과가 발생했다고 한다.

22 ③

재정정책의 기능
㉠ **경제안정화**
- 불황기 : 조세인하, 재정지출 증가
- 호황기 : 조세인상, 재정지출 감소
㉡ **경제발전** : 정부의 재정 투자·융자를 통해 경제 성장에 기여한다.
㉢ **소득재분배**
- 세입면 : 누진세 적용, 특별소비세 부과
- 세출면 : 사회보장비 지급
㉣ **자원배분**
- 세입면 : 사치품에 대한 세율인상, 필수품에 대한 세율인하
- 세출면 : 공공주택부문 등에 정부자금 사용

23 ①

십분위분배율 … 소득분배의 불평등 정도를 알아볼 수 있는 지표로서 이 계수가 높을수록 불평등의 정도가 개선된 것을 의미한다.

$$십분위분배율 = \frac{하위\ 40\%의\ 가구가\ 받은\ 소득의\ 합계}{상위\ 40\%의\ 가구가\ 받은\ 소득의\ 합계}$$

24 ③

제시된 표에서 ㉠은 직접세, ㉡은 간접세를 각각 나타낸다. 직접세는 세금의 부담자와 납세자가 같은 세금으로 소득에 기준을 두어 부과하며, 소득이 높아질수록 세율이 높아지는 누진세율을 적용한다. 이에 따라 소득의 불균형을 완화시키는 효과가 있다. 그러나 납세자들이 세금을 덜 내기 위해 소득 규모를 축소하여 신고하거나 세원(稅源) 노출을 꺼리게 되는 등 조세저항이 강해진다.

25 ②

① 독점기업의 횡포
③ 외부효과의 발생
④ 과점기업의 담합행위로 모두 시장의 실패에 해당한다.

26 ④

최저가격은 생산자를 보호하는 가격정책으로 독점 시장에는 일반적으로 적용되지 않는다.

27 ②

② 바람직한 경제활동으로 정부가 장려 또는 권장하는 사례이다.

28 ①

공공재 … 정부예산을 통하여 공급되는 재화로 비배 제성을 가지고 있으므로 수익자부담 적용이 어려워 정부가 주관해야 한다.

29 ③

정부가 지출을 확대하면 통화량의 증가로 소득증대를 가져와 가처분소득이 증가한다.

30 ④

④ 오늘날 정부는 충분한 공공재를 공급하기 위하여 노력하며 민간기업을 적절히 통제하는 역할을 하고 있다.

31 ①

사회적 비용은 줄고 사회적 효용은 증가시키기 위한 활동으로서 자원을 효율적으로 배분하기 위한 정책이다.

32 ②

소득과 관계있는 누진세율 적용이 가장 효과가 크다.

33 ①

경기과열시에는 총수요억제 및 소비억제를 위하여 정부지출보다 수입을 늘리는 흑자예산을 편성하고 긴축재정을 실시한다.

34 ①

과세의 공평을 기하기 위하여 금융자산의 주인을 정확히 밝혀 지하경제의 흐름을 막자는 정책이 금융소득종합과세정책이다.

35 ②

①③④ 금융정책이다.

36 ④

경기회복을 위한 정책은 통화량 증대가 필요한 것이며, ①②③은 경기과열시 필요한 정책이다.

37 ④

④ P1가격은 가격의 상한선을 결정하는 최고가격이다. 최고가격제는 공급 부족에 대비하여 소비자를 보호하기 위한 것이다.

38 ③

③ 특정업자에게 인·허가하는 것은 시장경제의 경쟁원리에 어긋나는 것이다.

39 ④

④ 특허는 일반적으로 자원의 효율적 배분을 저해한다.

40 ④

④ 민영화시행정책은 경쟁력 제고를 위한 것으로 독과점의 방지와는 직접적 연관이 없다.

41 ①

소비자를 보호하기 위한 가격정책은 최고가격제이며, 생산자를 보호하기 위한 정책은 최저가격제이다.

❀ 4. 현대국민경제의 이해

1 ③

환율이 하락하면 원화 가치의 상승으로 기업의 외채 상환 부담이 감소한다.

2 ③

외화 수취는 외화가 국내로 유입되는 것을 말하며, 외화 지급은 외화가 해외로 유출되는 것을 말한다. ㉠㉣은 외화 지급에 해당하고, ㉡㉢은 외화 수취에 해당한다.

3 ②

국내총생산(GDP)은 일정 기간 동안 한 나라의 국경 안에서 생산된 모든 최종생산물의 시장가치로, A국의 국내 총생산은 국적과 관계없이 A국 내에서 생산된 것의 총합이다. 따라서 B국의 근로자가 A국에 취업해서 200만 달러의 소득을 받은 것과 B국의 항공기 업체가 A국에 공장을 세워 생산한 제품을 C국에 수출하여 벌어들인 1,000만 달러를 합치면 된다.

4 ①

생산요소시장에 실물을 공급하는 A는 가계, B는 기업이다. ㈎는 생산물시장이다.
② 임금은 생산요소시장에서 결정된다.
③ 정부에 대한 설명이다.
④ 노동 시장에서 공급자는 A(가계)이다. B(기업)는 노동 시장에서 수요자이다.

5 ②

② 국제경제가 세계화로 변화되면서 전 세계가 하나의 단일시장으로 통합되어 국제표준이 형성되고 국가 간 재화, 자본, 노동, 서비스 등의 생산요소가 자유롭게 이동하게 되었다. 따라서 국가 간 상호의존성이 심화되고 지구촌이 시장화 되면서 세계표준이 보편화가 되었다.

6 ①

① 국민총생산인 GNP에 대한 설명이다. 국내총생산인 GDP는 한 나라의 국경 안에서 일정기간에 걸쳐 새로이 생산한 재화와 용역의 부가가치 또는 모든 최종재의 값을 화폐단위로 합산한 것을 의미한다.

7 ④

환율의 변동

구분	환율인상(평가절하)	환율인하(평가절상)
의미	$1=₩1,000 ⇒ $1=₩1,100 원화 가치의 하락	$1=₩1,100 ⇒ $1=₩1,000 원화 가치의 상승
효과	·수출↑, 수입↓(국제수지 개선) ·수입원자재의 가격 상승으로 물가상승 ·외채상환 부담증가 ·통화량증가, 물가 상승 ·해외여행 불리	·수출↓, 수입↑ ·수입원자재의 가격하락으로 물가안정 ·외채상환 부담감소 ·통화량감소, 물가하락 ·해외여행 유리

① 해외 여행이 감소할 것이다.
② 해외 유학이 감소할 것이다.
③ 수출 기업의 가격 경쟁력이 상승할 것이다.

8 ③

국내총생산(GDP) … 한 나라의 국경 안에서 일정기간에 걸쳐 새로이 생산한 재화와 용역의 부가가치 또는 모든 최종재의 값을 화폐단위로 합산한 것을 의미한다.

③ 국민순생산＝국민총생산－감가상각비

9 ②

② 환율의 표시는 외국 화폐 1단위와 교환되는 자국 화폐의 단위로 표시한다.

10 ④

④ 환율이 인하되면 우리나라 원화 가치의 상승으로 외채상환에 대한 부담이 감소한다.

※ 환율의 변동

구분	환율인상(평가절하)	환율인하(평가절상)
의미	우리나라 원화 가치의 하락	우리나라 원화 가치의 상승
효과	수출 증가, 수입 감소 수입원자재의 가격상승으로 물가상승 외채상환 부담 증가 통화량 증가, 물가 상승 해외여행 감소	수출 감소, 수입 증가 수입원자재의 가격하락으로 물가안정 외채상환 부담 감소 통화량 감소, 물가하락 해외여행 증가

11 ④

빗금 친 부분은 국내에서 사국민이 생산한 것을 나타낸다.

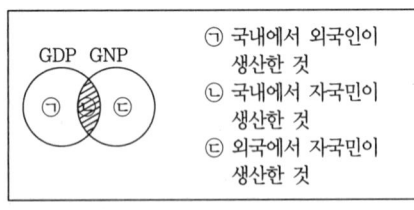

- ㉠ 국내에서 외국인이 생산한 것
- ㉡ 국내에서 자국민이 생산한 것
- ㉢ 외국에서 자국민이 생산한 것

12 ③

국민총생산을 증대시키기 위해서는 생산요소를 양적으로 늘리거나, 그것을 활용하는 기술을 향상시켜야 한다.

13 ②

환율인상(평가절하) … 1달러가 500원에서 1,000원이 된 경우로 우리나라의 원화가치가 달러에 대해 하락한 것을 말한다.

- ㉠ **수출증가** : 국내에서 500원이던 재화의 국제가격이 1달러에서 0.5달러로, 달러화 표시가격이 하락하여 수출이 증가한다.
- ㉡ **수입감소** : 외국에서 2달러인 재화의 수입가격이 1,000원에서 2,000원으로, 원화표시가격이 상승하여 수입이 감소한다.
- ㉢ **외채상환부담 증가** : 1달러를 상환할 경우 부담액이 500원에서 1,000원으로 상승한다.
- ㉣ **해외여행 불리** : 100만원을 해외여행에 지출할 경우 해외에서 쓸 수 있는 돈이 2,000달러에서 1,000달러로 감소한다.
- ㉤ **물가의 상승** : 수출증가와 수입감소로 통화량이 증가하여 물가가 오른다.

② 수입품의 국내가격 상승으로 수입업체의 이윤은 감소하게 된다.

14 ③

③ 1995년에 비해 1997년의 무역수지의 적자폭이 감소되었으나, 1997년의 무역규모는 알 수 없다.
④ 지속적인 경상수지 적자와 자본수지 흑자를 통해 알 수 있다.

15 ③

비교우위설 … 무역이익은 양국이 서로 다른 재화에 절대우위가 있을 때에만 발생하는 것이 아니라, 어느 한 나라의 두 재화가 모두 절대우위에 있을 때에도 발생하게 된다는 리카도(D. Ricaedo)의 보완적인 무역이론이다.

③ 乙국이 두 재화에 대해 모두 절대우위에 있지만,

甲국 : 라디오는 $\frac{100}{90}$, 옷감은 $\frac{120}{80}$ 으로 라디오가 비교우위

乙국 : 라디오는 $\frac{90}{100}$, 옷감은 $\frac{80}{120}$ 으로 옷감이 비교우위

따라서 甲국은 상대적으로 생산비가 적게 드는 라디오를 특화하고, 乙국은 옷감을 특화하여 무역을 하면 양국 모두 무역상의 이익을 볼 수 있다.

16 ②

환율의 변동요인
- ㉠ 해외자본의 국내유입 : 외화의 공급증대 → 외화의 공급곡선 우향이동 → 균형환율 하락
- ㉡ 국내자본의 해외유출 : 외화의 수요증가 → 외화의 수요곡선 우향이동 → 균형환율 상승

ⓒ **국내물가의 하락**: 수출의 증대 → 외화의 공급증 대 → 균형환율 하락

② 수출의 증가, 수입의 감소, 외자도입의 증가는 균형환율이 하락하는 요인이다.

---

17 ①

변동환율제도

㉠ **개념**: 외화에 대한 수요와 공급에 의하여 환율이 자유로이 변동되도록 하는 제도이다.

㉡ **장점**: 환율이 자동적으로 균형을 이루게 되므로 국제수지불균형을 조절하기 위한 정책을 실시할 필요가 없다.

ⓒ **단점**: 환율이 자주 변동하면 수입과 수출에 대한 계획을 세우기 어렵고, 수출품과 수입품의 가격 변동이 심해져 국민경제가 불안정하다.

② **우리나라의 환율제도(시장평균환율제도)**: 국내 외환시장에서 은행들간 원화와 달러화의 매매가격에 의해 환율이 결정된다.

㉺ **변동환율제도하의 국제수지균형**
- 국제수지흑자 → 환율인하 → 수출감소 · 수입증가
- 국제수지적자 → 환율인상 → 수출증가 · 수입감소

① 국내물가가 상승하면 수출품의 외화가격이 올라 수출이 감소되고 수입이 증대되므로 외화의 공급감소 및 수요의 증대를 가져와 환율이 인상된다.

---

18 ②

금융정책

㉠ **금융긴축정책**
- 인플레이션이 우려될 때 과열된 경기를 진정시키기 위하여 중앙은행이 시중의 자금을 줄이는 금융정책
- 국 · 공채나 통화안정증권의 매각, 지급준비율 인상(은행대출량 줄임), 재할인율 인상 등의 방법을 사용

㉡ **금융완화(금융확장)정책**
- 실업이 늘어나는 등 불황의 문제가 커질 경우에 중앙은행이 경기를 자극하기 위하여 시중의 자금사정을 풀어주는 금융정책
- 국 · 공채나 통화안정증권의 매입, 지급준비율 인하, 재할인율 인하 등의 방법을 사용

---

19 ②

금융확장정책

㉠ **정의**: 실업이 늘어나는 등 불황의 문제가 커질 경우에 중앙은행이 경기를 자극하기 위하여 시중의 자금사정을 풀어주는 금융정책이다.

㉡ **방법**: 국 · 공채나 통화안정증권의 매입, 지급준비율 인하, 재할인율 인하 등이 있다.

---

20 ①

경기순환

㉠ **개념**: 한 나라의 경제는 장기적으로는 성장하는 추세를 보이지만, 단기적으로는 호경기와 불경기가 주기적으로 순환하는데, 국민경제의 이와 같은 단기적인 움직임을 경기순환이라 한다.

㉡ **경기순환의 네 국면**
- 호경기: 경제활동이 가장 활발, 수요 · 생산 · 고용 증가, 기업의 이윤 증가
- 후퇴기: 경제활동 둔화, 부분적 생산과잉
- 불경기: 경제활동 쇠퇴, 기업의 이윤감소, 생산 감소, 실업 증대
- 회복기: 경제활동 회복, 점증적인 수요 · 생산 증가, 실업 감소
A국면은 호경기이다.

② 후퇴기 ③ 불경기 ④ 회복기

---

21 ④

총수요와 총공급의 관계

㉠ **총수요 = 총공급**: 공급된 재화와 용역은 결국 여러 목적으로 쓰인 것이므로 일정기간이 지나고 나면 총공급과 총수요가 일치하게 된다.
총공급(국민총생산 + 수입) = 총수요(민간소비 + 민간투자 + 정부지출 + 수출)

㉡ **공급부족**: 국내수요가 늘어나면 공급부족이 발생하는데, 이를 해결하기 위해서는 생산을 늘리거나 수입을 늘리고 수출을 줄인다.

ⓒ **공급과잉**: 국내수요에 비하여 공급이 지나칠 때 발생하며, 생산을 줄이거나 수입을 줄이고 수출을 늘린다.

---

22 ①

금융정책의 양적 조절수단

㉠ **재할인율정책**: 중앙은행이 은행에 대한 대출이자율을 조절함으로써 간접적으로 은행이 대출을 조절하려는 정책이다(재할인율 인상 → 통화량 감소, 재할인율 인하 → 통화량 증가).

㉡ **공개시장조작정책**: 중앙은행이 국 · 공채를 매각하거나 매입하여 통화량을 조절하는 정책이다(매각 → 통화량 감소, 매입 → 통화량 증가).

ⓒ **지급준비율정책**: 은행은 예금에 대하여 일정한 비율의 지급준비금을 중앙은행에 예치하는데, 중앙은행이 이 지급준비율을 올리거나 낮춤으로써 은행의 자금량을 조절하는 정책이다(지급준비율 인상 → 통화량 감소, 지급준비율 인하 → 통화량 증가).

---

23 ②

② 원화의 평가절상(환율인하)은 수입을 촉진시켜 무역수지가 악화될 수 있다.

24 ③

국민총생산 = 최종생산물의 합계 = 부가가치의 합계 = 총생산물 − 중간생산물

최종생산물이 노트 5단위이므로 5단위 × 50원은 250원이 된다.

25 ②

경기대책

구분	경기과열시 (인플레이션)	경기침체시 (디플레이션)
재정정책	긴축재정, 세율인상	적극재정, 세율인하
금융정책	- 지급준비율·재할인율 인상 - 유가증권 매각	- 지급준비율·재할인율 인하 - 유가증권 매입
공공투자 정책	대규모 공공사업 억제	대규모 공공사업 추진

② 지급준비율을 조절할 경우 은행이 대출할 수 있는 자금량과 은행수지에 끼치는 영향이 매우 크다. 지급준비율을 인하하면 일반은행의 대출이 증가되어 통화량이 증가한다.

26 ①

지급준비율의 인하, 국·공채의 매입, 재할인율 인하 등은 통화증가의 요인으로 물가상승을 초래한다.

27 ③

경제안정화정책 … 정부가 인플레이션을 억제하고 완전고용 수준에 가깝도록 실업을 줄이면서 경제성장을 이루고자 재정정책이나 금융정책을 시행하는 것이다.
㉠ 불황기 : 팽창정책(조세인하, 재정지출 확대)→국내수요 확대, 실업감소
㉡ 호황기 : 긴축정책(조세인상, 재정지출 감소)→국내수요 억제, 물가안정

28 ③

평가절상(환율인하) … 자국화폐의 대외가치 상승→수출감소·수입증가→국제수지 악화, 수입원자재의 가격 하락→국내물가의 하락→물가안정, 원화가치의 상승→외채상환부담의 감소

29 ③

국민소득(NI) … 국민들이 생산활동에 종사함으로써 얻게 되는 요소소득의 합계이다.
㉠ 국민소득(NI) = 국민순생산(NNP) − 간접세 + 정부보조금 = 29만 원
㉡ 국민순생산(NNP) = 국민총생산(GNP) − 감가상각비 = 30만 원
㉢ 국민총생산(GNP) = 총생산물 − 중간생산물 = 35만 원

30 ②

국민순생산(NNP) = 국민총생산 − 감가상각비 = 순부가가치의 합계 = 소비 + 순투자

① 국내총생산(GDP) = 국내에서 그 나라 국민의 생산 + 외국인의 생산
③ 국민소득(NI) = 국민순생산 − 간접세 + 정부보조금
④ 개인소득(PI) = 국민소득 − 법인세 − 법인유보이윤 + 이전소득

31 ④

명목임금과 실질임금
㉠ **명목임금** : 화폐액수로 표시된 금액이다.
㉡ **실질임금** : 화폐의 구매력으로 표시된 금액이다.
실질임금 = $\frac{명목임금}{물가지수} \times 100 = \frac{110}{125} \times 100 = 88\%$
∴ 실질임금은 전년도에 비해 12% 감소하였다.

32 ④

국제수지가 흑자이면 외환보유고가 증가하고 시중의 통화량이 증가하여 물가가 상승한다.

33 ①

통화량 = 현금통화 + 예금통화(요구불예금), 총통화량 = 현금통화 + 예금통화 + 저축성예금이므로 저축성예금의 이자율을 올리고 요구불예금의 이자율을 내리면 통화량은 감소한다.

34 ①

국민경제의 순환
㉠ **가계부문** : 가계부문은 생산요소인 노동력과 자본 등을 기업부문에 제공함으로써 얻은 소득의 전부를 기업이 생산한 재화 및 용역을 사는 데 지출한다.

ⓛ **기업부문** : 기업부문은 판매액의 전부를 가계부문의 생산요소를 사용한 대가로 임금, 이자, 지대 및 이윤의 형태로 지급한다.

ⓒ **정부부문** : 정부는 기업과 가계로부터 조세를 거둬들여, 재화와 용역을 구입하거나 기업활동을 보조하거나 가계에 복지혜택을 주는 데 지출한다.

ⓔ **해외부문** : 외국으로부터 수입도 하고 외국에 수출도 하면서 국민경제활동의 규모를 확장시켜 국민생활을 윤택하게 한다.

35 ③

국내총생산(GDP)은 일정기간 동안 자국 내에서 외국인 및 내국인이 새로이 생산한 재화와 용역의 가치를 합한 것이다. 이에 반해, 국민총생산(GNP)은 그 나라 국민이 국내와 해외에서 새로이 생산한 것을 합한 것이다. 그림에서 ⓗ은 우리 국민이 해외에서 벌어들인 소득(생산액)을 나타내고, ⓛ은 내국인이 순수하게 국내에서 생산하여 벌어들인 소득을 나타내며, ⓒ은 외국인이 국내에서 벌어들인 소득(생산액)을 의미한다. 따라서 ⓗ이 ⓒ보다 크면 외화가 국내로 유입되므로 국제수지의 흑자요인이 된다.

① ⓒ에 대한 설명이다.
② 근거없는 판단이다.
④ 국민소득 개념은 일정시점이 아니라 일정기간(1년)을 단위로 계산한다.

36 ①

주어진 도표에 따라 A국은 라디오, B국은 옷감이 비교우위이다. A국과 B국은 라디오와 옷감의 1 : 1 교역이 가능하므로, A국은 노동 8을 들여 라디오 1단위를 생산하여 B국이 노동 10을 들여 생산한 옷감 1단위와 교역하는 것이므로 A국은 옷감 1단위를 얻는 데 노동 8이 들어간 셈이다.

37 ④

④ 밀수, 밀매, 도박, 상속, 증여 등은 그 행위가 비생산적이어서 국내총생산에 포함되지 않는다.

38 ②

총공급이 많으므로 수입을 억제하고 재고감소 및 실업자구제를 위해 노력해야 한다.

39 ③

③ 물가상승률의 차이는 수출과 수입에 영향은 주지만, 국제무역의 원인은 되지 않는다.

40 ②

국제수지 … 1년간 한 나라가 수취한 외화와 지급한 외화의 차액을 말한다.
ⓗ **무역외수지**
　- 무역외거래에서의 수취 : 우리 선박에 의한 해상운임, 해외공장 설립에 따른 투자수익, 외국에 빌려준 돈에 대한 이자
　- 무역외거래에서의 지급 : 외국 선박에 의한 해상운임, 해외차관에 의한 이자
ⓛ **자본수지**
　- 외화의 수취 : 차관을 도입
　- 외화의 지급 : 차관에 대한 원금상환, 외국에 직접 투자

41 ③

먼저 실질GDP를 구하면 1996년은 (330조원 ÷ 110) × 100 = 300조원, 1997년은 (396조원 ÷ 120) × 100 = 330조원이므로 1997년의 실질경제성장률은 (330조원 − 300조원) ÷ 300 × 100 = 10%가 된다.

42 ①

지출국민소득 … 소비, 정부지출, 재고증가 등이며 가장 큰 비중을 차지하는 것은 소비이다.

43 ②

경기과열시에는 총수요를 억제·관리하고, 경기불황시에는 총수요를 증대(투자·소비 증대)하기 위한 정책을 펴야 한다.

44 ②

경기변동의 가장 큰 요인은 투자이다.

45 ②

제시된 내용은 최근 기업간 제휴나 합병이 늘어나고 일감을 외부인력이나 회사에 주문하는 경우가 늘고 있음을 말해주고 있다. 이러한 활동은 기업들이 기술개발이나 광고 등에 소요되는 경비를 줄이고, 기업의 경쟁력을 높이기 위한 것으로 볼 수 있다. 이는 종전의 전통적인 경영방식에서 급변하는 경제환경에 적응하기 위한 기업들의 '경영혁신'이다.

46 ①

이자율에 반비례하는 자금수요곡선이 우측으로 이동하므로 이자율은 상승하게 된다.

47 ④

화폐의 기능
ㄱ **교환매수단**: 상품과 상품의 교환을 매개하는 기능을 말한다.
ㄴ **가치척도의 수단**: 모든 재화와 용역의 가치 크기는 화폐금액으로 표시된다.
ㄷ **가치저장의 수단**: 경제적 가치를 보장함으로써 화폐의 소유 또는 저축수단의 기능을 말한다.
ㄹ **결제의 수단**: 신용사회에서 외상거래, 각종 납부금의 고지서가 발급되었을 때, 채무의 변제에 화폐가 그 수단으로 이용된다.

48 ④

④ 중앙은행의 금고 안에 있는 주화 및 한국은행권, 은행 보유의 한국은행권은 화폐이긴 하지만 통화는 아니다.

49 ④

재할인율을 인하하면 일반은행에 대한 여신이 증가하여 통화량이 증가한다.
①②③은 통화량 감소이다.

50 ②

중앙은행의 역할
ㄱ **발권은행의 역할**: 화폐의 발행, 화폐가치의 안정 유지
ㄴ **은행의 은행으로서의 역할**: 금융거래의 감독, 시중은행의 지불능력 보장, 지급준비금의 관리
ㄷ **정부의 은행으로서의 역할**: 정부의 수입·지출관리, 국채발행·상환관리
ㄹ **외환관리은행으로서의 역할**: 우리나라의 경우 수·출입을 비롯한 모든 국제거래에 이용되는 외화를 집중관리한다.

② 중앙은행은 국민을 상대로 은행업무를 하지 않는다.

51 ②

ㄱ 총통화는 통화와 저축성예금 및 국내거주자의 외화예금의 합이다.
ㄹ 신용창조는 일반은행에 의해 이루어진다.

52 ②

통화량 … 현금통화 + 요구불예금

53 ③

무역외수지의 항목에 해당하는 것으로는 운수, 통신, 보험, 관광 등 용역의 수출입이나 해외투자수익, 차관이자 등의 수입과 지출이 있다.

54 ②

수요증가는 수요곡선이 오른쪽으로 이동하는 경우로 외환이 밖으로 유출되는 경우이다.

55 ③

③ 국내경제와 국제경제의 공통점이다.

56 ②

(가) 국내 총생산은 소비지출 + 투자지출 + 정부출 + 순수출(수출 − 수입)로 계산할 수 있다.
(다) 마찰적 실업은 자발적 실업에 속한다.
(마) 스태그플레이션(stagflation)에 대한 설명이다.

57 ③

③ 선진국의 산업구조 조정방향에 해당한다.

58 ④

상품수지 … 무역수지와 동일한 개념으로 수출과 수입의 차이를 나타낸 것이다. 수출이 수입보다 많으면 흑자, 수출보다 수입이 많으면 적자라고 한다.

✦ 5. 현대사회의 경제문제

1 ④

인플레이션이 심화되었을 때 정부는 긴축재정을 운용하여 총수요를 억제한다.
①~③은 디플레이션에 대응하기 위한 정부의 정책들이다.

2 ②

ㄴ 실업자 수는 감소했다.
ㄹ 비경제 활동 인구는 증가했다.

3 ④

④ 소비 및 투자 증가로 인한 경기 과열은 총수요 증가 요인으로 총수요곡선을 오른쪽으로 이동시킨다. 이 경우 생산과 고용이 증대하지만, 물가도 상승하여 인플레이션을 초래하는데 이를 수요견인인플레이션이라 한다. 이에 대한 대책으로는 통화량 감소를 위한 재할인율 인상 정책이 필요하다.
- 원자재 가격의 급등→총공급 감소→총공급곡선 왼쪽으로 이동
- 소비 및 투자 증가로 인한 경기 과열→총수요 증가→총수요곡선 오른쪽 이동

4 ③

③ 해외 원자재 가격의 급격한 인상으로 인한 해외 인플레이션이 국내에 파급되어 국내 인플레이션을 일으키는 경우도 있다.

5 ①

금융긴축과 금융완화의 비교

구분	금융긴축	금융완화
의미	인플레이션이 우려되는 경우, 과열된 경기를 진정시키고자 시중의 자금공급을 줄이는 경제정책	생산이 줄고 실업이 늘어나는 불황의 경우, 경기를 부양시키고자 시중의 자금공급을 늘리는 경제정책
방법	- 재할인율 인상 - 지급준비율 인상 - 유가증권의 매각	- 재할인율 인하 - 지급준비율 인하 - 유가증권의 매입

6 ②

② 경제활동인구=총인구−15세 미만인구−비경제활동인구이므로, 5,000−1,000−800=3,200이 된다. 따라서 실업률은 {1−(3,000/3,200)}×100=6.25%이다.
- ※ 취업률과 실업률
  - ㉠ 취업률 계산법…(취업자수/경제활동인구)×100
  - ㉡ 실업률 계산법…{1−(취업자수/경제활동인구)}×100

7 ④

①②③은 테일러리즘의 3가지 원리이다.
④ 포디즘(Fordism)에 대한 설명이다.

- ※ 테일러리즘(Taylorism) … 테일러리즘은 테일러가 창안한 방식의 노동과정의 관리 · 통제 전략으로 '과학적 관리'라고도 한다. 테일러는 「과학적 관리 원리」에서 시간−동작 연구 기법을 제안하였고, 작업을 단순조작으로 세분화하여 노동자의 작업, 동작, 행동, 도구 등을 표준화시킬 것을 주장하였다.

8 ①

인플레이션이 예측 가능할 경우 기업가의 낙관적 심리가 작용하여 기업투자가 촉진될 수 있다.

9 ②

① 인플레이션이 발생하면 국내총생산이 증가하고 재고가 감소한다.
③ 인플레이션이 발생하면 평가절하현상이 발생하여 환율이 인상된다.
④ 경기침체에도 불구하고 물가가 계속 상승하는 현상은 스태그플레이션(Stagflation)이다.

10 ③

A점에서 B점으로의 이동은 소득분배가 평등하게 개선되고 있는 상황이다.

- ※ 소득분배의 개선방법
  - ㉠ 공평과세 : 재산소득에 대한 누진세의 적용, 고율의 상속세와 증여세 부과로 세습을 예방하여야 한다.
  - ㉡ 지하경제의 근절 : 부동산투기나 탈세 등에 의한 불로소득은 국민경제의 건전한 발전을 저해하므로 근절해야 한다.
  - ㉢ 분배정의의 실현 : 금융실명제, 부동산실명제, 금융소득종합과세를 실시한다.

11 ④

비용인상인플레이션은 공급측면에서 발생하는 것인데, ④는 수요견인인플레이션의 원인이다.

- ※ 비용인상인플레이션 … 상품을 생산하거나 판매하는 데 드는 비용이 증가하기 때문에 전반적인 가격수준이 상승하는 것을 말한다.

12 ②

인플레이션(Inflation)
- ㉠ 개념 : 물가수준이 상당히 높은 비율로 지속적으로 오르는 현상이다.
- ㉡ 인플레이션의 영향 : 부와 소득의 불공평한 재분배(자원배분의 비효율), 저축의 감소, 부동산투기의 증가, 국제수지의 악화로 수입이 조장되고 수출이 위축되는 현상이 나타난다.

13 ②

①③④ 물가상승 및 통화량 증가를 가져와 물가불안을 가져온다.

14 ③

인플레이션의 요인과 대책

인플레이션의 형태	요인	대책
초과수요 인플레이션 (수요견인 인플레이션)	초과수요, 과잉통화, 수요의 변화	총수요억제정책(대출억제, 금리인상, 세출축소, 세입확대, 부분적 수요조절)
임금인상 인플레이션	임금의 상승	소득정책(임금 및 물가의 동결과 통제)
관리가격 인플레이션	관리가격 인상	경쟁촉진정책(소비자운동, 경쟁기업육성)
구조적 인플레이션	저생산성	구조정책(산업합리화촉진, 유통구조의 개선)
수입 인플레이션	수입가격 상승, 수입물량 부족, 수출과다	무역 및 외환정책(수입촉진, 무역자유화, 관세인하, 특정부문의 수출조정, 환율정책, 국제협력)

15 ④

④ 사람들은 저축을 줄이고 소비를 늘리며 부동산투기 등으로 자금의 초과수요가 발생하여 금리가 오르고 생산비가 증가한다.

16 ④

④ 경기안정화를 위해 경기과열과 경기침체시 모두 실시하는 정책으로 문제와 직접적 연관이 없다.

17 ①

① 정부가 적자재정정책을 실시하면 통화량의 증가를 가져와 물가상승이 가속화된다.

18 ④

완전고용… 비자발적 실업이 없는 상태이며 자발적 실업이 3~4% 존재하는 경우도 완전고용으로 본다.

19 ④

④ 노동의 질은 교육이나 훈련 등을 통하여 그 향상이 가능하다.

20 ①

신보호주의
㉠ 개념 : 석유파동 이후 세계의 경기침체에 따른 선진국의 실업률 증가, 신흥공업국들의 급속한 공업화로 인한 선진국들의 일부 산업에서의 경쟁력 상실, 선진국 간의 무역수지불균형으로 인한 무역마찰의 심화 등으로 시행한 무역제한조치이다.
㉡ 특징
  - 국가와 상품에 따라 선별적으로 취해지는 경향
  - 주로 신흥공업국들의 수출품에 대한 수입규제
  - 비관세장벽을 통한 선진국들의 제조업 보호
  - 수입규제대상품목의 확대
  - 1980년대 이후에도 국제관계에서 실리를 중시함에 따라 신보호주의의 강화

21 ①

가장 바람직한 방법은 일자리 창출과 지속적인 경제성장이다.

22 ③

③ 경제성장이 지속되더라도 인구증가율이 경제성장률보다 높으면 실업률이 더 늘어날 수 있다.

23 ②

실업의 종류
㉠ 경기적 실업 : 불황기에 총수요가 부족해서 생기는 실업
㉡ 계절적 실업 : 계절에 따라 생기는 실업(농업, 건설업)
㉢ 구조적 실업 : 산업구조의 고도화로 인해 생기는 실업
㉣ 마찰적 실업 : 이직으로 인해 일시적으로 생기는 실업

24 ④

④ 노동조합은 노동생산성을 초과하는 임금인상을 요구하는 것이 일반적이다.

25 ③

③ 빈부의 차이를 파악하기 쉬운 것은 소득의 인적 분배이다.

26 ①

일하는 사람들이 높은 세금을 내야하기 때문에 일하지 않으려는 경향이 나타난다.

27 ①

금융실명제, 부동산실명제, 금융소득종합과세는 소득의 불균형을 개선하기 위한 제도이다.

28 ①

지속적인 경제성장을 위하여 무엇보다도 중요한 것은 기술개발에 대한 연구와 투자가 이루어져야 한다.

29 ④

슘페터는 '혁신가들이 변화에 대한 장애를 극복하는 용기와 능력을 지님으로써 혁신을 통한 경제성장을 이룰 수 있다'고 강조하였다.

30 ③

③ 수요가 큰 대규모 시장의 존재는 기술이 발전하는데 직접적 요인은 아니다.

31 ②

혁신 ⋯ 기업가정신에 의한 신상품의 제조, 신기술 도입, 신시장 개척 등을 뜻하며 경제발전의 요인이다.

32 ③

③ 지적 재산권의 보장은 혁신을 성취한 기업가에게 일정한 기간 동안 독점적 이득을 보장해 주기 위한 것으로 경쟁자의 모방을 불허한다.

33 ④

④ 공해배출행위를 완전히 규제하면 공해배출산업부문에서는 생산활동이 이루어지지 않으므로 자원이 공급되지 않는 비효율을 낳을 수도 있다.

34 ①

외부효과 ⋯ 생산활동을 하는 가운데 의도하지 않았던 효과가 나타나는 것을 말하며 기업들이 환경을 오염시키면 일반국민들이 오염된 환경에서 살게 되는 해로운 외부효과가 발생한다.

35 ②

② 지속적인 경제성장은 자원의 지속적인 활용을 전제로 한 것이다.

36 ④

로렌츠 곡선 ⋯ 소득분배의 정도를 측정하는 것으로, 소득분배가 완전균등하면 로렌츠곡선은 0P를 잇는 대각선이고, 완전불균등하면 0AP의 직각 굴절선이다. ㉠곡선이 ㉡곡선보다 대각선에 가까우므로 소득분배 정도가 더 균등하다.

④ 지니계수는 소득분배가 완전균등(0P)하면 0, 완전불균등(0AP)하면 1이므로 곡선이 0P에 가까울수록 0에 가까워진다. 지니계수는 상이한 집단의 로렌츠곡선이 교차하면 소득분배 균등도를 비교할 수 없으므로 이를 보완하기 위한 개념이다.

37 ③

① 대가없이 얻을 수 있는 재화를 말한다.
② 어떤 재화나 용역의 용도를 대신하여 충족시켜 주는 재화 및 용역을 말한다.
③ 대가를 치뤄야 얻을 수 있는 재화를 말한다.
④ 어떤 재화나 용역의 부족한 면을 보완해 주는 재화 및 용역을 말한다.

38 ③

①② 자유무역지역 ④ 경제통합의 형태

39 ②

WTO(세계무역기구) ⋯ GATT를 대신하는 무역기구로 무역분쟁조정기능과 관세인하 요구 등의 법적 권한과 구속력이 있다.

40 ③

제시된 도표는 정부예산 대비 사회보장비의 비중이 계속해서 감소하고 있는 추세를 보여주고 있다.

㉠ 사회보장비의 감소와 예산규모의 축소와는 직접적인 관계가 없다. 실제로 같은 기간 동안 (1992년~1995년) 우리나라 정부의 예산은 약 2배 정도 늘어났다.

㉡ 사회보장예산이 감소한다는 것은 저소득층에 대한 정부의 지원활동이 축소되는 것을 의미하기 때문에 경제적 불평등은 심화될 것이다.

㉢ 가처분소득이란 조세를 제외하고 실제로 가계가 사용할 수 있는 소득을 의미한다. 따라서 제시된 도표를 통해서는 확인할 수 없다.

ⓔ 소득이 높은 사람들로부터 가난한 사람들에게로 소득이 이전되게 하는 조세의 역할, 즉 조세의 소득재분배 역할을 이전지출기능이라 한다. 그런데 사회보장비의 비중이 점차 감소하고 있으므로 이전지출기능이 약화되었다고 볼 수 있다.

41 ③

시장경제체제하에서의 기본적인 경제문제해결은 보이지 않는 손에 의해 이루어진다.

42 ②

② 얻을 수 있으나 다른 선택을 위해 포기하거나 희생된 재화 또는 용역이 기회비용이다.

43 ④

경기변동이 심한 경우는 물가상승 및 하락을 모두 포함하는 뜻임을 유의해야 한다. 기업이윤의 감소는 직접적으로 단정할 수는 없다.

44 ③

인플레이션 … 물가가 상승하고 화폐가치는 하락하는 현상으로 수입은 증가하고 수출은 감소한다.

✺ 6. 우리 경제의 발전과 당면과제

1 ①

① 우리나라는 수출 주도산업을 집중 육성하여 전 산업으로 영향력 증대를 유도하는 정책을 실시하였는데 이는 자원빈약과 협소한 국내시장 때문이다.

2 ②

② 지속가능한 개발이란 미래 세대가 그들의 필요를 충족시킬 가능성을 손상시키지 않는 범위에서 현재 세대의 필요를 충족시키는 개발로, 환경보존과 경제 개발을 조화시켜야 한다는 의미이다.

3 ④

④ 8 · 15일 이후 각 정당들은 정권을 잡기 위해 분열되어 있었다.

4 ②

1970년대 이후에는 종전의 경공업추진정책에서 중화학공업에 대한 육성정책이 주를 이루었다.

5 ③

③ 경제성장으로 소득의 불균형이 심화되어 저소득층의 국민들이 상대적 빈곤을 느끼게 되었다.

6 ④

인허가제도 … 특정한 전략산업을 육성할 목적으로 시행하는 제도이다.

7 ②

①④는 1970년대, ③은 1980년대 경제정책의 특징이다.

8 ②

가난한 나라를 돕기 위한 기구는 KOICA(한국국제협력단)이다.

9 ④

④ 경제제일주의는 효율성을 중시하는 정책으로 공업단지를 분산하여 건설하는 것은 형평성을 중시하는 것이므로 옳지 않다.

10 ①

우리나라는 북한과의 경제교류를 통해 상호이해와 신뢰를 구축하려 하고 있다.

11 ④

④ 남한은 남북한의 경제교류로 대북무역적자를 기록하고 있다.

③ 사회 · 문화

✿ 1. 사회 · 문화현상의 이해

1 ④

⊙은 양적 연구방법이고 ⓒ은 질적 연구방법이다. 양적 연구방법은 경험적 자료를 계량화하여 통계적으로 분석하고 사회 문화 현상의 인과 관계를 설명하고 법칙을 발견한다. 질적 연구방법은 연구자의 직관적 통찰로 인해 사회 문화 현상의 의미를 해석한다.

2 ③

⊙은 양적 접근법이고 ⓒ은 질적 접근법이다.

①②④는 실증적 연구방법(양적 접근법)을 주장하는 논거로 볼 수 있다.

3 ③

개방적 태도
⊙ 여러 가지 가능성이 동시에 공존할 수 있다고 인정하는 태도
ⓒ 논리적으로 옳아 보이는 주장이나 이론도 경험적으로 실증될 때까지는 가설로 받아들이는 태도
ⓒ 편견이나 편협한 가치관 배격, 무비판적 추종이나 무조건적 배격 탈피

① 사회 · 문화현상의 문화적 · 역사적 맥락 속에서 그 적합성을 따져 보는 태도
② 자신의 주관을 떠나 제3자적 입장에서 사실을 있는 그대로 관찰하고 인식하려는 태도
④ 사회과학자가 지켜야 할 연구 윤리를 지키는 태도

4 ②

의미의 파악을 통한 연구 ··· 사회현상을 모두 자연 과학과 똑같은 방법으로 탐구할 수 있는지와 그 방법이 과연 타당한지에 대해서는 의문을 제기하는 학자들이 있는데, 그들의 주장에 의하면 사회현상은 인간의 의식과 의지를 바탕으로 일어나며, 인간의 행위에는 주어진 환경과 조건, 그리고 자신의 행위에 대한 해석과 의미가 담겨 있기 때문에 자연 과학적 방법과는 다른 방법으로 탐구해야 한다는 것이다.

5 ④

④ 인간의 기본적인 능력이나 감정은 모두 비슷하다. 사회현상의 특수성을 인정한다고 해서 인류가 공통적으로 원하는 이상을 부정하는 것은 아니다. 사람을 해치는 것에 대한 분노는 인류가 가진 보편적 가치에 기초를 둔 사회의 공통적 현상이다.

6 ②

면접법 ··· 연구자와 조사대상자가 직접 만나 필요한 정보를 대화를 통해 수집하는 방법이다.
⊙ **장점** : 문맹자에게도 실시가능하며 자세한 조사가 가능하다.
ⓒ **단점** : 시간과 비용이 많이 들고 표본을 많이 구하기 어려우며 조사자의 편견이 개입할 우려가 있다.

7 ④

①②③은 실증적 연구방법이고, ④는 해석적 연구방법이다.
※ **사회과학의 연구방법**
⊙ **실증적 연구방법**(양적 접근법) : 자료를 계량화하여 분석하는 연구방법으로 사회현상에 관한 일반적인 법칙을 발견한다.
- **장점** : 객관적이고 정확 · 정밀한 연구, 법칙발견에 유리하다.
- **단점** : 계량화가 곤란한 인간의 정신적 영역 등에 관한 연구는 제약을 받는다.
ⓒ **해석적 연구방법**(질적 접근법) : 연구자의 직관적인 통찰에 의해 사회현상의 의미를 해석하고 이해하려는 연구방법이다.
- **장점** : 행위자의 주관적 의식의 심층에 대한 이해가 가능하다.
- **단점** : 실증적 연구와 같은 객관성 확보가 쉽지 않다.

8 ③

③ 부분적인 가치를 지닌 어떤 특정한 이론을 무비판적으로 받아들이거나 다른 사람의 주장을 무조건 배격하는 일은 피해야 한다.
※ **사회 · 문화현상을 탐구하는 태도** ··· 객관적인 태도, 개방적인 태도, 상대주의적 태도, 조화의 중요성을 인식하는 태도가 요구된다.

9 ①

비판적 사고 ··· 자신의 주장을 펴거나 어떤 주장을 받아들일 때 언어의 사용 및 사실 확인, 가치 선택 등에 있어서 잘못된 점이 없는지를 엄격히 살펴보는 것을 말한다.

10 ③

가치중립은 가치의 영향이 배제된 상태, 즉 가치로부터 자유로운 상태를 말한다. 사회현상의 탐구과정 중 자료의 수집 및 해석단계는 연구자의 가치가 개입될 경우 과학적 연구에 객관성이 결여되어 사실을 왜곡할 위험이 있다. 즉, 본인이 설정한 가치에 유리한 자료만을 증거로 채택하고 불리한 자료는 무시하여 잘못된 결론도출에 이를 수 있다. 따라서, 연구자의 가치중립적 자세는 올바른 결론도출에 꼭 필요한 요소이다.

11 ①

①은 기능론적 관점이고, ②③④는 갈등론적 관점이다.

※ 사회·문화현상을 보는 관점
　ⓐ 기능론적 관점
　　- 사회 구성요소들은 상호의존적인 관계에 있으며, 사회 전체의 유지와 통합에 기여한다.
　　- 각 요소들의 역할과 기능은 사회구성원들의 합의에 의해 결정된 것이다.
　　- 전체 사회는 유기체와 같이 부분들의 체계로 이루어져 있다.
　　- 통합과 균형을 강조하며, 안정성과 지속성을 기본으로 한다.
　　- 보수주의학자들의 지지를 받는다.
　ⓑ 갈등론적 관점
　　- 사회 구성요소들은 갈등적인 관계에 있으며, 사회 전체의 변동에 기여한다.
　　- 각 요소들의 역할과 기능은 강제와 탄압에 의한 것이다.
　　- 사회가 존속하는 한 희소가치를 둘러싼 갈등과 긴장은 끊임없이 존재한다.
　　- 갈등과 강제를 중심으로 현상 파괴적 측면을 강조한다.
　　- 진보주의학자들의 지지를 받는다.

12 ③

실증적 연구방법(양적 접근법) ··· 경험적 자료를 계량화하여 분석하고 연역적 추론과정을 통하여 사회현상의 일반적인 법칙을 발견하여 설명하려는 연구방법이다.

①②④는 해석적 연구방법(질적 접근법)에 대한 설명이다.

13 ④

① 헌법상의 규정이기는 하나 정치권력의 정당성에 대한 것으로 가치관이 개입되어 있다.
② 중국인의 관점이다.
③ 극동지역은 객관적인 개념이 아니다.
④ 역사적 사실에 대한 것으로 가치관이나 편견이 개입되었다고 할 수 없다.

14 ①

해석적 연구방법 ··· 연구자의 직관적인 통찰에 의하여 사회현상의 의미를 해석함으로써 사회현상을 이해하는 연구방법이다.

15 ③

사회현상은 가치와 목적이 개입되어 있기 때문에 사회적 의미를 파악하는 일도 중요하다.

16 ②

면접법 ··· 많은 사람으로부터 비슷한 정보를 얻고자 할 때보다는 비교적 소수의 응답자로부터 깊이있는 정보를 얻고자 할 때 더 적절하게 쓰여질 수 있다.

17 ②

개방적인 태도 ··· 여러 가지 가능성이 공존할 수 있다는 사실을 인정하는 태도이다. 즉, 사회현상은 다소의 공통성도 가지지만 모두가 다른 특성을 가지기 때문에 사회현상을 바르게 인식하기 위해서는 새로운 사실 또는 다른 사람의 주장을 편견없이 받아들이고 경험적으로 실증될 때까지는 가설로서만 받아들이는 태도를 지녀야 한다.

18 ④

사회현상의 특수성과 보편성
　ⓐ **특수성** : 문화적·역사적 배경과 사고 및 행동양식이 상이하다.
　ⓑ **보편성** : 인류공통의 이상과 목표를 추구하는 사회과학이다.

19 ②

①③④ 자연을 지배하고 있는 법칙의 내용들이다.

20 ③

연구과정에서 중요한 것은 객관성이다. 그러나 연구결과를 어디에 어떻게 적용시키는가는 연구자의 주관에 의해 결정될 수도 있다.

21 ②

사회현상 탐구의 객관성과 체계성
㉠ **객관성** : 연구자 자신의 단순한 감정이나 느낌을 배제한다.
㉡ **정확성·정밀성** : 연구결과와 사실과의 일치여부의 문제이다.
㉢ **체계성** : 부분적 지식과 전체와의 적절한 연계성이 문제이다.

22 ②

① 어떤 현상을 가리키기 위하여 그것을 구체적으로 관찰해서 얻은 공통의 특성을 추상해 낸 것이다.
② 경험적인 실증을 거쳐서 확실하게 된 가설은 결론이 된다.
③ 이미 진리하고 증명된 일반적인 명제이다.
④ 직접 자명한 진리로 승인되어 다른 명제의 전제가 되는 근본명제이다.

23 ①

실증적 연구방법의 장점
㉠ **정확하고 정밀한 연구** : 계량화된 자료는 차이가 '있다', '없다'는 것만 나타내는 것이 아니라, 차이가 있으면 '얼마나 있는가'로 나타낼 수 있다.
㉡ **법칙발견의 용이성** : 경험적인 자료를 수집하여 고도로 발달된 통계적인 분석의 기술을 이용할 수 있으므로 법칙발견이 그만큼 편리하다.
㉢ **경험적·통계적 연구** : 경험적이며 통계적인 연구를 가능하게 한다.

24 ④

사회현상에 대한 인식태도
㉠ **객관적인 태도** : 자신의 주관, 가치관, 이해관계를 배제하나 대책수립단계에는 가치관 개입이 불가피하다.
㉡ **개방적인 태도** : 경험적으로 실증될 때까지는 가설로 받아들이는 태도로 편견 및 무비판적 추종을 배격하고, 새로운 사실이나 주장을 포용한다.
㉢ **상대주의적 태도** : 문화의 특수성을 고려하는 태도로 그 사회가 처해있는 현실적 여건에 따라 다른 의미를 가진다. 사회와 문화의 특수성을 감안하고, 자문화중심주의적 태도를 배격한다.
㉣ **조화의 인식** : 사회는 구성원 개인들과 사회집단들의 밀접한 상호작용으로 조화를 이루면서 발전한다.

❁ 2. 개인과 사회구조의 이해

1 ②

관료제는 엄격한 권한의 위임과 전문화된 직무의 체계를 가지고 합리적인 규칙에 따라 조직의 목표를 능률적으로 실현하는 조직관리 운영체제로 경직된 운영으로 인한 비효율성이 증대될 수 있기 때문에 새로운 변화에 적응이 곤란하다.

②는 탈관료제에 대한 설명이다.

2 ④

갑은 기능론적 관점이고, 을은 갈등론적 관점이다.
④는 기능론적 관점이다.

㉠ **기능론적 관점** : 사회 계층화 현상은 보다 중요한 위치에 보다 능력 있는 사람을 충원하기 위한 기능을 수행하기 위해 불가피하게 형성된다.
㉡ **갈등론적 관점** : 사회 계층화 현상은 현재의 지배집단이 자신의 기득권과 지배적 위치를 유지, 강화하기 위해 형성된다.

3 ③

갑은 사회명목론의 관점이고, 을은 사회실재론의 관점이다. 미시적 관점과 관련된 것은 갑의 관점인 사회명목론의 관점이다.

㉠ **사회명목론** : 사회는 개인들의 집합체에 붙여진 이름에 불과하며, 실제로 존재하는 것은 개인뿐이다. 사회에 대한 개인의 우월성을 강조하고, 개인 이외의 전체 사회의 존재나 그 구조적 특성은 인정하지 않는다.
㉡ **사회실재론** : 사회는 실재로서 존재하며, 독자적인 특성과 구속력을 지닌다. 사회가 개인보다 우선시되며 개인은 사회를 구성하는 구성 요소에 불과하다.

4 ①

준거집단은 한 개인이 자신의 신념·태도 및 행동 방향을 결정하는 데 준거기준으로 삼고 있는 사회 집단을 말한다.

5 ②

㈎는 계층 체계 내에서의 개인의 위치 변화로 개인적 이동이며 ㈏는 사회 변동으로 인해 기존의 계층구조가 변화됨으로써 나타나는 위치 변화로 구조적 이동이다.

6 ④

사회적 소수자는 단순히 수가 적다고 하여 구분되는 것이 아니며 신체적·문화적 특징 때문에 다른 구성원들로부터 불평등한 처우를 받으며 집단적 차별의 대상이 되는 사람을 의미한다.

7 ③

(가)는 기능론, (나)는 갈등론에 대한 설명이다.
③ 특정 계층(기득권)의 합의에 의해 사회 통합이 이루어진다고 보는 관점은 갈등론이다. 기능론은 사회 구성원 전체의 합의에 의해 사회 통합이 이루어진다고 본다.

8 ①

ⓒ 부모·자녀 간에 나타나는 계층적 지위 변화는 세대 간 이동에 해당한다. 세대내 이동은 한 개인의 생애에 걸친 계층적 지위의 변화를 의미한다.
ⓔ 사회이동은 사회적 불평등 체계에서 개인과 집단의 위치가 변화하는 현상이다.

9 ②

사회의 불평등구조 해결방안에는 개방적 계층구조의 실현, 다이아몬드형 계층구조의 실현, 조세제도의 개선을 통한 소득 재분배, 교육기회의 확대, 국민의식과 태도 변화 등이 있다.
② 피라미드형 계층구조는 하류계층 구성원 비율이 높고 전근대적 폐쇄사회에서 나타난다.

10 ①

탈관료제는 과학기술의 발달, 정보화, 세계화 등과 같은 사회 환경의 변화에 발맞춰 새로운 조직형태의 필요성에 의해 대두되었다. 의사소통의 통로가 정보 매체로 대체되어 신속한 의사결정을 하게 됨에 따라 중간 관리층의 역할이 감소하였다.
① 복잡성, 공식화, 집권화의 정도가 낮다.

11 ③

③ 예기사회화의 한 예로 볼 수 있다. 예기사회화는 사회변화를 예측하고 미리 사회화의 과정을 경험하는 것을 말한다.

12 ②

② 1차집단의 경우 관계 자체가 목적인 반면, 2차집단은 특정 목적 달성을 위한 수단이다.

13 ①

① 마르크스는 계급의식을 집단적인 동류의식과 적대의식으로 보며, 유사의식, 연대의식, 대항의식과 같은 단일 형태의 계급의식이 존재할 수 있다고 본다.

14 ③

③ Blau & Duncan의 기본지위성취 모형은 사람들의 직업선택에 교육이 실제로 작용을 하는가에 대해 문제를 삼은 것으로, 세대 간 지위의 변화를 연구하여 부모의 직업과 교육수준을 바탕으로 자녀의 직업적 지위를 예측하고자 하였다.

15 ②

② 원초집단은 친밀한 대면 접촉을 바탕으로 하는 1차집단을 말하는 것으로, 가족, 놀이집단, 이웃, 지역공동체 등이 해당한다.

16 ①

① 미드에 의하면 인간은 다른 사람들을 상징적으로 지시할 수 있는 것과 마찬가지로 자기 자신도 개체화 할 수 있다고 보았다. 자아는 상호작용의 과정 속에서 타인의 역할을 취함으로써 발전한다.

17 ②

※ **사회집단의 분류**
　ⓐ **구성원의 소속감에 따른 분류** : 내집단(공동체의식), 외집단(적대의식)
　ⓑ **준거집단** : 개인의 판단과 행동의 기준이 되는 집단으로, 준거집단은 그 개인이 소속하고 있는 집단일 수도 있고 그렇지 않을 수도 있다.
　ⓒ **결합의지에 따른 분류**(퇴니스) : 공동사회(자연발생), 이익사회(인위적 형성)
　ⓓ **접촉방식에 따른 분류**(쿨리) : 1차집단(전인격적 관계), 2차집단(부분적 관계)

18 ①

① 일탈은 어떤 규범이 특정 집단을 위해 만들어지거나 부당하게 적용되고 있는지에 대한 검토를 통해 규범의 개선을 도출하거나, 규범에 대한 점검 기회를 통해 집단구성원들로 하여금 결속을 강화시키는 긍정적 기능도 수행한다.

19 ③

③ 낙인이론은 일탈행동의 상대성을 강조하고, 어떤 일탈행위도 본원적으로는 일탈이 아니라는 견해이다. 특정 행위가 일탈인가 아닌가는 사회 또는 다른 사람이 그 행위에 대해 어떻게 반응하는가에 달려 있다는 관점으로 사회적 반응론이라고도 한다.

20 ④

④ 준거집단이란 개인의 판단과 행동의 기준이 되는 집단으로, 하나 이상의 준거집단을 가질 수 있다. 또한 그 개인이 소속하고 있는 집단일 수도 있고 그렇지 않을 수도 있으며, 준거집단과 소속집단이 불일치할 경우 사회 이동의 증가, 문화 전파의 촉진 등이 나타난다.

21 ②

①④ 사회명목론에 대한 설명이다. 사회명목론은 사회는 명목상으로만 존재한다고 보는 입장으로, 실재하는 것은 개인뿐이고 사회는 개인들의 단순한 집합체에 붙여진 이름에 불과하다고 본다. 따라서 개인이 사회보다 더 근원적이며 우선시 된다.
② 사회실재론은 사회가 실제로 존재한다는 입장으로, 개인은 사회를 구성하는 하나의 단위에 불과하며 따라서 사회가 개인보다 우선시 된다. 사회는 개인들의 행위 양식이나 특성들만으로는 설명될 수 없으며 사회를 하나의 생물유기체에 비유하는 사회유기체설과 관계있다.

22 ②

① 사회가 일탈행위자로 낙인찍을 경우, 스스로 체념하고 일탈행동을 반복하게 된다는 견해이다.
② 목표와 수단이 어긋나서 규범부재나 혼란의 상태에 있을 대, 일탈행동을 하게 된다는 견해이다.
③ 갈등이론에 입각한 비판범죄론은 기업범죄, 화이트칼라범죄, 조직범죄 같은 위협적인 범죄는 제도적으로 은폐하고, 지엽적이고 통속적인 범죄만 부각시키는 자본주의 사회의 비윤리적 측면을 비판하는 견해이다.
④ 하위문화는 한 사회에서 정통적인 위상을 지닌 문화에 대해, 그 사회의 일부 집단에 한정하여 일정한 위상을 지닌 문화를 가리킨다. '서브컬처(subculture)'라고도 하며, 그 예로는 대중문화, 도시문화, 청소년 문화 등이 있다.

23 ②

② 관료제는 대규모 조직을 합리적으로 운영하는 방식으로, 과업의 전문화, 권한과 책임에 따른 위계의 서열화, 문서화된 규약과 절차에 따른 업무 수행, 지위획득 기회의 균등, 경력에 따른 보상 등을 특징으로 한다.

24 ②

설문은 가족이기주의에 관한 설명으로 집단이기주의의 하나의 행태이다.
① 사회구성원들의 목표와 수단이 어긋나서 규범의 부재 또는 혼란의 상태를 보이는 것을 뜻한다.
③ 문화변동의 속도와 관련하여 비물질적인 제도나 가치의 변화가 물질적 측면의 변화를 따르지 못해 간격이 점점 커지는 현상이다.
④ 외래문화가 수용되어 종래의 문화체계까지 변동이 일어나 기존문화체계의 통합성마저 분리하게 되는 문화용을 말한다.

※ **집단이기주의**
  ㉠ **의의**: 한 집단이 전체 사회의 공동의 이익과 발전은 고려하지 않고, 자기 집단의 이익과 발전만을 추구하는 것을 말한다.
  ㉡ **형태**: 가족이기주의와 지역이기주의 등이 있다.

25 ③

③ 구중간계급은 1980년대에서 1990년대로 넘어가면서 하락하는 추세를 보였다.

26 ③

쿨리의 사회집단분류
㉠ **1차 집단**: 집단의 소규모성, 직접적인 대면접촉과 친밀감, 관계의 지속성, 전인격적 인간관계
㉡ **2차 집단**: 형식적 관계, 간접적인 접촉, 공식적 통제, 목적달성을 위한 수단적 · 부분적 인간관계

27 ①

① 라이트(E. Wright)는 마르크스의 계급모델을 바탕으로 하여 '계급관계 내에서의 모순적 위치'라는 개념을 도입하였다. 모순적 계급 위치란 어떤 계급적 지위가 여러 계급의 성격을 복합적으로 갖게 되는 것을 의미한다.

28 ①

② 컴퓨터를 매개로 한 의사소통을 통해 전인격적인 접촉을 하는 새로운 의미의 집단이다.
③ 하위경영자, 기술자, 사무원 등과 같이 생산수단을 소유하지 않은 노동자를 말한다.
④ 부르주아의 물질적 실리와 보헤미안의 정신적 풍요를 함께 추구하는 1990년대 미국의 새로운 상류계급을 지칭하는 용어이다.

29 ③

① 우리나라의 계층구조는 피라미드형에서 다이아몬드형으로 변화하고 있다.
② 안정된 사회에서는 흔히 다이아몬드형의 계층구조가 이루어진다.
④ 개방적 계층구조에서 수직이동을 제도적으로 허용한다.

※ 계층구조
　㉠ **폐쇄적 계층구조**
　　- 수직이동의 가능성이 극히 제한된다.
　　- 세대간 이동은 세습의 형태를 보인다.
　　- 귀속지위 중심의 계층구조이다.
　㉡ **개방적 계층구조**
　　- 수직이동을 제도적으로 허용한다.
　　- 성취지위 중심의 계층구조이다.
　　- 개인의 능력이나 노력이 사회이동의 중요한 요소이다.

30 ②

지문은 허쉬가 주장한 이론으로, 허쉬는 인간을 끝없는 욕망의 존재자로 보고 사회통제력의 약화가 범죄를 야기한다는 뒤르켐의 견해를 받아들여 사회통제이론을 전개하였다.

31 ①

② 1차 집단은 구성원들의 대면적 접촉에 따른 친밀감을 바탕으로 구성원들이 전인격적인 관계를 이루고 있는 집단이고, 2차 집단은 구성원들의 목적을 위한 수단 만남을 바탕으로 구성원들이 부분적 관계를 이루고 있는 집단이다.
③ 공동사회는 본능적 의지에 입각한 사람들의 전인격적 관계로서 자연적으로 발생된 집단이고, 이익사회는 선택적 의지에 입각한 사람들의 의도와 목적으로 이뤄진 집단이다.
④ 준거집단은 개인의 판단과 행동의 기준이 되는 집단으로, 그 개인이 소속하고 있는 집단일 수도 있고 그렇지 않을 수도 있다. 소속집단은 한 개인이 어떤 집단에 소속하고 있다는 사실이 타인에 의해 인정받고 있을 때의 집단이다.

32 ①

다이아몬드형 계층구조
㉠ 중류계층의 구성원 비율이 상류나 하류계층에 비하여 높아서 상대적으로 발전되어 있고 안정된 기반을 갖추고 있는 경우이다.
㉡ 산업사회가 진행됨에 따라 전문직, 관료직, 사무직과 같은 직종이 크게 늘어남으로써 나타나게 되었다.
㉢ 국가가 국민의 복지수준을 높이고 계층 간의 격차를 줄이고자 하는 정책을 적극 추진함에 따라 나타나는 일반적 경향이다.

33 ①

사회구조
㉠ **개념** : 인간의 사회관계가 통일적이고 조직적인 총체를 이루고 있는 상태를 말한다.
㉡ **특징** : 지속성, 안정성, 변동의 가능성을 지닌다.
㉢ **기능론적 관점**
　- 사회는 하나의 유기체
　- 각 부분은 상호의존관계
　- 전체적인 균형과 통합 유지(지속성과 안정성 추구)
　- 합의에 의한 협동적 관계
㉣ **갈등론적 관점**
　- 대립적 불균형 상태
　- 갈등·강제·변동관계
　- 긴장·마찰에 의한 변화
　- 강제에 의한 종속관계
① 변화의 속성을 강조하는 것은 갈등론적 관점이다.

34 ①

집단의 유지·발전요인
㉠ 구성원들의 합의와 동조
㉡ 집단의 적절한 크기
㉢ 집단의 지도력
㉣ 적당한 방식의 보상과 제재

35 ④

갈등적 상호작용
㉠ **의의** : 목표나 이해관계가 달라서 상대를 적대시하거나 상대를 제거·파괴하려는 상태이다(전쟁, 노사분규).
㉡ **특징** : 집단 간에 갈등이 생기면 집단 내부의 갈등은 줄어드는 경향이 있다(조정과 타협, 강제를 통한 일시적 잠재화).

36 ④

생각과 느낌의 흐름을 파악한다는 것에 착안한다.

37 ①

협동의 성립조건 … 협동은 당사자들이 어떤 목표를 달성하기 위한 활동에 누구나 참여할 수 있고, 그 결과로 달성된 목표나 혜택이 고루 분배된다는 조건이 보장될 때에 잘 이루어진다.

38 ④

역할갈등 … 한 개인은 동시에 여러 가지 사회집단에 소속되어 있고 여러 가지 지위를 가진다. 따라서 한 개인은 동시에 여러 가지 역할을 가진다. 그

역할을 구체적으로 수행하는 행동을 역할행동이라
한다. 따라서 지위가 일정하다면 역할은 같지만 역
할행동은 개인마다 다르게 나타난다. 또한 한 개인
이 여러 가지 역할을 수행함에 따라 때로는 역할
들 간의 상호갈등이 일어날 수도 있는데 이를 역
할갈등이라 한다.

39 ②

갈등에 대한 긍정적 측면
㉠ **집단 내부의 결속강화**: 갈등이 바로 혼란이나
  파멸과 직결되는 것은 아니다. 그것은 오히려
  집단 내부의 결속을 강화시키기도 한다.
㉡ **비합리적인 면의 폭로, 개선**: 갈등은 인습에 가
  려 있어 당연시되던 비합리적인 면을 폭로하여
  이를 개선시킬 수도 있다.
㉢ **보다 더 확고하고 협동적인 상호작용의 유도**: 조
  정과 타협이 제대로 이루어지기만 하면, 갈등은
  전보다는 더 확고하고 협동적인 상호작용을 이
  끌어낼 수도 있다.

40 ①

관료제의 순기능과 역기능
㉠ **관료제의 순기능**: 집단적 과업의 효율적 처리,
  과업수행의 안정성, 조직의 지속성
㉡ **관료제의 역기능**: 목적과 수단의 전치, 인간소
  외현상의 증대, 인간적 요소에 의한 비능률화

41 ①

제시된 자료는 기능론에 의거하여 일탈행위와 사
회계층현상을 설명하고 있다.

① 갈등론에 의한 사회발전인식이다. 기능론에서는
사회문제를 사회의 일정한 부문이 제기능을 발휘
하지 못한 병리적인 현상으로 본다.

42 ③

일탈행동의 형성원인
㉠ **아노미현상**: 사회적인 목표는 분명하지만 그것
  을 성취할 만한 적절한 수단들이 제공되지 못할
  경우에 목표와 수단이 어긋나서 규범의 부재나
  혼란상태를 보이게 되는 것을 의미한다.
㉡ **낙인론**: 일탈행동을 한 사람은 다른 사람들이 일
  탈행위를 한다고 낙인찍는 경향이 있기 때문에
  그와 같은 행동을 더 저지르게 된다는 것이다.

43 ④

④ 희소가치는 지배집단의 의사와 결정에 따라 분
배된다.

44 ④

④ '계층이 없는 사회를 볼 수 없다'는 말에서 보듯
이 근대사회 이후에는 전통적 사회에서와 같은 경
직된 사회계층화현상은 사라졌으나, 계급·지위·
권력에 의한 새로운 사회계층화 현상은 계속 유지
되고 있다.

45 ④

④ 사회교육이나 재교육을 통한 재사회화는 성인
의 재사회화의 특징이다.

46 ②

성인의 재사회화
㉠ **재사회화의 뜻**: 새로운 지식, 기술, 생활양식 등
  을 성인들이 계속적으로 학습하는 과정이다.
㉡ **재사회화의 필요성**
  - **개인적 필요성**: 한 개인의 지위, 소속집단, 나
    이, 생활환경 등이 바뀜에 따라 새로운 생활양
    식을 배워야 한다.
  - **사회적 필요성**: 급변하는 현대사회에서는 새로
    운 지식, 기술, 생활양식 등의 학습이 지속적으
    로 필요하다.

47 ③

사회화의 기능
㉠ **개인적 측면**: 개인을 사회적 성원으로 성장시키고
  사회적 소속감을 가지도록 하는 기능을 수행한다.
㉡ **사회적 측면**: 사회화는 구성원의 동질화를 꾀하
  고 사회와 문화를 존속시키며, 한 사회의 문화
  가 다른 사회의 문화와 다른 양상을 보이도록
  하는 기능을 하고 있다.

48 ②

사회가 분화되고 사회구성원들의 생활이 복잡해지
면서 사람들의 관심도 다양해지고 이해관계도 복잡
해졌다. 이와 같은 다양한 관심과 욕구를 충족시키
기 위해서 자발적 결사체가 생겨나게 되었다. 자발
적 결사체는 1차 집단보다 목적의식이 강하지만 형
식성의 정도가 낮다는 점에서 관료조직과 다르다.

49 ③

계층과 계급

계층	계급
- 재산(수입)·교육·직업 등 비슷한 사회적 지위를 가졌다고 인정되는 사람들의 집합이다(서열구조). - 높고 낮은 계층들은 수직적으로 연속선상에 배열된다(대립의식 없음). - 기능론적 입장에서 사용되는 개념이다. - 인도의 카스트제도를 들 수 있다.	- 재산이나 부의 정도 또는 정치적 권력의 분배를 중심으로 구분되는 이해관계의 대립집단이다. - 계급의식으로 인한 계급 간의 갈등(대립의식 강함)이 있다. - 갈등론적 입장에서 주장한다. - 유산계급과 무산계급을 들 수 있다.

50 ②

② 인간으로서의 존엄과 가치를 존중받고 자유를 누리기 위해 벌목장을 탈출하는 것은 인도주의적 입장에서는 긍정적으로 받아들여지나, 그 집단자체로 볼 때에는 규칙을 위반하고 질서를 교란시키는 행위로서 낙인을 찍고 있기 때문에 일탈행동으로 보게 된다.

51 ②

보기에서 '까마귀, 친구'하는 집단과의 상호작용을 통하여 그들의 사회적 행동을 학습하게 됨으로써 일탈행동을 하게 된다는 것이다.

52 ④

제시된 내용과 같은 행동들을 통틀어 사회학적 용어로 일탈행동이라 한다.

※ **일탈행동**…대부분의 사회구성원들이 정상적인 것으로 인정하지 않는 행동을 말한다.

53 ①

관료제의 역기능
③ **목적전치**: 수단과 목적의 전치(규칙과 절차 중시, 형식성 강조)
④ **인간의 소외현상**: 인간이 과업의 주체가 아닌 객체로 전락
⑥ **인간적 요소에 의한 비능률**: 개인의 목표나 이해 중시, 조직의 공식적 과업에 지장을 초래

54 ③

사회계층화의 관점

기능론적 관점	갈등론적 관점
- 계층화현상이 필연적이라고 이해 - 각자의 능력 차이에 따른 차별적 위치 차지→사회적 희소가치의 차등분배 →계층화 현상 - 계층화현상: 구성원의 합의결과	- 계층화현상의 필연성 부정 - 사회적 희소가치는 능력보다 권력이나 가문에 따라 배분됨 - 계층화현상: 집단 간의 갈등유발, 사회적 박탈감 초래

55 ③

사회제도는 관습화되고 공식화된 방법과 절차이다.

56 ①

사회제도의 변화…미분화상태→다양한 형태, 기능의 전문화·분화, 사회제도의 다양성(교통·통신발달→다양성 감소경향)

57 ②

사회제도의 기능
③ **개인적 차원**: 인간의 기본적 욕구의 총족
④ **사회적 차원**: 사회의 유지·존속·발전을 위한 사회적 통제

3. 공동체생활과 지역사회

1 ④

현대의 핵가족화로 가족 간의 친밀감이 강화되어 가족구성원 간의 정서적 유대 및 사랑과 가족의 여가·오락적 기능이 강조되고 있다.

2 ②

현대사회에서 특히 중요시되는 가족제도의 기능은 사회적 보호와 정서안정이다.

3 ③

가족의 사회적 기능…사회성원의 재생산, 양육과 보호의 기능, 사회화 기능, 경제적 생산과 소비기능, 성의 총족과 통제, 사회적 보호와 정서안정의 기능 등이 있다.

③ 사회의 유지와 존속을 위하여 가족이 최소한으로 담당하여야 한다.

4 ①

가족을 단위로 하는 가계는 경제적 생산과 소비의 기능을 수행하는데, 가족형태의 결정요인으로 경제적 요인이 중요한 변수로 작용하는 경우가 많다.

5 ②

노인과 청소년문제는 노인과 청소년의 사회부적응 문제로 가족의 기능과 공동체의식의 강화 없이 근본적으로 해결될 수 없다.

6 ①

① 가구는 1인 이상이 주거를 가지고 독립적 생활을 영위하거나 주거와 가계를 같이 하는 단위를 말한다.

7 ④

공업화의 후기단계에서는 도시적 생활양식이 농촌으로 파급되어 농민의 생활양식도 바뀌게 되었다.

8 ③

농촌은 생활 근거가 토지이기 때문에 정착성이 강하여 비이동적이며, 보수적이고 폐쇄적인 경향이 있다.

9 ②

주어진 내용은 농촌지역에 대한 설명으로 농촌은 청·장년층의 이촌향도로 인하여 표주박형으로 나타난다.
① 피라미드형(증가형)
② 표주박형(농·어촌형)
③ 방추형(감소형)
④ 별형(도시형)

10 ④

④ 농업에 잔류하는 사람들은 주로 경제적으로 중간층이다.

11 ③

대동계에서는 마을사람들이 모여 한 해의 마을 살림을 함께 의논하고, 어른을 선출하여 일을 맡겼다.

✷ 4. 인간과 문화생활

1 ②

문화 사대주의는 자신의 문화를 무시하거나 낮게 평가하고 다른 문화만을 동경하거나 숭상하는 태도를 말한다. 외래문화에 개방적인 태도로 새로운 문화수용이 용이하지만 문화에 대한 편협한 이해를 초래할 수 있고, 문화의 주체성과 정체성 상실, 전통문화의 발전에 장애가 될 수 있다.

2 ②

문화지체란 비물질 문화의 변동 속도가 물질문화의 변동 속도를 따르지 못해 그 간격이 점점 커지면서 발생하는 부조화 현상을 말한다.
① 문화 공존은 새로운 문화 요소와 기존의 문화 요소가 동시에 존재하는 현상을 말한다.
③ 문화 융합은 두 개의 문화가 합쳐져 새로운 제3의 문화를 형성하는 것을 말한다.
④ 문화 동화는 한 사회의 문화가 다른 사회의 문화를 받아들여 그 문화와 동일해지거나 유사해지는 현상을 말한다.

3 ①

제시문은 전체성에 관련된 내용이다.
② 축적성에 대한 설명이다.
③ 변동성에 대한 설명이다.
④ 학습성에 대한 설명이다.

※ 문화의 속성
　㉠ 공유성 : 사회의 구성원들에게서 공통적으로 나타나는 행동 및 사고방식으로 같은 문화를 공유하는 습성
　㉡ 학습성 : 후천적인 학습에 의해 얻어지는 것으로 학습 과정을 통해 그 사회의 구성원으로 성장
　㉢ 전체성 : 문화의 각 부분은 상호 밀접한 관련을 통해 전체를 이루고 있어 연쇄적으로 다른 부분에 영향을 미침.
　㉣ 축적성 : 상징체계를 통해 다음 세대로 전달되는 것
　㉤ 변동성 : 문화에는 어떤 규칙성이 있지만 항상 고정 불변한 것은 아니며 새로운 방식으로 문제를 해결하기 위해 노력하는 과정에서 변동이 일어남.

4 ①

문화의 전파 … 한 사회의 문화요소들이 다른 사회로 직·간접적으로 전해져서 그 사회의 문화과정에 통합, 정착되는 현상을 의미한다.

5 ④

④ 광의의 문화이다. 나머지는 모두 협의의 문화이다.

6 ②

①④ 반문화는 사회의 주류인 지배적 문화에 반대하고 적극적으로 도전하는 문화로, 대항문화라고도 한다.
③ 대중매체를 통해 개인의 성격이나 배경, 창의력과는 관계없이 일방적으로 수용을 강요당하는 행동양식이나 사고방식을 뜻한다.

7 ①

① 전쟁, 정복, 선교 등과 같은 직접적 접촉에 의한 전파이다.
② 인쇄물이나 텔레비전, 인터넷 등과 같은 매개체를 통한 정보·사상·관념의 전파이다.
③ 다른 사회문화 요소로부터 아이디어를 얻어서 새로운 발명이 일어나는 것이다.
④ 성격이 다른 두 개의 문화체계가 전면적으로 접촉함으로써 문화요소가 전파되어 변동이 일어난다.

8 ③

③ 문화지체란 문화변동의 속도와 관련하여 비물질적인 제도나 가치의 변화가 물질적 측면의 변화를 따르지 못해 간격이 점점 커지는 현상으로, 여러 가지 사회문제를 야기하는 원인이 된다.

9 ①

① 복고운동과 거부운동의 원인이 되는 것은 강제적 문화접변이다.
※ **강제적 문화접변** … 정복이나 식민통치와 같이 강제성을 지닌 외부의 압력에 의해 문화의 변동이 일어나는 경우로 복고운동이나 거부운동이 일어날 수 있다.
  ㉠ **복고운동**: 식민사회에서 사라져가거나 이미 없어져버린 전통문화를 되찾으려는 운동이다.
  ㉡ **거부운동**: 지배사회의 문화를 전체적으로 거부하는 운동이다.

10 ④

① 공유성에 대한 설명이다.
② 축적성에 대한 설명이다.
③ 지속성에 대한 설명이다.

11 ②

② 문화적 사대주의는 다른 사회의 문화만을 좋은 것으로 믿고 숭상·동경한 나머지 오히려 자신의 문화를 업신여기거나 낮게 평가하는 태도이다.

12 ①

문화의 전체성 … 문화의 각 부분들이 유기적 관련을 가지면서 전체로서 하나의 체계를 이루는 특성을 말한다. 즉, 문화를 구성하고 있는 어느 한 부분의 변화는 다른 부분에 연쇄적인 변동을 가져온다는 것이다.

13 ④

자문화 중심주의 … 자문화의 우수성을 과신하여 타문화를 비하하는 태도이다.

① 각 사회마다 서로 다른 환경과 상황에 적응해 가면서 독창적인 생활방식을 개발해 왔기 때문에 문제해결방식이 다르게 나타나며 문화도 다양성을 지니게 된다.
② 다른 사회의 문화만을 가장 좋은 것으로 믿고 숭상·동경한 나머지 오히려 자신의 문화를 업신여기거나 낮게 평가하는 태도이다.
③ 자연환경과 사회적 상황의 차이, 독특한 생활양식의 선택의 결과 각 문화마다 독자성이 나타난다.

14 ④

④ 아노미현상에 해당한다.

15 ②

문화융합
㉠ 전통적 문화특질들과 새로 도입된 문화특질들이 혼합되는 것이다.
㉡ 한 사회의 문화가 다른 사회로 전파될 때 상호 간에 영향을 미쳐 새로운 제3의 문화가 나타나는 현상이다.

16 ③

제시된 내용은 보편적 가치를 무시하는 극단적인 문화상대주의이다. 문화상대주의는 한 사회의 문화를 그 사회의 입장에서 평가하고 이해하려는 태도이지, 인류의 보편적 가치에 반하는 문화도 모두 다 옳다는 것은 아니다. 아무리 각 문화에서의 고유한 가치를 인정하더라도 인류가 보편적으로 합의할 수 있는 가치는 있게 마련이고, 그에 위배되는 행위는 어느 사회에서나 용납될 수 없는 것이다. 제시된 내용에서는 기형아와 노인의 생명의 존엄성을 무시하고, 인간의 기본적 가치를 고려하지 않는 태도가 드러나 있다. 그러므로 반론으로는 보편적 가치에 대한 문제를 제기하는 것이 적절하다.

17 ④

문화지체… 두 문화요소 간의 변동속도가 달라서 일어나는 부조화현상(문화격차현상)을 일컫는 말로서, 물질문화는 비물질문화보다 변동속도가 빠른 게 일반적이다.

① 기존의 문화원리나 요소를 조합하여 새로운 원리나 요소를 창안해내는 것(활의 원리를 이용한 현악기의 발명)이다.

② 외래문화의 전파에 자극받아 그 외래문화를 대신할 수 있는 새로운 문화를 창안해내는 것(천주교의 전래에 자극받아 천도교를 창안)이다.

③ 이질적인 타문화의 전면적인 접촉을 통한 문화의 전파현상이다.

18 ③

문화지체현상… 문화요소 간의 변동속도가 달라서 일어나는 부조화현상으로, 미국의 사회학자 오그번(W.F. Ogburn)이 처음 사용하였다.

19 ④

정보화시대에서 기술의 발전은 일반대중의 참여와 선택의 범위를 넓혀, 문화적 다양성을 증가시키고 풍요로운 문화로 발전시키는 데 기여한다.

20 ③

문화접변… 성격이 다른 두 개의 문화체계가 장기간에 걸쳐 전면적인 접촉을 함으로써 문화요소가 전파되어 일어나는 변동을 문화의 접촉적 변동 또는 문화접변이라 한다.

21 ②

문화의 상대성 인정

㉠ 한 사회의 문화특성은 그 사회성원들에게는 매우 가치있고 의미있는 것이므로 그 사회의 맥락에서 그 문화를 평가하고 이해하는 태도를 가져야 한다.

㉡ 어떤 나라의 생활양식도 그 나라의 상황을 고려하여 평가하고 이해하는 태도가 필요하다.

22 ②

광의의 문화개념… 넓은 의미의 문화란 인간에 의해서 학습, 창조, 전승되고 누적된 물질적·정신적 소산의 일체를 가리킨다. 특히 사회성원들이 가지고 있는 공통된 행동양식 또는 생활양식을 가리켜 문화라고 한다.

③④ '문명'의 개념과 같은 맥락에서의 좁은 의미의 문화개념과 관련이 깊다.

23 ④

문화의 속성

㉠ **공유성**: 문화란 한 사회구성원들에게 공통적인 경향으로 나타나는 행동 및 사고방식의 전체이다.

㉡ **학습성**: 문화는 후천적인 학습으로 습득가능하다.

㉢ **축적성**: 인간은 상징체계(언어·문자)를 사용함으로써 지식과 경험을 다음 세대로 전달, 축적할 수 있다.

㉣ **전체성**: 문화는 초개인적인 사회적 소산물이다.

㉤ **변동성**: 문화적 특성들은 어느 정도의 규칙성은 있으나, 고정불변한 것은 아니다.

24 ④

문화의 개념을 협의로 파악할 때는 '발전된 것', '개화된 것'으로 파악하기도 하지만, 이는 문명의 개념으로서 오늘날은 대부분 문화와 문명의 개념을 분리하여 사용한다. 즉, 문명은 발달된 사회에만 존재하지만 문화는 생활양식이므로 소규모의 단순사회 및 미개사회에도 존재한다.

25 ①

① 피부색, 얼굴형태, 머리색깔 등은 부모로부터 유전적으로 물려받은 체질적 특성이다.

26 ①

문화의 공유성의 기능
- ⊙ **사회생활을 위한 공통의 장을 제공**: 문화를 공유하고 있는 구성원들에게 원활한 사회생활을 위한 공통의 장(場)을 제공한다.
- ⓒ **사회구성원 간의 행동 및 사고의 예측 가능**: 특정한 상황에서 상대방이 어떻게 행동할 것인지, 서로에게 무엇을 기대할 수 있는지를 예측할 수 있게 한다.

27 ④

문화의 특성
- ⊙ 한 사람만이 가지고 있는 개인특유의 행동이나 생각은 다른 사람에게 전파되고 공유되지 않는 한 문화를 구성하지 않는다. 따라서 문화는 집단적인 사회생활을 통해서만 유지·존속될 수 있다.
- ⓒ 문화는 사회구성원에게 공유되고 있는 공통의 사고 및 행동양식의 총체이기 때문에, 초개인적인 성격을 지니게 마련이다.

28 ②

인간이 어떤 문화를 학습하여 어떻게 행동하고 생각하는지는 부모로부터 물려받은 유전인자와는 상관없고, 성장과정에서 그가 어떠한 문화 속에서 살았느냐에 달려 있다.

29 ④

제도(제도문화) … 사회구성원의 조직, 사회질서의 유지, 전체로서의 사회운영을 가능하게 하는 제도적 장치로 행동문화라고도 한다.

30 ③

관념문화
- ⊙ **관념**: 자연, 초자연, 인간, 사회 등에 대한 인간의 지식, 신념, 가치 등을 의미한다.
- ⓒ **내용**: 관념문화는 학문, 종교, 예술과 같은 정신적 창조물을 지칭하는 것으로 상징문화라고도 한다. 개인이나 집단이 가지는 의미와 가치를 내용으로 하며, 인간이 살아가야 할 궁극의 목표, 행위의 방향제시기능을 수행한다.

31 ③

문화다양성의 요인으로는 자연적·지리적 조건의 차이, 역사적·사회적 조건의 차이, 환경에의 적응방식의 차이 등이 있다.

32 ③

③ 문화전파는 하나의 문화체계 안에서도 발생한다. 도시지역에서 발명, 발견에 의해 창조된 문화요소가 농촌지역으로 확산되면서 널리 받아들여지는 경우도 흔히 볼 수 있다.

33 ①

문화의 전파 … 한 사회의 문화요소들이 다른 사회로 전해져서 그 사회의 문화과정에 통합·정착되는 현상을 의미한다.

34 ④

문화적 공통성(보편성)의 요인 … 각 사회의 문화가 공통적인 요소를 갖게 되는 것은 모든 사회의 자연적·사회적 조건은 서로 다르다 하더라도 인간의 생리적 구조와 기본적 욕구, 인간사회의 유지·존속을 위한 최소한의 기능적인 전제요건을 지니고 있기 때문이다.

35 ③

발명 … 새로운 문화요소를 고안하여 만들어 내는 것을 말한다.
- ⊙ **제1차적 발명**: 그 때까지 전혀 없었던 새로운 문화요소나 원리를 새로 만들어 내는 것을 말한다.
- ⓒ **제2차적 발명**: 이미 존재하거나 알려져 있는 문화요소나 원리를 이용하여 새로운 문화요소를 만들어 내는 행위를 말한다.

36 ①

강제적인 문화접변의 경우 물질문화요소는 비교적 쉽게 수용하지만 비물질문화요소는 강한 거부반응을 보인다. 문화의 개혁이란 단기간에 걸친 급격한 문화변동을 말한다.

37 ④

우리나라 구비전승과 문화유산
- ⊙ **민요**: 우리 민족의 생활과 정서를 노래로 표현한 것으로, 우리의 전통적인 농경문화를 잘 나타내주고 있다.
- ⓒ **건국신화**: 민족적인 긍지를 상징, 민족정신의 지표를 설명하고 있는 중요한 문화유산이다.
- ⓒ **민담**: 해학과 웃음을 즐기고 선한 사람을 찬양하고 악한 사람을 징계하며 효자·열녀를 칭송하는 등 민족적인 생활감정을 표현한 것이다.
- ⓔ **가면극(민속극)**: 의례적·비판적·풍자적·해학적 가면극이 있다.

38 ①

① 무속신앙에서는 모든 자연물을 신으로 섬기고 현세구복을 기원하였다.

39 ②

문화전파의 유형
㉠ **직접전파** : 이웃하고 있는 두 문화체계간의 직접적인 접촉에 의해서 행해지는 문화전파이다.
㉡ **간접전파** : 인쇄물·라디오·TV 등 매체(매개체)를 통하여 간접적으로 이루어지는 문화전파이다.
㉢ **자극전파** : 다른 사회의 독자적인 문화요소로부터 아이디어를 얻고 자극을 받아서 새로운 발명이 일어나는 것이다.

40 ①

① 체질적인 특성이다(비문화적인 것).

41 ①

문화변동의 양상
㉠ **내재적 변동** : 발명과 발견을 통해 등장한 새로운 문화요소가 한 문화체계 안에 확산되어 일어나는 것을 말한다.
㉡ **문화접변** : 두 문화체계가 전면적인 접촉을 함으로써 문화요소가 전파되어 새롭게 변화되는 것을 말한다.
㉢ **문화동화** : 문화접변 가운데서 한 문화가 다른 문화를 닮아가는 동질화의 측면에서 본 개념이다.
㉣ **문화전파의 수용** : 기존의 문화요소와 상호작용하는 과정에서 추가적인 문화변동을 촉진시킨다.

42 ③

우리의 민족문화는 농경문화, 특히 벼농사를 주로 하는 수도작문화를 기초로 이루어졌다.

※ **농경문화를 기초로 한 민족문화의 성격** ··· 협동단결과 상부상조의 전통, 강한 공동체의식, 인내심과 근면성, 알뜰하고 정교한 솜씨, 농경문화와 관련된 토속신앙 및 각종 민속놀이의 발달 등이다.

5. 현대사회의 문제

1 ④

재사회화는 성인들이 새로운 환경에 적응하기 위하여 새로운 생활양식이나 행동규범을 학습하는 과정을 말한다.

2 ③

① 노년부양비는 $\dfrac{65세\ 이상\ 인구}{생산가능\ 인구} \times 100$으로 구한다.

② 고령화지수는 $\dfrac{65세\ 이상\ 인구}{15세\ 미만\ 유소년\ 인구} \times 100$으로 구한다.

④ 2010년 생산 가능 인구를 100명이라고 가정할 때, 노인인구는 15명이고 유소년 인구는 약 22명이 되므로 유소년 인구는 생산 가능 인구의 $\dfrac{22}{100}$이다.

3 ③

갑은 중요한 기능을 수행하는 사람에게 더 많은 자원이 배분되기 때문에 사회불평등 현상은 반드시 필요하다고 인정하는 기능론적 관점에 해당한다. 반면 을은 기득권이 희소한 자원을 자신들의 이익추구를 위해 차등적으로 배분하여 사회불평등 현상이 발생한다고 보는 갈등론적 관점에 해당된다.

①② 을의 관점(갈등론)에 따른 입장이다.
④ 갑의 관점(기능론)에 따른 입장이다.

4 ④

균형개발방식 ··· 낙후된 지역을 우선적으로 개발하여 지역격차를 줄이고자 하는 방식으로 주민의 욕구를 반영하고 지역 간 균형발전을 이루는 장점이 있으나, 자본의 효율적 투자는 불리하다.

5 ③

① 전체 인구 중 20%가 전체 부의 80%를 차지하고 있다는 이론이다.

6 ③

③ 노동집약적 농업은 환경오염과 무관하며, 오히려 환경친화적이다.

7 ①

관습적 사고를 하는 대중은 관습을 만들어 나가는 권력기관의 의도대로 생각하고, 판단하기도 한다. 비판적으로 사고하는 사람들에게는 TV나 신문은 오히려 권력기관의 지배의도를 파악하는 좋은 수단이 된다.

8 ①

청소년·노인문제
㉠ **청소년문제** : 현대선진공업사회에서 공통적으로 꼽히는 문제로서 대중사회화, 도시화의 그 결과로 나타난 광범위한 가족해체가 이 문제의 배경을 이루고 있다. 즉, 1차적인 사회통제의 기능을 수행해 온 가족기능의 약화는 청소년들로 하여금 쉽게 일탈행위에 빠지게 한다.
㉡ **노인문제** : 노인문제 발생의 근본적인 배경은 청소년문제의 발생배경과 같다. 즉, 가족의 사회적 중요성의 약화, 개인주의의 강화, 그리고 과학문명의 발달로 인한 인간소외현상의 대두가 그것이다.

9 ③

사회운동은 그 사회의 가장 격렬한 이슈를 포함하며, 사회변동을 일으키거나 막기 위해 행하는 지속적이며 집단적인 노력이다.

10 ①

②③④ 공업화와 경제발전에 따라 나타난 사회문제이다.

11 ③

제시된 내용은 산업화정책으로 생겨난 문제들이다.

12 ②

제시된 그림은 문명이 단계적으로 진화되고 있는 모습을 나타낸다. 즉, 진화론적 관점으로 사회가 보다 진보된 상태로 완만하게 진전되는 것이라고 본다. 진전되는 방향은 단순한 분화에서 복합적인 분화로, 원시에서 문명으로, 미개에서 발전으로 나아간다는 것이다.

13 ④

성비불균형을 제시한 내용으로 이러한 성비불균형이 발생하는 원인은 전통적인 확대가족형태에서의 남아선호사상과 여성에 대한 사회적 차별에서 찾을 수 있다. 따라서 이를 극복하기 위해서는 고정관념을 버리고 평등한 가치관을 확립하며, 평등한 법과 제도의 개발이 필요하다.

14 ④

① 행동규제, 사회구성원의 재생산과 사회화, 의식주 제공과 귀속지위 부여
② 문화창조·전승, 삶의 수단을 제공
③ 삶의 위안 제공, 집단통합과 가치 전승

15 ③

사회문제
㉠ **가치관의 혼란** : 비물질적인 변화에 대한 부적응 (문화지체), 세대 간의 갈등
㉡ **환경의 파괴와 오염** : 우리 삶의 근거를 위협, 대책 미흡
㉢ **계층간·지역간 불균형** : 빈부의 격차, 노·사 간의 갈등, 농촌과 도시의 격차
㉣ **아노미현상의 확산** : 인간성의 상실, 각종 범죄와 부정·부패의 만연, 청소년들의 일탈행위

16 ③

구성원의 의식개혁과 문제발생의 구조적 원인이 되는 제도개혁은 사회문제의 해결방법이다.

17 ②

개인정보의 불법적 유통은 정보화로 인한 부작용 중에서 개인정보의 유출에 대한 내용이고, 사무 처리의 문서처리방식은 관료제의 역기능에 대한 것이다. 제시된 내용의 공통적인 문제는 인간이 사회생활이 주체로서의 지위와 역할을 상실하여 인간소외현상을 심화시킨다는 것이다.

✿ 6. 현대사회의 발전과 미래

1 ③

㉠은 사회보험이고 ㉡은 공공부조이다.
사회보험은 보험료 부담 능력이 있는 사람을 대상으로 능력별로 부담하며, 공공부조는 비용 전부를 국가 또는 지방자치단체가 부담한다.

2 ②

① 복지를 노동과 결합시킨 생산적 복지에 대한 설명이다.
③④ 사회보험에 대한 설명이다.

3 ①

① 제시된 내용은 사회보험인 노인장기 요양보험에 대한 설명이며 의료급여제도는 공적부조에 해당한다.
※ **노인장기 요양보험** … 고령이나 노인성 질병 등의 사유로 일상생활을 혼자서 수행하기 어려운 노인 등에게 신체활동 또는 가사활동 지원 등의 장기요양급여를 제공하여 노후의 건강증진 및 생활안정을 도모하고 그 가족의 부담을 덜어줌으로써 국민의 삶의 질을 향상하도록 함을 목적으로 시행하는 사회보험제도이다.

4 ④

④ 사회보험은 수혜자와 국가 또는 기업이 납부하여 마련된 기금에서 어떤 사고가 발생하였을 때 급여하는 제도로 위험분산을 극대화하기 위하여 강제가입을 원칙으로 한다. 공적부조는 보험료를 부담할 능력이 없는 일정한 기준 이하의 빈곤자에게 국가가 제공하는 보조이다.

5 ②

② 산업혁명에 대한 설명이다. 정보혁명은 정보처리를 담당하는 인간의 두뇌와 의식을 확장시킨 혁명으로, 지식과 정보생산의 중요성을 증가켜 정보 그 자체가 상품성을 띠게 되었다.

6 ④

④ 부르디외는 개인이 점점 더 경제적 용인보다는 교육, 예술에 대한 이해, 소비와 레저 생활 등 문화적 자본에 바탕을 두고 다른 사람들과 자신을 구분 짓게 된다고 주장한다. 때문에 상징적 또는 실제적 상품과 서비스를 제공하는 것과 관련된 직종이 확장된다.

7 ①

① 서구 복지 국가 체제의 기본 이념은 선택적 복지에서 보편적 복지로 이동하는 추세이다.
※ **보편적 복지와 선택적 복지**
  ㉠ **보편적 복지** : 보편주의에 입각하여 모두에게 공평한 복지를 제공하고 2차적으로 발생하는 소득의 불평등까지 국가의 복지제도를 통하여 책임지는 것으로, 결과적 평등까지 보장해야 한다는 입장이다.
  ㉡ **선택적 복지** : 일부 저소득층에 한하여 사회복지를 실시해야 한다는 개념으로, 소득분배를 적게 받는 저소득층에 국한하여 사회복지서비스를 제공할 때 사회적 불균형 상태를 효과적으로 바로 잡을 수 있다고 본다.

8 ④

사회보장제도는 누가 비용을 부담하느냐에 따라 사회보험과 공공부조의 두 가지로 분류된다.

9 ③

③ 소비자는 물건을 판매하는 매장에 직접 나가지 않고도 인터넷을 통해 다양한 종류의 상품을 검색할 수 있어 원하는 상품을 저렴한 가격에 구매할 수 있다.

10 ②

① 무한경쟁, 완전개방화로 사회이동을 촉진시켜 계층간 격차를 축소시킨다. 정보격차에 따른 문제는 발생할 수 있다.
② 고도의 정보화사회에서는 초고속정보통신망이 구축되고 정보고속도로의 활용으로 공동 학습, 재택근무, 원격지의료활동 등을 할 수 있다.
③ 도시와 농촌의 구분이 없어진다.
④ 중간관리층의 역할이 퇴색하는 대신 어느 분야의 실무전문가가 곧 최고결정권자가 되어가는 현상이 심화되어간다.

11 ①

산업재해보상보험 … 근로자의 업무 또는 작업상의 재해를 신속·공정하게 보상하기 위하여 사업주의 강제가입방식으로 운영되는 사회보험이다. 재해상태에 따라 보상연금을 지급함으로써 소득보장을 해주고 간병급여, 장해급여를 지급하여 의료보장을 받을 수 있다. 그러나 산업재해로 인해 취업하지 못하면 휴업급여를 지급하고 있을 뿐 고용보장까지는 하지 못한다.

※ **고용보장정책**
  ㉠ **고용보장정책의 의의** : 실업으로 인한 소득 상실에서 생긴 생계곤란의 방지와 실업 자체를 예방하거나 실업이 되더라도 단기간 내에 재취업하도록 도와주는 제도이다.
  ㉡ **고용보장정책의 종류**
    - 고용보험 : 실업급여지급을 통한 소득보장기능 외에 실업자에 대한 직업훈련, 직업지도, 직업소개 등의 사업을 통해 재취업을 촉진해주며, 고용을 조정하고 안정시키는 역할을 수행한다.
    - 최저임금제도 : 고용이 되어 소득이 생긴다고 하여도 그 소득으로는 최소한의 생계가 보장되지 않는 것을 방지하기 위한 제도이다.

12 ③

사회보장의 방법
  ㉠ **사회보험**
    - 수혜자가 납부하여 마련된 기금에서 사고발생시 급여하는 제도
    - 비용은 보험에 가입한 개인, 고용주, 국가가 부담
    - 국민건강보험제도(의료보험제도), 연금제도, 산업재해보상보험제도, 고용보험제도 등
  ㉡ **공공부조**
    - 일정 기준 이하의 빈곤자에게 국가가 제공하는 부조
    - 비용은 국가가 세금으로 보조
    - 국민기초생활보장제도(생활보호제도), 의료보호제도, 재해구호제도 등

13 ②

좁은 의미의 사회복지제도란 흔히 소득보장을 의미한다.

14 ①

복지사회의 요건
  ㉠ 소득의 공정한 분배와 재분배
  ㉡ 최저생활의 보장
  ㉢ 완전고용의 실현

15 ②

계획에 의한 발전은 급속한 변동, 국가의 계획에 의해 주도, 경제발전과 공업화에 치중하는 경향이 있다.

16 ②

최근에는 제3세계에서 근대화론에 대한 비판적 시각이 대두되면서 사회발전은 근대화에 대비되는 용어로 흔히 사용된다. 중·남미 여러 나라들은 20세기 전반에 놀랄 만큼 발전을 이룩하였으나 얼마 가지않아 한계점에 이르렀고, 그 이후 경제적 침체와 정치적 독재, 사회적 불안에서 벗어나지 못하고 있다.

17 ①

사회보장제도
  ㉠ **공공부조제도** : 생활무능력자의 생활보호를 목적으로 하고 있으며, 소득재분배의 효과를 가져온다. 소득이 낮은 나라에서는 시행하기 곤란하며, 국민의 나태심을 유발할 우려가 있다.
    예 생활보호, 의료보호, 노인복지, 아동복지, 재해구호, 군사원호보상제도
  ㉡ **사회보험제도** : 불의의 사고·재해·질병 등에 대비함을 목적으로 상호부호·강제가입의 성격을 띠고 있으며, 근로의욕을 증진시킨다.
    예 국민건강보험, 국민연금, 산업재해보상보험, 공무원연금, 사립학교교원연금, 군인연금

18 ①

대중사회 … 산업사회의 생산양식에 토대를 두고, 대중이 정치·경제·사회·문화의 모든 분야에 진출하여 중심역할을 하는 사회로 불특정 다수의 사람들로 이루어진 집합체이다. 대중사회는 자본주의가 발달하고 자본의 집중으로 대량생산, 대량소비, 교통·통신의 발달, 대중매체의 발달, 보통선거제도의 도입, 의무교육제도 도입 등으로 출현했다. 대중사회는 평등의 이념과 참여 민주주의를 실현하고 대중의 지적 수준이 향상되나, 인간 소외와 주체성 상실, 대량 소비문화에 따른 정치적 무관심을 초래한다.

④ 일반사회

※ 1. 시민사회의 형성과 발전

1 ②

② 개별 경제주체가 자유로운 계약에 기초하여 합리적으로 경제활동을 수행하는 자본주의 시장경제를 주장하였다.

2 ④

(개)는 명예혁명, (내)는 미국독립혁명, (대)는 프랑스혁명이다.
㉠ 명예혁명이 성공한 후 영국 의회는 권리장전을 작성하였고 이는 영국 역사에 있어서 매우 중요한 위치를 차지하게 되었다.
㉡ 미국독립혁명에는 실정권 사상이 아닌 자연권 사상이 더 많은 영향을 끼쳤다.

3 ②

제시문은 계몽사상에 대한 설명으로 천부인권설과 함께 근대 시민혁명의 사상적 기원이 되었다.

4 ④

사회참여 방식
㉠ **기본적 방법**: 선거와 투표
㉡ **사회에 관여**: 신문과 방송에 독자투고, 행정관서에 진정이나 건의, 지역이나 집단의 이익표출을 위한 집단행동
㉢ **시민운동 참여**: 자원봉사활동, 시민단체 가입

5 ②

민주사회에서 민주정치이념이 제대로 실현되기 위해서는 사회제도적으로 다원주의가 보장되어야 한다.

6 ④

주인의식 … 국가생활과 공동생활에 관한 일을 나의 일처럼 생각하는 것으로, 실천방법으로는 능동적 참여, 정당한 권리행사, 성실한 의무이행 등이 있다.

7 ②

우리나라는 민주주의 근본이념인 인간의 존엄성과 민주주의의 기본이념인 자유와 평등을 민주주의의 이념으로 채택하고 있다.

8 ②

시민과 신민의 비교
㉠ **시민**: 민주사회의 구성원으로 정책결정의 주체이다.
㉡ **신민**: 절대주의의 신하로서 지배의 대상을 말한다.

9 ①

관습적인 사고방식을 무비판적으로 수용할 때 나타나는 사고유형은 고정관념에 해당된다.
① 인습적인 사고방식을 무비판적으로 수용할 때 생기기 쉬운 것으로, 제시된 예와 같이 남녀 간의 선천적인 능력차이, 또는 학벌이 좋아야 출세한다는 등의 주관적이고 비합리적인 주장을 믿는 것을 말한다.
② 특정한 문제 또는 사실에 있어 무조건 양자택일을 요구하며 중간입장을 허용하지 않는 사고방식으로, 사실을 왜곡하게 될 여지가 있다.
③ 어느 한 쪽의 입장에 치우쳐서 전체를 균형있게 보지 못하는 사고방식이다. 고정관념이나 흑백논리도 편견의 일종으로 볼 수 있다.
④ 사람이 자신의 의견 또는 주장과 모순된 행동을 하는 경우로, 말과 행동이 다르거나, 장소·때에 따라 행동이 바뀌는 것을 말한다.

10 ③

우리나라 시민사회의 형성과정에서는 시민들의 민권의식이나 세력이 미흡하였고, 수구세력의 반대가 강하였으며, 정부의 태도 또한 백성들을 시민으로 인정하지 않은 면이 있었다.
③ 조선말기에 정부는 독립협회가 촉구한 국정개혁의 요구를 수용하지 못했다.

11 ②

Ⅰ유형은 건설적인 능동적 참여, Ⅱ유형은 능동적이지만 파괴적인 참여, Ⅲ유형은 수동적이면서 파괴적인 참여, 그리고 Ⅳ유형은 수동적이지만 건설적인 참여형태이다. 제시된 내용 중에서 맞게 분류된 것은 ㉠과 ㉣뿐이다. ㉡과 ㉢은 서로 바뀌었다.

12 ①

근대사회에서는 부르주아계급이 사회의 주체세력으로 등장하였다. 그러나 노동자, 농민, 여성들의 정치참여는 여전히 제한되었다. 집권자의 자발적인 협력으로 근대시민사회가 형성된 것이 아니라, 시민혁명으로 세습전제군주제를 타도하고서 시민사회가 형성되었다. 보통선거제도는 20세기에 들어와서 실현되었으므로, ②③은 근대사회와 관련이 없는 내용이다.

2. 사회적 쟁점과 문제해결방법

1 ①

일방적인 결론 도출이 아니라 상대방의 처지를 이해하고 이해관계를 조정하여 당사자 모두에게 이익이 되는 방향으로 문제 해결이 이루어져야 한다.

2 ②

① 대안의 탐색 단계
③ 대안의 평가 기준 선정 단계
④ 대안의 평가와 선택 단계

3 ①

인터넷을 통한 정보사회의 가속화로 일반인도 간편하게 정보의 획득 및 제공이 가능하고 사회참여도 가능해 졌다. 따라서 문화의 대중화, 소비재화 현상, 개인주의적 성향의 심화, 가치관의 다양화 현상이 나타나고 있다.

① 정치집단의 영향력은 오히려 약화된다.

4 ①

① 제시된 내용 중 ㉣㉤은 산업사회에 나타나는 특징이다. 특히, ㉤과 관련하여 대량생산체제는 공업화된 산업사회에서 나타났고, 탈산업사회에서는 다품종 소량생산체제로 변하였다.

※ 탈산업사회(정보화사회)
㉠ 탈산업사회는 서비스업의 성격이 다양해진다. 즉, 서비스업 종사자가 노동인구의 대부분을 차지하게 되고 교육, 건강 등과 같은 인간의 복지 향상에 기여하는 인간서비스업과 시스템분석, 시스템설계 등과 같은 고도의 전문적 지식과 기능을 필요로 하는 전문서비스업이 주류를 이루게 된다.

㉡ 탈산업사회는 이론적 지식이 기술혁신을 주도하게 되어 새로운 기술의 발달, 가치창출, 사회변동과 예측, 사회문제에 대한 최적의 해결책 탐색에 핵심적 역할을 하게 된다.
㉢ 산업사회에서는 자본과 노동이 가치창출의 원천이지만, 탈산업사회는 정보와 지식이 부가가치의 원천이 된다.

5 ②

현대사회의 변동양상
㉠ 제1의 물결: 농업혁명 → 농경사회
㉡ 제2의 물결: 산업혁명 → 산업사회
㉢ 제3의 물결: 정보혁명 → 탈산업사회

6 ④

의사결정과정에서 과학적 지식이 뒷받침되지 않은 가치 탐구는 맹목적이고 설득력이 적으며, 비현실적인 것이 되기 쉽다. 또한, 가치 탐구가 없는 사회쟁점의 과학적인 탐구는 문제를 해결해야 하는 이유나 나아가야 할 방향에 대한 감각이 분명하지 않다.

④ 가치문제는 경험적 자료에 의한 증명이 불가능하기 때문에 과학적 지식에 의하여 가치갈등을 해결하기 위한 기준을 마련할 수는 없다.

7 ④

사실과 경험을 근거로 문제를 해결하기 때문에 관련지식을 검토하는 것은 의사결정과정에 가장 기본적인 요소이다.

8 ④

여러 가지 서로 다른 입장을 균형있게 분석하고 장·단점을 살펴본 후에 결론을 내려야 한다.

④ 시민단체 가입 등 시민운동과 관계있다.

9 ③

사회문제의 해결방식
㉠ 개인적 차원에서의 해결방식: 사회문제를 일으킨 개인의 치료에 관심을 가짐으로써 올바른 가치관의 확립과 의식을 개혁하여야 한다(범죄자에게 기술교육을 통한 자활능력 배양, 정신질환자의 수용과 치료 등).

ⓒ **사회적 차원에서의 해결방식** : 사회문제의 해결을 개인적 차원으로 한정할 것이 아니라, 사회적 차원에서 해결방식이 강구되어야 한다. 즉, 정부정책으로 제도를 개선하여야 한다(정부의 정책적 노력, 법률제도와 교육제도 개혁 등).
①②④ 사회적 차원의 해결방식

10　④

　　개방적 태도 … 여러 가지의 가능성이 동시에 공존할 수 있다는 사실을 인정하는 사고방식이다.
　　㉠ 새로운 사실 또는 다른 사람들의 주장을 편견 없이 받아들여야 한다.
　　㉡ 어떤 사실 또는 주장이 논리적으로 옳다고 해도 경험적으로 실증될 때까지는 가설로만 받아들여야 한다.
　　㉢ 부분적인 가치를 지니는 특정 이론을 무비판적으로 추종하거나 무조건 배척하지 않아야 한다.
　　㉣ 새로운 사실증거가 나타나면 이론의 수정 및 새로운 이론의 정립 가능성을 인정하여야 한다.

✺ 3. 사회변동과 문화발전

1　③

　　제시문은 마르크스주의의 근거가 되는 사적유물론에 대한 설명이다.

　　① 사회변동의 요인은 그 사회의 내재적 요인으로부터 나타난다.
　　② 사적 유물론에서는 인간의 존재에 필요 불가결한 물질적 생활의 생산이 사회적 삶 전반을 발달시킨 기초라고 생각한다.
　　④ 경제적 요소에 의해 사회의 가치체계가 변화될 가능성을 강조하고 있다.

2　④

　　근대화론에 대한 설명이다. 개발도상국은 서구사회를 모형으로 삼아 국가 발전을 추진해야 한다는 주장이다. ④는 종속이론에 대한 설명이다.

3　②

　　② 국가적으로 노인의 생활안정 기반 조성을 위해 경로연금 지급 확대, 주거환경의 개선, 식노인 급식지원 등이 요구되지만, 무엇보다도 고령자 재취업 촉진을 위한 재사회화 교육이 필수적이다.

4　①

　　① 대가족은 하나의 가옥 안에서 3대 이상의 직계친(直系親)이나 방계친(傍系親)을 포함한 세대원이 동거하는 가족을 말하며, 확대가족은 부부 및 미혼자녀 이외에 직계존속 및 비속과 방계의 친족 등을 포함한 가족을 일컫는 개념으로 핵가족에 짝이 되는 개념은 확대가족이다.

5　④

　　④ 현대사회로 올수록 결혼의 동기 및 결정이 점차 개인 중심적으로 변화하면서 이혼 역시 마찬가지가 되었다. 또한 여성의 경제적 자립과 이혼에 대한 사회의 부정적인 시각이 사라진 것도 이혼율 증가의 한 원인이 되었다.

6　④

　　성 불평등의 극복방안
　　㉠ **고정관념의 파괴** : 성 역할은 어떤 고정관념에 의해 강요된 결과임을 인식하고 평등주의 가치관을 재정립한다.
　　㉡ **양성성의 개발** : 남성다움의 장점과 여성다움의 장점을 고루 갖춘 인성이 되도록 해야 한다.
　　㉢ **법과 정책의 개발** : 가족법 개정, 남녀고용평등법 등 정치·경제·사회·문화의 각 영역에서 남녀를 차별하지 않는 정책 개발이 필요하다.
　　㉣ **여성교육의 강화** : 여성의 교육기회의 실질적 보장, 여성의 의식전환을 위한 제도적 장치가 마련되어야 한다.

　　④ 불평등현상이 존재하는 상황에서의 '남자는 남자답게, 여자는 여자답게'라는 전통적 규범에 대한 성역할 교육은 기존의 불평등현상을 고착화시킨다.

7　③

　　경주 어머니가 갈등을 일으키는 이유는 회사원으로서의 역할에 요구되는 규범과 어머니로서 자식을 돌보는 데 요구되는 규범을 동시에 충족시키기가 어렵기 때문이다.

　　※ **역할갈등**
　　　㉠ **의미** : 일상생활에서 다양한 역할을 동시에 담당하게 되는데 그런 경우에 어떤 역할을 먼저 해야 할지 고민하는 것
　　　㉡ **영향** : 개인에게는 심리적인 불안감 조성, 사회적으로는 혼란 발생, 사회변동의 촉진
　　　㉢ **해결방법** : 개개인이 서로가 겪고 있는 역할 갈등을 이해하고, 사회는 갈등의 해결절차를 마련해야 하며, 각자가 어떤 것을 앞세워야 할지에 대한 가치판단을 바르게 하는 것이 무엇보다도 중요하다.

8 ③

③ 성취지위에 대한 내용이며, 귀속지위는 성별·국적·형제자매 중의 출생순서와 같이 태어나면서부터 자연적으로 갖게 되는 지위이다.

9 ②

전통가족과 현대가족의 비교
전통가족
ⓐ 장점
 - 삶의 지혜와 인생의 경륜을 이어 줌
 - 가정교육을 통해 가풍과 가치관을 전승함
 - 가족생활을 통해 심리적 안정감을 누릴 수 있음
ⓑ 단점
 - 가부장의 권위주의로 개성과 창의성의 발휘가 곤란함
 - 가족을 위해서 여성들이 많은 희생을 당함
현대가족
ⓐ 장점
 - 가족구성원들이 비교적 민주적이고 평등한 관계에 있음
 - 가족구성원들의 개성과 창의성이 중시됨
 - 여성들의 지위가 상대적으로 향상됨
ⓑ 단점
 - 이혼율의 증가로 가족의 안정성이 저하되고 있음
 - 노인들의 소외문제가 발생하고 있음
 - 맞벌이부부의 증가로 자녀양육문제가 심각함

10 ②

산업화과정에서 노사 간의 대립과 갈등은 발달과정에 불과하지만 노동자나 여성들의 지위가 반드시 하락한다고 단정지을 수 없다.

11 ①

문화의 제일성은 인간에게 주어진 비슷한 공통성향으로 인류 문화의 보편성의 전제조건이다. 춤을 추는 형태는 다르지만 마음은 동일하기 때문에 나타나는 것이다.

12 ②

ⓑ 역할모순에 대한 내용이며, 지위모순이라는 용어는 없다.
ⓒ 역할에 대한 내용이며, 역할행동은 구체적으로 역할을 수행하는 것이다.

13 ②

한 인간이 태어나 자신이 속한 사회에서 제 구실을 다하기 위해서는 그 사회가 기대하는 행동양식과 규범, 가치 등을 배워야 하는데 이 과정을 사회화라고 한다. 또한 새로운 환경에 적응하기 위하여 새롭게 사회화라는 과정을 재사회화라고 한다.

② 사회생활을 영위할 수 있는 능력은 선천적으로 타고나는 것이 아니라 후천적으로 사회 내에서 학습되는 것이다.

14 ④

제시된 내용은 모두 대립되는 가치관의 차이로 인한 사회적 쟁점에 대한 갈등으로 중도적 해결이 어렵기 때문에 사회를 분열시킬 위험이 있다.

15 ①

현대는 고도의 기술발달에 따라 새로운 사회를 기대하고 있으나 사회문제 중에서 도시문제는 산업화 발달의 결과로 나타났다.

16 ①

집단갈등은 어느 사회에나 있는 보편적인 현상이기 때문에 집단갈등을 완전히 없앤다는 것을 불가능하다.

17 ②

문화현상은 계량적으로 측정하기 어렵기 때문에 연구자의 통찰력에 의해서 그 의미를 해석하고 이해하는 방법을 질적 연구라 하고, 양적 연구는 자료를 계량화하여 분석하는 연구방법이다.

18 ②

문화의 보편성과 특수성
ⓐ 문화의 보편성 : 지구상에는 여러 종류의 사람들이 모여 살고 있는데, 이 사람들이 살기 위해서 의식주를 해결하고 사회를 구성하여 규칙에 따라 생활하는 것은 어느 곳에서나 있는 현상임
ⓑ 문화의 특수성 : 얼굴과 피부의 색깔 등 사람들의 생김새는 저마다 다르고, 문화적인 현상도 지역에 따라 다른 점이 많음

19 ①

옛것을 그대로 답습하는 것에 머무르지 않고, 외래적인 것을 잘 수용해서 변용하면 한 단계 더 도약할 수 있는 것이다. 국제적으로 일반화되어 가는 문화는 비판적이면서도 열린 마음으로 받아들여야 한다. 전통은 단지 과거로부터 전해진 관습과 같은 것이 아니라 재창조되어 현실화될 수 있는 것들이다. 세계화의 시대에서는 외래문화의 수입보다는 전통문화의 수출이 보다 더 중요한 관건이다.

20 ②

고도의 교통과 통신수단의 발달로 정보혁명이 가속화되어, 종전보다는 생산의 자동화로 노동시간이 단축되고 소수의 인원으로 대량생산이 가능하게 되어 중간관리층이 감소하게 된다. 정보혁명으로 인해 ①③④와 같은 현상이 나타난다.

21 ③

인간은 고도의 지각과 사고력을 가지고 있어, 이론적인 지식을 체계적으로 조절하기도 하는 주체적인 역할을 수행한다. 따라서 인간은 사회변동의 주체이다.

22 ④

갈등론은 마르크스와 베버의 이론에서 연유하였고 다렌도르프가 주장하였다.

23 ②

사회가 진보한다고 보는 전제조건이 잘못되었다는 비판을 받는 진화론은 후진사회를 식민화하는 것을 정당화시키며, 사회는 발전만 하는 것이 아니라 퇴보도 하며 멸망하기도 한다는 비판을 받고 있다.

24 ④

균형론적 마찰
㉠ 사회의 여러 부분들은 서로 균형을 이루면서 통합되어 있다고 보는 입장이다.
㉡ 사회변동을 긴장·갈등의 발생과 해소의 과정으로 이해하는 입장이다.
㉢ 항상성을 바탕으로 사회변동을 설명하려는 입장이다.
㉣ 사회변동의 근원을 균형지향성에서 찾고자 하는 입장이다.

✿ 4. 합리적 선택과 시장

1 ①

시장에서의 경제활동이 제한되는 이유
㉠ **경제활동의 상호의존성**
  - 타인을 생각하는 도덕성 : 개개인의 경제활동은 서로 의존하고 있기 때문에, 그것이 다른 사람들을 생각하면서 법적·도덕적으로 올바르게 이루어져야 하기 때문이다.
  - 책임이 수반되는 경제적 자유 : 사회와 타인들에 대한 책임이 수반되어야 하기 때문이다.
  - 타인의 자유 존중 : 시장에서 자유롭게 행동하고자 한다면 다른 사람들의 자유도 반드시 존중되어야 하기 때문이다.
  - 도덕과 법에 의한 규제 : 어떤 행동이 사회적으로 이득을 주거나 해를 끼칠 때, 도덕과 법은 그러한 행동을 장려·규제한다.
㉡ **유사한 인간의 욕구** : 시장에서 우리가 원하는 것을 모두 얻을 수 없는 또 다른 이유는 우리와 비슷하게 생각하고 원하는 사람이 많기 때문이다.
㉢ **기회비용의 고려** : 하나의 경제적 선택은 다른 선택의 가능성을 제한하게 되는데, 대부분의 경제활동에는 어떤 것을 선택함으로써 포기하게 되는 것의 가치적인 기회비용이 따르게 되기 때문이다.

2 ④

국가기능의 변천
㉠ **근대국가**
  - 자유방임주의 채택,
  - 국가기능의 최소화 추구
  - 소극국가·야경국가
㉡ **현대국가**
  - 국민의 복지증진 추구
  - 국가기능의 확대
  - 적극국가·복지국가

3 ③

③ 자본주의국가는 사회주의국가와 달리 경쟁체제이고 효율적인 경제주체만이 경쟁에서 살아남는다. 이것이 성장률이 높은 이유이다.

4 ①

생산자는 무엇을, 얼마만큼, 어떠한 가격에 생산할 것인가를 소비자의 반응에 따라 결정하기 때문에 소비자주권이라 표현한다.

5 ④

현대사회의 소비자는 상품의 질과 적정가격을 확인하지 못하고 광고나 붐, 유행 등으로 상품을 선택하기 때문에 여러 가지 피해를 보는 경우가 허다하다.

6 ③

생산활동의 과정에서 기업가는 기업의 방향을 설정하고 그대로 이끌어 가는 기업가정신을 바탕으로 경영에 힘쓰게 된다. 기업가의 경영관리활동은 계획수립→자원의 배분 및 조직→조정 및 평가의 순으로 이루어진다.

7 ③

㉠ 소득수준이 낮아 구매력이 적었으므로 내수보다 수출중심의 성장전략이 채택되었다.
㉡ 경제성장의 초창기에는 자본보다 상대적으로 노동력이 풍부하였으므로 노동집약적인 경공업중심의 성장이 이루어졌다.
㉢ 자본이 부족하였으므로 차관을 도입하여 경제건설을 추진하였고 기술이 부족하여 정부의 주도적 역할이 강조되었다.
㉣ 사회 곳곳에 비효율이 산재하였으므로 효율성을 증진하여 성장을 이루려고 하였다.
③ 중화학공업의 육성은 경제성장이 어느 정도 궤도에 오른 다음에 이루어졌다.

8 ③

작은정부는 국방·치안·교육 및 공공토목사업 등에만 힘쓰고 다른 것은 자유스럽게 운용하였다. 그러나 대공황 이후의 빈부격차₊성과 독과점규제, 환경오염방지, 공공재공급과 같은 적극적인 역할을 하게 되었다.

9 ②

그래프를 보면 사회계급에 따라서 교육이 소득분배에 미치는 영향이 상당한 차이가 있음을 알 수 있다. 즉, 이는 사회적 계급이 소득결정에서 매우 중요한 역할을 한다는 것을 입증하는 것이라고 할 수가 있다. 노동자계급의 경우 교육연수가 많아져도 소득의 증가는 별로 많지 않음을 알 수가 있다. 따라서 교육의 기회균등만 보장해서는 소득분배의 형평성을 증진시키는 것에 한계가 있음을 알 수 있다.
② 소득결정에 있어서 교육의 효과는 사회계급에 따라 다르기 때문에 교육의 기회균등이 보장된다고 해서 소득분배가 평등해지지는 않을 것이다.

10 ②

가격은 시장에서의 수요와 공급에 의하여 자동조절된다고 하였으며 이러한 가격의 자동조절기능을 '보이지 않는 손'이라 하였다.

11 ①

통상마찰의 원인은 흑자국은 계속 흑자만 늘어나고 적자국은 계속 적자만 늘어나기 때문이다.

12 ③

③ 1970년대 자본집약적 공업에서 2차산업 육성으로 시작되었다.

13 ②

시장은 경쟁을 원칙으로 한다. 따라서 가장 효율적으로 생산하는 기업의 상품이 가장 필요로 하는 사람에게 팔리게 된다.
② 시장은 형평성을 보장하지 못한다.

14 ③

제조업의 경쟁력 강화를 위해서는 정부의 기업에 대한 심한 간섭을 조정하고 각종 지원이 필요하다.

15 ③

①②④ 공직자들의 청렴도를 높이고 비효율적이고 낭비적인 관향을 개선하는 효과가 있다.
③ 주식투자는 청렴도 항목에 포함하지 않았다.

16 ②

밑줄 친 부분은 시장의 실패를 나타내며, 독과점의 발생, 환경오염, 공공재의 부족, 소비자의 피해 등이 발생한다.
② 관료주의의 폐단은 시장기능에 맡겼을 때 해결될 수 있다.

※ 시장실패의 원인
㉠ 경쟁적 시장이 확립되어 있지 않아 독과점 등이 존재하고 있는 경우
㉡ 외부효과가 존재하여 생산·소비활동에서 제3자에 대한 이익 또는 불이익이 나타나는 경우
㉢ 공공재 등 서비스 본질상 시장에 의한 효과적인 공급 자체가 어려운 경우

17 ③

금융시장의 개방압력에 대처하기 위해서는 금융기관의 자율성을 신장시켜 외국금융기관에 대한 경쟁력을 높여야 한다. 그러기 위해서는 정부의 금융기관에 대한 직접규제방식보다는 간접규제방식이 바람직하며, 그 수단으로는 지급준비율정책, 재할인정책, 공개시장정책 등이 있다.

①②④는 직접규제방식이다.

18 ④

인간소외는 도시화에 따라 점점 심화된다.

19 ④

기업가의 이윤은 자신만의 노력으로 얻은 결과가 아니라 여러 경제주체의 도움을 통해 얻은 것이다. 따라서 기업은 이윤추구만이 아니라 사회적 책임도 수행해야 하며 공익도 추구해야 한다. ①③은 甲, 乙, 丙 기업 모두에 해당하는 사항이며 ②는 甲기업에 해당한다. 그러나 세 기업의 행위를 보고 기업의 이윤추구행위가 부도덕한 행위라고 결론을 내리는 것은 성급한 일반화의 오류를 범하는 것으로 타당하지 못하다.

20 ③

개입주의, 생존권 보장, 시장실패의 해결 등은 모두 큰정부론과 관계있고, 비개입주의, 자유권 보장, 정부실패의 해결 등은 작은정부론과 관계있다.

③ 큰정부론에 입각한다면 공공의 목적을 위하여 개인재산권이 침해되는 경우가 있을 수 있다.

5. 개인과 국가

1 ②

① 님비현상(NIMBY) : 'Not in my back yard'의 약어로, 자신이 거주하는 지역 주변에 산업폐기물 또는 핵폐기물 처리시설 등의 환경시설이나 장애인수용시설 등 특수한 시설의 설치를 반대하는 행위이다.
② 핌피현상(PIMFY) : 'Please in my front yards'의 약어로, 유익한 시설 등의 자기지역 유치를 경쟁적으로 시도하는 주장을 말한다.
③ 임피현상(IMFY) : 'In My Front Yard'의 약어로, 자기 지역에 이득이 되는 시설을 유치하거나 관할권을 차지하려는 현상으로 핌피현상과 유사하다.

④ 바나나현상(banana syndrome) : 'Build Absolutely Nothing Anywhere Near Anybody'의 약어로, 유해시설 설치 자체를 반대하는 현상이다.

2 ①

① 법은 시간적으로나 공간적으로 제약을 받는 상대적인 규범이다. 파스칼은 「팡세」에서 "피레네산맥 이쪽에서의 정의는 저쪽에서의 불의이다."라고 하면서 이를 적절히 묘사하였다.

3 ④

①②③ 자유권적 기본권에서는 정신적 영역에 해당한다.

4 ③

헌법에서 보장하고 있는 사회적 기본권에는 인간다운 생활을 할 권리, 교육을 받을 권리, 근로의 권리, 환경권 등이 있다.

③ ㉠㉡은 자유권적 기본권이며 ㉢은 청구권적 기본권이다.

5 ③

기본권의 제한과 같은 법 집행은 국민의 자유와 권리를 보호하기 위해서 엄격한 절차를 거쳐야 한다.

6 ③

세계화와 지방화는 국민국가의 역할을 축소시키는 환경을 제공한다. 세계화는 국가와 민족에 대한 맹목적인 충성에서 벗어나서 국제적인 협력에 발 맞추도록 요구하며, 지방화는 해당 지역주민들의 자발적인 참여 속에서 지역문제를 해결하도록 요구한다. 그럼에도 불구하고 현대시민사회는 국민들의 복지향상을 위한 국가의 역할을 더욱 요청하고 있다.

7 ①

법의 목적 또는 이념으로는 정의, 합목적성, 법적 안정성을 들 수 있는데 이 이념 간에 모순이 발생하는 경우가 있다. 제시된 법률들은 정의 또는 합목적성을 달성하기 위하여 만들어진 소급입법에 해당한다. 법률의 효력을 제정 이전으로 소급하는 소급적 법률은 법적 안전성을 해치는 문제점이 있다. 법의 이념으로서의 정의가 절대적인 것이라면, 합목적성은 상대적이라는 차이점이 있다. 법의 강제성이나 상대성은 법의 목적과는 거리가 멀다.

8 ①

공약은 정치적 관계이지 법적인 권리와 의무의 관계가 아니다. 그러므로 선거주민들은 정치인이 공약을 지키지 않을 경우 다음 선거에 표를 주지 않는 등 정치적 심판을 한다.

9 ①

민주정치에서 선거가 가지는 또다른 의미는 후보자가 유권자에게 공약을 내세우고 그것을 준수함으로써 정치가 발전하고 국민의 동의와 지지를 바탕으로 정치가 이루어지는 것이다. 공약이 없으면 국정운영을 어떻게 할지도 모르고, 또 공약이 합리성이나 실현가능성이 없으면 민주정치가 제대로 발전할 수 없게 된다. 공약은 후보자의 유권자와의 사이에서 맺어진 공적 약속이기 때문에 후보자의 공약을 가장 먼저 검토해 보아야 한다.

10 ③

국가와 사회단체의 비교

구분	국가	사회단체
가입 · 탈퇴	부자유	자유
목적달성후	자발적 해산은 불가능	해산 · 소멸
집단형태	포괄적 강제집단	특수적 임의집단
규정위반시	처벌	임의탈퇴

11 ①

한 국가의 문화는 다양하고 균형적인 모습을 유지하여야 한다. ①은 이러한 요건과 배치되는 내용으로 문화발전을 저해한다.

12 ③

③ 영공은 땅으로서의 영토와 영해의 상공을 모두 포함한다. 따라서 영토는 땅으로서의 영토와 일정한 범위인 영해, 땅으로서의 영토와 영해의 상공인 영공을 포함한다.

6. 미래사회의 탐구

1 ②

① 시나리오법에 대한 설명이다. 델파이기법은 전문가합의법을 말한다.
③ 상호작용 예측법에 따른 예측이라고 할 수 있다.
④ 상호작용 예측법에 대한 설명이다. 의사결정의 나무작성법은 미래에 벌어질 만한 일을 나뭇가지 치듯이 계속 열거해 가며 확인해가는 방법이다.

2 ③

환경관리주의 … 환경과 관계하는 행정기관이 일정한 환경행정상의 목적 또는 목표를 설정하고 그것을 달성하기 위하여 필요한 사항을 계획 · 지도 · 지시하며 조정 · 통제하는 행위이다.

3 ①

② 미래에 나타날 가능성 있는 대안들의 전개과정을 추정하는 방법이다.
③ 유사한 모형을 만들어 작동하는 상태를 분석함으로써 미래의 가능성을 예측하는 방법이다.
④ 특정 주제에 대한 여러 분야의 전문가들의 의견을 종합하여 미래를 예측하는 방법이다(델파이기법).

4 ②

환경보호론자와 경제성장론자의 주장
㉠ 환경보호론자 : 경제성장으로 인한 이익보다 더 큰 손실을 야기하고 있으며, 지구의 한계로 인해 무한정한 경제성장이 불가능하다고 진단하고 환경문제에 대한 의식의 전환이 문제해결을 위해 필요하다고 강조하고 있다.
㉡ 경제성장론자 : 성장에 따른 혜택을 환경보호론자들이 과소평가하고 있다고 비판하면서, 환경보전과 지속적인 경제성장은 병행하여 추진될 수 있다고 주장한다.
①③④ 환경보호론자의 주장
② 경제성장론자의 주장

5   ④

자원의 무분별한 사용은 환경을 오염시키고 인간과 자연의 생존을 위협하는 심각한 문제이다.

6   ③

산업혁명 이후의 제조업 중심의 사회를 산업사회라 하고 그 이후의 사회를 후기산업사회, 초산업사회라고 한다. 문명도 산업사회의 중심개념이므로 후기문명도 역시 미래사회를 의미한다. 이념도 산업사회의 중심개념으로 볼 수 있다.

7   ③

미래연구의 목적은 미래의 형태를 짐작하는 것만이 아니다. 미래사회에 대한 대책도 중요하다.

PART 02

실력평가 모의고사

제1회 모의고사

해설 p.303

1 다음 우리나라 헌법 내용 중에서 의원 내각제의 요소에 해당되는 것을 모두 고른 것은?

> ㉠ 공무원은 국민 전체에 대한 봉사자이며, 국민에 대하여 책임을 진다.
> ㉡ 국회의원이 법률안을 제출할 수 있다.
> ㉢ 대통령은 국회에서 의결된 법률안에 대하여 거부권을 행사할 수 있다.
> ㉣ 국회 의원은 행정 각 부의 장을 겸임할 수 있다.
> ㉤ 정부가 법률안을 제출할 수 있다.

① ㉠㉡   ② ㉡㉢

③ ㉠㉤   ④ ㉣㉤

2 다음 (개), (내), (대)에 대한 설명으로 옳은 것을 모두 고른 것은?

> (개) 국가에 의한 자유   (내) 국가로부터의 자유   (대) 국가에의 자유

> ㉠ 자유 의미의 변천은 (개)→ (내)→ (대) 순이다.
> ㉡ (대)는 소극적 권리이며, 참정권의 보장을 통해 실현된다.
> ㉢ (개)는 사회권의 형태로 보장된다.
> ㉣ (개)는 20세기에 들어와 등장한 현대적 권리이다.

① ㉠㉡   ② ㉠㉢

③ ㉡㉣   ④ ㉢㉣

3 다음 사례에서 주택의 소유권이 갑에게서 을에게로 이전되는 시기는?

> 갑 소유의 주택을 을에게 팔기 위하여 갑과 을은 매매계약을 체결하고, 을은 갑에게 계약금을 지급하였다. 2주 후 중도금을 입금하고, 이사하는 날에 잔금을 지급한 후 소유권이전등기와 전입신고를 하였다.

① 매매계약을 체결한 날
② 잔금을 지급한 날
③ 소유권이전 등기를 한 날
④ 전입신고를 한 날

4 다음 내용에 대한 설명으로 옳은 것은?

> 만 15세인 중학생이 부모 동의 없이 스마트폰 구매 계약을 체결했다.

① 미성년자가 부모 동의 없이 단독으로 행한 행위이므로 무효이다.
② 부모가 추인을 하면 확정적으로 유효한 계약이 된다.
③ 위조된 동의서를 제시하여 부모의 동의를 얻은 것처럼 속인 경우에도 미성년자측에서 계약을 취소할 수 있다.
④ 미성년자는 철회권을 행사할 수 있다.

5 다음과 같은 상황을 극복하기 위해서 강조되는 국제 사회의 특징은?

> • 핵전쟁으로 인한 인류 멸망
> • 인구의 폭발적 증가로 행복 저해
> • 자원 낭비로 인한 인류의 생존 위협

① 주권평등의 원칙을 추구하는 사회
② 공동 목표를 위해 협조하는 사회
③ 힘의 원리가 지배하는 사회
④ 통일된 통제기구가 없는 사회

6 홉스, 로크, 루소의 사회 계약설의 공통점을 모두 고른 것은?

> ㉠ 인간은 본성적으로 선한 존재이다.
> ㉡ 국가는 만악(萬惡)의 근원이다.
> ㉢ 국가의 권력은 시민들의 자발적인 계약에서 유래한다.
> ㉣ 자연 상태만으로는 인간의 필요를 충분히 충족시킬 수 없다.
> ㉤ 국가 권력에 대한 제한적 성격을 띤다.
> ㉥ 인간은 태어나면서부터 당연히 자연법상의 권리를 가지고 있다.

① ㉠㉡㉢㉣   ② ㉠㉢㉤㉥
③ ㉡㉣㉤㉥   ④ ㉢㉣㉤㉥

7 다수결에 대한 설명으로 옳은 것은?

> ㉮ 의사 결정 과정에서 개개인의 의사는 동등한 권리와 가치를 갖는다.
> ㉯ 표결의 승리는 절차의 정당성보다 결과적 정당성의 확보를 의미하므로 그 결과를 중요시해야 한다.
> ㉰ 다수결에 따른 결정으로 기본권 침해도 얼마든지 가능하다.
> ㉱ 과학적 진리 여부에 대한 판단도 다수결이 적용될 수 있다.
> ㉲ 소수의견 존중을 전제로 하지 않을 때 다수의 횡포, 중우정치로 전락할 우려가 있다.

① ㉮㉯   ② ㉮㉲
③ ㉯㉱   ④ ㉰㉲

8 다음의 법 조항이 명시하고 있는 원칙과 그 원칙이 보호하고자 하는 것은?

> • 헌법 제12조 ⑤ 「누구든지 체포 또는 구속의 이유와 변호인의 조력을 받을 권리가 있음을 고지받지 아니하고는 체포 또는 구속을 당하지 아니한다. 체포 또는 구속을 당한 자의 가족등 법률이 정하는 자에게는 그 이유와 일시·장소가 지체없이 통지되어야 한다.」
> • 형사소송법 제72조(구속과 이유의 고지) 「피고인에 대하여 범죄사실의 요지, 구속의 이유와 변호인을 선임할 수 있음을 말하고 변명할 기회를 준 후가 아니면 구속할 수 없다.」

① 미란다 원칙 – 사생활의 비밀과 불가침
② 미란다 원칙 – 신체의 자유
③ 무죄 추정의 원칙 – 사생활의 비밀과 불가침
④ 무죄 추정의 원칙 – 신체의 자유

9 다음 내용 중에서 밑줄 친 부분에 해당하는 속담은?

> 주말에 큰 비가 올 것이라는 일기 예보를 듣고 영화표를 예매(단, 영화표는 환불되지 않음)하였는데 일기 예보와는 달리 주말의 날씨가 화창하였다. 이러한 상황에서 영화를 볼 것인가 등산을 갈 것인가를 놓고 선택할 때, <u>이미 지출한 영화표 구입비</u>는 고려사항이 되어서는 안 된다.

① '바다는 메워도 사람 욕심은 못 메운다.'　② '열번 재고 가위질은 한번 하라'
③ '산토끼 잡으려다 집토끼 놓친다.'　④ '이미 엎질러진 물'

10 다음 표는 A재와 B재의 가격 변동률과 수요량의 변동률을 나타낸 것이다. 이에 대한 설명으로 옳은 것은?

재화	가격	수요
A재	10% 인상	15% 감소
B재	15% 하락	10% 증가

① A재 가격 하락으로 기업의 수입이 증가한다.
② B재 가격 하락으로 기업의 수입이 증가한다.
③ A재는 소비에서 차지하는 비중이 작은 재화일 것이다.
④ B재는 대체재가 많이 존재하는 재화일 것이다.

11 다음과 같은 현상이 나타났을 때, 일반적으로 정상재인 경우 수요와 공급의 균형점은 어느 방향으로 이동하겠는가?

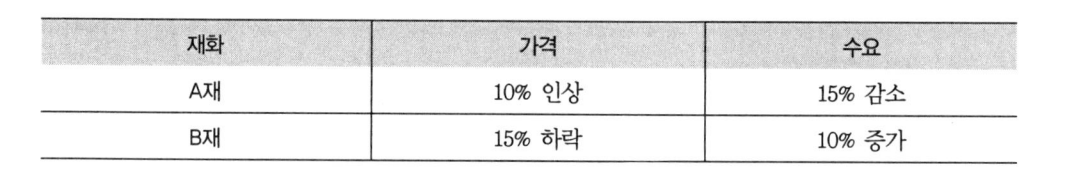

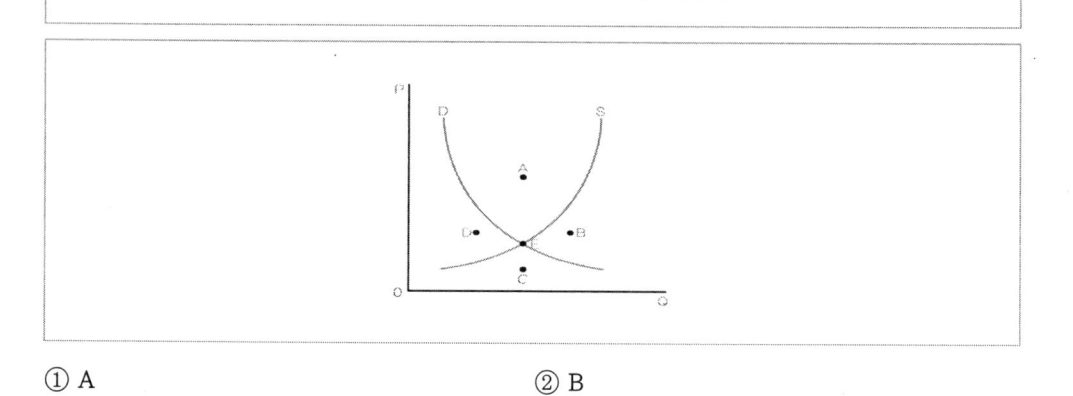

① A　　　　　② B
③ C　　　　　④ D

12 다음과 같은 거래의 영향을 받는 우리나라 국제 수지표의 항목과 변동 방향은?

> • 외국에 차관을 제공하였고, 그 이자를 받았다.

① 상품 수지(+), 자본계정(+)
② 이전소득 수지(+), 자본 계정(−)
③ 서비스 수지(+), 금융 계정(+)
④ 본원 소득 수지(+), 금융 계정(−)

13 다음의 글에 대한 설명으로 옳지 않은 것은?

> 화학제품을 생산하는 공장에서 발생한 폐수나 매연으로 인해 주위의 공기와 하천이 오염되었다.

① 시장실패 현상의 사례이다.
② 사회적 비용은 사적 비용보다 적다.
③ 제품의 시장 균형 거래량이 사회적 최적 거래량보다 많다.
④ 제품의 시장 균형 가격이 사회적 최적 가격보다 낮다.

14 A는 회사원이었다. A는 직장을 그만두고 조그만 식당을 시작했다. A가 회사를 그만두고 1년 동안 식당을 시작한 것이 합리적인 선택이 되기 위해서는 1년간 총수입이 얼마가 되어야 하는가?

> • A가 이전 직장에서 받았던 연봉이 3천만 원이었다.
> • 1년간 임대료 1,200만 원, 종업원 인건비 1,800만 원, 재료비 4,000만 원, 기타 비용 500만 원으로 총비용이 7천 500만 원이었다.

① 1,800만 원 이상
② 3,000만 원 이상
③ 7,500만 원 이상
④ 1억 500만 원 이상

15 다음 (가)와 (나)에 알맞은 사회학적 개념은?

> (가) 회사원 A는 오늘 아들의 생일이어서 가족과 함께 외식하기로 계획했으나, 갑자기 회사에 급한 일이 생겨서 고민하고 있다.
> (나) 영업팀장 B는 영업팀원들의 고충도 들어주면서 좋은 인간관계를 맺고 싶지만, 영업 실적을 높이기 위해서 인정사정없이 팀원들을 다그칠 때도 있다.

① (가) 역할 모순 (나) 역할 긴장   ② (가) 역할 긴장 (나) 역할 모순
③ (가) 역할 긴장 (나) 역할 갈등   ④ (가) 역할 모순 (나) 역할 모순

16 다음 내용과 관련이 있는 문화의 속성은?

> • 경제의 고도성장은 인구의 도시 집중, 전통적인 사회조직의 변화, 교육제도, 가치관의 변화 등 우리 문화의 구석구석까지 중대한 영향을 주었다.
> • 피임약이 발명되자 자녀수가 점차 줄어들면서 가족의 규모도 작아지게 되었고, 활발한 여성의 사회활동은 남녀평등에 기여하였다.

① 공유성   ② 학습성
③ 축적성   ④ 전체성

17 다음 사례에 나타난 사회 이동의 유형을 모두 고른 것은?

> 가난한 농부의 아들로 태어난 갑은 어려서부터 신문배달을 하면서 고생을 겪었으나 자수성가하여 대기업의 사장이 되었다.

> ㉠ 수평 이동   ㉡ 수직 이동
> ㉢ 세대 내 이동   ㉣ 세대 간 이동
> ㉤ 개인적 이동   ㉥ 구조적 이동

① ㉠㉢㉥   ② ㉡㉢㉣
③ ㉡㉢㉣㉤   ④ ㉠㉣㉤㉥

18 다음에 해당하는 집단에 대한 설명으로 옳은 것은?

> (가) 구성원 간의 대면접촉과 친밀감을 바탕으로 결합된 집단
> (나) 구성원 간의 간접적 접촉과 목적 달성을 위한 수단적 만남을 바탕으로 한 집단

① (가)는 개인의 인성형성과 자아형성에 근원적인 영향을 준다.
② 회사, 학교는 (가)의 예이다.
③ 현대사회에는 (나)보다 (가)의 비중이 높아지고 있다.
④ (가)와 (나)의 구분이 대체로 명료하다.

19 다음 내용과 관계있는 연구 방법에 대한 설명으로 옳은 것은?

> • 연구 방법 A : '재화의 가격이 내리면 수요량은 증가한다.'는 가설을 검증하는 것
> • 연구 방법 B : '열 길 물속은 알아도 한 길 사람 속은 모른다.'는 속담이 강조하는 것

① A는 방법론적 일원론에 근거한다.
② B는 통계적 방법을 이용한다.
③ B는 법칙 발견이 용이하다.
④ B는 가설 검증의 과정을 거친다.

20 (가), (나)에 해당하는 사회 · 문화 현상을 이해하는 관점을 바르게 설명하고 있는 것은?

> (가) 사회 구성 요소가 주어진 기능을 다하지 못했을 때 갈등과 사회문제가 발생하는 것으로 본다.
> (나) 갈등과 사회문제는 어느 시대나 사회에서 희소가치가 한정되어 있어 불가피하게 나타나는 보편적 현상으로 본다.

① (가) (나) 모두 사회 현상을 개인적인 차원에서 연구하는 관점이다.
② (가)는 인간 사회에는 사회적 희소가치를 둘러싸고 지배집단과 피지배집단 간에 항상 갈등과 대립관계가 존재한다.
③ (나)는 사회 변동을 부정적으로 보는 보수주의적 관점이다.
④ (가)는 급격한 사회변동을 설명하지 못한다.

제2회 모의고사

해설 p.311

1 다음 그림은 경기의 순환 국면에 관한 자료이다. A시점에서 정부가 취해야 할 정책으로 적절하지 않은 것은?

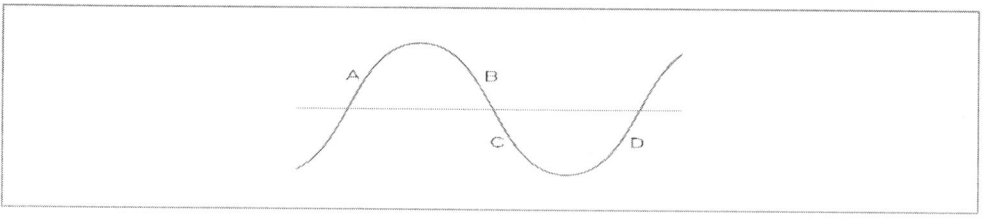

① 사회 복지 지출을 줄인다.
② 세원을 잘 포착하여 조세 수입을 늘린다.
③ 정부가 직접 시행하는 공공 투자를 확대한다.
④ 정부는 흑자 예산을 편성하여 긴축 정책을 편다.

2 공급의 가격 탄력성에 대한 설명으로 옳은 것은?

① 생산 기간이 짧을수록, 보관이 용이할수록 탄력적이 된다.
② 측정의 단위기간이 대체로 장기보다 단기일수록 공급의 가격 탄력성이 높다.
③ 유휴생산시설이 많을수록 공급의 가격탄력성이 커진다.
④ 일반적으로 공급의 가격 탄력성의 크기순서는 '농산물-수산물-공산품' 순이다.

3 다음 두 프로젝트 중에서 갑은 (A)프로젝트에 투자하기로 하였다. 갑의 결정이 합리적 선택이 되려면 (A)프로젝트 투자자금 2,000만 원에 대한 연간 예상 수익은 얼마가 되어야 하는가? (갑은 현재 1,000만 원을 가지고 있고, 프로젝트 기간은 1년임)

- (A)프로젝트 : 투자자금 2,000만 원이 소요되고, 부족한 돈은 연 4%의 금리로 은행에서 대출받을 수 있다.
- (B)프로젝트 : 투자자금 1,000만 원이 소요되고, 연 10%의 수익이 예상된다.

---

① 40만 원 이상   ② 100만 원 이상
③ 140만 원 이상   ④ 1,000만 원 이상

4 다음의 그림에서 A에 해당하는 것을 모두 고르면?

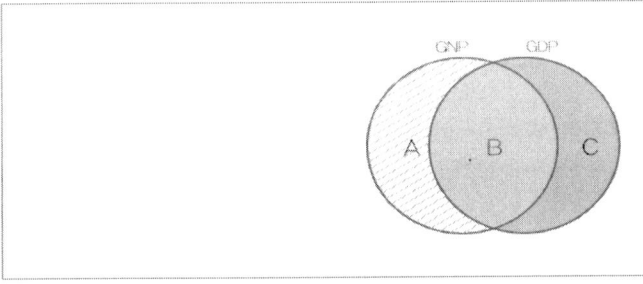

㉠ 한국 야구선수가 미국에서 선수 생활을 하면서 벌어들인 수입
㉡ 미국 기업이 한국지사에서 벌어들인 수입
㉢ 한국 가수가 일본 공연에서 벌어들인 수입
㉣ 불법체류자인 조선족 남성이 한국 공사장에서 벌어들인 노임
㉤ 한국에 유학 온 필리핀 학생이 한국의 편의점에서 아르바이트를 하고 받은 임금

---

① ㉠㉡   ② ㉡㉣㉤
③ ㉢㉣   ④ ㉠㉢

5 다음과 같은 경제 상황일 때 이를 해소하기 위한 대책과 거리가 먼 것은?

> • 십분위분배율은 작아지고 있다.
> • 지니 계수가 커지고 있다.

① 최저임금을 보장한다.
② 사회보장제도를 확충한다.
③ 직접세 비율을 높인다.
④ 성장위주의 경제정책

6 환율의 인상이 국내 물가에 미치는 영향을 수출과 관련하여 바르게 나타낸 것은?

① 환율 인상→ 수출 증가 → 통화량 증가 → 물가 상승
② 환율 인상→ 수출 증가 → 통화량 증가 → 물가 하락
③ 환율 인상→ 수출 증가 → 통화량 감소 → 물가 상승
④ 환율 인상→ 수출 감소 → 통화량 증가 → 물가 상승

7 다음 문화 변동의 양상에 대한 사례로 옳은 것은?

> ㉠ 문화 공존
> ㉡ 문화 동화
> ㉢ 문화 융합
> ㉣ 문화 저항

① ㉠ – 일제 강점기 때 조선어학회 사건
② ㉡ – 한국에 사는 중국인들이 차이나타운에서 그들 고유의 문화를 유지하며 생활하고 있는 것
③ ㉢ – 우리 토속 신앙과 불교가 결합한 칠성각과 산신각
④ ㉣ – 미국의 인디언들은 고유의 문화를 잃어버리고 백인 문화에 흡수되어 오늘날 미국에서 인디언 문화를 찾아보기 어려운 현실

8 현대 산업 사회에서는 가족의 기능이 많이 약화되고 있다. 그러나 여전히 가족의 필수적 기능으로 남아 있는 것은?

① 생산과 소비의 주체, 기초 사회화 기능
② 기초 사회화, 양육과 보호 기능
③ 사회 성원의 재생산, 기초 사회화 기능
④ 오락적 기능, 양육과 보호

9 다음 계층 구조에 대한 설명으로 옳지 않은 것은?

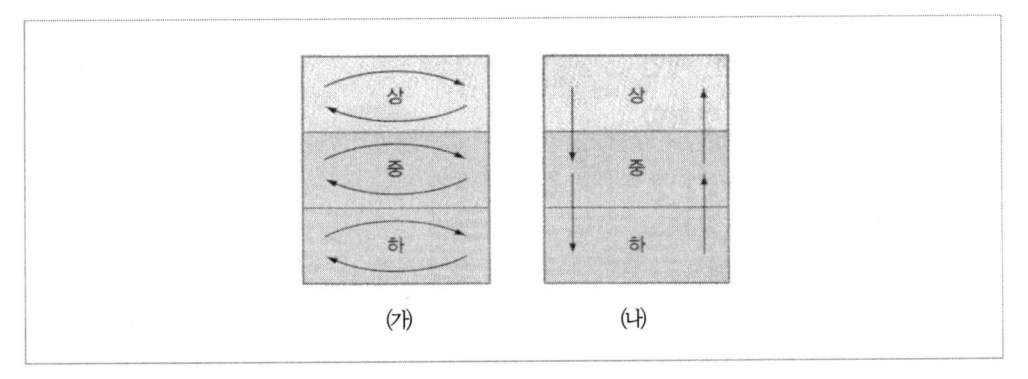

① (개)와 (내)는 계층 구성원의 비율에 따른 구분이다.
② (개)는 세대간의 이동은 주로 세습의 형태를 보인다.
③ 현대 산업 사회의 주요 계층구조는 (내)이다.
④ 수평 이동은 (개)와 (내) 양쪽 모두에서 허용된다.

10 다음 사례에서 문화 인식 태도에 대한 설명으로 옳지 않은 것은?

> (개) 인도에서 소를 신성시하여 잡아먹지 않는 문화가 있다. 소가 농경생활에 유용하기 때문에 소를 식량으로 소비하는 것을 금기시할 필요가 있어 소를 숭배하는 문화가 나타난 것이다.
> (내) 유럽인 신부들은 옷을 전혀 입지 않고 생활하는 자파테크 족에게 서유럽식 복식을 강요하였다. 그 결과 기온이 높고 습기가 많은 이 지경의 기후 때문에 원주민들이 피부병에 걸렸고, 또 몸에 계층을 표시하는 장식을 할 수가 없어 사회 질서의 문란이 나타났다.

① (개), (내)의 현상을 총체론적 관점에서 이해해야 한다.
② (개), (내)에서 문화 상대주의적인 태도를 가져야 한다.
③ (내)에서 신부의 태도는 문화사대주의에 해당한다.
④ (내)에서 신부들은 문화의 상대성을 인정하지 않았다.

11 사회 변동에 관한 다음 내용의 관점에 부합되는 진술이 아닌 것은?

> 사회를 살아있는 유기체에 비유하고, 사회도 진화할수록 복잡성이 증가하고 생존가치가 더 높아진다고 본다.

① 사회는 일정한 방향으로 진보하기 마련이다.
② 사회 변동은 바람직한 것이다.
③ 현재 사회는 과거보다 더 나은 사회이며 더 발전된 사회이다.
④ 사회는 특정한 방향성이 없이 탄생, 성장, 쇠퇴의 과정을 되풀이 한다.

12 다음의 헌법 규정들에서 도출되는 원리가 추구하는 궁극적인 목적으로 가장 적절한 것은?

> • 입법권은 국회에 속한다.(헌법 제40조)
> • 행정권은 대통령을 수반으로 하는 정부에 속한다.(헌법 제 66조 ④항)
> • 사법권은 법관으로 구성된 법원에 속한다.(헌법 제101조 ①항)

① 권력 남용 방지   ② 국민의 자유와 권리 보장
③ 직접민주주의 실현   ④ 효율성과 능률성의 극대화

13 다음의 정치형태를 채택하는 이유와 그 특징으로 거리가 먼 것은?

> 국민이 선출한 대표자가 국민들을 대신하여 국가 의사를 결정하게 하는 정치 형태. 오늘날 대부분의 국가에서는 보통선거를 그 바탕으로 하고 있다.

> ㉠ 정책 결정의 효율성 증대, 시간과 비용 절약
> ㉡ 전문적 지식을 가진 대표들의 효율적인 국가정책 결정
> ㉢ 국민 의사의 과대한 표출 방지
> ㉣ 국민의 통제 용이, 권력남용 방지
> ㉤ 중우정치의 발생 가능성 감소

① ㉠㉡㉣   ② ㉠㉢㉤
③ ㉡㉣   ④ ㉣㉤

14 정부 형태에 대한 질문과 답이 다음과 같을 때 나타날 수 있는 현상과 거리가 먼 것은?

> • 국민에 의해 선출된 의회에서 정부를 구성했습니까?
>   ↓예
> • 제1당이 과반수를 차지했습니까? → 아니오

① 연립내각이 구성될 것이다.
② 정국의 불안정을 가져오게 된다.
③ 다수당의 횡포를 견제하기 곤란할 것이다.
④ 책임 소재가 불분명한 정부가 구성될 수 있다.

15 다음은 헌법 재판소의 판결이다. (A)에 해당하는 민주 선거의 원칙은?

> '국회의원 선거구간의 인구 편차가 너무 크면 국민 한 사람의 투표가치가 선거구에 따라 크게 달라
> 헌법의 (A)정신에 어긋난다'

① 보통 선거   ② 평등 선거
③ 직접 선거   ④ 비밀 선거

16 다음에서 설명하는 헌법 원리를 실현하기 위한 내용과 관련이 먼 것을 모두 고르면?

> 제 1, 2차 세계 대전을 경험한 세계 각국의 헌법들은 예외 없이 평화주의와 국제 질서를 존중하는
> 규정을 두고 있다.

> ㉠ 우리나라는 모든 전쟁을 부인한다.
> ㉡ 국제 구호활동에 참여한다.
> ㉢ 외국인의 지위를 보장한다.
> ㉣ 국제법의 효력을 인정한다.
> ㉤ 저개발국의 빈곤을 해결하기 위해 노력한다.

① ㉠   ② ㉠㉡㉤
③ ㉡㉤   ④ ㉡㉢㉣

17 다음 글에서 (A)에 해당하는 내용과 거리가 먼 것은?

> 개인주의, 자유주의 사상에 기초한 근대 민법의 원리는 자본주의 발전에는 커다란 원동력이 되었으나, 자본주의 발전에 따라 부의 불평등, 계약 불평등, 노사대립 문제 등 각종 병폐가 나타났다. 현대 사회에서는 이러한 문제를 해소하고, 경제적 약자에 대한 배려를 통해 실질적 자유와 평등을 구현하기 위하여 (A)근대 민법 원칙에 수정이 가하여지게 되었다.

① 소유권의 행사는 공공복리에 적합하도록 이루어져야 한다.
② 계약 내용이 사회질서에 반하거나 지나치게 공정성을 잃어서는 안 된다.
③ 남에게 손해를 끼쳤을 때 고의나 과실이 없는 경우에도 일정한 상황에서는 관계있는 자에게 책임을 물을 수 있다.
④ 오늘날 각국은 무과실 책임을 원칙으로 하고 예외적으로 과실 책임을 인정하고 있다.

18 다음 사례에 대한 설명으로 옳은 것은?

> 10세인 (A)아들이 장난을 치다가 타인을 다치게 한 경우 (B)부모들이 피해자가 입은 손해를 배상할 책임이 있다.

① 특수한 불법 행위에 해당한다.
② 가해자 (A)도 배상 책임을 진다.
③ (B)는 사용자의 배상책임을 진다.
④ 모든 미성년자가 책임 무능력자이다.

19 우리나라에서 시행되고 있는 국민 참여 재판에 대한 설명으로 옳은 것은?

① 배심원은 희망자에 한하여 선정하고, 피고인의 양형을 결정한다.
② 민·형사 재판에 적용한다.
③ 법관의 판결 부담을 줄이고 효율성을 증대시키기 위해 도입되었다.
④ 재판부는 배심원의 평결과 다른 선고를 하는 경우 판결서에 이유를 기재하여야 한다.

20 다음 사례에 대한 설명으로 옳지 않은 것을 모두 고른 것은?

16세인 지섭이가 패스트푸드점에서 알바를 하려고 한다.

㉠ 지섭이가 직접 부모 동의 없이 근로계약을 체결할 수 있다.
㉡ 근로 계약은 부모님이 직접 사업주와 만나서 체결해야 한다.
㉢ 패스트푸드점 주인은 임금을 부모에게 지급해도 된다.
㉣ 지섭이의 동의만으로 연장 근로를 하게 할 수 있다.
㉤ 하루 최대 8시간 이내에서 근로하도록 할 수 있다.

① ㉠㉡㉢
② ㉡㉢㉣
③ ㉡㉤
④ ㉢㉣

제3회 모의고사

해설 p.318

1 다음 내용 중 설명이 잘못된 것은?

> ㉠중국음식점에 고용된 ㉡주방장 갑은 새로 개발한 ㉢요리를 판매하여 이달 매상이 부쩍 늘었다. 중국음식점 사장은 ㉣갑의 급여를 인상해주었다.

① ㉠은 경제객체이다.
② ㉡은 경제주체이다.
③ ㉢은 경제활동의 대상이다.
④ ㉣은 요소 소득에 해당한다.

2 다음의 '3가지 경제문제의 해결 기준으로 옳은 것은?

> 〈3가지 경제문제〉
>
> (개) 무엇을 생산할 것인가?
> (내) 어떻게 생산할 것인가?
> (대) 누구에게 분배할까?

① (개) – 형평성   (내) – 효율성   (대) – 효율성과 형평성
② (개) – 형평성   (내) – 형평성   (대) – 효율성
③ (개) – 효율성   (내) – 효율성   (대) – 효율성과 형평성
④ (개) – 형평성   (내) – 효율성   (대) – 형평성

3 다음 내용에 대한 설명으로 옳지 않은 것은?

> 보통 돼지 한 마리의 부위별 비중을 보면 삼겹살 17%로 목살 9%보다 높다고 한다. 그런데 우리나라 사람들은 특히 삼겹살 부위를 선호하여 국내에서 삼겹살이 목살보다 더 비싸게 팔린다.

① 삼겹살이 목살보다 희귀성이 더 큰 재화이다.
② 재화의 가격은 재화의 상대적인 희소성에 의해 결정된다.
③ 희소성은 재화의 존재량과 욕구와의 관계에서 상대적으로 결정된다.
④ 재화의 존재량이 많더라도 사람들이 원하는 사람들이 더 많으면 희소성이 있다고 할 수 있다.

4 다음의 표는 같은 비용을 투자하여 의류와 음식을 생산했을 때 갑국과 을국이 생산 가능한 A재와 B재의 최대 생산량을 나타낸 것이다. 이에 대하여 옳지 않은 설명은?

구분	갑국	을국
의류	4단위	3단위
음식	12단위	6단위

① 갑국이 의류, 음식 생산 모두에서 절대우위를 가지고 있다.
② 의류 1단위 생산의 기회비용은 갑국이 을국보다 높다.
③ 갑국은 의류를, 을국은 음식을 특화, 생산하는 것이 유리하다.
④ 음식 1단위와 의류 1/3단위 이상, 의류 1/2단위 이하를 교환하는 경우 두 나라 모두 무역의 이익을 얻을 수 있다.

5 다음은 우리나라의 경제 운용에 관한 헌법 조항의 일부이다. 이에 대한 진술로 적절하지 않은 것은?

> • 제119조 제1항 : 대한민국의 경제 질서는 개인과 기업의 경제상의 자유와 창의를 존중함을 기본으로 한다.
> • 제119조 제2항 : 국가는 균형 있는 국민 경제의 성장 및 인정과 적정한 소득의 분배를 유지하고, 시장의 지배와 경제력의 남용을 방지하며 경제 주체간의 조화를 통한 경제의 민주화를 위하여 경제에 관한 규제와 조정을 할 수 있다.

① 혼합 경제 체제를 도입하고 있다.
② 전체적으로 '최소의 정치가 최선의 정치'라는 견해가 확고하게 규정되었다.
③ 정치의 기능이 복잡해지고 대규모화한 행정 국가의 역할을 규정하고 있다.
④ 각 개인은 스스로의 행복을 추구하는 최선의 능력을 가지고 있다는 신념에 근거하고 있다.

6 다음은 어떤 경제학자가 제창한 가설을 그림으로 나타낸 것이다. 이 그림에 대한 해석으로 적절한 것을 모두 고른 것은?

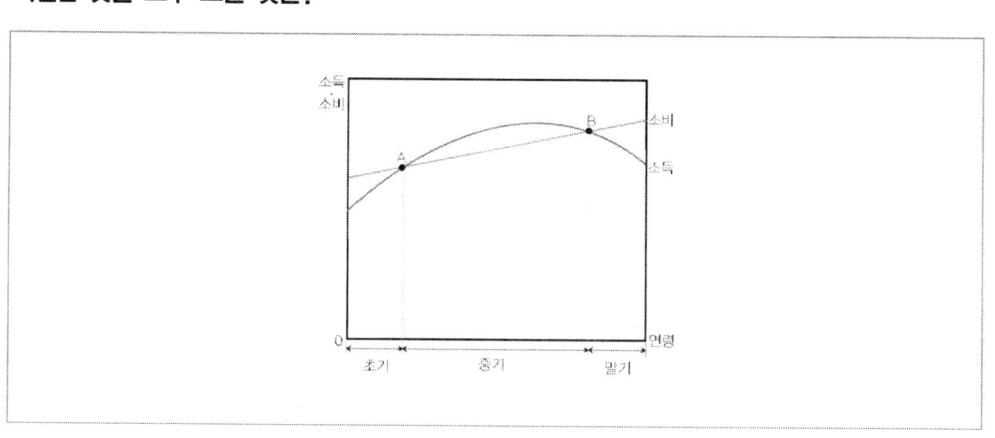

○ 연령이 많을수록 소득이 증가한다.
○ 생애초기에는 연령이 많아질수록 저축액은 감소한다.
○ 소비성향이 상대적으로 낮은 시기는 생애초기이다.
○ 저축을 할 수 있는 시기는 생애 중기이다.
○ A점과 B점의 저축 성향은 모두 영(0)이다.

① ㉠㉡   ② ㉠㉣
③ ㉡㉢   ④ ㉣㉤

7 다음의 자료 수집 방법에 대한 설명으로 옳지 않은 것은?

(가) 질문지법
(나) 면접법
(다) 참여 관찰법
(라) 실험법
(마) 문헌 연구법

① 조사자의 편견 개입 가능성이 높다는 단점이 있는 것은 (나), (다), (마)이다.
② (가), (마)는 시간과 비용이 절약된다는 장점이 있다.
③ (가), (라)는 주로 해석적 연구에 쓰인다.
④ (나), (다)는 심층있는 자료 수집이 가능하다는 장점이 있다.

8 다음 A~C에 해당하는 사회화 기관으로 연결이 옳은 것은?

> • 사회화를 목적으로 하는가? → 예 (A)
> 　　　　↓아니오
> • 기초적인 사회화를 담당하는가? → 예 (B)
> 　　　　↓아니오
> 　　　　(C)

① (A) 학교　　　　　　(B) 또래집단　　　　(C) 대중매체
② (A) 직업훈련소　　　(B) 동아리　　　　　(C) 가족
③ (A) 가족　　　　　　(B) 또래집단　　　　(C) 동아리
④ (A) 가족　　　　　　(B) 직업훈련소　　　(C) 대중매체

9 다음 내용은 무엇에 대한 설명인가?

> ㉠ 의학의 발달로 인한 평균 수명의 연장으로 노인 인구가 현저하게 증가하고 있으나 노인들 개개
> 　인의 노후 대책과 노인 복지 제도는 제대로 마련되어 있지 않은 경우
> ㉡ 선진국에서 발전된 이념이나 지식이 후진국이나 개발도상국에 먼저 도입되어 교육을 통해 보급
> 　되었는데, 이를 지원하는 기술 체계가 미처 정립되지 못해서 사회적인 혼란이 야기되는 경우

① ㉠ 문화 지체 – ㉡ 문화 지체　　　　② ㉠ 문화 접변 – ㉡ 문화 변동
③ ㉠ 기술 지체 – ㉡ 문화 접변　　　　④ ㉠ 문화 지체 – ㉡ 기술 지체

10 다음 가족의 기능에 대한 설명으로 옳지 않은 것은?

> ㈎ 재생산 기능　　㈏ 사회화 기능　　㈐ 경제적 기능　　㈑ 사회 보장 기능

① ㈎ : 사회의 영속성을 유지시키는 본질적 기능이다.
② ㈏ : 학교와 대중 매체가 많은 부분을 담당하여 가족의 기능으로서는 약화되었다.
③ ㈐ : 오늘날 가족의 생산기능은 거의 상실하였다.
④ ㈑ : 사회보장의 책임 주체가 국가에서 가족으로 이전하였다.

11 계층과 계급 이론에 대한 설명으로 옳은 것은?

① 베버의 계층이론과 마르크스의 계급이론에서 공통된 구분 기준은 경제적 요인이다.

② 계층보다 계급이 현대 사회의 다양한 불평등 현상을 설명하는 데 용이하다.

③ 계급 간에는 연속성을 보이지만 계층은 불연속적 분포를 보인다.

④ 복지 정책이 강화되면 사회 계층 현상은 사라질 것이다.

12 다음은 제1차 세계 대전 종료와 함께 제정된 1919년 독일 바이마르 헌법 제151조 ①항을 나타낸 것이다. 이와 같은 헌법 조항을 신설함으로써 등장하는 국가관과 거리가 먼 것을 모두 고른 것은?

> 경제생활의 질서는 모든 사람에게 인간다운 생활을 보장할 목적으로서 정의의 원칙에 부합되어야 하며, 이 한계 내에서 개인의 경제적 자유는 확보되어야 한다.

> ㉠ 정부의 권력은 작으면 작을수록 좋다.
> ㉡ 사회권 보장을 위해서 자유권이 제한될 수 있다.
> ㉢ 개인의 노력으로는 사회적 약자의 생존권을 제대로 보장할 수 없다.
> ㉣ 법 앞에서의 평등을 보장하는 것은 사회적 불평등 문제를 해결하기 위한 필요충분조건이다.
> ㉤ 정부 개입의 확대로 국민의 기본권 침해 문제가 발생하기도 하였다.

① ㉠㉡   ② ㉠㉣

③ ㉡㉢   ④ ㉢㉤

13 다음 (A)와 (B)에 대하여 옳은 설명은?

> (A) 미국은 건국 초기에 헌법 해독 능력, 영어 독서 능력, 작문 능력 등을 선거권 부여 조건으로 설정하였다.
> (B) 1922년까지 벨기에 선거법에서는 일정액 이상의 세금을 낸 사람, 일정 교육수준의 사람에게는 2~3표의 투표권을 주었다.

① (A)는 평등 선거의 원칙 위반이다.

② (A)는 차등 선거이다.

③ (B)는 1인 1표의 원칙에 위반된다.

④ (B)는 제한 선거이다.

14 다음 중 정당과 이익 집단의 공통적인 속성에 해당되는 것만을 모두 고른 것은?

> ㉠ 정부의 정책에 압력을 행사한다.   ㉡ 정책의 실패에 정치적 책임을 진다.
>
> ㉢ 국민 여론을 형성하고 유도한다.   ㉣ 모든 정치적 문제에 관심을 가진다.

① ㉠㉡   ② ㉡㉢

③ ㉢㉣   ④ ㉠㉢

15 다음은 등기부의 일부이다. 이에 대한 설명으로 옳은 것은?

			【갑구】	
순위번호	등기목적	접수	등기원인	권리자 및 기타사항
1	소유권 보존	1999.3.7		소유자 김길동 490421-000000000시 00구 00동 00
2	소유권 이전	2005.2.1	2005.1.25 매매	소유자 임거정 591120-000000000시 00구 00동 00

① 갑구에 소유권의 변동이 나타나 있다.

② 현재의 소유권자는 김길동이다.

③ 임거정이가 매도인이다.

④ 소유권 변동의 효력은 2005. 1. 25에 발생하였다.

16 다음 형사 소송 절차에 대하여 옳지 않은 설명을 모두 고른 것은?

> 수사 ──→ 공판 ──→ 집행
>   (가)   (나)

> ㉠ (가) 단계에서 검사는 원칙적으로 기소권을 독점한다.
>
> ㉡ (가) 단계에서 검사는 기소 유예 처분을 내릴 수 있다.
>
> ㉢ 구속된 피고인은 (가) 이후에는 언제든지 구속 적부 심사를 청구할 수 있다.
>
> ㉣ (나)에 대해 이의가 있을 때는 검사와 피고인은 상소할 수 있다.
>
> ㉤ 검사의 불기소 처분을 받은 사람은 형사보상청구권을 가진다.

① ㉠㉣   ② ㉡㉢

③ ㉢㉤   ④ ㉣㉤

17 다음 행정심판에 대한 내용으로 옳은 것을 모두 고른 것은?

> ㉮ 스스로 잘못을 시정하는 기회가 된다.
> ㉯ 행정기관의 전문적 지식을 활용하고, 시간과 비용을 절약할 수 있다.
> ㉰ 사법국가주의를 실현하고자 한다.
> ㉱ 사전 구제 절차이다.

① ㉮㉯

② ㉮㉰

③ ㉯㉱

④ ㉰㉱

18 다음 헌법 조항이 의미하는 바와 일치하지 않는 것은?

> (A) 헌법 제10조 모든 국민은 인간으로서의 존엄과 가치를 가지며, 행복을 추구할 권리를 가진다. 국가는 개인이 가지는 불가침의 기본적 인권을 확인하고 이를 보장할 의무를 진다.
> (B) 헌법 제37조 ② 국민의 모든 자유와 권리는 국가 안전 보장, 질서 유지 또는 공공 복리를 위하여 필요한 경우에 한하여 법률로써 제한할 수 있으며, 제한하는 경우에도 자유와 권리의 본질적인 내용을 침해할 수 없다.

① (A)에 의하면 개인의 기본권은 천부적인 권리이다.

② (A)에 의하면 개인의 인권은 국가보다 우선한다.

③ (B)에 의하면 개인의 기본권은 실정법상의 권리이다.

④ (A)와 (B)에 의할 때 국가에 의한 기본권 제한을 할 수 없다고 해석된다.

19 (가)와 (나)의 집단에 대한 설명으로 옳은 것은?

> (가) 대한 변호사 협회, 전국 경제인 연합회, 대한 의사 협회
> (나) 참여 연대, 환경 운동 연합, 경실련

① (가)는 정책 결정 과정의 공식적 참여자이나, (나)는 비공식적 참여자이다.

② (가) (나) 모두 대의 정치의 한계를 보완한다.

③ (가)는 정치적 책임을 지지 않지만 (나)는 정치적 책임을 진다.

④ (가) (나) 모두 집단의 이익을 추구한다.

20 다음 자료에 관한 설명으로 옳은 것을 모두 고른 것은?

> 대법원은 ㉠ ㅁㅁ도 의회가 제정한 자치법규가 ㉡ 한·칠레 FTA(대한민국정부와 칠레공화국 간의
> 자유 무역 협정) ○○조에 위반된다고 판시하였다.

> ㉮ ㉠은 규칙을 의미한다.
> ㉯ ㉠은 법령에 위반되지 않아야 한다.
> ㉰ ㉡은 국내법과 같은 효력을 가진다.
> ㉱ ㉠은 ㉡에 우선하는 효력을 가진다.

① ㉮㉯   ② ㉮㉰

③ ㉯㉰   ④ ㉯㉱

제1회

1.④	2.①	3.③	4.②	5.②	6.④	7.②	8.②	9.④	10.①
11.②	12.④	13.②	14.④	15.①	16.④	17.③	18.①	19.①	20.④

1 우리나라 정부형태는 대통령제를 기본으로 하면서 내각제적 요소를 부분적으로 도입하고 있다.

㉠ '공무원은 국민 전체에 대한 봉사자이며, 국민에 대하여 책임을 진다'(헌법 제7조 ①항). 이것은 민주 국가에서 공무원의 헌법상 지위를 규정한 것으로, 의원 내각제의 요소(특징)라 할 수 없다.

㉡ 국회에서 법률안 제안, 의결하는 것은 의원 내각제, 대통령제 불문하고 민주국가에서 국회의 고유기 능이다.

㉢ 대통령의 법률안 거부권은 대통령제의 특징이다.

※ 우리나라 헌법 내용 중에서 의원 내각제의 요소
　ⓐ 행정부의 법률안 제안권
　ⓑ 국회의원의 국무위원(장관) 겸직 가능
　ⓒ 국회의 국무총리 및 국무위원에 대한 해임건의권
　ⓓ 국무총리 · 국무위원의 국회출석 발언권
　ⓔ 국무총리 · 국무위원에 대한 국회출석 요구 및 질문권
　ⓕ 대통령의 임시국회소집 요구권
　ⓖ 국무회의, 국무총리제

2 ㉢㉣ 국가에 의한 자유는 사회권의 형태로 보장되며, 20세기 현대 복지 국가에서 등장한 현대적 권리이다.

㉠ 자유 의미의 변천은 ㈏자유권 → ㈐참정권 → ㈎사회권 순이다.

㉡ ㈐ 국가에(로)의 자유는 국가의 의사결정에 참여할 수 있는 적극적 권리이고, 참정권의 보장을 통해 실현된다.

※ 자유 의미의 변천

국가로부터 자유	국가에(로)의 자유	국가에 의한 자유
• 외부로부터의 구속이나 강제를 받지 않을 자유 • 자유권(좁은 의미의 자유권)	• 공동체나 국가운영에 참여할 수 있는 자유 • 참정권	• 국가에 대해 인간다운 생활을 요구할 수 있는 자유 • 사회권(생활권, 생존권)
소극적 의미의 자유(18세기)	적극적 의미의 자유(19세기)	적극적 의미의 자유(20세기)
신체 · 양심 · 종교의 자유, 재산 권의 보장 등	선거권, 국민투표권, 공무 담임 권 및 피선거권 등	교육 · 근로 · 노동자의 권리, 사 회 보장을 받을 권리 등

3 부동산에 대한 권리 변동은 등기부상에 등기함으로써 법적 효력이 발생한다. 따라서 소유권이 갑에게서 을에게로 이전되는 시기는 소유권이전 등기를 한 날이다.

※ 공시의 방법

부동산	등기 −등기부에 공적 장부에 일정한 권리관계를 기재
동산	점유(占有) − 물건을 갖고 있는 것, 사실상 지배
동산에 관한 권리의 변동	인도(引渡) − 동산의 점유를 이전하는 것

4 ② 단독으로 행해진 미성년자의 법률행위는 미성년자 본인이나 법정대리인이 취소할 수 있다. 단, 법정대리인이 추인하면 유효한 법률행위가 될 수 있다.

① 미성년자가 단독으로 행한 행위이므로 미성년자 본인이나 부모가 취소할 수 있다.

③ 행위무능력자가 사술로 법률행위를 한 경우 행위무능력자 측의 취소권이 배제된다. 따라서 위조된 동의서를 제시하여 부모의 동의를 얻은 것처럼 속인 경우에는 미성년자 측에서 계약을 취소할 수 없다.

④ 거래 상대방은 철회권을 행사할 수 있다.

※ 민법상 행위무능력자와 거래한 상대방을 보호하기 위한 제도

철회권	거래 상대방은 행위무능력자 측의 조치를 기다리지 않고 거래 자체를 없던 일로 만들 수 있다.
최고권	거래 상대방은 행위 무능력자 측(미성년자의 법정 대리인)에 대하여 취소 또는 추인 여부의 확답을 촉구할 수 있다. → 기한 내 확답이 없으면 추인(사후 동의)으로 간주되어 거래 확정
취소권의 배제	행위무능력자가 사술(속임수)로 법률행위를 한 경우 행위무능력자 측의 취소권이 배제된다. 예컨대, 위조된 동의서를 제시하여 법정대리인의 동의를 얻은 것처럼 속인 경우에는 행위 무능력자측에서 계약을 취소할 수 없다.

5 핵전쟁, 인구 문제, 자원 문제, 환경문제 등은 인류공동의 문제로, 이를 해결하기 위하여 서로 협력해야 한다.

※ 국가사회의 특징

국제 사회는 주권국가를 기본단위로 구성 (주권평등의 원칙 추구)	• 원칙적으로 각국의 주권은 평등하다. → UN총회에서 1국가 1투표권 인정 • 현실적으로는 국력의 차이에 의해 주권행사의 불평등 존재
자국의 실리 추구와 힘의 원리 지배	• 각국은 국제관계에서 자국의 이익을 최우선으로 추구함 • 국가간 갈등을 조정할 수 있는 중앙정부가 없어서 실제로는 강대국의 힘의 논리에 의해 해결되는 경우가 많다.→UN안전보장이사회 상임이사국의 거부권
강제력을 가진 중앙정부(통일된 통제기구)의 부재	• 국가간 분쟁해결이 어렵고, 불법행위를 저지른 특정 국가에게 적절한 제재를 가하기 어렵다. 국제분쟁이 무력 충돌에까지 이르는 원인 • 국제연합이나 국제법이 국가를 강제하는 데는 한계가 있다.
공동의 이익을 위한 협력	• 국제 사회의 상호 의존성이 심화 되면서 공동체적 성격이 강화됨 • 인류공동의 문제(환경문제, 인구문제, 자원고갈문제 등)를 해결하기 위하여 서로 협력한다.

6 사회 계약설 : 모든 인간은 천부의 권리(자연권)를 가지는데, 자연 상태에서는 이러한 자유와 권리의 보장이 확실하지 않으므로 계약을 맺어 국가를 구성하고 자신들의 권리를 국가에 위임하였다고 주장한다.

※ 홉스, 로크, 루소의 사회계약설의 공통점
- 인간은 태어나면서부터 당연히 자연법상의 권리(자연권)를 가지고 있다.
- 자연 상태만으로는 인간의 필요를 충분히 충족시킬 수 없다.
- 구성원의 동의에 기초해 정부를 조직하였다.
- 국가의 권력은 시민들의 자발적인 계약(평등하고 이성적인 개인 간의 계약)에서 유래한다.
- 국가 권력에 대한 제한적 성격을 띤다.
- 인간의 이성을 옹호하는 계몽주의를 따른다.

㉠ 홉스는 성악설(이기적이고 악한 존재), 로크는 백지설(성무선악설 : 선하고 악함의 본성은 없음), 성선설(선한 존재)의 입장이다.

㉡ 국가는 사람들의 필요에 의해 계약으로 만들어진 것이다.

※ 홉스, 로크, 루소의 사회계약설

구분	홉스	로크	루소
자연상태	• 만인에 대한 만인의 투쟁상태	• 자유롭고 평등하며 자연권이 존재하는 상태 • 권리보장이 불확실한 잠재적 투쟁상태	• 자연권이 존재하는 자유롭고 평화로운 최선의 상태 • 사유재산제로 불평등 발생
인간본성	성악설(이기적이고 악한 존재)	백지설(성무선악설 : 선하고 악함의 본성은 없음)	성선설(선한 존재)
사회계약	• 군주에게 자연권을 모두 양도(전부양도설) • 군주에 대한 절대 복종(절대군주론)	• 자연권(자유, 생명, 재산) 보장을 위해 계약을 맺고 국가구성 • 자연권의 일부만 위임(신탁)→ 일부위임설 • 인민은 신탁을 배반한 정부에 대한 저항권 인정	자유롭고 평화로운 상태를 유지하기 위하여 인민들 상호간에 계약 → 일반의지 성립 • 일반의지에 입각한 정치공동체 구성 • 자연권의 양도불가
주권소재	군주주권론	국민주권론	국민주권론
정치형태	전제군주정치(=절대군주정치)	• 제한군주제(입헌군주제) • 간접민주정치(대의제) • 2권분립 : 입법권과 집행권(행정, 사법)	직접민주정치 강조 (대의제 부정)
저서	「리바이어던」	「시민 정부론」	「사회 계약설」

7 ※ 다수결 원리의 전제조건
ⓐ 의사결정에 참여하는 사람들 간의 평등보장(개개인의 의사는 동등한 가치)
ⓑ 자유로운 토론, 비판과 타협의 과정
ⓒ 소수의견 존중 : 다수의 힘만으로 집단의 의사가 결정된다면 다수의 횡포, 중우정치로 전락할 우려가 있음

㉯ 표결의 승리는 내용의 정당성보다 절차적 정당성의 확보를 의미하므로 그 과정을 중요시해야 한다.

㉰ 다수결에 따른 의사 결정이 민주주의의 핵심인 기본권을 침해하는 경우를 엄격히 제한하여야 한다.

㉱ 과학적 진리 여부에 대한 판단은 다수결이 적용될 수 없다.

8 미란다 원칙은 수사기관이 피의자를 체포하거나 자백을 받기 전 체포의 이유와 변호인의 도움을 받을 수 있는 권리, 진술을 거부할 수 있는 권리 등이 있음을 미리 알려 주어야 한다는 원칙이다. 미란다 원칙은 신체의 자유를 보장하기 위하여 법이 정한 적정한 절차를 준수해야 한다는 '적법절차 원리'를 강조하는 것이다.

- 대법원은 미란다 원칙을 무시한 체포는 정당한 공무집행이 아니라는 판결을 내렸다(2000. 7. 4.). 경찰관이 현행범 체포 과정에서 사전 고지를 하지 않았을 경우 피의자가 경찰관과 마찰을 일으켰을지라도 공무집행방해죄로 처벌할 수 없다고 판시하고 있다.
- 신체의 자유 보장을 위한 원칙(적법절차 원리) : 죄형 법정주의, 적법 절차의 원리, 영장주의, 구속 적부심사제, 자백의 증거 능력 제한, 형사 피고인의 무죄 추정 원칙, 고문 금지 및 묵비권 등

무죄 추정의 원칙은 피고인 또는 피의자는 유죄판결이 확정될 때까지는 무죄로 추정한다는 것으로 신체의 자유를 보장하기 위한 원칙이다.

9 매몰비용은 이미 지출되었기 때문에 합리적인 선택을 할 때 고려되어서는 안 되는 비용이다. 제시문에서 이미 지출한 영화표 구입비는 매몰비용에 해당한다.

① '바다는 메워도 사람 욕심은 못 메운다' → 희소성의 원칙
② '열번 재고 가위질은 한번 하라' → 합리적 소비, 경제 원칙(=효율성)
③ '산토끼 잡으려다 집토끼 놓친다.' → 기회비용

※ 시험에 자주 출제되는 경제 관련 속담
- 같은 값이면 다홍치마 : 합리적 소비, 경제 원칙(=효율성)
- 원님 덕에 나팔 분다, 도랑 치고 가재 잡는다 : 외부경제
- 사촌이 땅을 사면 배가 아프다 : 외부불경제
- 신작로 닦아 놓으니 왕 서방이 먼저 지나간다 : 공공재
- 나그네가 주인 노릇한다 : 정부 실패

10 수요의 탄력성이 탄력적인 A재는 가격인하가 기업의 총판매 수입을 증가시킨다.
- A재 수요의 가격 탄력성 = 수요량의 변동률(%)/가격의 변동률(%) = 15%↓/10%↑ =3/2〉1
- B재 수요의 가격 탄력성 = 수요량의 변동률(%)/가격의 변동률(%) = 10%↑/15%↓ =2/3〈1
② 수요의 탄력성이 비탄력적인 B재는 가격인하가 기업의 총판매 수입을 감소시킨나.
③ 수요의 탄력성이 탄력적인 A재는 주로 사치품이거나 대체재가 많이 존재하는 재화 또는 소비에서 차지하는 비중이 큰 재화일 것이다.
④ 수요의 탄력성이 비탄력적인 B재는 주로 필수품이거나 대체재가 거의 존재하지 않는 재화 또는 소비에서 차지하는 비중이 작은 재화일 것이다.

11 ② B
- 대체재 가격 상승 → 수요 증가 → 수요 곡선의 오른쪽 이동
- 새로운 생산 기술의 도입 → 공급 증가 → 공급 곡선의 오른쪽 이동
① A
- 수요 증가 → 수요 곡선의 오른쪽 이동
- 공급 감소 → 공급 곡선의 왼쪽 이동

③ C
- 수요 감소 → 수요 곡선의 왼쪽 이동
- 공급 증가→ 공급 곡선의 오른쪽 이동

④ D
- 수요 감소 → 수요 곡선의 왼쪽 이동
- 공급 감소 → 공급 곡선의 왼쪽 이동

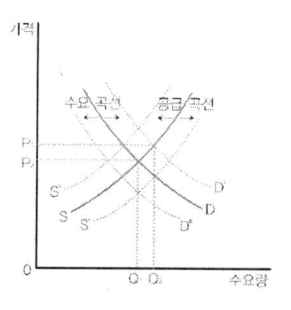

12 ㉠ 본원 소득 수지 : 임금 및 투자 소득 등과 관련된 외화의 수지와 지급의 차액

㉡ 금융계정 : 직접투자, 증권투자, 파생금융상품, 기타 투자(차관 도입 및 제공)로 구성
- 외국에 차관을 제공 → 금융 계정(-)
- 외국에서 차관 이자 수취 → 본원 소득 수지(+)

㉢ 외화 수취(+) : 차관 도입, 해외 취업 내국인 근로자가 수취하는 임금, 차관 이자의 수입, 대외 금융자산에서 발생하는 배당 및 이자수입, 해외 투자 수익 등

㉣ 외화 지급(-) : 차관 제공, 국내 거주 외국인 근로자에게 지급한 임금, 차관 이자의 지급, 대외 금융 부채에 대한 이자, 외국인이 국내에 보유하고 있는 금융자산에서 발생하는 배당금 지급 등

13 한 개인 또는 기업의 행위가 제3자에게 의도하지 않은 경우를 외부 불경제(해로운 또는 부정적 외부효과)라 한다. 제시문은 생산 과정에서 나타나는 외부 불경제의 사례이다.

② 환경오염과 같은 외부 불경제의 경우 사회적 비용(환경오염물질 정화 비용, 주민보건을 위한 지출 등 생산자를 포함하여 사회 전체가 부담하는 비용)은 사적 비용(생산자가 직접 부담하는 비용)보다 크다.

① 생산에서의 외부 불경제는 사회적 최적 거래량보다 과다 생산됨으로써 자원의 비효율적 배분(시장실패)을 가져온다.

③ 공해라는 사회적 비용을 발생시키는 데도 생산자가 그 비용을 직접 부담하지 않으므로, 생산 원가와 가격을 결정함에 있어서 공해라는 사회적 비용을 고려하지 않는다. 따라서 이 생산자는 사회적 최적 수준을 초과하는 과다 생산을 하게 된다. 즉 시장 균형 거래량이 사회적 최적 거래량보다 많게 된다.

④ 외부 불경제가 과다 생산될 때는 시장 균형 가격이 사회적 최적 가격보다 낮은 수준에서 결정된다.

※ 외부효과의 편익과 비용

	비용	편익
외부 경제	사회적 비용<사적 비용	사회적 편익>사적 편익
외부 불경제	사회적 비용>사적 비용	사회적 편익<사적 편익

14 • 식당을 선택했을 때 명시적 비용(회계상 비용) : 7,500만 원

• 직장에서 받았던 연봉(식당을 선택했을 때 암묵적 비용) : 3,000만 원 따라서 1년 동안 식당을 함으로 써 얻는 총수입이 1억 500만 원(7,500만 원+3,000만 원) 이상이어야 합리적 선택이 된다.

1년 동안 식당을 선택했을 때의 총수입(직장을 옮겨서 발생하는 편익)이 기회비용보다 커야(순편익 +) 합리적 선택이 된다.

• 직장을 그만두고 식당을 선택했을 때 기회비용 = 명시적 비용(회계상 비용) 7,500만 원 + 암묵적 비용 3,000만 원 =1억 500만 원

15 역할 갈등의 종류에는 역할 긴장과 역할 모순이 있다.

ⓐ **역할 긴장** : 한 사람이 가지고 있는 하나의 지위에서 서로 상반되는 역할이 동시에 요구되는 경우에 발생하는 갈등상태이다.

ⓑ **역할 모순** : 한 사람이 가지고 있는 두 가지 이상의 지위에 따라 여러 역할들이 서로 충돌하는 경우에 발생하는 갈등상태이다.

㈎ A는 아버지(또는 어머니)의 지위에 따른 역할(아들의 생일이어서 가족과 함께 외식하는 것)과 회사 원의 지위에 따른 역할(급한 업무 처리), 곧 두 가지의 지위에 따른 역할들이 동시에 요구됨으로써 발생하는 갈등상태이므로, 역할 모순이 된다.

㈏ 영업팀장이라는 하나의 지위에서 영업 실적을 높이기 위해서 팀원들을 다그쳐야 하는 역할과 영업팀 원들의 고충도 들어주면서 좋은 인간관계를 맺어야 하는 역할을 동시에 요구받는 상황이므로, 역할 긴장이 된다.

16 ④ **전체성(총체성)** : 문화의 각 부분은 상호 유기적 관계를 가지고 있어서 문화의 어느 한 부분에 변동이 생기면 연쇄적으로 다른 부분에도 영향을 끼친다.

① **공유성** : 문화는 한 사회 구성원들이 공통적으로 가지고 있는 생활양식이다. 이것을 문화의 공유성이 라 한다. 공유성 때문에 구성원은 특정한 상황에서 상대방이 어떻게 행동할 것인지, 또 서로에게 무 엇을 기대할 수 있는지를 예측할 수 있으며 이를 통해 원활한 사회생활이 가능해진다.

② **학습성** : 문화는 유전적으로 물려받은 것이 아니라 사회화 과정을 거치면서 후천적으로 학습된 것이다. 인간의 문화적 특성은 출생후 성장과정에서 학습에 의해 얻어진다.

③ **축적성** : 한 세대에서 만들어진 문화는 다음 세대로 계승전달되면서 축적이 된다. 인간의 하습 능력과 상징체계가 있기 때문에 축적이 가능하다.

17 ▸ 세대 간 이동 : 부모에서 자녀로 이어지는 동안 계층적 위치가 변화하는 것
- ▸ 세대 내 이동 : 개인의 일생 동안에 계층적 위치가 변화하는 것
- ▸ 수직 이동 : 계층적 위치가 상승하거나 하강하는 위치 변화
- ▸ 개인적 이동 : 주어진 계층구조 내에서 개인적 요인(능력, 노력)에 의하여 계층적 위치가 변화하는 것
  위 사례에서
  - 아버지(농부) → 아들(사장) : 세대 간 이동(ㄹ), 수직 이동(ㄴ)
  - 신문배달부 → 사장 : 세대 내 이동(ㄷ), 개인적 이동(ㅁ), 수직 이동(ㄴ)
- ㉠ **수평 이동** : 동일한 계층 내에서의 위치 변화 즉 계층적 위치의 높낮이는 바뀌지 않는 상태에서 비슷한 위치의 다른 직업이나 소속으로 옮겨가는 것
- ㉣ **구조적 이동** : 전쟁, 혁명, 산업화 또는 그 밖의 사회 변동에 따라 기존의 계층구조가 변함으로써 계층적 위치가 변화하는 것

18 (가)는 1차집단, (나)는 2차집단이다.
① 1차집단은 개인의 인성형성과 자아형성에 근원적인 영향을 준다.
② 회사, 학교는 2차 집단의 예이다.
③ 현대사회에는 사회관계가 복잡해지고 전문화됨에 따라 사회 집단의 비중과 기능이 1차 집단보다 2차 집단이 높아지고 있다.
④ 어떤 사회집단이든지 정도의 차이는 있으나 1차 집단과 2차 집단의 구분이 명료하지 않고, 회사에서 동료애, 군대에서 전우애 등과 같이 두 집단의 요소를 모두 가지고 있는 경우가 많다.
※ **구성원들 간의 접촉방식과 친밀도에 따른 구분**〈쿨리(Cooley, C. H.)〉

	1차 집단	2차 집단
접촉방식 (친밀도)	직접적 대면접촉(친밀감, 강한 연대감)	간접적 접촉(형식적, 사무적 관계)
집단의 목적	관계(구성원간의 인간관계) 자체	특수 목적 달성
집단의 형성	대부분 자연적으로 형성(자연발생적)	대부분 인위적(의도적)으로 형성
집단의 크기	소규모	비교적 규모가 큼
인간관계 (다른 사람에 대한 지식과 관계)	포괄적, 인격적 인간관계 • 개인 고유의 사적인 관계 • 관계의 지속성	부분적, 공식적, 합리적 인간관계 • 편의적, 피상적, 계약적, 비인격적인 관계 • 특수한 이해관계를 바탕으로 한 수단적 만남
사회통제	도덕, 관습 등에 의한 비공식적 통제	법규, 규칙 등에 의한 공식적 통제
특성	*1차 집단(원초집단)이라는 이유 • 개인의 인성형성에 근원적인 영향을 주고, 사회유지에 중요한 기능을 담당한다.	*2차 집단이라는 이유 • 집단의 사회적 효과가 2차적이고, 1차 집단보다 나중에 발달된 인위적인 집단이다.
예	가족, 친족, 또래 집단, 놀이 집단, 촌락, 문중	학교, 회사, 정당, 시민 단체, 노동조합, 군대, 국가

19 A : 양적 연구 방법. '재화의 가격이 내리면 수요량은 증가한다.'는 양적 연구를 위한 가설이다. 따라서 자연과학의 연구방법을 그대로 사회 · 문화현상의 연구에도 적용할 수 있다는 방법론적 일원론과 관계가 있다.

　B : 질적 연구 방법. '열 길 물속은 알아도 한 길 사람 속은 모른다.'는 속담은 자연현상과는 달리 사회 · 문화 현상은 인간의 의도 · 가치가 담겨 있다는 의미이다.

	실증적 연구 방법(양적 접근법)	해석적 연구 방법(질적 접근법)
전제	사회 · 문화 현상탐구방법=자연 현상탐구방법 (방법론적 일원론)	사회 · 문화 현상탐구방법≠자연 현상탐구방법 (방법론적 이원론)
목적	인과 법칙 발견	현상의 의미 해석
특징	• 통계적 방법 : 계량화(수치화, 수량화), 개념의 조작적 정의 • 인과법칙발견을 통해 미래예측가능 • 연역적 연구방법	• 직관적 통찰 • 비공식적 자료 중시 • 이면적 의미 분석 → 동기, 가치 중시 • 귀납적 연구방법
장점	• 정확 · 정밀한 연구 가능 • 가설 검증 및 법칙 발견 용이	• 인간행동의 동기 · 의미 파악 용이 • 심층적 연구 가능
단점	• 계량화하기 어려운 분야에 대한 연구 곤란 • 심층적 연구 곤란	• 연구자의 주관적 가치 개입가능성 • 객관적인 법칙 발견 곤란

② 실증적 연구 방법(양적 접근법)은 통계적 방법을 이용하여 인과 관계를 설명하려고 한다.

③ 실증적 연구 방법(양적 접근법)은 가설 검증 및 법칙 발견이 용이하다.

④ 가설 설정, 가설 검증은 양적 연구 과정에만 있고, 질적 연구 과정에는 없다.

20 ⑺는 기능론적 관점 ⑻는 갈등론적 관점

구분	기능론	갈등론
기본입장	• 사회는 서로 유기적, 상호 의존적 관계 • 사회의 구성 요소들은 사회 유지와 통합에 기여	• 사회는 사회적 희소가치를 둘러싼 갈등과 대립관계 • 사회의 구성 요소들의 가치관규범들은 지배집단(기득권자)의 이익을 위해서 만들어진 것
특징	• 사회의 안정, 질서, 균형, 조화를 강조 • 갈등 → 병리현상, 사회 구성 요소가 기능을 다하지 못할 때 발생 • 사회 질서와 통합 → 합의에 의한 것 • 보수주의적 관점	• 사회의 대립, 갈등, 변화를 강조 • 갈등 → 보편적 현상, 사회 발전의 원동력 • 사회 질서와 통합 → 강제와 억압에 의한 것 • 진보주의적 관점
한계	• 혁명과 같은 급격한 사회변동을 설명 곤란 • 기득권 유지에 기여	• 사회 존속과 통합 경시 • 협동과 조화 측면 경시

④ 기능론적 관점으로는 혁명과 같은 급격한 사회변동을 설명하지 못한다.

① ⑺ ⑻ 모두 사회 · 문화 현상을 사회 전체적인 차원에서 탐구하고자 하는 거시적 관점이다.

② ⑻는 인간 사회에는 사회적 희소가치를 둘러싸고 지배집단과 피지배집단 간에 항상 갈등과 대립관계가 존재한다.

③ ⑺는 사회 변동을 부정적으로 보는 보수주의적 관점이다.

ANSWER

1.③	2.③	3.③	4.④	5.④	6.①	7.③	8.③	9.①	10.③
11.④	12.②	13.④	14.③	15.②	16.①	17.④	18.①	19.④	20.①

1 A-호경기 B-후퇴기 C- 불경기 D-회복기

③ 정부의 공공 투자 확대는 경기 과열, 물가상승이 우려되는 시점에서 적절치 못하다.

① 사회 복지 지출 등 정부 지출을 줄인다.

② 조세 수입을 증가시킨다.

④ 흑자 예산(조세〉정부지출)을 편성한다.

※ 재정 정책의 종류

정책 사용시기	종류	수단	효과
경기침체시	확대재정정책(=적자재정정책=적극재정정책)	조세감소, 정부지출증가 (조세〈정부지출)	국내총생산증가, 경기회복
경기과열시 (인플레이션 우려시)	긴축재정정책(=흑자재정정책=재정긴축정책)	조세증가, 정부지출감소 (조세〉정부지출)	인플레이션억제, 경기안정

2 ③ 유휴생산시설이 많으면 가격상승시 공급량이 쉽게 증가할 수 있으므로 공급의 가격탄력성이 커진다.

① 생산 기간이 길수록, 보관이 어려울수록 탄력적이 된다.

② 측정의 단위기간이 대체로 단기보다 장기일수록 공급의 가격 탄력성이 높다.

④ 일반적으로 공급의 가격 탄력성의 크기순서는 '공산품-수산물-농산물' 순이다.

※ 공급의 가격 탄력성의 결정요인

생산기간과 보관 용이성	제품의 생산에 소요되는 기간이 길수록, 보관(저장)이 어려울수록 비탄력적이 되고, 생산 기간이 짧을수록, 보관(저장)이 용이할수록 탄력적이 된다. 예컨대 농산물은 생산에 소요되는 시간이 상대적으로 길고 장기간 보관하기가 어려우므로 공급의 가격 탄력성이 낮고, 공산품은 생산기간이 짧고 보관이 쉬우므로 가격 변동에 탄력적으로 대응할 수 있으므로 공급의 탄력성이 크다.
고려 대상이 되는 기간 (측정의 단위기간)	측정의 단위기간이 대체로 짧은 기간(단기)보다 긴 기간(장기)일수록 공급의 가격 탄력성이 높다. 단기에는 당장 생산량을 늘리거나 줄이는 방법이 없어도, 시간이 지나면 기술을 변화시킨다든지 생산설비규모의 조정이 용이하므로 생산량을 변화시키는 게 가능하기 때문이다.
유휴생산시설의 유무	유휴생산시설이 많으면 가격상승시 공급량이 쉽게 증가할 수 있으므로 공급의 가격탄력성이 커진다.
생산요소의 대체가능성	생산요소의 대체가능성이 클수록 생산 요소를 구하기 쉬울수록 탄력성은 커진다.
생산량 변화에 따른 비용의 변화정도	생산량이 증가할 때 생산비가 급격히 상승하는 상품은 비탄력적인 반면 생산비가 완만하게 상승하는 상품은 보다 탄력적이다.
상품의 분류범위	상품의 범위를 좁게 정의할수록 공급의 가격탄력성이 커진다. 'TV'라고 분류하는 것보다는 '스마트TV'라고 하면 탄력성이 커진다.

3 (A) **프로젝트 선택** : 부족한 돈 1,000만 원을 대출받아야 하므로 대출이자로 40만 원이 지출된다.

• 대출이자 비용 : 1,000만 원×0.04=40만 원

(B) **프로젝트의 예상 수익** : 1,000만 원×0.1=100만 원

따라서 (A)프로젝트 선택시 투자자금 2,000만 원에 대한 연간 예상 수익은 140만 원(40만 원+100만 원) 이상이 되어야 합리적 선택이 된다.

(A) **프로젝트를 선택했을 때 기회비용**

= 명시적 비용(회계상 비용) 40만 원 + 암묵적 비용⟨(B)프로젝트의 예상 수익⟩ 100만 원 = 140만 원

4 A(자국민의 해외생산)   B(자국민의 국내생산)   C(외국인의 국내생산)

㉠ 한국 야구선수가 미국에서 선수 생활을 하면서 벌어들인 수입은 자국민의 해외생산이다.

㉡ 미국 기업이 한국지사에서 벌어들인 수입은 외국인의 국내생산이다.

㉢ 한국 가수가 일본 공연에서 벌어들인 수입은 자국민의 해외생산이다.

㉣ 불법체류자인 조선족 남성이 한국 공사장에서 벌어들인 노임은 외국인의 국내생산(불법, 적법을 따지지 않고 국적을 기준으로 외국인으로 봄)이다.

㉤ 한국에 유학온 필리핀 학생이 한국의 편의점에서 아르바이트를 하고 받은 임금은 외국인의 국내생산이다.

A(자국민의 해외생산) : ㉠㉢

C(외국인의 국내생산) : ㉡㉣㉤

5 지니 계수 : 값이 클수록 소득 분배가 불평등함

10분위 분배율 : 값이 클수록 소득 분배가 평등함

따라서 제시문의 내용은 소득분배가 악화되고 있다는 의미이므로, 소득분배를 개선하기 위한 대책을 세워야 한다.

④ 성장(효율성)위주의 경제정책은 소득분배를 악화시킨다.

① 최저임금 보장

② 사회보장제도 확충

③ 직접세(누진 소득세) 인상, 개별소비세 등은 소득분배를 개선하기 위한 대책이 된다.

※ 소득 분배의 측정

로렌츠 곡선	값이 클수록 분배가 불평등함
지니 계수	값이 클수록 분배가 불평등함(0과 1사이의 값을 가짐)
10분위 분배율	값이 클수록 소득 분배가 평등함(2에 가까울수록 평등한 분배)
소득 5분위 배율	값이 클수록 소득 분배가 불평등함

6 환율 인상→수출 증가, 수입 감소→국제 수지(경상수지) 개선→외환보유고 증가→통화량 증가→물가 상승

※ 환율과 수출입 관계

• 환율 인상 → 수출 증가, 수입 감소 ⇒ 국제 수지 개선

• 환율 인하 → 수출 감소, 수입 증가 ⇒ 국제 수지 악화

• 수출 증가(감소) → 외화의 공급 증가(감소) → 환율 하락(상승)

• 수입 증가(감소) → 외화의 수요 증가(감소) → 환율 상승(하락)

※ **환율 변동의 영향**

ㄱ 환율 상승(예, 1달러당 환율이 1,000원에서 1,200원으로 오르는 것)

• 외화의 총수요 감소, 외화의 총공급 증가

– 국제 수지 개선(수출 증가, 수입 감소), 통화량 증가, 국내 물가 상승, 수입 원자재 가격 상승, 해외 여행 감소, 외채의 상환 부담 증가

ㄴ 환율 하락(예, 1달러당 환율이 1,000원에서 800원으로 내리는 것)

• 외화의 총수요 증가 , 외화의 총공급 감소

– 국제 수지 악화(수입 증가, 수출 감소), 통화량 감소, 국내 물가 하락, 수입 원자재 가격 하락, 해외여행 증가, 외채의 상환 부담 감소

7 ㄷ 문화 융합 – 산신각과 칠성각(산신, 칠성신을 모시는 집)이 절에 세워진 것은 불교와 민간신앙의 결합이다.

① 일제 강점기 때 조선어학회 사건은 ㄹ 문화 저항(복고운동)에 해당한다.

② 한국에 사는 중국인들이 차이나타운에서 그들 고유의 문화를 유지하며 생활하고 있는 것은 ㄱ 문화 공존에 해당한다.

④ 미국의 인디언들은 고유의 문화를 잃어버리고 백인 문화에 흡수되어 오늘날 미국에서 인디언 문화를 찾아보기 어려운 현실은 ㄴ 문화 동화에 해당한다.

※ 문화 변동의 결과

문화 공존 (병존)	서로 다른 사회의 문화가 한 사회의 문화 체계 내에서 함께 존재하는 경우(A+B=A, B) 예) • 요를 깔고 생활하는 문화가 침대 문화와 함께 나타나는 것. • 한국이나 미국에 사는 중국인들이 인천 차이나타운이나, 워싱턴 차이나타운에서 그들 고유의 문화를 유지하며 생활하는 것 • 우리나라에서 한의학과 서양의학이 별도로 존재하는 것
문화 동화 (흡수)	문화 접변으로 인해 한 사회의 문화가 다른 문화에 합쳐져서 해체되거나 소멸되는 경우 (A+B=A) – 한 문화가 다른 문화에 완전히 흡수, 대치되는 현상(기존 문화 고유의 성격, 정체성은 상실) 예) • 미국의 인디언들은 고유의 문화를 잃어버리고 백인 문화에 흡수되어 오늘날 미국에서 인디언 문화를 찾아보기 어렵다. • 서구의 식습관(햄버거와 피자)에 동화
문화 융합	두 문화의 접촉으로 새로운 제3의 문화가 탄생하는 경우(A+B=C) 예) • 우리나라의 결혼식은 서양의 결혼식과 전통 혼례가 결합되어 서양식 예식이 끝난 후에는 한복을 입고 폐백을 드리는 전혀 새로운 형태의 예식 문화가 탄생. • 그리스문화가 오리엔트문화와 융합하여 새로운 범세계적 문화인 헬레니즘 문화가 탄생되었다. • 산신각과 칠성각(산신, 칠성신을 모시는 집)이 절에 세워짐 → 불교와 민간신앙의 결합 • 퓨전 음식(피자 만두, 떡볶이 스파게티, 불고기 버거, 김치 스파게티)→ 한식과 서양 음식의 결합

8 ③ 자녀의 출산을 통하여 사회 구성원을 지속적으로 충원함으로써 사회의 영속성을 보장하는 기능인 재생산기능과 개인의 사회생활에 필요한 기본적 생활양식과 사회적 규범 등을 학습시켜 사회에 적용시키는 기능인 기초 사회화(1차적 사회화 = 가정교육) 기능은 다른 기관에 모두 넘길 수 없는 가족의 필수적(핵심적) 기능이다.

　※ **가족의 기능**
- 사회 성원의 재생산 기능 → 가장 본질적 기능, 가장 중요한 기능
- 1차적 사회화 기능 (가정교육) → 개인의 인성형성에 큰 영향
- 양육과 보호의 기능 (사회 보장 기능)
- 정서적 안정의 기능 → 인간소외가 심각한 문제가 되는 현대사회의 중요한 기능
- 성적 욕구의 충족과 규제 기능
- 경제적 기능
- 여가 및 오락적 기능
- 종교적 기능

9 (가)는 폐쇄적 계층 구조 (나)는 개방적 계층 구조이다.
① (가)과 (나)의 구분은 사회 이동(특히 수직이동) 가능성이 그 기준이 된다.
② 폐쇄적 계층 구조는 신분질서가 엄격했던 사회의 주요 계층구조로, 귀속지위가 강조되고 개인의 재능과 능력보다는 타고난 지위가 그 사람의 신분을 결정한다.
③ 현대 산업 사회의 주요 계층구조는 개방적 계층 구조이다. 성취지위가 강조되고 개인의 능력이나 능력이 사회 이동의 주요 요소로 작용한다.
④ 개방적 계층 구조에서는 수직 이동과 수평 이동이 모두 가능하며, 폐쇄적 계층 구조에서 수직 이동은 극히 제한되거나 불가능하나 수평 이동은 가능하다. 따라서 수평 이동은 폐쇄적 계층 구조와 개방적 계층 구조 양쪽 모두에서 허용된다.

10 ③ (나)에서 신부의 태도는 자신의 문화가 우수하다고 여기고 다른 문화를 업신여기는 자문화중심주의에 해당한다.
① 전체와의 연관 속에서 다른 문화 요소와의 상호관련성을 파악하는 총체론적 관점에서 이해해야 한다.
② 그 사회의 역사와 환경을 이해하고, 그 사회의 특수한 맥락에서 이해하려는 문화 상대주의적인 태도를 가져야 한다.
④ (나)에서 신부들은 문화의 상대성을 인정하지 않고, 문화를 총체적으로 파악하지 못하였기 때문에 서유럽식 복식을 강요하였다.

11 제시문은 진화론적 관점이다.

구분	특징	한계
진화론	• 사회 변동은 일정한 방향→ 발전과 진보 • 사회는 단순한 것, 미신적인 것, 낡은 것→ 복잡하고 분화된 것, 합리적인 것, 새로운 것으로 변화 ·사회 변동→ 바람직한 것	• 모든 사회가 같은 방향으로 변화하지는 않음
순환론	• 사회가 특정 방향으로 움직이는 것은 아님 • 사회 변동→ 생성, 성장, 쇠퇴 반복 • 사회는 진보하기만 아니라 퇴보, 붕괴하기도 함 • 현대 사회가 전통 사회보다 모든 면에서 우월한 사회는 아님	• 사회 변동을 다소 비관적으로 봄 • 미래 사회 변동에 대해 예측, 대응하기에 적합하지 않음

④는 순환론적 관점이다.
①②③ 진화론적 관점

12 제시문에 나타난 원리는 권력분립(입법권, 행정권, 사법권)의 원리이다.
①② 권력분립의 원리는 권력을 복수의 기관에 분산시켜 서로 견제와 균형의 관계에 둠으로써 권력 남용을 방지하고 궁극적으로는 국민의 자유와 권리를 보장하는 데 그 목적이 있다. 궁극적인 목적을 물었으므로 ①보다는 ②를 답으로 해야 한다.
③ 직접민주주의 실현과 관련이 없다.
④ 권력 기관이 통합됐을 때 효율성과 능률성의 극대화를 기할 수 있고, 분립됐을 때는 효율성과 능률성의 저하를 가져올 수 있다.

13 제시문은 대의 정치(간접민주정치)에 대한 설명이다.
㉣ 대표를 통제할 수 있는 방법이 극히 제한되어 있다. 선거·주민소환제 등의 통제 방법이 있으나, 일상적인 통제 방법은 없다. 따라서 통제방법의 부재는 대표의 부패·권력남용, 국민의 정치적 소외를 가져온다.
㉤ 중우정치는 직접 민주 정치뿐만 아니라 간접 민주 정치에서도 나타날 수 있다.
㉠㉡ 인구가 많고 영토가 넓은 현대국가에서 시간과 비용을 절약하고, 전문적 지식을 가진 대표들이 국가정책을 효율적으로 결정함으로써 민주정치를 효율적으로 실현할 수 있다.
㉢ 대표가 국민의 위임을 받아 정치를 하므로 국민 의사의 과대한 표출이 방지될 수 있다.

14 국민에 의해 선출된 의회에서 정부를 구성했습니까? → 예(의원내각제)

③ 의원내각제에서 제1당이 과반수를 차지한 경우 다수당의 횡포를 견제하기 곤란할 것이다.

※ 선거후 제1당의 과반수(절반이 넘는 수) 확보 여부에 따른 영향

의원내각제	제1당이 과반수를 차지하지 못함 (군소정당이 난립함)	정국의 불안정, 연립내각 구성
	제1당이 과반수를 차지함 (단독 내각을 구성함)	다수당의 횡포 견제 곤란
대통령제	제1당이 과반수를 차지하지 못함 (여소야대가 나타남)	• 국회를 주도하는 야당과 대통령이 속한 행정부의 정면충돌이 발생 • 대통령의 거부권 행사 가능성 높음
	제1당이 과반수를 차지함 (여대야소가 나타남)	정책결정과 집행이 원활하게 이루어질 가능성

의원내각제에서 제1당이 과반수를 차지하지 못하여 군소정당이 난립할 경우 연립내각이 구성될 가능성이 크다. 따라서 책임 소재가 불분명한 정부가 구성되고 정국의 불안정을 가져오게 된다.

15 선거구별로 선거인 수의 차이가 클 경우, 1표의 가치가 선거 결과에 기여하는 정도가 달라질 수 있으므로 헌법의 평등 선거 원칙에 위배된다고 판결하고 있다.

[판례] 국회의원 선거구 획정 규정 헌법 불합치 결정(2001. 10. 25. 2000헌마92)

헌법재판소는 2001년 10월25일 '최대 선거구와 최소 선거구간 인구편차가 3.88대1에 달하는 현행 선거구 구역도와 근거규정인 선거법 25조는 선거권의 평등을 침해하는 것'이라며 위헌 결정을 내렸다. 재판부는 "헌법소원이 청구된 경기 안양시 동안구의 경우 최소 선거구인 경북 고령·성주군과의 인구편차가 3.65대1이며, 최대 선거구인 경기 의정부시는 3.88대1에 달하는 등 국민 한 사람의 투표가치가 선거구에 따라 크게 달라 헌법의 평등선거 정신에 어긋난다"며 "위헌의 기준이 되는 인구편차는 3대1"이라고 밝혔다.

16 제시문의 헌법 규정은 국제 평화주의 원리에 대한 내용이다.

㉠ 일체의 전쟁을 금지하는 것이 아니라, 영토의 확장 등의 수단으로서 행해지는 침략적 전쟁만을 부인하고 방위전쟁(자위전쟁)은 허용한다.

㉡㉤ 세계 평화와 인류 공영을 위한 국제 협조와 지원 등도 국제평화주의 원리에 포함된다.

㉢㉣ 국제법규를 국내법과 같은 효력을 인정하는 국제법 존중, 상호주의에 입각하여 외국인의 신분과 지위 보장 모두 국제평화주의를 실현하기 위한 것이다.

• 헌법 제6조 ①항 「헌법에 의하여 체결·공포된 조약과 일반적으로 승인된 국제법규는 국내법과 같은 효력을 가진다.」

• 헌법 제6조 ②항 「외국인은 국제법과 조약이 정하는 바에 의하여 그 지위가 보장된다.」

17 ④ 오늘날 각국은 과실 책임을 원칙으로 하고 예외적으로 무과실 책임을 인정하고 있다.

① 소유권 공공복리의 원칙

② 계약 공정의 원칙

③ 무과실 책임의 원칙

※ 민법의 기본원리(원칙)

근대 민법의 기본원리(원칙)	현대 민법의 기본원리(9원칙)
• 사유재산 보장의 원칙(소유권절대의 원칙)	• 소유권 공공복리의 원칙
• 계약 자유의 원칙(사적자치의 원칙)	• 계약 공정의 원칙
• 과실 책임의 원칙(자기책임의 원칙)	• 무과실 책임의 원칙

18 ① 다른 사람이 저지른 행위에 대해서도 책임을 지는 경우로서, 특수한 불법 행위에 해당한다.

② 10세인 가해자 (A)는 책임 능력이 없는 자이다. 책임 무능력자가 타인의 권리를 침해해도 불법행위에 따른 손해배상 책임을 지지 않고, 책임 무능력자의 감독자인 (B)부모가 대신 책임을 진다.

③ (B)는 책임 무능력자의 감독자 책임을 진다.

④ 모든 미성년자가 책임 무능력자인 것이 아니라 개별적으로 판단한다. 판례는 12~14세 정도에 이른 경우 사안에 따라 책임능력을 인정한 판례가 있다.

19 ④ 배심원은 유무죄에 대한 평결은 법적 구속력은 없다. 즉 재판관이 그 결정에 반드시 따라야만 하는 것이 아니다. 다만, 배심원의 의견과 다른 판결을 할 때에는 판결문에 그 이유를 기재해야 한다.

① 법원은 배심원 후보 예정자 명부에서 무작위로 배심원을 선정하고, 배심원은 양형을 논의하지만 양형을 결정할 권리는 없다.

② 형사 재판에만 적용한다.

④ 국민 참여 재판은 시민이 재판에 참여함으로써 재판의 민주적 정당성을 높이기 위한 것이지 신속한 재판의 보장, 효율성 증대와는 거리가 있다. 판결은 법관이 하기 때문에 법관의 판결 부담을 줄어들었다고 보기는 어렵다.

※ 국민 참여 재판 : 2008년 형사재판에 도입

의미	일반 시민이 배심원으로 참여하여 피고인의 유무죄에 관하여 평결을 내리고, 유죄 평결이 내려진 피고인에게 선고할 적정한 형벌을 담당 재판관과 토의하는 제도 • 법조인이 아닌 일반 시민이 배심원으로 재판과정에 참여하여 사실문제를 판단하는 사법제도
대상사건	형사재판 중 살인, 강도 등의 중범죄사건에 대하여 피고인의 신청이 있을 경우 • 대상 사건의 피고인이 원하지 않는 경우에는 국민참여재판을 하지 않는다.
배심원 자격	만 20세 이상의 국민이면 누구나 가능. 특별한 자격은 필요하지 않다. • 다만 일정한 전과가 있거나, 변호사, 경찰, 군인 등 일정한 직업을 가진 사람은 배심원이 될 수 없다.
배심원 평결의 효력	재판에 참여한 배심원은 유무죄와 양형에 관해 법관에게 권고적 의견을 제시할 뿐이고 법관은 배심원의 의견에 구속되지 않는다. → 다만, 배심원의 의견과 다른 판결을 할 때에는 판결문에 그 이유를 기재해야 함

20 ⊙ 만 15세 이상 20세 미만의 미성년자는 부모 동의를 얻어야 근로계약을 체결할 수 있다.

ⓒ 만 15세 이상 20세 미만의 미성년자는 부모 동의를 얻어 취업이 가능하지만, 법정대리인은 동의만 해줄 수 있을 뿐이며 단독으로 미성년자의 근로계약을 대리 체결할 수는 없다.

ⓔ 임금은 직접 본인(지섭)에게 지급해야 한다.

ⓖ 연소근로자가 연장근무를 때에 본인의 동의만으로 가능하다.

ⓜ 연소근로자는 하루 7시간 이내의 근로가 원칙이다. 연장근로는 하루 1시간 이내에서만 허용하므로 하루 최대 8시간 이내에서 근로하도록 할 수 있다.

제3회

1.①	2.③	3.①	4.④	5.②	6.④	7.③	8.①	9.④	10.④
11.①	12.②	13.③	14.④	15.①	16.③	17.①	18.④	19.②	20.③

1 ① ⊙은 생산 활동을 하는 경제주체로 이윤극대화를 추구하는 기업이다.

② ⓒ은 중국음식점(기업)에 노동이라는 생산요소를 제공하는 경제주체(가계)이다.

③ ⓔ은 재화로서 경제활동의 대상(경제객체)이다.

④ ⓖ은 노동이라는 생산요소를 제공한 대가로 요소소득에 해당한다.

2 ㈐ '누구에게 분배할까?'의 문제만 형평성이 기준이 된다.

※ 경제 문제 해결을 위한 기준

경제 문제		해결 기준
자원배분의 문제	무엇을 얼마나 생산할 것인가?	효율성
	어떻게 생산할 것인가?	
소득분배문제	누구를 위하여 생산할 것인가?	효율성과 형평성

• 효율성 : 최소의 희생(비용)으로 최대의 효과(편익)를 얻으려는 것= 경제원칙

• 형평성 : 소득이나 부가 공평하게 분배되는 것→공공복리와 사회정의 실현(공평성)

3 ① 삼겹살이 목살보다 희소성(수요)공급이 더 큰 재화이다.

• 희귀성 : 재화의 절대량(존재량)이 적은 것

• 희소성 : 사람들의 욕구에 비해 상대적으로 재화가 부족한 것

② 어떤 재화의 가격은 그 재화의 희귀성보다 희소성에 더 큰 영향을 받는다.

③ 사람들의 욕구에 비해 상대적으로 재화가 부족한 것이 희소성이다.

④ 사람들이 원하는 양보다 공급(존재)이 적으면 희소성이 있다고 할 수 있다.

4 ③ 의류 1단위 생산의 기회비용은 갑국보다 을국이 적고 음식 1단위 생산의 기회비용은 을국보다 갑국이 적으므로, 갑국은 음식 생산에 을국은 의류 생산에 비교우위가 있다. 따라서 갑국은 음식을, 을국은 의류를 특화, 생산하는 것이 유리하다.

① 절대 우위는 특정 상품을 더 적은 생산요소를 투입해서 생산할 수 있는 능력 또는 동일 비용을 투자하여 더 많이 생산할 수 있는 능력이다. 따라서 갑국이 의류, 음식 생산 모두에서 절대우위를 가지고 있다.

② 의류 1단위 생산의 기회비용은 갑국이 을국보다 높다.

• 갑과 을의 의류와 음식 1단위 생산에 따른 기회비용

구분	갑국	을국
의류(1단위)	음식 3단위	음식 2단위
음식(1단위)	의류 1/3단위	의류 1/2단위

④ 교역조건

• 갑국(음식 비교우위) : 음식 1단위를 주고 의류 1/3단위 이상 받아야 이익
  – 음식 1단위〉의류 1/3단위(=음식 3단위〉의류 1단위)

• 을국(의류 비교우위) : 의류 1단위를 주고 음식 2단위 이상 받아야 이익
  –의류 1단위〉음식 2단위(= 의류1/2단위〉음식 1단위)

→ '음식 3단위〉의류 1단위〉음식 2단위' 또는 '의류1/2단위〉음식 1단위〉의류 1/3단위'의 범위에서 교환될 때 모두 이익이 발생함.
  따라서 음식 1단위와 의류 1/3단위 이상, 의류 1/2단위 이하를 교환하는 경우 두 나라 모두 무역의 이익을 얻을 수 있다.

5 대한민국 헌법은 인간의 능력에 대한 신념에 근거하는 시장경제체제를 근본으로 하고, 정부의 개입을 인정하는 혼합경제체제를 규정하고 있다.

② '최소의 정치가 최선의 정치'는 자유방임주의 시대의 사상으로 정부개입을 반대하는 입장이다.

① 대한민국 헌법은 시장경제체제를 근본으로 하면서 정부의 개입을 인정함으로써 혼합 경제 체제를 도입하고 있다.

③ 시장경제원리를 바탕으로 복지 분야에 정부의 적극적인 역할을 인정함으로써 복지국가를 지향하고 행정 국가의 역할을 규정하고 있다.

④ 자본주의 체제의 기본 원리는 각 개인이 스스로의 행복을 추구하는 최선의 능력을 가지고 있다는 신념에 근거를 두고 있다.

6 ㉣ 생애 중기에는 소득이 소비보다 크므로 저축을 할 수 있는 시기이다.

㉤ A점과 B점에서는 '소득=소비'이다. '소득=소비+저축'이므로 A점과 B점에서는 저축은 모두 영(0)이다. 따라서 A점과 B점의 저축 성향은 모두 영(0)이다.

㉠ 생애 초기와 말기에는 소득이 상대적으로 낮고 중기에는 높다. 연령이 많아질수록 처음에는 소득이 증가하다가 일정 시점부터 감소한다.

㉡ 생애 초기에는 소득보다 소비가 많아서 부채를 지다가, 생애 중기가 되면 저축을 할 수 있게 되고, 생애말기에는 이 저축을 소비하기 시작한다. 연령이 많아질수록 저축액이 감소하는 것이 아니라, 생애 중기에는 저축액이 증가하다가 생애 말기에는 감소하기 시작한다.

㉢ 소비성향은 소득 중에서 소비가 차지하는 비중을 말한다. 따라서 소득이 높은 생애 중기에는 소비성향이 비교적 낮고, 소득이 낮은 생애 초기와 말기에는 소비성향이 비교적 높다. 주의할 것은 위 그림에서는 소비액은 꾸준히 증가하고 있다. 즉 소비증가율은 평생 일정하게 나타나고 있다.

7 ③ (가)라는 심층있는 자료 수집에는 한계가 있으나, 계량화·객관성 정도가 높아서 주로 실증적 연구에 쓰인다.

① 조사자의 편견 개입 가능성이 높은 것은 면접법, 참여 관찰법, 문헌 연구법이고, 낮은 것은 질문지법, 실험법이다.

② 질문지법, 문헌 연구법은 시간과 비용이 절약된다는 장점이 있고, 면접법, 참여 관찰법, 실험법은 시간과 비용이 많이 든다는 단점이 있다.

④ 면접법, 참여 관찰법은 계량화·객관성 정도 낮아 일반화가 곤란하나, 심층있는 자료 수집이 가능하다는 장점이 있어서 주로 해석적 연구에 쓰인다. 문헌연구법은 실증적 연구, 해석적 연구 둘 다 쓰일 수 있다.

※ **표본의 대표성**

모집단을 잘 대표할 수 있는 표본 즉 모집단의 특성을 잘 파악(반영)할 수 있는 표본을 선택해야 한다. 이를 표본의 대표성이라 한다.

• 표본의 대표성에 문제가 있는 경우

– 미국 대통령 선거 결과를 예측하기 위하여 한 잡지사가 전화번호부와 자동차 등록부에서 뽑은 표본을 대상으로 여론 조사를 하였다. 그 결과 민주당의 루스벨트 대통령 후보의 낙선을 예측하였으나, 선거 결과는 그 반대였다. 그 이유는 잡지사가 선정한 표본의 대표성에 문제가 있었다. 즉 그 당시 전화번호부와 자동차 등록부에서 뽑은 표본은 상당히 부유한 계층으로서 전체 유권자를 대표하지 못했기 때문이다.

– 한국 중학생의 한 달 용돈을 조사하면서 비교적 소득 수준이 높은 도시의 중학생만을 대상으로 조사했다.

8 (A) 공식적 사회화 기관 : 학교, 직업훈련소

(B) 비공식적 사회화 기관 +1차적 사회화 기관 : 가족, 또래집단

(C) 비공식적 사회화 기관 +2차적 사회화 기관 : 대중매체, 동아리

※ 기관의 목적(형성목적)에 따른 구분

공식적 사회화 기관	• 사회화 자체를 주목적으로 하는 기관 • 사회화를 체계적·계획적 수행	학교, 학원, 유치원, 직업훈련소, 교도소
비공식적 사회화 기관	• 다른 주된 기능(목적)을 수행하면서 보수적으로 사회화가 이루어지는 기관	가족, 회사(직장), 대중매체, 정당, 동아리

9 문화 지체와 기술 지체 : 의식주나 컴퓨터, 자동차, 기술과 같은 물질문화는 빠르게 변동하는 데 비해, 사회제도나 규범, 가치관과 같은 비물질 문화는 그 속도를 따라가지 못해 발생하는 부조화현상이 문화지체 현상이고, 문화지체 현상과는 반대로 기술(물질문화)이 비물질 문화의 변동속도를 따라가지 못해 발생하는 부조화현상이 기술지체 현상이다.

제시문에서 ㉠은 문화지체 현상, ㉡은 기술지체 현상이다.

• 문화 변동 : 새롭게 등장한 문화 요소로 인해 기존의 문화 요소들이 변화하는 현상

• 문화 접변 : 성격이 다른 두 문화 체계가 장기간에 걸쳐 전면적인 접촉을 함으로써 문화 요소가 전파되어 일어나는 문화 변동

※ 문화 지체 현상

의미	문화변동 과정에서 물질문화와 비물질 문화의 속도 차이로 나타나는 부작용
원인	물질문화와 비물질 문화의 속도 차이(물질문화의 속도〉비물질문화의 속도)
사례	• 휴대전화 등의 기술 발달에도 이에 적합한 규범이나 예절은 확립되지 않아 때와 장소를 가리지 않고 울리는 '벨소리'와 '큰 소리의 통화' • 자동차 수의 빠른 증가에도 불구하고 도로 조건이나 운전자의 태도가 개선되는 속도가 느려 자동차 사고가 늘어나는 현상 • 자동차를 처음 구입하고는 그 앞에서 무사고를 비는 고사를 지낸다. • 첨단 기기인 컴퓨터가 제대로 작동되지 않을 때, 그 앞에서 주문을 외운다. • 예약 전산 시스템의 발달로 여행이나 극장관람이 편리해졌으나, 예약 취소를 미리 알리지 않고 있다. • 레져산업의 발달로 산과 강을 찾는 사람이 늘었으나, 자연환경을 훼손하거나 쓰레기로 인한 오염 등의 문제가 심각하게 대두되었다.

10 ④ (라) 사회 보장의 책임 주체가 가족에서 국가로 이전되어, 사회복지기관에서 담당한다.

① (가) 사회의 영속성을 유지시키는 재생산 기능은 외부 기관에 분산될 수 없는 가족의 본질적 기능이다.

② (나) 사회의 가치와 규범 등을 내면화시켜 사회에 적응시키는 사회화 기능은 학교와 대중 매체 등 대체 기관의 등장으로 약화된 기능이다.

③ (다) 오늘날 생산은 기업이 담당하고 가족의 생산기능은 거의 상실하였다.

※ 가족 기능의 변화

　㉠ 가치관 변화 및 대체 기관의 등장으로 약화된 기능 : 사회화 기능, 경제적 기능, 양육과 보호의 기능 (사회 보장 기능)

　㉡ 현대 사회에서 강조되는 가족의 기능 : 사회 구성원의 재생산 기능, 정서적 유대 및 안정감 제공의 기능, 여가 및 오락적 기능

　㉢ 현대 사회에서 새롭게 강조된 가족의 기능 : 정서적 유대 및 안정감 제공의 기능, 여가 및 오락적 기능

11 ① 베버의 다원론적 관점에서의 경제적 지위(계급)는 마르크스와 동일한 기준이다.

계급	계층
• 경제적 요소에 따라 서열화된 위치의 집단 • 일원론적 관점(마르크스) : 생산 수단의 소유 여부 (경제적 계급) • 부르주아(자본가, 유산)계급와 프롤레타리아(노동자, 무산)계급(비연속적·이분법적 개념) →지배와 피지배 관계 형성 • 갈등과 대립 관계, 계급의식, 소속감, 적대감이 있음	• 비슷한 사회적 지위의 사람들끼리 묶은 집합 • 다원론적 관점(베버) 　① 계급(재산 : 경제적 지위 - 마르크스와 동일한 기준) 　② 위신(명예 : 사회적 지위) 　③ 권력(정치적 지위) • 상층, 중층, 하층(범주화한 개념) : 각 계층들은 하나의 연속선상에 배열됨 • 대립이나 적대감 약함

② 계급보다 계층이 현대 사회의 다양한 불평등 현상을 설명하는 데 용이하다.

③ 계급은 생산수단을 소유한 사람, 소유하지 못한 사람 둘로 나눈 이분법적(비연속적) 개념이고, 계층은 높고 낮은 계층들을 수직으로 하나의 연속선상에 배열하고 있다.

④ 사회적 가치는 희소성 때문에 개인과 집단에 따라 다르게 분배될 수밖에 없기 때문에, 사회가 아무리 발달해도 사회 계층화 현상은 사라지지 않는다.

12 ㉠ 근대 야경국가 사상이다. 현대 복지 국가에서는 모든 사람에게 인간다운 생활을 보장하기 위해서 정부 권한과 기능이 확대되어 왔다.

㉣ '법 앞의 평등'의 보장만으로 사회적 불평등 문제를 해결하기 어렵다. 곧 필요충분조건으로는 볼 수 없다. 한 사람이 다른 사람들에 비해 불리한 조건을 가졌다면 기회의 균등아래 대등한 경쟁이 어렵게 되므로 진정한 기회의 평등을 위해서는 사회적 약자에 대한 배려가 필요하다.

㉡㉢ 정부의 복지 정책이 강화되고 정부 권한이 커짐에 따라 개인의 경제적 자유권에 일정한 제한이 가해지는 등 국민의 자유와 권리가 침해될 가능성이 높아진다.

㉢ 정부의 노력이 필요하다.

13 ③ (B)는 평등 선거의 원칙 위반이다. 즉 1인 1표의 원칙(표의 등가성의 원리)에 위반된다.

①② (A)는 제한 선거로서, 보통 선거의 원칙 위반이다.

④ (B)는 차등 선거이다.

※ 민주 선거의 4원칙

	내용	특징
보통 선거	일정 연령 이상의 국민에게는 성별, 재산, 학력, 직업 등에 관계없이 누구에게나 제한을 두지 않고 선거권을 부여함 ↔ 제한 선거	대중 민주주의의 기반이 됨
평등 선거	한 사람에게 다 같이 한 표(1인 1표)를 주고, 그 한 표의 가치에 차등을 두지 않는 것 ↔ 차등 선거	표의 등가성(等價性) 원리에 기초함
직접 선거	선거권자가 대리인을 거치지 않고, 본인이 직접 투표하는 것 ↔ 대리 선거	부재자투표나 거소투표 등도 인정
비밀 선거	선거권자가 누구에게 투표했는지 알 수 없게 하는 것 ↔ 공개 선거	선거인이 외부의 압력을 받지 않고 자유 의사에 따라 투표하도록 함

14 정당과 이익 집단(압력 단체)의 **공통점** : 여론 형성, 정부의 정책 결정 과정에 영향력을 행사하려 함.

㉠㉢은 정당과 이익 집단(압력 단체)의 공통점이다.

㉡ 정치적 책임을 지는 것은 정당의 특징이다.

㉣ 모든 사회적 쟁점 및 문제 영역에 관심을 갖는 것은 정당의 특징이다. 이익 집단은 집단의 이익과 관련된 특수 영역에만 관심을 갖는다.

※ 정당과 이익 집단의 비교

구분	정당	이익 집단(압력 단체)
정권획득 목적	있음	없음
추구이익	공익 실현	집단의 특수 이익 실현
관심 사항	모든 사회적 쟁점 및 문제 영역에 관심	집단의 이익과 관련된 특수 영역에만 관심
정책	정치적 책임을 짐	정치적 책임을 지지 않음
상호관계	자신들의 지지 기반을 넓히기 위해 이익 집단을 이용하기도 함	자신들의 특수 이익을 실현하기 위해 정당에 압력을 행사하거나 협력함
공통점	• 정책 결정 과정에 영향력을 행사하려 함 → 정치 과정의 비공식적 참여자 • 여론 형성	

15 ① 갑구에서 소유권의 변동을 확인할 수 있다.

② 현재의 소유권자는 임거정이다.

③ 김길동이가 매도인(파는 사람)이고, 임거정이가 매수인(사는 사람)이다.

④ 김길동에게서 임거정으로의 소유권이전의 효력은 등기가 접수된 날짜인 2005. 2. 1.에 발생하였다.

※ **등기사항증명서(구, 등기부 등본)의 구성** : 크게 표제부, 갑구, 을구로 구성된다.

표제부	토지나 건물의 소재지, 면적, 용도, 구조 등이 변경된 순서대로 기재
갑구	소유권에 관한 사항이 접수된 날짜순으로 기재 – 압류, 가압류, 가등기, 가처분, 경매신청 등
을구	소유권 이외의 권리에 관한 사항이 기재 – 저당권, 전세권, 지역권, 지상권 등

16 ㈎는 공소제기(기소), ㈏는 법원의 선고이다.

ⓒ ㈎ 공소제기로 피의자가 피고인의 신분으로 바뀐다. 구속 적부 심사 청구권은 피의자에게만 인정되고 피고인에게는 인정되지 않는다.

ⓜ 검사의 불기소 처분을 받았다고 모두 형사보상청구권을 가지는 것은 아니다. 피의자로서 구금(구속)되었다가 불기소 처분을 받거나 피고인으로서 구금(구속)된 사람이 무죄 판결을 받은 경우에 청구할 수 있다.

㉠ ㈎는 검사가 사건을 법원으로 보내는 절차로서, 우리나라에서는 검사만이 공소제기(기소)를 할 수 있도록 한 기소독점주의가 원칙이다.

ⓛ ㈎ 공소제기 여부는 검사의 재량이므로 검사가 범인의 연령, 성향, 지능, 환경 등을 이유로 공소를 제기하지 않는 기소 유예 처분을 내릴 수 있다.

㉣ ㈏에 대해 이의가 있을 경우 검사와 피고인 모두 상급 법원에 불복을 신청(상소)할 수 있다.

17 ㈎㈏ 처분 행정청에 스스로 시정할 기회를 주어 행정청 자체의 전문적·기술적 지식을 활용하고 행정소송보다 간편한 방법으로 분쟁을 해결할 수 있어 시간과 비용을 절약할 수 있는 제도이다. 모두 옳음

㈐ 사법국가주의는 행정상 분쟁을 행정기관이 아닌 독립된 법원에서 해결하는 것이다. 행정심판은 법원이 아닌 행정 기관에서 심판을 한다.

㈑ 사후 구제 절차이다.

※ 행정심판과 행정소송의 비교

	행정심판	행정소송
성격	행정절차(행정처분)	사법절차(판결)
쟁송대상	위법·부당한 처분 또는 부작위	위법한 처분 또는 부작위
재판기관	행정심판위원회	법원
심리절차	서면·구술 심리 병행, 비공개주의	구술심리주의, 공개주의

18 ④ (A)와 (B)에 의할 때 우리나라 헌법상의 기본권 사상은 천부 인권 사상과 실정법 사상의 조화를 추구하고 있다. 즉 천부 인권 사상을 바탕으로 하면서도 국가에 의한 기본권의 제한이 가능하다고 해석된다.

① (A)에는 개인의 기본권은 천부적인 권리(천부 인권, 자연권)라는 사상이 나타나 있다.

② (A)에 의하면 개인의 인권은 국가보다 우선하고, 국가는 국민의 기본권 보장을 위한 제도적 장치이다.

③ (B)에는 기본권도 국가의 법 테두리 안에서 인정되는 실정법상의 권리라고 보는 사상이 나타나 있다.

※ 기본권 제한

    ㉠ 과잉금지의 원칙 또는 비례의 원칙 : 국민의 기본권을 제한함에 있어서 정당한 목적을 위해, 그 목적을 달성하는 데 필요한 범위 내에서만 가능하다는 원칙이다. 헌법 제37조 제2항은 과잉금지의 원칙을 '필요한 경우에 한하여' 법률로써 기본권을 제한할 수 있다고 표현하고 있다.

    ㉡ 자유와 권리의 '본질적 내용은 어떠한 경우에도 침해할 수 없다.'

    → 예, 신체의 자유와 관련하여 고문 행위, 집회의 자유와 관련하여 야간의 옥외 집회를 미리 금지해두고 일정한 요건을 갖춘 경우에만 허용하는 사전 허가제는 기본권의 본질적 내용을 침해한 것으로 볼 수 있다(헌재 판결).

    ㉢ 기본권 제한 사례

      • 고교 평준화 : 입시 경쟁 해소 및 지역 격차 해소라는 공공복리의 목적을 달성하기 위하여(목적) → 학부모의 학교 선택권 제한(자유권 제한)

      • 병역의 의무 : 국가의 안전 보장을 위하여(목적) → 양심의 자유에 기반을 둔 병역 의무 거부를 인정하지 않음(자유권 제한)

19 (가)는 이익 집단(압력 단체), (나)는 시민 단체이다.

② 대의 정치(간접 민주 정치)의 문제점인 국민 의사의 왜곡과 정치적 무관심 등을 보완할 수 있다.

① (가) (나) 모두 정책 결정 과정의 비공식적 참여자로서 영향력을 행사한다.

③ (가) (나) 모두 정치적 책임을 지지 않는다.

④ (가)는 집단의 이익을 추구하지만, (나)는 공공 이익(공공선)의 실현을 위해 노력한다.

※ 시민 단체와 이익 집단의 비교

구분	시민 단체	이익 집단
차이점	• 공익 추구 • 순수성 · 도덕성을 중시하여 비영리적 활동을 함	• 특수 이익 우선적 추구 • 일반적으로 직업적 이해 관계가 일치함
공통점	• 대의 정치의 한계를 배경으로 출현함 • 목적 달성을 위해 정치 과정에 영향력을 행사함 • 국민에 대해 정치적 책임을 지지 않음 • 정부 정책에 대해 감시, 비판 기능을 수행함	

20 법의 단계 : 헌법〉법률〉명령〉조례(지방자치단체장)〉규칙(지방의회) → 상위법 우선의 원칙

법의 단계에서 성문법의 효력은 상위법이 우선 적용되고 상위법에 위배되는 하위법은 효력을 잃게 된다.

㉯ 조례는 상위법인 법령(법률과 명령)에 위반되지 않아야 한다.

㉰ 헌법에 의하여 체결·공포된 조약은 국내법(법률)과 같은 효력을 가진다.

㉮ ㉠도 의회가 제정한 자치법규는 조례이다.

㉱ ㉠은 조례, ㉡은 법률과 같은 효력을 가지므로, ㉡한·칠레 FTA는 ㉠조례에 우선하는 효력을 가진다.

기출문제분석

1 미성년자가 법정대리인의 동의 없이 단독으로 할 수 있는 법률행위에 관한 내용으로 가장 적절하지 않은 것은?

① 단순히 권리만을 얻거나 의무만을 면하는 행위는 미성년자에게 이익만을 주기 때문에 미성년자가 단독으로 할 수 있다.

② 미성년자가 법정대리인으로부터 허락을 얻은 '특정한' 영업에 관하여는 성년자와 동일한 행위 능력이 인정된다.

③ 미성년자라도 만 16세 이상이 된 자는 단독으로 유언할 수 있다.

④ 임금의 청구는 법정 대리인의 동의 없이도 미성년자가 단독으로 할 수 있다.

> **ADVICE** 미성년자는 법률 행위를 위해 법정 대리인의 동의가 필요하거나, 법정 대리인이 미성년자를 대신하여 법률 행위를 할 수 있다. 다만, 민법 등에서는 일정한 경우 법정 대리인의 동의 없이 단독행위를 할 수 있다고 규정되어 있다.
> ③ 민법 제1061조(유언적령) – 만 17세에 달하지 못한 자는 유언을 하지 못한다.
> ① 민법 제5조 제1항(미성년자의 능력)
> ② 민법 제8조 제1항(영업의 허락)
> ④ 근로기준법 제68조(임금의 청구)

2 민사 분쟁의 간편한 해결절차에 관한 설명으로 가장 적절하지 않은 것은?

① 내용증명우편제도 : 내용 증명 발송 사실만으로 문서에 기재된 대로 법률 관계의 존재가 인정되는 것은 아니다.

② 민사조정제도 : 민사 분쟁 사건에서 국가의 조정기관(조정담당판사 등)이 당사자 쌍방의 주장을 절충하여 화해의 성립을 꾀하는 민사조정법에 의한 제도이다.

③ 소액사건 심판제도 : 소송 목적의 값(소송가액)이 2,000만 원 이하인 금전 등의 지급을 목적으로 하는 제1심의 소액사건에 한하여 소송절차를 적은 비용으로 쉽고 빠르게 진행할 수 있도록 마련한 민사 소송 절차이다.

④ 변호사 대리 원칙의 예외 인정 : 소액사건 심판에서는 변호사가 아니어도 당사자의 배우자·직계혈족·형제자매는 법원의 허가 없이 소송 대리인이 될 수 있다.

> **ADVICE** ③ 소액사건심판제도 : 대여금·물품대금·손해배상청구 등 금액이 3,000만 원 이하이며, 사건이 비교적 단순한 경우 신속하고 간편한 절차로 심판을 받을 수 있다.

3 보안처분에 대한 설명으로 가장 적절하지 않은 것은?

① 보호관찰 : 죄를 지었던 사람이 재범을 저지르는 것을 막기 위해 수용 시설 밖에서 사회 생활을 지도·감독하는 처분이다.

② 치료감호 : 심신장애 상태, 마약류나 알코올 등의 약물 중독 상태, 정신성적(精神性的) 장애가 있는 상태 등에서 범죄 행위를 한 사람을 치료시설에 격리 수용하는 처분이다.

③ 보호처분 : 「소년법」에서는 소년범에 대한 보호관찰, 소년원송치 처분 등을 규정하고 있으며, 소년의 보호처분은 그 소년의 장래 신상에 어떠한 영향도 미치지 아니한다.

④ 수강명령 : 범죄인으로 하여금 일정기간 무보수로 봉사활동을 명하는 것이다. 수강명령은 집행유예기간 내에 이를 집행한다.

ADVICE ④ 수강명령 : 유죄가 인정된 범죄자를 교도소 등에 구금하는 대신 자유로운 생활을 허용하면서 보호관찰소 또는 지정 전문기관에서 교육을 받도록 하는 제도
범죄인으로 하여금 일정기간 무보수로 봉사활동을 하는 것은 사회봉사에 해당된다.

4 국민참여재판에 대한 설명으로 가장 적절하지 않은 것은?

① 배심원은 만 20세 이상의 대한민국 국민 중에서 선정되며, 변호사, 경찰·교정 공무원은 배심원이 될 수 없다.

② 법정형이 사형·무기징역 또는 무기금고에 해당하는 대상사건에 대한 국민참여재판에는 7인의 배심원이 참여한다. 다만, 법원은 피고인 또는 변호인이 공판준비절차에서 공소사실의 주요내용을 인정한 때에는 5인의 배심원이 참여하게 할 수 있다.

③ 형사 합의부가 관할하는 단기 1년 이상의 징역에 해당하는 사건이 대상이 된다.

④ 공범 관계에 있는 피고인들 중 일부가 국민참여재판을 원하지 않아 국민참여재판의 진행에 어려움이 있다고 인정되는 경우 국민참여재판을 하지 않는 결정을 할 수 있다.

ADVICE ② 법정형이 사형·무기징역 또는 무기금고에 해당하는 대상사건의 경우 9명, 그 밖의 대상사건은 7명으로 하되, 피고인 또는 변호인이 공판준비절차에서 공소사실의 주요내용을 인정한 경우에는 5명으로 한다.

ANSWER 1.③ 2.③ 3.④ 4.②

5 법률의 제정 및 개정 과정에 관한 설명으로 가장 적절하지 않은 것은?

① 정부, 국회 상임 위원회는 법률안을 제출할 수 있다.

② 국회에서 의결된 법률안에 대해 이의가 있을 때, 대통령은 법률안이 정부로 이송된 날부터 20일 이내에 국회로 다시 환부하는 형식으로 법률안 거부권을 행사(환부거부)할 수 있다.

③ 법률안은 헌법 또는 법률에 특별한 규정이 없는 한 국회 재적 의원 과반수의 출석과 출석의원 과반수의 찬성으로 의결된다. 가부동수인 때에는 부결된 것으로 본다.

④ 대통령의 재의 요구가 있을 때에는 국회는 재의에 붙이고, 재적의원 과반수의 출석과 출석의원 3분의 2 이상의 찬성으로 전과 같은 의결을 하면 그 법률안은 법률로서 확정된다.

ADVICE ② 국회에서 의결된 법률안에 대해 이의가 있을 때, 대통령은 법률안이 정부로 이송된 날부터 15일 이내에 국회로 다시 환부하는 형식으로 법률안 거부권을 행사할 수 있다.

6 위헌법률심판 제청에 대한 설명으로 가장 적절한 것은?

① 재판의 당사자는 직접 위헌법률심판을 제기할 수 있다.

② 소송의 당사자의 신청이 없더라도 법원은 직권으로 위헌법률심판을 제청할 수 있다.

③ 당해 사건의 법원이 당사자의 위헌법률심판 제청 신청을 기각하면 당사자는 법원의 기각 결정에 대해 항고할 수 있다.

④ 당해 사건의 법원이 당사자의 위헌법률심판 제청 신청을 기각하면 당사자는 헌법재판소에 헌법소원 심판을 청구할 수 없다.

ADVICE 헌법재판소법 제41조(위헌 여부 심판의 제청)
　　제1항 – 법률이 헌법에 위반되는지 여부가 재판의 전제가 된 경우에는 당해 사건을 담당하는 법원(군사법원을 포함)은 직권 또는 당사자의 신청에 의한 결정으로 헌법재판소에 위헌 여부 심판을 제청한다.
　　제2항 – 제1항의 당사자의 신청은 제43조 제2호부터 제4호(사건 및 당사자의 표시, 위헌이라고 해석되는 법률 또는 법률의 조항, 위헌이라고 해석되는 이유)까지의 사항을 적은 서면으로 한다.
　　제3항 – 제2항의 신청서면의 심사에 관하여 민사소송법 제254조를 준용한다.
　　제4항 – 위헌 여부 심판의 제청에 관한 결정에 대해 항고할 수 없다.
　　제5항 – 대법원 외의 법원이 제 1항의 제청을 할 때에는 대법원을 거쳐야 한다.

7 사회구조를 설명하는 일탈행동 이론에 관한 설명으로 가장 적절하지 않은 것은?

① 뒤르켐의 아노미 이론 : 급속한 사회변동으로 인해 사회규범이 약화되거나 기존의 규범과 새로운 규범이 혼재되면서 나타나는 도덕적 혼란 혹은 무규범 상태인 아노미 상태에서 일탈행동이 발생한다.

② 낙인이론 : 1차적 일탈로 인해 주위 사람들이 그 행위자가 지속적 일탈 행동을 할 가능성이 있다고 단정하면 자신이 일탈자라는 부정적 자아를 갖게 된 개인이 일탈행동을 습관화하게 되며, 이를 2차적 일탈이라고 한다.

③ 갈등이론 : 일탈은 일시적인 현상이 아니라 구조적 모순에서 나타나는 불평등의 결과로 본다. 이에 대한 해결은 사회 불평등 구조의 근본적 변혁을 통해 가능하다.

④ 머튼의 아노미 이론 : 개인이 일탈행동을 빈번하게 일으키는 사람들과 접촉하면 그 과정에서 일탈의 기술을 학습하고 일탈 동기를 내면화하며, 이를 정당화하는 태도까지 학습하게 된다.

ADVICE ④ 머튼의 아노미 이론 : 한 사회의 문화 목표와 제도화된 수단과의 괴리 현상 때문에 일탈이 발생한다. 개인이 일탈행동을 빈번하게 일으키는 사람들과 접촉하면 그 과정에서 일탈의 기술을 학습하고 일탈 동기를 내면화하며, 이를 정당화하는 태도를 학습하는 것은 '차별적 교제 이론'에 해당한다.

8 다음은 갑국과 을국의 계층별 비율을 나타낸 것이다. 이에 대한 분석으로 가장 적절한 것은?(단, 계층은 상, 중, 하만 존재한다.)

(단위 : %)

	갑국			을국	
구분	2000년	2010년	구분	2000년	2010년
상층	20	20	상층	20	30
하층	30	50	하층	50	50

① 갑국은 산업화 이전의 봉건적 신분제 사회에서 주로 나타나는 형태의 계층구조로 변모하였으며, 소수의 상층이 희소 자원을 독점하고 다수의 하층을 지배하며 통제하는 특징을 가진다.

② 갑국의 변화된 계층구조는 사회통합에 유리한 계층구조로 산업 사회와 복지 사회에서 주로 나타난다. 또한 지식과 정보가 중시되는 정보 사회로 발전되어 기존에 하층이었던 사람들이 중층이 될 기회가 많아진다.

③ 을국의 변화된 계층구조는 상층과 하층의 비율이 낮아져 중층의 구성 비율이 현저하게 높아진 구조이다.

④ 2010년 갑국과 을국 모두 사회적 희소가치의 배분 상태에 대한 불만이 작아 사회 안정을 실현하는 데 매우 적합하다.

ANSWER 5.② 6.② 7.④ 8.①

구분	갑국		을국	
	2000년	2010년	2000년	2010년
상층	20	20	20	30
중층	50(100−20−30)	30(100−20−50)	30(100−20−50)	20(100−30−50)
하층	30	50	50	50

갑국 : 2000년(다이아몬드형) → 2010년(피라미드형)

을국 : 2000년(피라미드형) → 2010년(모래시계형)

② 피라미드형 구조는 하층의 비율이 높아 사회통합보다 계층 간 갈등의 가능성이 높다.

③ 모래시계형 구조는 상층과 하층의 비율이 높고 중층의 비율이 낮다.

④ 피라미드형과 모래시계형 구조는 둘 다 계층 간 양극화가 심하기 때문에 사회가 불안할 가능성이 높다.

9 인구변천과정에 관한 일반적인 설명으로 가장 적절하지 않은 것은?

① 다산다사(多産多死) → 감산소사(減産小死) → 다산감사(多産減死) → 소산소사(小産小死)의 과정으로 변천된다.

② 다산다사(多産多死)형은 산업혁명 이전의 사회들이 속하며, 출산율과 사망률이 모두 높은 단계이다.

③ 감산소사(減産小死)형은 인구증가가 완화되며, 여성의 사회 진출이 확대되고 가족계획 정책이 실시된다.

④ 소산소사(小産小死)형은 고도의 산업화 사회에서 나타나며, 인구증가 속도가 정체된다.

① 인구 변천 과정 : 다산다사 → 다산감사 → 감산소사 → 소산소사

10 「형법」상 위법성 조각 사유에 관한 내용으로 가장 적절하지 않은 것은?

① 저항할 수 없는 폭력에 의하여 강요된 행위, 형사 미성년자

② 자기 또는 타인의 법익에 대한 현재의 부당한 침해를 방위하기 위한 행위로 상당한 이유가 있는 경우

③ 법령에 의한 행위 또는 업무로 인한 행위, 기타 사회상규에 위배되지 아니하는 행위

④ 자기 또는 타인의 법익에 대한 현재의 위난을 피하기 위한 행위로 상당한 이유가 있는 경우

① 저항할 수 없는 폭력 등으로 인해 강요된 행위(형법 제12조), 과잉방위(형법 제21조), 과잉피난(형법 제22조), 과잉자구행위(형법 제23조), 친족 간의 증거인멸·은닉·위조 또는 변조(형법 제155조) 등은 책임조각사유에 해당한다.

② 위법성 조각 사유 − 정당방위

③ 위법성 조각 사유 − 정당행위

④ 위법성 조각 사유 − 긴급피난

11 사회 불평등 현상을 설명하는 대표적인 이론에 관한 내용으로 가장 적절하지 않은 것은?

① 계급이론은 생산 수단의 소유 여부에 따라 서열화된 위치를 구분한다.

② 계층이론은 막스 베버의 다원론에서 설명하고 있다.

③ 계급이론은 사회 계층화의 세 가지 측면으로 계급, 권력, 지위를 들며, 계급은 상층, 중층, 하층으로 구분한다.

④ 계층이론은 다양한 기준에 따라 다양하게 서열화된 개인 집단의 위치를 구분한다.

> **ADVICE** 계층이론 : 사회 계층을 '계급 · 권력 · 지위'에 따라 분류하며, '상층 · 중층 · 하층'으로 범주화
> 계급이론 : 생산 수단의 소유라는 한 가지 기준으로 사회화 계층을 나눔

12 사실혼에 관한 내용으로 가장 적절하지 않은 것은?

① 주관적 요건으로서의 혼인 의사 합치와 객관적 요건으로서의 부부공동생활 실체라는 두 가지 요건을 갖추어야 한다.

② 「공무원연금법」에서는 재직 당시 사실혼 배우자에게 연금 수급권을 인정하고 있다.

③ 사실혼 배우자 및 그 혈족 등과 법적 친족 관계가 발생하지 않는다.

④ 사실혼 부부 사이의 자녀가 아버지의 인지(認知)를 받지 못해도 아버지로부터 상속받는다.

> **ADVICE** ④ 법적 부부 사이가 아니므로 자식은 아내의 혈육으로서 인정되며, 남편의 입장에서는 혼외자식으로 분류되므로 상속권이 인정되지 않는다.

13 죄형법정주의의 구체적 내용에 대한 설명으로 가장 적절하지 않은 것은?

① 관습형법 금지의 원칙 : 범죄와 형벌은 문서로 된 법률에 의하여 규정되어야 한다.

② 유추해석 허용의 원칙 : 어떤 사항을 직접 규정한 법률 규정이 없을 때 법관이 그와 비슷한 사항을 규정한 법률 규정을 적용하여 형벌을 부과하거나 형을 가중하는 것을 허용한다.

③ 형법 효력 불소급의 원칙(형벌 불소급의 원칙) : 범죄의 성립과 처벌은 행위 시의 법률에 의한다.

④ 적정성의 원칙 : 범죄와 형벌 사이에 적정한 균형을 이루어야 한다.

> **ADVICE** '죄형법정주의'는 범죄와 형법을 미리 법률로써 규정해야 한다는 근대형법상의 기본원칙으로서 관습형법 금지의 원칙, 유추해석 금지의 원칙, 형벌 불소급의 원칙(형법 효력 불소급의 원칙), 명확성의 원칙(적정성의 원칙) 총 4가지의 파생 원칙이 존재한다.
> ② 유추해석 허용의 원칙이 아닌 유추해석 금지의 원칙이 죄형법정주의에 해당하는 내용이다. 유추해석 금지의 원칙은 가정이나 심리적 추정에 의한 자의적 판단을 하지 않고 명확한 증거를 통해 죄를 판단해야한다는 원칙이다.

ANSWER 9.① 10.① 11.③ 12.④ 13.②

14 일국의 경제지표 변화를 나타낸 것이다. 이에 대한 설명으로 가장 적절한 것은?(단, 물가상승률은 GDP 디플레이터로 계산한다.)

구분	2016년	2017년	2018년
GDP 디플레이터	95	105	115

① 전년 대비 2016년 물가는 하락하였다.
② 2017년에는 경제성장률이 물가상승률보다 높다.
③ 2018년에는 명목 GDP가 실질 GDP보다 작다.
④ 전년 대비 물가상승률은 2018년이 2017년보다 낮다.

ADVICE GDP 디플레이터 $= \dfrac{\text{명목}\,GDP}{\text{실질}\,GDP} \times 100$

① 표에서 2015년도의 물가지수 표시가 없기 때문에 전년대비 물가의 상승·하락 여부를 판단할 수 없다.
② GDP(국내총생산)에 관련된 자료이므로 경제성장률을 파악할 수 없다.
③ '명목 GDP<실질 GDP'일 경우 물가지수는 100이하로 나타난다. 2018년의 물가지수는 115이므로 '명목 GDP>실질 GDP'임을 알 수 있다.
④ 2017년의 물가상승률: $\dfrac{105-95}{95} \times 100 = 10.52\%$

2018년의 물가상승률: $\dfrac{115-105}{105} \times 100 = 9.52\%$

따라서 전년 대비 물가상승률은 2018년<2017년 이다.

15 A국에서 실업이 증가하고 소비와 투자가 감소하는 현상이 나타났다. 이러한 문제를 해결하기 위해 A국 정부와 중앙은행이 실시해야 하는 정책으로 가장 적절하지 않은 것은?

① 정부의 국채 매입 확대
② 중앙은행의 재할인율 인상
③ 기준 금리 인하
④ 지급 준비율 인하

ADVICE 실업이 증가하고 소비와 투자가 감소→경기가 위축됨
경기가 위축될 때에는 경기 부양책을 써야한다.
② 재할인율이 인상되면 통화량이 감소하고, 이자율이 상승한다. 따라서 소비와 투자가 위축되어 경기가 더 침체된다. (재할인율 인상은 물가안정책에 해당한다.)

16 다음 표는 대표적인 증권 상품 (가), (나)를 비교한 것이다. 이에 대한 설명으로 가장 적절한 것은?

구분	(가)	(나)
자본 조달 방법	자기 자본	타인 자본
소유자 권리	의결권	이자 수입
수익의 형태	배당금	이자

① (나)보다 (가)의 위험이 더 크다.

② 기업만이 (나)를 발행할 수 있다.

③ (가)를 보유한 자에 대해 기업이 그 지위를 상실시킬 수 있다.

④ (가)는 만기가 있지만, (나)는 만기가 없다.

ADVICE (가): 소유가자 의결권을 갖고 배당금의 형태로 수익을 얻기 때문에 '주식'

(나): 이자 수입을 목적으로 발행하므로 '채권'

① 원금 회수 가능성에 의해 위험성이 결정된다. 원금 회수 가능성이 높을수록 위험성은 낮다. (나)(채권)는 (가)(주식)에 비해 원금 회수 가능성이 높기 때문에 위험성은 낮다.

② (나)(채권)은 정부, 공공단체, 특수법인, 주식회사 등에서 발행할 수 있다.

③ (가)(주식)은 재산권으로 본인의 의사에 반해 재산권을 박탈하는 것은 헌법에 위반되는 행위다.

④ (가)(주식)은 만기가 없고, (나)(채권)는 만기가 있다.

17 우리나라 조세에 관한 내용으로 가장 적절하지 않은 것은?

① 세율에 따른 분류에서 부가가치세와 주세는 비례세로 구분된다.

② 과세하는 장소에 따른 분류에서 법인세는 내국세로 구분된다.

③ 과세주체에 따른 분류에서 재산세와 취득세는 지방세로 구분된다.

④ 조세목적에 따른 분류에서 지방교육세는 보통세로 구분된다.

ADVICE ① 부가가치세와 주세는 비례세가 적용되는 소비세이다.

④ 지방교육세는 목적세로 분류된다.

18 다음 표는 일본 엔화와 미국 달러화에 대한 원화의 환율 변동을 나타낸 것이다. 이 추세가 지속된다고 예상할 때, 현 시점(4월)에서 할 수 있는 행동으로 가장 적절한 것은?

(단위 : 원)

구분	2월	3월	4월
원/100엔	1,000	1,050	1,100
원/달러	1,200	1,150	1,100

① 엔화 외화부채의 상환을 미룬다.
② 올 겨울에 가기로 한 일본 여행 일정을 앞당긴다.
③ 올해 초 수입한 달러화 수입품의 결제를 서두른다.
④ 현금자산 중 달러의 원화 환전을 늦춘다.

ADVICE 엔화 : 원화대비 가치 상승
달러 : 원화대비 가치 하락
① 외화부채의 상환을 서둘러야한다.
② 빠른 시기에 여행을 다녀오는 것이 비용을 줄일 수 있다.
③ 결제를 미루는 것이 유리하다.
④ 달러의 가치 하락하기 전 환전을 하는 것이 유리하다.

19 다음은 X재의 수요량 및 공급량이다. 이에 대한 분석으로 가장 적절한 것은?(단, X재의 수요곡선 및 공급곡선은 연속이다.)

가격(원)	600	800	1,000	1,200	1,400	1,600
수요량(개)	120	110	100	90	80	70
공급량(개)	60	80	100	120	140	160

① 공급자가 160개를 모두 팔기 위한 균형 가격은 1,600원이다.
② 수요의 법칙에 따르면, X재의 대체재인 Y재가 존재하는 경우 대체재 가격이 상승하면 X재의 균형 가격은 1,000원 이하로 하락한다.
③ 정부가 X재 공급자에게 개당 600원의 세금을 부과하면 균형 거래량은 세금 부과 전보다 20개 줄어든다.
④ 정부가 공급자에게 세금을 부과하면 수요자 잉여는 감소되지만 사회 전체의 후생은 증가된다.

가격(원)	600	800	1,000	1,200	1,400	1,600
수요량(개)	120	110	100	90	80	70
공급량(계)	60	80	100	120	140	160
세후 공급량(개)	–	–	–	60	80	100

개당 600원의 세금을 부과하면 생산자는 세금 부과 전 600원에 60개 생산에서 세금 부화 후 1,200원에 60개를 생산하게 된다. 세금 부과 후 균형 거래량은 1,400원에 80개가 되므로 세금 부과 전 균형 거래량인 1,000원에 100개보다 20개가 감소한 것이다.

① 수요량이 120~70으로 표시되어있으므로 160개에 대한 가격은 알 수 없다.

② Y의 가격이 상승하면 X의 수요가 증가하여 가격이 상승하게 된다. 따라서 균형 가격은 현재 1,000원 이상으로 올라간다.

④ 세금을 부과하면 가격이 상승하므로 소비자 잉여와 사회 전체 후생은 감소한다.

20 다음 표는 A~D재의 가격이 현재 수준에서 10% 인상되는 경우 수요량의 변화율을 나타낸다. 이에 대한 분석으로 가장 적절한 것은?

재화	A재	B재	C재	D재
수요량 변화율(%)	–5	0	–10	20

① A재의 수요는 가격에 대해 비탄력적이다.

② B재의 판매량은 가격 상승으로 인해 감소될 것이다.

③ C재의 수요는 가격에 대해 완전 탄력적이다.

④ D재의 판매량은 가격 상승으로 인해 급격히 감소될 것이다.

ADVICE
$$수요의\ 가격\ 탄력성 = -\frac{수요량\,변화율(\%)}{가격\,변화율(\%)}$$

① A: $-\dfrac{-5}{10} = 0.5$ 이므로 비탄력적이다.

② B: $-\dfrac{0}{10} = 0$ 이므로 완전 비탄력적이다. 수요의 가격 탄력성이 완전 비탄력적인 경우 가격의 변동률 = 판매수입의 변동률이다. 따라서 가격이 오르면 판매수입이 증가한다.

③ C: $-\dfrac{-10}{10} = 1$ 이므로 단위 탄력적이다.

④ 수요법칙에 따라 가격이 상승하면 수요량은 감소해야하지만 D의 수요량은 증가했기 때문에 수요법칙이 적용되지 않았다. 따라서 가격 상승으로 인해 판매량이 증가할 것이다.

1 다음은 甲의 연구를 요약한 것이다. 밑줄 친 (개)~(배)에 대한 설명으로 옳은 것을 〈보기〉에서 모두 고른 것은?

> 각종 사고·사건으로 인해 외상후스트레스장애(PTSD)를 겪고 있는 경찰관이 많다. 甲은 이들의 (개) 자기탄력성 향상에 관한 연구를 하였다. 이를 위해 ○○지역 경찰관들을 (내) A집단과 (대) B집단으로 나누고 자기탄력성에 대한 설문지 검사를 실시하였다. 그 후 A집단에게만 (래) 수용전념치료를 6개월 동안 진행한 뒤에 다시 두 집단에게 자기탄력성에 대한 설문지 검사를 실시하였다. 검사를 통해 얻은 (매) 자료를 분석한 결과, 甲은 (배) 수용전념치료가 자기탄력성을 향상시키는 효과가 있다는 결론을 내렸다.

〈보기〉
ㄱ (개)는 독립 변인, (래)는 종속 변인이다.
ㄴ (내)는 실험 집단, (대)는 통제 집단에 해당되며 실험 처치 전과 후에 검사를 실시했다.
ㄷ (매)는 (개)에 대한 조작적 정의를 토대로 얻은 질적 자료이다.
ㄹ (배)는 인과관계 파악은 쉽지만 연구 결과를 일반화하기 어렵다.

① ㄱㄴ　　　　　　　　　　　　② ㄱㄹ
③ ㄴㄹ　　　　　　　　　　　　④ ㄷㄹ

ADVICE 자기 탄력성과 수용전념치료의 상관관계를 연구하고자 실험법을 사용하였다. (개)는 종속 변인, (내)는 실험 집단, (대)는 통제 집단, (래)는 독립 변인, (매)는 실험자료, (배)는 실험결과이다.
ㄱ (개)는 종속변인, (래)는 독립변인이다.
ㄷ 甲은 수치화된 정보를 수집하는 데에 유리한 실험법을 활용하였다. 따라서 (매)는 (개)에 대한 조작적 정의를 토대로 얻은 양적 자료에 해당한다.
ㄹ 甲의 연구는 A집단과 B집단에게만 적용된 실험이므로 표본의 수가 적어 전체를 대상으로 일반화하기 어렵다.

2 다음은 직장에서의 사회화 현상에 관련된 사례이다. 이에 대한 옳은 설명을 〈보기〉에서 모두 고른 것은? (단, 다음 사례는 상징적 상호작용의 관점이다.)

> ○○지역 치안센터에는 새로이 센터장 甲이 전입하였다. 甲은 이전 센터장인 乙로부터 센터에 근무 중인 순경 丙이 丁보다 우수한 역량을 가졌다는 정보를 얻었다. 그래서 甲은 丙에 대해서 높은 기대를 가졌으며, 丁에 대해서는 낮은 기대를 가졌다. 8개월 후 丙은 丁보다 우수한 업무역량을 나타냈다. 하지만 사실은 乙이 甲에게 丙과 丁에 대해 뒤바뀐 정보를 제공한 것이었다.

> 〈보기〉
> ㉠ 丙과 丁은 乙보다 甲의 긍정적 기대와 격려를 통해 더 성장했다.
> ㉡ 丙과 丁은 乙보다 甲이 더 '의미 있는 타자(significant other)'이다.
> ㉢ 丙과 丁은 甲과 乙의 기대와 규범에 영향을 받아 '일반화된 타자(generalized other)'가 형성된다.
> ㉣ 丙과 丁은 甲과 乙의 생각과 판단에 영향을 받아 '거울에 비친 자아(looking-glass self)'가 형성된다.

① ㉠㉡   ② ㉠㉢

③ ㉠㉣   ④ ㉢㉣

ADVICE ㉠ 丙과 丁은 甲의 기대에 영향을 받았음을 유추할 수 있지만 주어진 정보만으로 乙의 기대와 격려가 丙과 丁에게 어떤 영향을 주었는지는 알 수 없다.

㉡ '의미 있는 타자(중요한 타자)'란 개인이 스스로를 판단하거나 사회적 규범을 받아들이거나 거부할 때 가장 큰 영향을 준 사람을 의미한다. 주어진 정보만으로 丙과 丁에게 甲과 乙 중 누가 더 의미 있는 타자인지 알 수 없다.

㉢ '일반화된 타자'는 다른 사람들이 기대하는 자신의 모습을 의미한다. 丙과 丁은 甲과 乙의 기대를 내면화한 결과, 각자의 업무 역량이 다르게 나타났다.

㉣ '거울에 비친 자아'는 타인이 보는 자신의 모습에 대한 인식이 자아를 형성하는 데 영향을 미친다고 보는 이론이다. 丙과 丁은 甲과 乙의 생각·판단에 영향을 받아 丙이 丁보다 우수한 업무역량을 나타냈다.

3 다음은 일탈행동에 대한 각각의 원인 분석이다. 이에 대한 옳은 설명을 〈보기〉에서 모두 고른 것은?

〈주 제〉 보복 운전·폭행 사건 증가

〈현 황〉

운전 중이던 甲은 乙(20대, 무직)의 자동차가 무리하게 끼어들기를 시도하자 안전운전을 위해 경고음을 울렸다. 이에 乙은 자신의 차로 甲의 자동차를 가로막고, 甲을 폭행하였다. 당시 甲의 자동차에는 그의 처와 자녀가 동승하고 있었다.

〈원 인〉

(개) 청년 실업이 문제라고 생각합니다. 생계유지를 위해 취업을 원하지만 취업 기회가 주어지지 않아 좌절감에 사소한 갈등에도 폭력을 저지르는 청년이 증가합니다.

(내) 사람들이 온라인상의 폭력적인 동호회에 가입하여 활동하면서 정보를 얻고, 교통사고가 나면 폭력을 자연스럽게 사용하는 것이 문제입니다.

(대) 사람들이 일시적으로 잘못을 저지른 사람들을 문제아로 비난하고 소외시키기 때문에 이들이 폭력의 가해자나 피해자가 된다고 생각합니다.

〈대 책〉

〔중 략〕

(라) 기초적인 교통질서부터 더 강화할 필요가 있다.

〈보기〉

㉠ (개)의 관점은 문화적 목표와 제도적 수단 간의 괴리를 일탈 행동의 원인으로 본다.

㉡ (내)의 관점은 비행 집단과의 교류로 인한 잘못된 사회화에서 일탈행동이 비롯된 것으로 본다.

㉢ (대)의 관점은 일탈행동 자체보다 객관적인 기준에 의한 사회적 낙인 과정에 주목한다.

㉣ (라)의 관점은 사소한 무질서를 방치하는 것이 더 큰 일탈 행동을 초래한다고 본다.

① ㉠㉡㉢
② ㉠㉡㉣
③ ㉡㉢
④ ㉢㉣

ADVICE (개): 머튼의 아노미 이론 - 한 사회의 문화 목표와 제도화된 수단과의 괴리 현상 때문에 일탈이 발생함

(내): 차별적 교제 이론 - 일탈 집단과 지속적인 상호작용을 통해 일탈 행동을 하는 현상

(대): 낙인이론 - 일탈을 저지른 사람에게 낙인을 부여하여 낙인의 내면화를 통해 부정적 자아습득으로 2차적 일탈이 발생할 수 있음

(라): 깨진 유리창 이론 - 경미한 범죄를 방치하면 더 큰 범죄로 이어지는 현상

㉠ (개)는 문화적 목표와 제도적 수단 간의 괴리를 일탈 행동의 원인으로 본다.

㉢ (대)는 일탈 행동 그 자체보다 하나의 행위가 일탈로 규정되는 과정에 주목한다.

4 다음 밑줄 친 (개)~(래)에 대한 설명으로 옳은 것을 〈보기〉에서 모두 고른 것은?

> 甲은 경영학을 전공하고 부모님의 권유로 (개) 대기업에 입사했다. 그러나 대기업에 근무하던 중 자신의 적성이 경찰에 잘 맞는다고 판단하여 결국 경찰의 길을 가기로 마음을 먹었다. 2년이 지난 후 甲은 경찰 채용시험을 합격하여 현재 (내) 순경으로 근무하고 있다. 甲은 비록 대기업보다 지금의 (대) 연봉이 적지만 그때의 선택을 자랑스럽게 생각한다. 만약 대기업을 그만두고 경찰관을 하지 않았다면 (래) 후회했을 것이다.

> 〈보기〉
> ㉠ (개)는 조직 운영의 효율성보다 업무의 표준화를 강조하는 집단이다.
> ㉡ (내)는 후천적인 노력으로 획득되는 지위이다.
> ㉢ (대)는 甲의 역할에 대한 보상이다.
> ㉣ (래)는 소속집단과 준거집단의 불일치로 인한 결과이다.

① ㉠㉢
② ㉡㉢
③ ㉡㉣
④ ㉢㉣

ADVICE ㉠ (개)(대기업)은 공식 조직으로 회사 이윤 극대화를 달성하기 위한 집단이다. 따라서 업무의 표준화를 통해 효율적 조직 운영을 추구하기 때문에 조직 운영의 효율성보다 업무의 표준화를 강조한다고 보기 어렵다.

㉢ 역할에 대한 보상은 존재하지 않는다. 甲은 순경으로서의 역할을 했기 때문에 역할 행동에 따른 보상인 (대)(연봉)을 획득한 것이다.

5 다음은 대중매체의 기능에 대한 내용이다. 밑줄 친 (개)~(래)에 대한 설명으로 옳은 것을 〈보기〉에서 모두 고른 것은?

○○정당의 홍보를 담당했던 (개) <u>甲</u>은 (내) <u>신매체인 SNS</u>가 대중매체에 미치는 파급력을 일찍이 간파했고, 대중매체가 (대) <u>대중</u>을 선동하는 도구로서 중요한 역할을 해낸다는 것을 파악하였다. 甲은 사적 조직과 컴퓨터 프로그램 등을 이용하여 SNS에 왜곡된 메시지를 전파하였고, (래) <u>텔레비전과 같은 영상매체</u>를 통하여 ○○정당의 활동을 계속 방송하여 대중의 인기를 사로잡았다.

〈보기〉
㉠ (개)에게 '미디어 수용자' 교육이 필요하다.
㉡ (내)는 (래)보다 정보 생산자와 소비자 간 경계가 더 모호하다.
㉢ (대)에게 '미디어 리터러시(media literacy)' 교육이 필요하다.
㉣ 맥루안(McLuhan, H. M.)은 (내)와 (래)가 (대)의 사고방식에 동일한 영향을 미친다고 했다.

① ㉠㉢ ② ㉠㉣
③ ㉡㉢ ④ ㉡㉣

ADVICE ㉠ '미디어 수용자'란 매체를 통해 전달되는 정보를 받아들이는 사람을 의미한다. 甲은 정보를 전달하는 사람이기 때문에 '미디어 수용자'교육이 필요하지 않다.
㉡ (래)는 일방향적 매체(신문·잡지·TV 등)로 정보 생산자와 소비자 간 경계가 명확하지만 (내)는 양방향적 매체(인터넷·SNS 등)로 정보 생산자와 소비자의 구분이 명확하지 않다.
㉢ '미디어 리터러시'는 다양한 매체를 이해할 수 있는 능력이다. (대)는 甲의 왜곡된 메시지를 전달받았기 때문에 다양한 매체를 이해할 수 있는 미디어 리터시 교육이 필요하다.
㉣ 맥루안은 미디어 이론가로서 일방향 매체가 사회에 주는 영향에 주목하였다. 따라서 (내)와 (래)가 (대)의 사고방식에 동일한 영향을 미치지 않는다고 보았다.

6 다음은 시험에 관한 甲과 乙의 관점이다. 이에 대한 옳은 설명을 〈보기〉에서 모두 고른 것은? (단, 甲과 乙의 관점은 서로 다른 기능주의와 갈등주의 중 하나이다.)

경○모 고민 게시판

경찰이 되고 싶은 대학생이요. 영어를 못해요. 근데 경찰채용시험에서는 영어가 어려워요. ㅠㅠ 경찰은 영어와 관련이 없어 보이는데 왜 영어를 잘해야 하는지 모르겠어요.

  └Re : (甲)학교 다닐 때 많이 노셨군요ㅋㅋ. 영어를 못하는 것은 님의 노력이 부족한 것이 아닌가요. 영어도 경찰업무 수행에서 중요한 역할을 합니다. 영어 점수가 부족하면 경찰이 되지 못하는 것은 당연하지요.^^

    └Re : (乙)그렇지 않아요. 가정형편이 어려워 어렸을 때부터 영어를 접할 수 있는 기회가 없었다면 영어성적이 낮을 수도 있죠. 그리고 영어를 빈번히 사용하지 않는 일반 경찰까지 영어를 잘해야 된다는 것은 문제가 있다고 생각해요.

〈보기〉
㉠ 甲은 공교육에 대해 긍정적인 관점을 가진다.
㉡ 乙은 학교의 지식이 가치중립적이라고 평가한다.
㉢ 甲은 부르디외(Bourdieu, P.)의 교육관에 동조한다.
㉣ 乙은 교육 평등에서 '기회의 평등'보다 '결과의 평등'을 강조한다.

① ㉠㉡   ② ㉠㉣
③ ㉡㉢   ④ ㉡㉣

ADVICE 甲 : 기능주의 – 영어 실력의 성취를 노력으로 획득할 수 있다는 입장
     乙 : 갈등주의 – 노력보다 태어난 환경의 영향을 인정하는 입장
     ㉠ 甲은 기능론자로서 공교육을 통해 학생이 사회 규범을 내면화하고 사회의 발전으로 이어진다고 본다.
     ㉡ 乙은 갈등론자로서 공교육이 지배 집단의 가치관을 대변한다고 본다. 따라서 학교의 지식이 가치중립적이라는 말에 동의하지 않는다.
     ㉢ 부르디외는 문화적 취향인 문화 자본이 계급구조를 정당화한다고 보기때문에 甲보다 乙의 주장에 가깝다.
     ㉣ 乙은 사회적 희소가치가치의 분배가 출신·배경과 같은 불합리한 요소에 의해 결정되기 때문에 기회와 결과의 평등을 보장해야한다고 주장한다.

---

7 다음은 甲~丙에게 필요한 사회 보장 제도의 유형을 〈자료〉와 같이 구분한 것이다. 이에 대한 설명으로 가장 적절한 것은? (단, A~C는 공공부조, 사회보험, 사회서비스 중 서로 다른 하나이다.)

유형	사례
A	甲(46세)은 기업에서 근무 중 현장 안전사고로 상해를 입어 8주 진단을 받음
B	乙(57세)은 회사원으로 일하다 3년 전 퇴직 후, 일용직 근로자로 일하고 있으며 소득과 재산이 최저생계비 이하임
C	丙(39세)은 공공기관에서 근무하고 있으며 최저생계비 이상의 소득이 있으나 초등학생 자녀가 발달장애가 있음

〈자 료〉

질문	A	B	C
(가)	아니오	아니오	예
(나)	예	예	아니오

① (가)에는 '비금전적 지원을 원칙으로 하는가?'가 적절하다.
② (나)에는 '수혜자 부담 원칙이 적용되는가?'가 적절하다.
③ A〉B〉C순으로 소득재분배의 효과가 크다.
④ C〉B〉A순으로 제도 대상자의 비용 부담 비율이 높다.

ADVICE A – 사회보험, B – 공공부조, C – 사회서비스
① 비금전적 지원을 원칙으로 하는 것은 C(사회 서비스)에 해당하므로 (가)에 적합하다.
② 수혜자 부담을 원칙으로 하는 것은 A(사회 보험)과 C(사회 서비스)의 일부에 해당하므로 적합하지 않다.
③ B(공공부조)〉A(사회보험)〉C(사회서비스) 순으로 소득재분배의 효과가 크다.
④ A(사회보험)〉C(사회서비스)〉B(공공부조) 순으로 제도 대상자의 비용 부담 비율이 높다.

8 다음은 민주주의에 대한 의견이다. 이에 대한 옳은 설명을 〈보기〉에서 모두 고른 것은? (단, 甲~丙은 프롬(Fromm, E.), 후쿠야마(Fukuyama, F.), 포퍼(Popper, K.) 중 서로 다른 하나이다.)

> 甲은 민주 정치가 발전하기 위한 세 가지 요소로 일정한 영역 안에서 군사력을 독점하는 '국가', 권력이 일정하게 행사될 수 있도록 하는 'A', 국민에 의해 선출된 의회에 권력을 배분하는 '책임정부'를 꼽았다.
>
> 乙에 의하면 전통적인 정치 질문은 "누가 통치해야 하는가?" 또는 "누구의 의지를 따르는가?"였지만 현재는 "나쁘거나 무능한 지배자들이 너무 심한 해를 끼치지 않도록 어떻게 정부 형태나 제도를 조직할 수 있는가?"라는 질문으로 바뀌어야 한다.
>
> 丙은 '소유'하는 사회가 아니라 '존재'하는 사회를 만들기 위해서 시민들이 경제와 정치에 능동적으로 참여하도록 촉구했다. '소유'하는 것으로부터의 해방은 참여민주주의에 의해서 가능하며 'B'의 위협에 저항하기 위해서도 참여민주주의로 변모해야 한다고 강조했다.

〈보기〉
㉠ 甲은 'A'를 '법치주의'라 하여 민주주의를 제도적으로 접근했다.
㉡ 乙은 민주주의를 위해 정치체제의 제도화를 강조했다.
㉢ 丙은 'B'를 '자유'라 하여 '존재'하는 사회를 추구했다.
㉣ 甲, 乙, 丙은 전문정치인에 의한 통치를 강조했다.

① ㉠㉡ ② ㉠㉢
③ ㉡㉢ ④ ㉡㉣

ADVICE 甲 – 후쿠야마, 乙 – 포퍼, 丙 – 프롬
㉠ 후쿠야마는 권력을 제한하는 법치주의로 인해 권력을 일정하게 행사할 수 있다고 보았으며 민주주의를 제도적으로 접근하여 제도로서 민주주의의 발전 과정을 서술하였다. 따라서 A는 법치주의이다.
㉡ 포퍼는 민주주의를 지식·자유를 제도화 할 수 있는 유일한 정치 체제로서 지식과 자유의 제도화가 민주주의의 조건이라고 보았다.
㉢ 프롬은 참여민주주의로 바꾸어 전체주의의 위협에 저항해야한다고 하였다. 따라서 B는 전체주의다. 또한, 프롬은 개인이 소유에 대한 집착을 벗어나고 존재에 대한 갈망을 할 때 자유로워질 수 있다고 보았다.
㉣ 세 사람은 전문정치인의 통치에서 벗어난 진정한 의미의 민주정치를 강조했다.

9 다음은 시대별 민주 정치의 특징을 나타낸 것이다. 이에 대한 옳은 설명을 〈보기〉에서 모두 고른 것은? (단, (개)~(대)는 고대 아테네 민주 정치, 근대 민주정치, 현대 민주 정치 중 서로 다른 하나이다.)

구분	특징
(개)	시민들은 최고 의결 기구인 민회에 모여 공동체의 문제에 대해 토론하고 법률 제정, 과세, 외교 등 국가의 중요 사안을 직접 결정하였다.
(나)	보통선거로 뽑힌 대표자가 정치를 담당하는 형태는 시민의 의사를 정확히 반영하기 어렵다는 점을 보완하기 위해 직접 민주주의의 요소인 □□□□ 등을 도입하였다.
(다)	자유와 평등의 이념이 확산되고 시민의 범위가 확대됨에 따라 선거를 통해 대의 기구인 의회를 구성하였다. 그러나 재산 등에 따른 참정권 제한은 있었다.

〈보기〉
ㄱ (개)는 사회계약설에 영향을 받았다.
ㄴ (나)의 □□□□는 국민 투표나 국민 소환이 해당된다.
ㄷ (다)는 공동체와 개인의 삶을 동일시하였다.
ㄹ (개)와 (다)는 모두 여성의 참정권을 제한하였다.

① ㄱㄴ 　　　　　　　② ㄴㄷ
③ ㄴㄹ 　　　　　　　④ ㄷㄹ

ADVICE (개): 고대 아테네 민주 정치 – 최고 의결 기구인 민회에서 중요 사안을 직접 결정
(나): 현대 민주 정치 – 대의 민주주의의 한계를 보완하기 위해 직접 민주주의의 요소를 일부 도입
(다): 근대 민주 정치 – 의회가 구성되어있지만 참정권이 제한됨
ㄱ 사회계약설은 사회나 국가가 자유롭고 평등한 개인들의 합의나 계약에 의해 발생하였다는 학설로 17~18세기에 등장하였다. 이는 고대 아태네 민주 정치 이후에 등장한 것이다.
ㄴ 국민 투표는 국민이 직접 국가의 중대사를 결정하는 제도이며, 국민 소환은 국민의 의사에 국민투표로 공직자가 임기를 끝나기 전 해지시키는 제도이다. 두 제도 모두 대의 민주주의의 한계를 극복하기 위해 도입된 직접 민주주의의 요소이다.
ㄷ 현대 민주 정치는 개인의 특성과 역량을 존중하기 때문에 공동체와 개인의 삶을 동일시하지 않는다.
ㄹ 고대 아테네 민주 정치에서는 여성, 외국인, 노예를 제외한 모든 시민이 정치에 참여할 권리가 있었다. 근대 민주 정치에서는 일부 국민에게 한정하여 참정권을 부여했기 때문에 여성의 참정권이 제한되었다.

10 다음은 정치 상황에 대한 기사이다. 이에 대한 옳은 설명을 〈보기〉에서 모두 고른 것은? (단, 甲국과 乙국은 전형적인 정부 형태 중 서로 다른 하나이다.)

○○신문
甲국 행정부 수반,   의회에서 선출!   의원 선거에서 과반 의석을 차지한 '행복당'의   대표가 행정부를 장악

□□신문
乙국 합격당 후보,   20대 표심으로 당선!   총선에 참패한 '합격당', 이번 대선에서 당 소속   후보자가 승리하여 행정부 장악

〈보기〉

㉠ 甲국의 행정부는 국정 운영 결과에 대해 의회에 책임을 진다.
㉡ 甲국과 달리 乙국은 행정부가 의회를 견제할 수 없다.
㉢ 乙국은 행정부 수반의 임기를 법으로 보장한다.
㉣ 乙국의 의회는 행정부 수반을 탄핵 소추할 수 없다.

① ㉠㉡   ② ㉠㉢
③ ㉡㉢   ④ ㉡㉣

ADVICE 甲국의 정부 형태는 의원 내각제, 乙국의 정부 형태는 대통령제를 의미한다.
ⓛ 의원 내각제와 대통령제에서의 행정부는 의회를 견제할 수 있다. 대통령제에서 행정부가 의회를 견제하는 대표적 방법으로 법률안 거부권이 있다.
㉣ 대통령제에서 의회는 일정한 절차에 따라 행정부 수반을 탄핵 소추할 수 있다.

11 다음 사회법에 대한 설명으로 가장 적절하지 않은 것은?

① 사회법은 크게 노동법, 경제법, 사회보장법의 세 가지 영역으로 구분할 수 있다.
② 「독점규제 및 공정거래에 관한 법률」은 경쟁을 실질적으로 제한하는 기업 결합을 금지할 수 있다.
③ 근대국가에서는 자본주의 경제의 발전에 따른 부작용에 대처하기 위하여 사법이 공법에서 분리되었다.
④ 경제법은 기업 간의 공정하고 자유로운 경쟁을 보장하고 소비자를 보호하기 위한 법이다.

ADVICE ③ 공법은 개인과 국가 간 또는 국가 기관 간의 공적인 생활 관계를 규율하는 법이며, 사법은 개인적 · 사익적 · 경제적 · 자율적 · 비권력적 · 대등적 관계를 규율하는 법이다. 사법과 공법은 서로 다른 영역의 법이므로 사법이 공법에서 분리되었다는 표현은 바르지 않은 표현이다.

12 다음 기본권 (가)에 대한 설명으로 가장 적절한 것은?

> 기본권은 일반적으로 인간의 존엄과 가치 및 행복 추구권, 평등권, 자유권, 참정권, 청구권, 사회권으로 분류될 수 있다. 그 중 (가)는 기본권이 침해되었을 때 이를 구제하기 위한 수단적 권리로, '기본권 보장을 위한 기본권'으로서의 성격을 가진다.

① 인간의 존엄을 유지하기 위해 최소한의 생활 유지에 필요한 조건을 요구할 수 있는 법적 근거가 된다.
② 실정법이 없더라도 자연법적으로 인정된다.
③ 가장 오래된 역사를 가진 기본권으로, 소극적이고 방어적인 권리이다.
④ 타인의 범죄 행위로 인하여 생명·신체에 대한 피해를 받은 국민은 법률이 정하는 바에 의하여 국가로부터 구조를 받을 수 있다.

ADVICE 기본권이 침해되었을 때 이를 구제하기 위한 수단적 권리는 '청구권'이다.
① 인간의 존엄을 유지하기 위해 최소한의 생활 유지에 필요한 조건을 요구할 수 있는 권리→사회권
② 자연법적으로 인정되는 것은 헌법에 규정되어 있지 않더라도 인정되는 기본권을 의미한다. 청구권은 자연법적으로 인정되는 권리가 아니므로 헌법에 규정되어야 인정되는 권리이다.
③ 가장 오래된 역사를 가진 기본권으로, 소극적이고 방어적인 권리→자유권

13 부동산 매매에 대한 설명으로 옳지 않은 것을 모두 고른 것은?

> ㉠ 부동산 매매계약은 계약금을 지급해야만 성립된다.
> ㉡ 주택 매매계약은 각자의 대리인을 통해서 체결할 수도 있다.
> ㉢ 매수자는 계약금을 지급한 후에도 중도금을 지급하기 전에는 상대방의 동의 없이 계약을 해제할 수 있다.
> ㉣ 부동산 소유권 이전 등기는 소유권에 관한 사항으로 등기부 을구의 내용이 변경된다.

① ㉠㉣   ② ㉡㉢
③ ㉡㉣   ④ ㉢㉣

ADVICE ㉠ 부동산 매매계약은 청약과 승낙의 의사가 있으면 성립하는 것이므로 계약금을 지급해야만 성립되는 것은 아니다.
㉡ 주택 매매계약은 매수인과 매도인이 각자의 대리인을 통해 체결할 수 있다.
㉢ 매수자는 중도금 지급전에는 계약금을 포기하고 일방적으로 매매계약을 해제할 수 있다. 그러나 중도금을 지급한 후에는 일방적으로 매매계약을 해지할 수 없다.
㉣ 소유권과 관련된 사항은 '갑구'에 기재된다.

14 가격탄력성에 대한 설명 중 가장 적절하지 않은 것은?

① 수요의 가격탄력성이 탄력적인 재화의 경우, 가격이 인상되면 판매자의 총수입은 증가한다.

② 수요의 가격탄력성은 가격이 변하는 비율에 대한 수요량의 변화 비율로 나타낸다.

③ 대체재가 거의 없는 재화는 수요의 가격탄력성이 비탄력적이다.

④ 기울기가 완만한 수요곡선은 기울기가 가파른 수요 곡선보다 가격탄력성이 크다.

ADVICE ① 수요의 가격탄력성이 탄력적인 경우, '가격의 변화<수요의 변화'이므로 가격이 인상되면 판매자의 총수입은 감소한다.

② 수요의 가격탄력성은 가격변화에 따른 수요변화이다. $-\dfrac{\text{수요변화율(\%)}}{\text{가격변화율(\%)}}$

③ 대체재가 거의 없는 재화는 가격이 올라도 수요량이 쉽게 줄어들지 않는다. 따라서 수요의 가격탄력성이 비탄력적으로 나타난다.(가격의 변화>수요의 변화)

④ 기울기가 완만한 수요곡선(탄력적, 가격<수요)은 기울기가 가파른 수요곡선(비탄력적, 가격>수요)보다 가격 탄력성이 더 크다.

15 노동시장과 고용에 대한 설명으로 가장 적절한 것은?

① 임금이 상승하면 여가의 기회비용이 증가하여 노동공급량이 감소할 수 있다.

② 물가가 상승하면 실질 임금이 하락하여 노동수요가 감소할 수 있다.

③ 노동수요의 임금탄력성이 탄력적인 경우 임금인상으로 실업자가 상대적으로 많이 발생할 수 있다.

④ 기술혁신에 의해 낮은 기술 수준의 기능인력에 대한 수요가 감소하여 발생하는 실업을 마찰적 실업이라고 한다.

ADVICE ① 임금이 상승하면 여가의 기회비용이 증가하고 노동공급량이 증가한다. 그러나 일정 임금 수준을 넘어가면 여가에 대한 선호로 노동 공급량을 줄이는 상황이 발생할 수 있다.

② 물가가 상승하면 실질 임금이 하락하고 기업에서 노동자에게 지급해야하는 실질 임금이 하락하기 때문에 더 많은 노동자를 고용한다. 따라서 노동 수요는 증가하게 된다.

③ 노동수요의 임금탄력성은 임금의 변화에 따른 노동수요의 변화를 의미한다. 노동수요의 임금탄력성이 탄력적일 경우 임금 상승에 따른 노동수요의 감소가 크기 때문에 실업자가 상대적으로 많이 발생할 수 있다.

④ 마찰적 실업은 노동수급의 일시적 부조화에 따른 실업을 의미한다. 기술혁신에 의해 낮은 기술 수준의 기능 인력에 대한 수요가 감소하여 발생하는 것은 구조적 실업이다.

16 다음은 대외의존도가 높은 소규모 개방경제의 경제정책에 대한 주장이다. 이에 대한 분석으로 옳은 것을 〈보기〉에서 모두 고른 것은?

甲 : 글로벌 금융위기 이후 투자감소, 소비위축, 수출감소에 직면하여 기업은 경쟁력향상을 위해 비용을 절감하고 품질을 제고시킬 수 있도록 노사간 합의를 도출해야 한다. 개방경제로 외국과의 경쟁에 노출된 A국은 산업의 경쟁력을 강화시켜 기업의 수입을 증가시키고, 이를 경기회복의 전환점으로 삼아야 한다.

乙 : 세계경제의 불황에 따른 경기침체에 대응하여 정부는 기존의 노동정책과 복지정책을 수정, 보완해야 한다. 정부는 노동자의 협상력 강화를 통해 노동자와 자영업자의 소득을 증진시키고, 소수의 기업에 자원이 집중된 경제구조와 불평등한 노사관계를 개혁하여 세계경제의 경기변동에 취약한 A국의 체질을 개선시켜야 한다.

〈보기〉

㉠ 甲은 경기침체에 대응하여 임금 동결과 생산성 증대가 필요하다고 본다.
㉡ 甲과 乙은 모두 A국의 사회적 자본을 높이 평가하고 있다.
㉢ 乙은 甲보다 시장경제원리를 더 신뢰한다.
㉣ 乙은 甲보다 큰 정부를 선호한다.

① ㉠㉡　　　　　　　　　　② ㉠㉣
③ ㉡㉢　　　　　　　　　　④ ㉢㉣

ADVICE ②

甲 – 기업의 경쟁력 향상을 제시, 乙 – 정부 주도의 문제해결 제시
㉠ 甲은 생산 비용을 절감하고 품질을 강화하는 등 산업의 경쟁력 강화를 강조한다.
㉡ 甲은 산업의 경쟁력 강화로 기업의 수입을 증가시킬 수 있다고 보았기 때문에 A국의 사회적 자본을 높이 평가하고 있다. 乙은 세계경제의 경기변동에 취약하다고 보았기 때문에 A국의 사회적 자본을 낮게 평가하고 있다.
㉢ 시장경제원리를 기반으로 문제를 해결하기 위해 정부의 개입을 배제하는 것은 乙이 아닌 甲의 입장이다.

17 다음은 甲과 乙의 세계화에 따른 경제통합에 대한 의견이다. 이에 대한 설명으로 옳은 것을 〈보기〉에서 모두 고른 것은?

甲 : 일본의 수출규제조치는 일본 전범 기업의 위안부 할머니에 대한 법원의 보상 판결에 따른 경제보복이야. 우리나라 경제의 피해를 최소화하기 위해 정부는 WTO에 일본의 부당한 조치를 제소할 뿐 아니라 수출규제에 해당하는 품목의 국산화율을 높이고, 대기업과 중소기업의 동반성장을 통해 수출규제에 적극적으로 대처해야 해. 특히 우리나라의 내수시장을 확대시키고 일본과의 경제 상호의존성을 감소시키는 것이 시급할 거야.

乙 : 일본의 수출규제는 글로벌 가치사슬의 관점에서 살펴볼 때 부당한 결정이었어. 하지만 지난 30년간 우리나라와 일본과의 기술격차는 쉽게 좁혀지지 않았어. 따라서 지금 시급한 것은 부품 국산화를 위한 투자보다는 우리가 잘 할 수 있는 분야를 선택해 집중하는 거야. 특히 일본의 수출규제에 맞대응을 하기보다는 이번 일을 계기로 한국경제의 체력을 강화시킬 수 있는 기초과학분야와 전략산업을 육성하는 것이 필요해.

〈보기〉

㉠ 甲은 일본의 경제보복에 대응하여 적극적으로 해외시장을 개척하는 것이 필요하다고 본다.

㉡ 乙은 리카도(Ricardo, D.)의 비교우위 이론에 입각하여 경제보복조치와 대일무역의 적자문제에 대응하는 것이 필요하다고 본다.

㉢ 甲과 乙은 모두 글로벌 가치사슬의 관점에서 경제보호주의가 국내고용에 미치는 영향이 미미하다고 본다.

㉣ 甲은 국제분업의 축소가 필요하다고 보는 반면, 乙은 국제 경제협력의 확대가 필요하다고 본다.

---

① ㉠㉡ 　　　　　　　　　　② ㉡㉢

③ ㉡㉣ 　　　　　　　　　　④ ㉢㉣

ADVICE ㉠ 甲은 내수시장을 확대시키고 일본과의 경제 상호의존성을 감소시켜야 한다고 본다.
㉢ 甲은 경제보호주의가 내수 시장의 확대로 연결되어 국내고용에 미치는 영향이 크다고 본다. 乙은 경제보호주의가 기술격차를 줄이지 않기 때문에 국내고용에 미치는 영향이 미미하다고 본다.

18 다음은 甲국과 乙국의 이자율 변화에 따른 투자지출의 변화를 나타내고 있다. 이에 대한 분석과 경제정책의 효과에 대한 설명으로 옳은 것을 〈보기〉에서 모두 고른 것은? (단, 두 국가의 총공급 곡선의 형태는 동일하다고 가정함)

이자율(%)	1.50	2.00
甲국의 투자지출(원)	200조	190조
乙국의 투자지출(원)	100조	90조

〈보기〉
㉠ 경기침체 시 국채발행을 통한 재정지출의 확대 효과는 甲국이 乙국보다 크다.
㉡ 기술변화의 공급충격이 총수요에 미치는 효과는 甲국이 乙국보다 크다.
㉢ 투자의 이자율탄력성은 甲국과 乙국이 동일하다.
㉣ 경기침체 시 확대 통화정책의 효과는 甲국보다 乙국이 크다.

① ㉠㉡
② ㉡㉢
③ ㉢㉣
④ ㉠㉣

ADVICE 투자의 이자율 탄력성이 높으면 재정정책의 효과가 작게 나타나고 통화정책의 효과는 크게 나타난다. 투자의 이자율 탄력성이 낮으면 재정정책의 효과가 크게 나타나고 통화정책의 효과는 작게 나타난다.

甲국의 이자율($\frac{0.5}{1.5} \times 100 = 33.3\%$)이 증가하면 투자지출은 5% 감소한다. 따라서 甲국의 투자의 이자율

탄력성은 $\frac{5}{33.3} = 15\%$다.

乙국의 이자율($\frac{0.5}{1.5} \times 100 = 33.3\%$)이 증가하면 투자지출은 10% 감소한다. 따라서 乙국의 투자의 이자율

탄력성은 $\frac{10}{33.3} = 30\%$다.

㉡ 공급충격은 상품이나 서비스의 급격한 공급 증가 또는 감소에 따른 가격변화를 말한다. 주어진 정보만으로는 기술변화에 의한 공급의 증가·감소가 총수요에 어떠한 영향을 미치는지 알 수 없다.

㉢ 甲의 이자율 탄력성은 15%, 乙국의 이자율 탄력성은 30%로 동일하지 않다.

19 다음 경상수지와 환율에 대한 설명으로 옳은 것을 모두 고른 것은?

> ㉠ 경상수지는 국내저축에서 국내투자를 차감한 금액과 같다.
> ㉡ 외국에서 현금을 지급하고 상품을 수입할 경우, 상품수입은 경상계정의 대변에 기록되고 외국환은행을 통한 외화자금의 지급은 자본계정의 차변에 기록된다.
> ㉢ 국내재화의 수출이 증가하면 외환시장에서 외국통화의 공급이 증가해 환율이 하락한다(원화의 가치 상승).
> ㉣ 국내와 외국의 금융자산이 완전대체재이고 현재 환율이 변함없을 경우, 국내 이자율이 외국 이자율보다 높으면 원화의 기대환율은 하락할 수 있다.

① ㉠㉡   ② ㉠㉢
③ ㉡㉣   ④ ㉢㉣

ADVICE ㉠ 경상수지는 국가 간 상품 및 서비스의 이동에 따른 대가의 수입과 지급을 종합적으로 나타낸 것이므로 국내저축 금액－국내투자 금액과 같다.
㉡ 국제수지표에서 대변에는 외국으로부터 수입을 얻는 거래를 기록하고, 차변은 외국에 대한 지급 거래를 기록한다. 따라서 외국에서 현금을 지급하고 상품을 수입할 경우, 상품수입은 차변에 기록되고, 외화자금의 지급은 대변에 기록된다.
㉢ 국내재화의 수출이 증가하면 외화의 공급이 늘어나고 환율이 하락한다.
㉣ 국내와 외국의 금융자산이 완전대체재이고 현재 환율이 변함없을 경우, 국내 이자율이 외국 이자율보다 높으면 외국의 자본이 국내로 유입한다. 따라서 외화의 공급이 늘어나므로 원화의 가치가 높아져 원화의 기대환율이 상승한다.

20 다음은 한국·미국·일본 가계의 금융자산 구성비를 나타낸다. 이에 대한 설명으로 옳은 것을 〈보기〉에서 모두 고른 것은?

(단위 : %, 2011년 3월말 기준)

구 분	한국	미국	일본
현금·예금	45.3	14.0	55.3
주식	20.5	31.5	6.1
채권	4.6	8.2	2.6
펀드	4.4	12.8	3.6
보험·연금	24.5	30.1	28.4
기타	0.7	3.4	4.0

〈보기〉

㉠ 한국과 일본에서는 미국에 비해 상대적으로 간접금융시장보다 직접금융시장이 활성화되어 있다.

㉡ 미국에서는 한국과 일본에 비해 분산투자로 투자 위험을 낮추는 상품이 활발히 거래된다.

㉢ 일본의 가계에서 금융투자상품에 대한 투자비율이 낮고 현금의 보유비율이 높은 것은 저금리에 따른 유동성 선호현상이 반영된 결과일 수 있다.

㉣ 미국의 가계는 한국과 일본의 가계보다 채무불이행의 위험이 높은 자산에 대한 투자를 적게 한다.

① ㉠㉡
② ㉡㉢
③ ㉡㉣
④ ㉢㉣

ADVICE ㉠ 직접 금융의 대표 사례는 주식, 채권이며, 간접 금융의 대표 사례는 간접 예·적금이 해당한다. 한국은 직접 금융 비율이 25.1%(20.5+4.6), 미국은 39.7%(31.5+8.2), 일본은 8.7%(6.1+2.6)로 미국이 한국과 일본에 비해 집적금융시장이 활성화되어있다.

㉡ 분산투자로 투자 위험을 낮추는 것은 펀드이다. 한국과 일본에 비해 미국에서 펀드의 비율이 높게 나타난다.

㉢ 유동성이 낮은 고수익 자산은 주식, 채권, 펀드, 보험·연금이다. 이와 반대로 현금·예금은 유동성이 높은 저수익 자산이다. 따라서 현금·예금의 비율이 가장 높은 것은 유동성 선호현상이 반영된 결과라고 할 수 있다.

㉣ 채무불이행의 위험이 높은 자산은 주식투자이다. 미국에서 주식의 비율이 한국과 일본보다 높기 때문에 채무불이행의 위험이 높은 자산에 대한 투자가 높다고 할 수 있다.

ANSWER 20.②

MEMO

MEMO

서원각이 취업을 찢었다!

봉투모의고사 **찐!5회** 횟수로 플렉스해 버렸지 뭐야 ~

국민건강보험공단 봉투모의고사(행정직/기술직)

국민건강보험공단 봉투모의고사(요양직)

합격을 위한 준비
서원각 온라인강의

요점만 담은
알짜이론

믿고보는
교수진

www.sojungedu.co.kr

공 무 원	자 격 증	취 업	부사관/장교
9급공무원	건강운동관리사	NCS코레일	육군부사관
9급기술직	관광통역안내사	공사공단 전기일반	육해공군 국사(근현대사)
사회복지직	사회복지사 1급		공군장교 필기시험
운전직	사회조사분석사		
계리직	임상심리사 2급		
	텔레마케팅관리사		
	소방설비기사		